빠른시작

빠작

빠른시작

고등
국어
현대 문학

고등 국어 빠작 시리즈

고전 문학, 현대 문학 | 올바른 독해 훈련으로 문학 독해력을 기르는 문학 기본서
비문학 독서 | 독해력과 추론적 사고력을 키우는 비문학 실전 대비서
문법 | 내신부터 수능까지, 필수 개념 30개로 끝내는 문법서
문법 실전 477제 | 수능 1등급을 위한 문법 실전서
화법과 작문 | 최신 기출 문제로 문제 해결력을 기르는 화법과 작문 실전서
필수 어휘 | 쉬운 한자 풀이로 수능 국어 필수 어휘를 익히는 어휘력 기본서

이 책을 쓰신 선생님

신장우(창문여고) 이경호(중동고)

빠른시작

빠작

고등
국어
현대 문학

차례

III 수필·극

실전 독해

구성과 특징

1 독해 원리 학습하기
문학 작품 독해력을 기를 수 있는 독해 원리 익히기

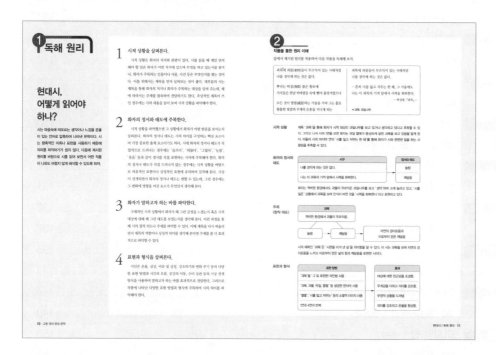

1 갈래별 독해 원리
시, 소설, 수필, 극 등 갈래별 독해 원리를 제시하였습니다. 엄선한 독해 원리를 학습함으로써 어떤 부분에 중점을 두고 읽어야 하는지, 각 갈래를 이해하고 감상하는 방법을 익힐 수 있습니다.

2 작품을 통한 원리 이해
예로 제시된 작품에 원리를 적용하는 과정을 통해서 독해 원리를 이해하고 독해 능력을 키울 수 있습니다.

2 작품 살펴보기
필수 작품과 기출 문제로 실전 감 잡기

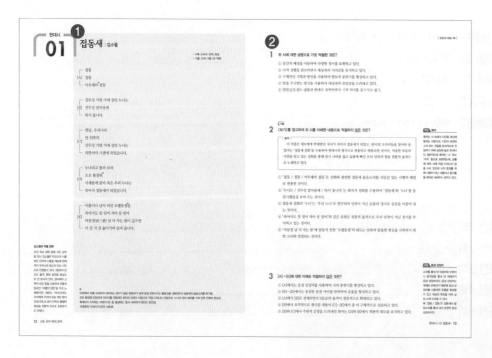

1 교과서 수록·기출 작품
교과서 수록 작품, 학평·모평·수능 기출 작품 등 반드시 알아야 할 필수 작품들을 학습할 수 있습니다.

2 기출·신출 문제
기출 문제를 바탕으로 한 실전 문제로 작품을 올바르게 읽었는지 확인하고, 내신은 물론 수능까지 효과적으로 대비할 수 있습니다.
또한 문제와 연관된 문학 개념을 날개 단에 정리하여 개념을 익히며 문학 실력을 다질 수 있습니다.

3 확장하기

작품 이해와 연계 작품으로 학습 확장하기

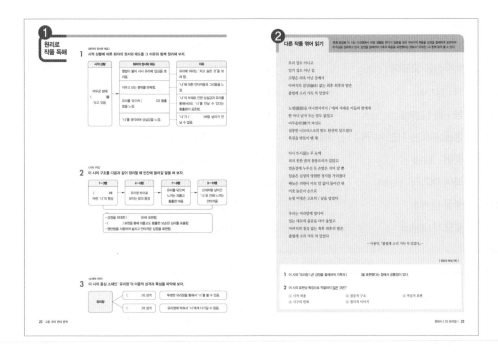

❶ 원리로 작품 독해

원리를 중심으로 한 독해 포인트를 따라 작품 분석을 진행하면서 문학 갈래별 독해 방법을 자연스럽게 익힐 수 있습니다.

❷ 다른 작품 엮어 읽기

주제, 표현, 형식 등이 유사한 작품을 함께 읽어 보면서 다른 작품과의 비교 감상을 통한 확장 학습이 가능합니다.

두 작품의 공통점을 묻는 문제 등을 통해서 복합 지문에 대한 학습까지 대비할 수 있습니다.

■ 실전 독해

· 실전 독해를 5회 제공하여 추가 학습이 가능합니다.

· 최신 기출 지문과 문제로만 구성하여 실전 연습이 가능합니다.

■ 정답과 해설

· 시는 전문을 싣고 중요 내용에 해석을 달아 어려운 내용도 쉽게 이해할 수 있습니다.

· 상세한 정답 풀이와 오답 해설을 통해 문제 해결 과정을 익힐 수 있습니다.

작품 찾아보기

학습 계획 및 점검

※ 이 책은 하루에 한 시간씩 공부할 때 25일 안에 학습을 끝낼 수 있게 하였습니다.
　다음 계획표를 참고해서 자신만의 학습 계획을 세우고 점검해 보세요.

학습한 날			학습 내용	나의 성취도		
1일	월	일	현대시 독해 원리, 현대시 01	우수	보통	미흡
2일	월	일	현대시 02, 03	우수	보통	미흡
3일	월	일	현대시 04, 05	우수	보통	미흡
4일	월	일	현대시 06, 07	우수	보통	미흡
5일	월	일	현대시 08, 09	우수	보통	미흡
6일	월	일	현대시 10, 11	우수	보통	미흡
7일	월	일	현대시 12, 13	우수	보통	미흡
8일	월	일	현대시 14, 15	우수	보통	미흡
9일	월	일	현대 소설 독해 원리, 현대 소설 01	우수	보통	미흡
10일	월	일	현대 소설 02, 03	우수	보통	미흡
11일	월	일	현대 소설 04, 05	우수	보통	미흡
12일	월	일	현대 소설 06, 07	우수	보통	미흡
13일	월	일	현대 소설 08, 09	우수	보통	미흡
14일	월	일	현대 소설 10, 11	우수	보통	미흡
15일	월	일	현대 소설 12, 13	우수	보통	미흡
16일	월	일	현대 소설 14, 15	우수	보통	미흡
17일	월	일	수필 독해 원리, 수필 · 극 01, 02	우수	보통	미흡
18일	월	일	극 독해 원리, 수필 · 극 03, 04	우수	보통	미흡
19일	월	일	실전 1회, 2회, 3회	우수	보통	미흡
20일	월	일	실전 4회, 5회	우수	보통	미흡
21일	월	일	복습 – 현대시	우수	보통	미흡
22일	월	일	복습 – 현대시	우수	보통	미흡
23일	월	일	복습 – 현대 소설	우수	보통	미흡
24일	월	일	복습 – 현대 소설	우수	보통	미흡
25일	월	일	복습 – 수필 · 극	우수	보통	미흡

I

현대시

어떻게 출제되나?

- 하나의 작품만 출제될 때도 있지만, 대부분 '현대시+현대시'나 '현대시+고전 시가', '현대시+수필' 등 둘 이상의 작품이 함께 묶여 출제된다.

- 복합 지문일 경우 작품 간의 공통점을 묻는 문제가 대부분 출제되고, 표현상 특징이나 외적 자료를 통해 시의 해석과 관련된 내용을 묻는 문제가 자주 출제된다.

어떻게 공략해야 하나?

- 작품에 제시된 내용을 있는 그대로 파악하고, 시적 상황, 시적 화자의 정서와 태도 등과 같은 기본적인 내용을 올바르게 이해한다.

- 시에서는 다양한 자료가 〈보기〉로 제시되는 경우가 많으므로 〈보기〉를 먼저 살펴보고 작품을 읽는다.

독해 원리

현대시, 어떻게 읽어야 하나?

시는 마음속에 떠오르는 생각이나 느낌을 운율이 있는 언어로 압축하여 나타낸 문학이다. 시는 함축적인 어휘나 표현을 사용하기 때문에 의미를 파악하기가 쉽지 않다. 다음에 제시된 원리를 바탕으로 시를 읽어 보면서 어떤 작품이 나와도 어렵지 않게 해석할 수 있도록 하자.

1 시적 상황을 살펴본다.

시적 상황은 화자의 처지와 관련이 있다. 시를 읽을 때 제일 먼저 해야 할 일은 화자가 어떤 처지에 있으며 무엇을 하고 있는지를 찾거나, 화자가 주목하는 인물이나 사물, 사건 등은 무엇인지를 찾는 것이다. 이를 위해서는 제목을 먼저 살펴보는 것이 좋다. 대부분의 시는 제목을 통해 화자의 처지나 화자가 주목하는 대상을 알려 주는데, 때에 따라서는 주제를 함축하여 전달하기도 한다. 추상적인 제목이 쓰인 경우에는 시의 내용을 읽어 보며 시적 상황을 파악해야 한다.

2 화자의 정서와 태도에 주목한다.

시적 상황을 파악했으면 그 상황에서 화자가 어떤 반응을 보이는지 살펴본다. 화자의 정서나 태도는 시의 의미를 구성하는 핵심 요소이며 가장 중요한 출제 요소이기도 하다. 시에 화자의 정서나 태도가 직접적으로 드러나는 경우에는 '슬프다', '외롭다', '그립다', '눈물', '웃음' 등과 같이 정서를 직접 표현하는 시어에 주목해야 한다. 화자의 정서나 태도가 직접 드러나지 않는 경우에는 시적 상황을 바탕으로 비유적인 표현이나 상징적인 표현에 유의하여 짐작해 본다. 시상이 전개되면서 화자의 정서나 태도는 변할 수 있는데, 그런 경우에는 그 변화에 영향을 미친 요소가 무엇인지 생각해 본다.

3 화자가 말하고자 하는 바를 파악한다.

구체적인 시적 상황에서 화자가 왜 그런 감정을 느꼈는지 혹은 시적 대상에 대해 왜 그런 태도를 보였는지를 생각해 본다. 이런 과정을 통해 시의 창작 의도나 주제를 파악할 수 있다. 이때 제목을 다시 떠올리면서 제목의 역할이나 상징적 의미를 생각해 본다면 주제를 좀 더 효과적으로 파악할 수 있다.

4 표현과 형식을 살펴본다.

시인은 운율, 심상, 비유 및 상징, 강조하기와 변화 주기 등의 다양한 표현 방법과 시간의 흐름, 공간의 이동, 수미 상관 등의 시상 전개 방식을 사용하여 말하고자 하는 바를 효과적으로 전달한다. 그러므로 작품에 나타난 다양한 표현 방법과 형식에 주목하여 시의 의미를 파악해야 한다.

작품을 통한 원리 이해

앞에서 제시된 원리를 적용하여 다음 작품을 독해해 보자.

> 과목*에 과물(果物)들이 무르익어 있는 사태처럼
> 나를 경악케 하는 것은 없다.
>
> 뿌리는 박질(薄質) 붉은 황토에
> 가지들은 한낱 비바람들 속에 뻗어 출렁거렸으나
>
> 모든 것이 멸렬(滅裂)하는 가을을 가려 그는 홀로
> 황홀한 빛깔과 무게의 은총을 지니게 되는
>
> 과목에 과물들이 무르익어 있는 사태처럼
> 나를 경악케 하는 것은 없다.
>
> ―흔히 시를 잃고 저무는 한 해, 그 가을에도
> 나는 이 과목의 기적 앞에서 시력을 회복한다.
>
> — 박성룡, 「과목」 —
>
> * 과목: 과일나무.

시적 상황

제목 '과목'을 통해 화자가 시적 대상인 과일나무를 보고 있거나 생각하고 있다고 추측할 수 있다. 그리고 나서 시의 1연을 보면 화자는 과일 열매가 풍성하게 달린 과목을 보고 있음을 알게 된다. 아울러 시의 마지막 연의 '시를 잃고 저무는 한 해'를 통해 화자가 시와 관련된 일을 하는 사람임을 추측할 수 있다.

화자의 정서와 태도

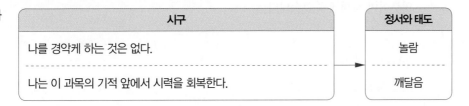

화자는 척박한 환경에서도 과물이 무르익은 과일나무를 보고 '경악'하며 크게 놀라고 있고, '시를 잃은' 상황에서 과목을 보며 인식이 바뀐 것을 '시력을 회복한다'라고 표현하고 있다.

주제 (창작 의도)

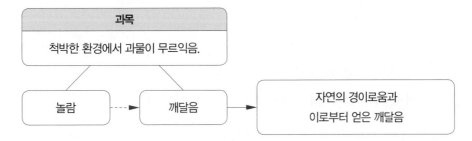

시의 제목인 '과목'은 '시련을 이겨 낸 삶'을 의미함을 알 수 있다. 이 시는 과목을 보며 사연의 경이로움을 느끼고 이로부터 얻은 삶의 힘과 깨달음을 표현한 시이다.

표현과 형식

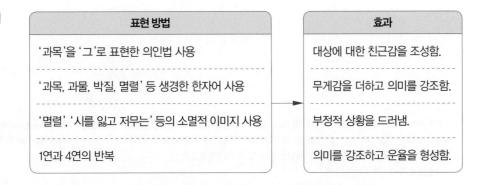

접동새 | 김소월

• 수록 교과서: 문학_해냄
• 기출: 2016-3월 고2 학평

[A]
접동
접동
아우래비* 접동

[B]
진두강 가람 가에 살던 누나는
진두강 앞마을에
와서 웁니다.

[C]
옛날, 우리나라
먼 뒤쪽의
진두강 가람 가에 살던 누나는
의붓어미 시샘에 죽었습니다.

[D]
누나라고 불러 보랴
오오 불설워*
시새움에 몸이 죽은 우리 누나는
죽어서 접동새가 되었습니다.

[E]
아홉이나 남아 되던 오랩동생*을
죽어서도 못 잊어 차마 못 잊어
야삼경(夜三更) 남 다 자는 밤이 깊으면
이 산 저 산 옮아가며 슬피 웁니다.

김소월의 작품 경향

오산 학교 재학 중에 시인 김억을 만난 김소월은 민요조의 시를 썼던 김억의 시풍을 계승해 현재까지 우리나라 최고의 민요 시인으로 인정받고 있다. 3음보의 민요조 율격, 평북 방언을 중심으로 한 토속적 언어, 경어체의 고백적 어조 등을 사용하여 전통적 정서인 '이별의 정한'을 주로 노래했지만, 때로는 「바라건대는 우리에게 우리의 보습 대일 땅이 있었더면」과 같이 민족의 불행한 현실을 전통적 어조로 표현하기도 하였다.

*
아우래비 '아홉 오라비'로 해석하는 경우가 많음. 발음하기 쉽게 음을 변화시키는 활음조를 사용하면서 접동새의 울음소리를 환기함.
오오 불설워 담담하게 이야기를 전달하던 화자의 감정이 처음으로 직접 드러나는 부분으로, 누나의 한이 화자를 거쳐 민족 전체의 한으로 확대되기 시작하는 부분이기도 함. '불설워'는 '몹시 서러워'의 평안도 방언임.
오랩동생 '오라비'의 방언. 남동생.

1 위 시에 대한 설명으로 가장 적절한 것은?

① 공간적 배경을 이동하며 다양한 정서를 표현하고 있다.
② 시적 상황을 관조하면서 대상과의 거리감을 유지하고 있다.
③ 구체적인 지명과 방언을 사용하여 향토적 분위기를 형성하고 있다.
④ 말을 주고받는 방식을 사용하여 대상과의 친밀감을 드러내고 있다.
⑤ 말하고자 하는 내용과 반대로 표현하면서 시적 의미를 강조하고 있다.

(기출)

2 〈보기〉를 참고하여 위 시를 이해한 내용으로 적절하지 않은 것은?

> **보기**
>
> 이 작품은 계모에게 박대받던 처녀가 죽어서 접동새가 되었고, 밤이면 오라비들을 찾아와 울었다는 '접동새 설화'를 수용하여 현대시의 형식으로 변용하고 재창조한 것이다. 억울한 죽음의 사연을 담고 있는 설화를 통해 당시 나라를 잃고 슬픔에 빠진 우리 민족의 한을 전통적 율격으로 노래하고 있다.

① '접동 / 접동 / 아우래비 접동'은 설화와 관련한 접동새 울음소리를 리듬감 있는 시행의 배열로 변용한 것이다.
② '누나는 / 진두강 앞마을에 / 와서 웁니다.'는 화자가 설화를 수용하여 '접동새'와 '누나'를 동일시했음을 보여 주는 것이다.
③ 접동새 설화의 '누나'는 '우리 누나'로 변주되며 민족이 지닌 슬픔의 정서로 공감을 이끌어 내는 것이다.
④ '죽어서도 못 잊어 차마 못 잊어'와 같은 표현은 전통적 율격으로 우리 민족이 지닌 정서를 부각하고 있는 것이다.
⑤ '야삼경 남 다 자는 밤'에 잠들지 못한 '오랩동생'의 태도는 민족의 암울한 현실을 극복하기 위한 고뇌와 연결되는 것이다.

3 [A]~[E]에 대한 이해로 적절하지 않은 것은?

① [A]에서는 음성 상징어를 사용하여 시의 분위기를 형성하고 있다.
② [B]~[E]에서는 동일한 종결 어미를 반복하여 운율을 형성하고 있다.
③ [A]에서 [E]로 전개되면서 3음보의 율격이 점층적으로 확대되고 있다.
④ [B]에서 요약적으로 제시된 내용이 [C]~[E]에서 좀 더 구체적으로 진술되고 있다.
⑤ [B]와 [C]에서 주관적 감정을 드러내던 화자는 [D]와 [E]에서 객관적 태도를 유지하고 있다.

개념 화자

화자는 시 속에서 시인을 대신해 말하는 사람으로, 시인이 표현하고자 하는 것들을 효과적으로 전달하기 위해 설정해 놓은 존재이다. 일반적으로 화자는 '나' 또는 '우리' 등으로 표현되는데, 상황에 따라 시에 직접 드러나지 않을 수도 있으며 시적 효과를 위해 사람이 아닌 사물이나 동식물을 화자로 내세우는 경우도 있다.

개념 음성 상징어

소리를 흉내 낸 의성어와 모양이나 움직임을 흉내 낸 의태어가 음성 상징어이다. 음성 상징어는 대체로 반복되기 때문에 음성 상징어를 사용하면 운율을 형성할 수 있고 대상의 특징을 더욱 실감 나게 드러낼 수 있다.
예 '접동 / 접동'은 접동새의 울음소리를 흉내 내서 표현한 음성 상징어이다.

원리로 작품 독해

1 〈화자의 정서와 태도〉

시적 상황에 따른 화자의 정서와 태도를 그 이유와 함께 정리해 보자.

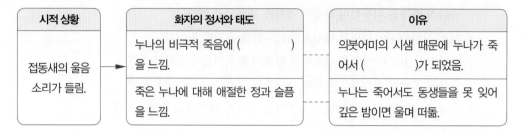

시적 상황	화자의 정서와 태도	이유
접동새의 울음 소리가 들림.	누나의 비극적 죽음에 (　　　)을 느낌.	의붓어미의 시샘 때문에 누나가 죽어서 (　　　)가 되었음.
	죽은 누나에 대해 애절한 정과 슬픔을 느낌.	누나는 죽어서도 동생들을 못 잊어 깊은 밤이면 울며 떠돎.

2 〈시의 구조〉

이 시의 구조를 다음과 같이 정리할 때 빈칸에 들어갈 말을 써 보자.

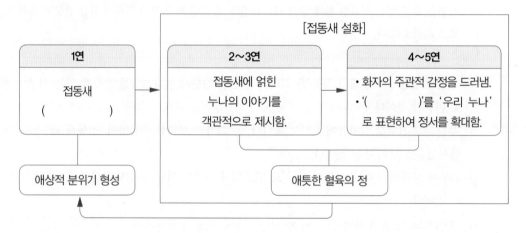

[접동새 설화]

1연	2~3연	4~5연
접동새 (　　　)	접동새에 얽힌 누나의 이야기를 객관적으로 제시함.	• 화자의 주관적 감정을 드러냄. • '(　　　)'를 '우리 누나'로 표현하여 정서를 확대함.

애상적 분위기 형성

애틋한 혈육의 정

3 〈시의 분위기〉

다음에 제시된 요소들을 바탕으로 이 시의 분위기를 파악해 보자.

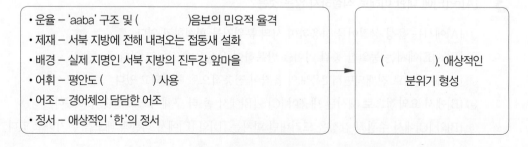

• 운율 – 'aaba' 구조 및 (　　　)음보의 민요적 율격
• 제재 – 서북 지방에 전해 내려오는 접동새 설화
• 배경 – 실제 지명인 서북 지방의 진두강 앞마을
• 어휘 – 평안도 (　　　) 사용
• 어조 – 경어체의 담담한 어조
• 정서 – 애상적인 '한'의 정서

→ (　　　), 애상적인 분위기 형성

다른 작품 엮어 읽기

연계 포인트 이 시는 흥부 부부를 소재로 하여 가난한 삶 속에서도 서로에 대한 사랑과 이해로 슬픔을 극복하는 바람직한 삶의 자세를 이야기하고 있다. 고전 소설 「흥부전」을 모티프로 하여 우리 민족의 전통적 정서를 표현했다는 점에서 「접동새」와 함께 읽어 볼 수 있다.

흥부 부부(夫婦)가 ㉠박 덩이를 사이하고
가르기 전에 건넨 웃음살을 헤아려 보라.
금(金)이 문제리,
㉡황금(黃金) 벼 이삭이 문제리,
웃음의 물살이 반짝이며 정갈하던
그것이 확실히 문제다.

없는 ㉢떡방아 소리도
있는 듯이 들어 내고
손발 닳은 처지끼리
같이 웃어 비추던 ㉣거울 면(面)들아.

웃다가 서로 불쌍해
서로 ㉤구슬을 나누었으리.
그러다 금시
절로 면(面)에 온 구슬까지를 서로 부끄리며
먼 물살이 가다가 소스라쳐 반짝이듯
서로 소스라쳐
본(本)웃음 물살을 지었다고 헤아려 보라.
그것은 확실히 문제다.

- 박재삼, 「흥부 부부상」 -

[정답과 해설 2쪽]

1 이 시와 「접동새」는 (   )과 설화 같은 다른 갈래의 작품에서 모티프를 얻어 창작되었다는 점에서 공통점이 있다.

2 ㉠~㉤에 대한 설명으로 적절한 것은?

① ㉠: 물질적 풍요   ② ㉡: 노동의 대가

③ ㉢: 위선적 행동   ④ ㉣: 자아 성찰의 매개체

⑤ ㉤: 연민의 눈물

수(繡)의 비밀 | 한용운

• 수록 교과서: 문학_신사고
• 기출: 2021-6월 고1 학평, 2017-4월 고3 학평

나는 당신의 옷을 다 지어 놓았습니다.

심의*도 짓고 도포도 짓고 자리옷*도 지었습니다.

짓지 아니한 것은 작은 주머니에 수놓는 것뿐입니다.

그 주머니는 **나의 손때가 많이 묻었습니다.**

짓다가 놓아두고 짓다가 놓아두고 한 까닭입니다.

다른 사람들은 나의 바느질 솜씨가 없는 줄로 알지마는

그러한 비밀은 나밖에는 아는 사람이 없습니다.

나의 마음이 아프고 쓰린 때에 주머니에 수를 놓으려면

나의 마음은 수놓는 금실을 따라서 바늘구멍으로 들어가고

주머니 속에서 **맑은 노래가 나와서 나의 마음이 됩니다.**

그리고 아직 ㉠이 세상에는 그 주머니에 넣을 만한 무슨 보물이 없습니다.

이 작은 주머니는 짓기 싫어서 짓지 못하는 것이 아니라 **짓고 싶어서 다 짓지 않는 것입니다.**

한용운의 작품 경향

만해(萬海)라는 법호를 가지고 있는 승려 한용운은 민족 대표 33인의 한 명으로 수년간 옥살이를 한 독립운동가이며 일제 강점기를 대표하는 시인이기도 하다. 그래서 그의 시는 불교적인 구도 정신과 조국 독립에 대한 염원으로 가득 차 있다. 특히 '님'이나 '당신' 등으로 지칭되는 시적 대상은 상황에 따라 종교적 절대자나 조국, 사랑하는 연인 등으로 해석되면서 풍부한 의미를 가진다.

*
심의 예전에, 신분이 높은 선비들이 입던 옷. 대개 흰 베를 써서 두루마기 모양으로 만들었으며 소매를 넓게 하고 검은 비단으로 가를 둘렀다.
자리옷 잠잘 때 입는 옷.
수(繡) 헝겊에 색실로 그림이나 글자 따위를 바늘로 떠서 놓는 일. 또는 그 그림이나 글자.

기출 변형

1 위 시에 대한 설명으로 적절한 것은?

① 설의적 표현을 통해 화자의 의지를 드러내고 있다.

② 후각적 이미지를 통해 시적 상황을 구체화하고 있다.

③ 작품에 직접 드러나지 않는 화자가 대상을 관찰하고 있다.

④ 시간의 흐름에 따라 시상을 전개하여 화자의 태도 변화를 드러내고 있다.

⑤ 동일한 종결형 표현을 반복하며 대상에 대한 화자의 태도를 드러내고 있다.

개념 **감각적 이미지**

감각적 이미지는 시적 상황이나 화자의 정서를 효과적으로 전달하기 위해 구체적인 감각을 통해 내용을 표현하는 것을 말한다. 감각적 이미지에는 인간의 오감(五感)에 대응하여 다음과 같은 것들이 있다.

• 시각적 이미지: 눈으로 보는 것 같이 표현함.

• 청각적 이미지: 귀로 듣는 것 같이 표현함.

• 후각적 이미지: 코로 냄새 맡는 것 같이 표현함.

• 미각적 이미지: 혀로 맛보는 것 같이 표현함.

• 촉각적 이미지: 피부로 느끼는 것 같이 표현함.

기출 변형

2 ㉠에 대한 설명으로 가장 적절한 것은?

① 화자가 추구하는 이상적 공간이다.

② 화자와 대상이 소통하고 있는 공간이다.

③ 화자의 소망이 실현되지 못하고 있는 공간이다.

④ 화자가 자신의 과거를 후회하고 있는 공간이다.

⑤ 화자가 일상의 삶에서 벗어난 초월적인 공간이다.

기출 · 2017-4월 고3 학평

3 〈보기〉를 통해 위 시를 감상한 내용으로 적절하지 <u>않은</u> 것은?

개념 **역설적 표현**

역설적 표현은 표면적으로는 이치에 맞지 않고 모순된 표현처럼 보이지만 그 속에 진실을 담고 있는 표현 방법이다. 이를 통해 깊은 인상을 남기고 말하고자 하는 바를 효과적으로 전달할 수 있다.

예 '임은 갔지마는 나는 임을 보내지 아니하였습니다.'는 역설적 표현을 사용하여 임과 이별했지만 언젠가 임과 다시 만날 것을 믿는다는 화자의 심정을 표현하였다.

> 보기
>
> 「수(繡)의 비밀」에서 역설(逆說)은 화자가 대상의 부재를 인식하면서도 이를 인정하고 싶지 않은 마음에서 비롯된다. 즉 임의 부재라는 자신의 현실을 인식하면서도 그 현실을 부인(否認)하고 있는 것이다. 이러한 부인은 화자가 일상적 행위를 반복하면서도 그것을 종결짓지 않음으로써 임의 부재가 환기되는 상황을 지연시키면서 드러난다. 하지만 행위의 과정에서 자기 정화가 동반된다는 점에서 그것은 현실 도피라기보다는 주체적 선택이자 극복 의지의 발현이라고 할 수 있다.

① '나의 손때가 많이 묻었습니다'를 통해 화자의 일상적 행위가 오랫동안 지속되었음을 짐작할 수 있군.

② '짓다가 놓아두고 짓다가 놓아두고'에는 임의 부재라는 현실을 부인하고 싶은 화자의 심리가 내재되어 있다고 할 수 있군.

③ '나의 마음이 아프고 쓰린'에는 화자의 주체적 선택과 극복 의지가 드러나 있다고 할 수 있군.

④ '맑은 노래가 나와서 나의 마음이 됩니다'에서 수를 놓는 과정을 통해 화자의 자기 정화가 이루어졌다고 할 수 있군.

⑤ '짓고 싶어서 다 짓지 않는 것입니다'에는 임의 부재가 환기되는 상황을 지연시키려는 화자의 태도가 드러나 있다고 할 수 있군.

〈화자의 정서와 태도〉

1 시적 상황에 따른 화자의 정서와 태도를 그 이유와 함께 정리해 보자.

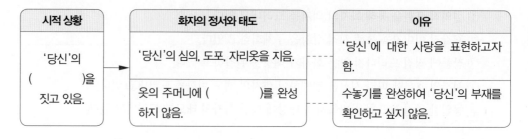

시적 상황	화자의 정서와 태도	이유
'당신'의 ( )을 짓고 있음.	'당신'의 심의, 도포, 자리옷을 지음.	'당신'에 대한 사랑을 표현하고자 함.
	옷의 주머니에 ( )를 완성하지 않음.	수놓기를 완성하여 '당신'의 부재를 확인하고 싶지 않음.

〈시어의 의미〉

2 이 시에 등장하는 주요 시어의 의미를 정리해 보자.

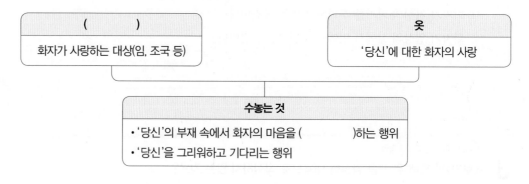

( )	옷
화자가 사랑하는 대상(임, 조국 등)	'당신'에 대한 화자의 사랑

수놓는 것
- '당신'의 부재 속에서 화자의 마음을 (   )하는 행위
- '당신'을 그리워하고 기다리는 행위

〈표현상 특징〉

3 이 시에 쓰인 표현 방법과 그 효과를 파악해 보자.

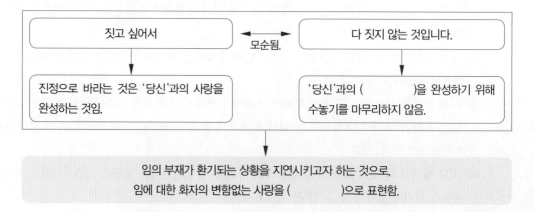

짓고 싶어서	모순됨.	다 짓지 않는 것입니다.
진정으로 바라는 것은 '당신'과의 사랑을 완성하는 것임.		'당신'과의 ( )을 완성하기 위해 수놓기를 마무리하지 않음.

임의 부재가 환기되는 상황을 지연시키고자 하는 것으로,
임에 대한 화자의 변함없는 사랑을 (   )으로 표현함.

㉠마음이 어지러운 날은
수를 놓는다

㉡금실 은실 청홍실
따라서 가면
가슴 속 아우성은 절로 갈앉고

처음 보는 수풀
㉢정갈한 자갈돌의
강변에 이른다

남향 햇볕 속에
수를 놓고 앉으면

세사 번뇌
㉣무궁한 사랑의 슬픔을
참아 내올 듯

머언
㉤극락정토 가는 길도
보일 성싶다

– 허영자, 「자수」 –

[정답과 해설 4쪽]

1 이 시의 화자와 「수의 비밀」의 화자는 '(　　　　　　)'라는 행위를 통해 마음을 진정시킨다는 점에서 공통점이 있다.

2 ㉠~㉤에 대한 설명으로 적절하지 <u>않은</u> 것은?

① ㉠: 화자의 고뇌와 번민　　　　　　　　② ㉡: 수를 놓는 행위

③ ㉢: 일상적 공간의 사실적 묘사　　　　　④ ㉣: 화자의 번뇌의 원인

⑤ ㉤: 절대적인 마음의 평화

유리창 1 | 정지용

• 수록 교과서: 문학_비상 / 국어_천재(이)
• 기출: 2017-3월 고2 학평

㉠유리(琉璃)에 차고 슬픈 것이 어린거린다.

열없이*붙어 서서 입김을 흐리우니

ⓐ길들은*양 언 날개를 파다거린다.*

ⓑ지우고 보고 지우고 보아도

새까만 밤이 밀려 나가고 밀려와 부딪히고,

ⓒ물 먹은 별이, 반짝, 보석(寶石)처럼 백힌다.

밤에 홀로 유리를 닦는 것은

ⓓ외로운 황홀한 심사이어니*

고흔 폐혈관(肺血管)이 찢어진 채로

아아, ⓔ너는 산(山)ㅅ새처럼 날러갔구나!

정지용의 작품 경향

일본에서 영문학을 전공하고 영어 교사로도 활동했던 정지용은 동양 철학과 전통문화에도 관심이 많았다. 이에 서구적인 표현에 한국적인 정서를 깃들인 작품들을 다수 창작했다. 무엇보다 정지용의 시를 대표하는 말은 '섬세하고 정확한 시어 구사'와 '선명하고 감각적인 이미지'이다. 감정을 절제하면서 잘 다듬은 언어를 사용해 대상을 감각적으로 표현한 그의 시는 많은 시인들에게 영향을 미쳤다.

*
열없이 기운 없이, 힘없이.
길들은 어떤 일에 익숙하게 된.
파다거린다 파닥거린다. 작은 새가 잇따라 가볍고 빠르게 날개를 치다.
외로운 황홀한 심사이어니 '너'의 부재로 인한 외로운 상실감과, 유리를 통해 '너'를 만날 수 있는 황홀함이 공존함.
폐혈관 폐로 통하는 피의 혈관.

(기출 변형)

1 위 시에 대한 설명으로 가장 적절한 것은?

① 동적 심상을 주로 활용하여 시상을 전개하고 있다.
② 인간과 자연을 대비하여 시적 의미를 강조하고 있다.
③ 설의적 표현을 사용하여 화자의 정서를 심화하고 있다.
④ 시간의 대비가 시의 분위기를 형성하는 데 중요한 역할을 하고 있다.
⑤ 대상에게 말을 건네는 어투를 사용하여 대상에 대한 비판적 태도를 드러내고 있다.

개념 **동적 심상**

동적 심상은 움직이는 느낌을 불러일으키는 표현을 말한다. 이와 반대로 정적 심상은 움직임이 적어 정지된 느낌을 불러일으키는 표현을 말한다.

(기출 변형)

2 〈보기〉를 참고할 때, ㉠을 중심으로 위 시를 이해한 내용으로 적절하지 않은 것은?

> **보기**
>
> 소재가 지닌 속성은 작품을 이해하는 중요한 단서를 제공한다. 정지용의 「유리창 1」은 자식의 죽음에서 오는 슬픔을 투명하지만 차단성을 지닌 '유리'의 속성을 통해 표현하고 있다. 즉 '유리'는 서로 이질적인 두 개의 공간을 때로는 단절시키기도 하고, 때로는 소통시키기도 하면서 어린 자식을 잃은 아버지가 느끼는 슬픔과 그리움을 형상화하는 데 관여하고 있는 것이다.

① ㉠에 어린 입김을 통해 화자와 '너'와의 만남을 매개하기도 하는군.
② 화자가 창밖의 세계에 있는 '너'를 만날 수 없는 것은 ㉠이 지닌 차단성에 기인한 것이겠군.
③ 화자가 '너'로 인해 느끼는 슬픔의 근본적인 원인은 ㉠이 지닌 투명성으로 인해 발생한 것이겠군.
④ 화자가 '외로운 황홀한 심사'를 느끼는 것은 ㉠이 지닌 투명성과 차단성의 모순된 속성 때문이겠군.
⑤ 화자가 밤에 홀로 '유리'를 닦으며 '너'와의 소통을 시도하는 것은 ㉠이 지닌 투명성으로 인해 가능한 것이겠군.

(기출 변형)

3 ⓐ∼ⓔ에 대한 설명으로 적절하지 않은 것은?

① ⓐ: 비유적 표현을 사용하여 입김 자국이 생겨났다 사라지는 현상을 감각적으로 표현하고 있다.
② ⓑ: 유사한 행위를 반복적으로 표현하면서 부재하는 대상에 대한 화자의 그리움을 드러내고 있다.
③ ⓒ: 의도적으로 쉼표를 자주 사용하면서 시적 상황의 변화에 따른 화자의 정서 변화를 드러내고 있다.
④ ⓓ: 역설적 표현을 통해 부재하는 대상을 떠올리고 있는 상황에서 나타나는 화자의 모순된 심리를 집약적으로 제시하고 있다.
⑤ ⓔ: '산(山)ㅅ새'는 화자의 곁을 떠난 작고 연약한 존재를 비유한 것으로, 이를 통해 화자의 상실감을 형상화하고 있다.

원리로 작품 독해

1 〈화자의 정서와 태도〉
시적 상황에 따른 화자의 정서와 태도를 그 이유와 함께 정리해 보자.

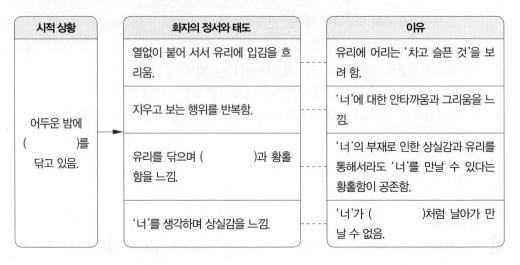

시적 상황	화자의 정서와 태도	이유
어두운 밤에 (　　　)를 닦고 있음.	열없이 붙어 서서 유리에 입김을 흐리움.	유리에 어리는 '차고 슬픈 것'을 보려 함.
	지우고 보는 행위를 반복함.	'너'에 대한 안타까움과 그리움을 느낌.
	유리를 닦으며 (　　　)과 황홀함을 느낌.	'너'의 부재로 인한 상실감과 유리를 통해서라도 '너'를 만날 수 있다는 황홀함이 공존함.
	'너'를 생각하며 상실감을 느낌.	'너'가 (　　　)처럼 날아가 만날 수 없음.

2 〈시의 구조〉
이 시의 구조를 다음과 같이 정리할 때 빈칸에 들어갈 말을 써 보자.

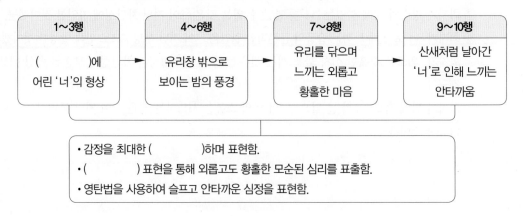

1~3행	4~6행	7~8행	9~10행
(　　　)에 어린 '너'의 형상	유리창 밖으로 보이는 밤의 풍경	유리를 닦으며 느끼는 외롭고 황홀한 마음	산새처럼 날아간 '너'로 인해 느끼는 안타까움

- 감정을 최대한 (　　　)하며 표현함.
- (　　　) 표현을 통해 외롭고도 황홀한 모순된 심리를 표출함.
- 영탄법을 사용하여 슬프고 안타까운 심정을 표현함.

3 〈소재의 의미〉
이 시의 중심 소재인 '유리창'의 이중적 성격과 특성을 파악해 보자.

유리창	(　　　)의 성격	투명한 유리창을 통해서 '너'를 볼 수 있음.
	(　　　)의 성격	유리창에 막혀서 '너'에게 다가갈 수 없음.

우리 집도 아니고
일가 집도 아닌 집
고향은 더욱 아닌 곳에서
아버지의 침상(寢床) 없는 최후 최후의 밤은
풀벌레 소리 가득 차 있었다

노령(露領)을 다니면서까지 / 애써 자래운 아들과 딸에게
한 마디 남겨 두는 말도 없었고
아무을만(灣)의 파선도
설룽한 니코리스크의 밤도 완전히 잊으셨다
목침을 반듯이 벤 채

다시 뜨시잖는 두 눈에
피지 못한 꿈의 꽃봉오리가 갈앉고
얼음장에 누우신 듯 손발은 식어 갈 뿐
입술은 심장의 영원한 정지를 가리켰다
때늦은 의원이 아모 말 없이 돌아간 뒤
이웃 늙은이 손으로
눈빛 미명은 고요히 / 낯을 덮었다

우리는 머리맡에 엎디어
있는 대로의 울음을 다아 울었고
아버지의 침상 없는 최후 최후의 밤은
풀벌레 소리 가득 차 있었다

                – 이용악, 「풀벌레 소리 가득 차 있었다」 –

[정답과 해설 5쪽]

1 이 시와 「유리창 1」은 감정을 절제하여 가족의 (　　　　　)을 표현했다는 점에서 공통점이 있다.

2 이 시의 표현상 특징으로 적절하지 <u>않은</u> 것은?

① 시적 허용　　　　　　② 점층적 구조　　　　　　③ 역설적 표현
④ 시구의 반복　　　　　　⑤ 청각적 이미지

모란이 피기까지는 | 김영랑

• 수록 교과서: 문학_미래엔, 비상
• 기출: 2016-6월 고1 학평

[A]
　　모란이 피기까지는
　　나는 아직 나의 봄을 기다리고 있을 테요

[B]
　　모란이 **뚝뚝** 떨어져 버린 날
　　나는 **비로소** 봄을 여읜 설움에 잠길 테요*

[C]
　　오월 어느 날 그 하루 무덥던 날
　　떨어져 누운 꽃잎마저 시들어 버리고는
　　천지에 모란은 자취도 없어지고
　　뻗쳐오르던 내 보람 서운케 무너졌느니
　　모란이 지고 말면 그 뿐 내 한 해는 **다** 가고 말아
　　삼백예순 날 **하냥*** 섭섭해 우옵네다*

[D]
　　모란이 피기까지는
　　나는 **아직** 기다리고 있을 테요 찬란한 슬픔의 봄을

김영랑의 작품 경향

1930년대 순수 서정시 운동을 주도한 김영랑은 일체의 사회적 관심을 배제하고 언어의 아름다움을 극대화하는 데 신경을 썼다. 그 결과 의식이 없이 지나치게 언어적 기교에만 빠졌다는 비판을 받기도 하지만, 언어적 세련미와 시의 음악성을 최대로 살린 그의 시는 우리말의 아름다움을 가장 잘 보여 준다는 평가를 받기도 한다.

*
나는 비로소 ~ 잠길 테요 모란이 떨어진 데 대한 슬픔과 설움을 '비로소' 느낄 것이라고 고백하면서 모란의 가치에 대해 이야기함.
하냥 늘, 한결같이.
우옵네다 우옵니다. '옵니다'의 공손한 표현.

기출 변형

1 위 시에 대한 설명으로 가장 적절한 것은?

① 역설과 도치를 통해 시의 주제를 드러내고 있다.

② 현재형 시제를 사용하여 생동감을 표현하고 있다.

③ 인간과 자연을 대비하면서 화자의 소망을 드러내고 있다.

④ 경어체를 사용하여 봄을 맞은 기쁨을 섬세하게 그리고 있다.

⑤ 과장된 표현을 사용하여 자연으로 인한 역경을 이겨 내려는 의지를 드러내고 있다.

2 위 시의 시상 전개에 대한 설명으로 적절하지 <u>않은</u> 것은?

① [A]~[D]는 의미상 순환하는 구조로 이루어져 있다.

② [A]~[D]는 특정한 시어가 반복되면서 긴밀하게 연결되고 있다.

③ [A]가 [D]에서 유사하게 반복되면서 구조적인 안정감을 주고 있다.

④ [A]에 나타난 화자의 갈등이 [D]에서 해소되며 시상을 마무리하고 있다.

⑤ [B]에 나타난 화자의 감정이 [C]에서 구체화되고 있다.

> **개념** **시상 전개**
>
> 화자의 생각이나 정서 등을 시상이라고 하는데, 시상을 구현해 나가는 방식을 시상 전개라고 한다. 시상을 전개하는 방식은 시간의 흐름이나 시선 및 공간의 이동에 따르기도 하고, 대상을 바라보는 화자의 생각의 흐름을 따르기도 하는 등 다양한 유형으로 나타난다.

기출

3 〈보기〉를 참조하여 위 시를 이해한 내용으로 적절하시 <u>않은</u> 것은?

> ┌ **보기** ┐
>
> 「모란이 피기까지는」에는 모란이 피면 기뻐하고, 모란이 지면 절망에 빠지면서도 또다시 모란이 피기를 기다리는 화자의 심정이 드러나 있다. 특히 부사어를 통해 이런 화자의 심정이 강조되어 나타난다.

① 3행의 '뚝뚝'은 모란이 떨어지는 모습을 바라보는 화자의 안타까움을 강조한다.

② 4행의 '비로소'는 모란이 완전히 져 버린 것에 대한 화자의 상실감을 강조한다.

③ 9행의 '다'는 모란이 피지 못할 것이라는 화자의 불안감을 강조한다.

④ 10행의 '하냥'은 모란을 보지 못하는 것에 대한 화자의 슬픔을 강조한다.

⑤ 12행의 '아직'은 모란이 다시 피기를 기다리는 화자의 간절함을 강조한다.

〈화자의 정서와 태도〉

1 시적 상황에 따른 화자의 정서와 태도를 그 이유와 함께 정리해 보자.

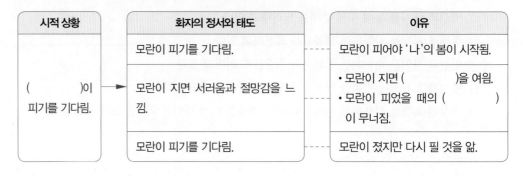

시적 상황	화자의 정서와 태도	이유
(　　　　)이 피기를 기다림.	모란이 피기를 기다림.	모란이 피어야 '나'의 봄이 시작됨.
	모란이 지면 서러움과 절망감을 느낌.	• 모란이 지면 (　　　　)을 여읨. • 모란이 피었을 때의 (　　　) 이 무너짐.
	모란이 피기를 기다림.	모란이 졌지만 다시 필 것을 앎.

〈시의 구조〉

2 이 시의 구조를 다음과 같이 정리할 때 빈칸에 들어갈 말을 써 보자.

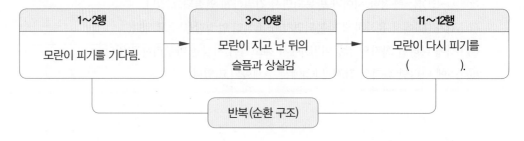

1~2행	3~10행	11~12행
모란이 피기를 기다림.	모란이 지고 난 뒤의 슬픔과 상실감	모란이 다시 피기를 (　　　　).

반복(순환 구조)

〈표현상 특징〉

3 이 시에 사용된 다양한 표현 방법을 정리해 보자.

표현 방법	사용된 부분	표현 효과
과장법	내 한 해는 다 가고 말아 / 삼백예순 날 하냥 섭섭해 우옵네다	모란이 지고 난 뒤의 (　　　　)을 과장되게 표현함으로써 모란에 대한 애정이 매우 큼을 드러냄.
도치법	나는 아직 기다리고 있을 테요 찬란한 슬픔의 봄을	어순을 바꾸어 모란이 피기를 기다리는 마음이 간절함을 강조함.
(　　　)	찬란한 슬픔의 봄	모란 피는 기쁨이 있지만 다시 모란이 지는 데서 느끼게 될 슬픔이 한데 엉킨 마음을 드러냄.

다른 작품 엮어 읽기

연계 포인트 이 시는 깃대에 묶여 바다를 향해 펄럭이는 깃발을 통해서 이상향에 대한 동경과 좌절을 이야기하고 있다. 주제를 효과적으로 드러내기 위해 역설법, 도치법 등의 표현 방법을 사용했다는 점에서 「모란이 피기까지는」과 함께 읽어 볼 수 있다.

이것은 소리 없는 아우성

저 푸른 해원(海原)을 향하여 흔드는

영원한 노스탤지어의 손수건

순정은 물결같이 바람에 나부끼고

오로지 맑고 곧은 이념의 푯대 끝에

애수는 백로처럼 날개를 펴다.

아아 누구던가.

이렇게 슬프고도 애달픈 마음을

맨 처음 공중에 달 줄을 안 그는.

— 유치환, 「깃발」 —

[정답과 해설 7쪽]

1 이 시의 첫 행과 「모란이 피기까지는」의 마지막 행에는 (   ) 표현이 사용되었다.

2 다음 빈칸에 들어갈 말을 차례대로 쓰시오.

> 이 시는 이상향에 대한 동경과 좌절을 노래하고 있다. 이를 위해 제재인 '깃발'을 다양한 보조 관념으로 표현하고 있는데, '소리 없는 아우성, 노스탤지어의 손수건, 순정'은 '(   )에 대한 동경'을, '애수, 슬프고도 애달픈 마음'은 '이상향에 도달할 수 없는 한계로 인한 좌절과 (   )'을 의미한다고 볼 수 있다.

여승 | 백석

• 수록 교과서: 국어_비상(박영민)
• 기출: 2019–6월 고1 학평

㉠여승(女僧)은 합장(合掌)하고 절을 했다

가지취의 내음새가 났다*

쓸쓸한 낯이 옛날같이 늙었다

㉡나는 불경(佛經)처럼 서러워졌다

평안도(平安道)의 어늬 산(山) 깊은 금점판*

나는 파리한* 여인(女人)에게서 옥수수를 샀다

여인은 나 어린* 딸아이를 따리며 가을밤같이 차게 울었다

섶벌*같이 나아간 지아비 기다려 십 년(十年)이 갔다

지아비는 돌아오지 않고

어린 딸은 도라지꽃이 좋아 돌무덤으로 갔다

산(山)꿩도 설게 울은 슬픈 날이 있었다

산(山) 절의 마당귀에 여인의 머리오리가 눈물방울과 같이 떨어진 날이 있었다

백석의 작품 경향

평북 출신인 백석은 일본에서 영어를 공부한 후 조선의 여러 지방과 만주 등지에서 생활하였는데, 이런 경험은 그의 시 여기저기에 잘 나타나 있다. 고향인 평안북도 사투리를 자유자재로 구사하면서 토속적인 정서가 짙게 밴 작품들을 창작했는데, 특히 이야기 형식을 갖춘 서사 구조의 시는 그를 다른 시인과 구별되게 하는 중요한 특징이 되었다.

*
합장 두 손바닥을 마주 합치며 하는 불교의 인사 예법.
가지취의 내음새가 났다 여승이 속세를 떠나 산속에서 생활한 지 꽤 되었음을 드러냄.
금점판 예전에, 주로 수공업적 방식으로 작업하던 금광의 일터.
파리한 몸이 마르고 낯빛이나 살색이 핏기가 전혀 없는.
나 어린 나이 어린.
섶벌 재래종의 일벌.

기출 변형

1 위 시에 대한 설명으로 적절하지 않은 것은?

① 하강의 이미지를 사용하여 시적 의미를 강화하고 있다.
② 비유적 표현을 통해 시적 상황을 효과적으로 나타내고 있다.
③ 자연물에 감정을 이입하여 시적 대상의 심리를 드러내고 있다.
④ 역순행적 구성을 사용하여 시적 상황을 서사적으로 전달하고 있다.
⑤ 음성 상징어를 사용하여 시적 대상이 지닌 정서를 생동감 있게 드러내고 있다.

2 ㉠과 ㉡의 관계에 대한 설명으로 적절한 것은?

① ㉡은 ㉠과 자신의 삶을 비교하고 있다.
② ㉡은 ㉠이 살아온 내력을 전달하고 있다.
③ ㉡은 ㉠에 대한 자신의 감정을 의도적으로 숨기고 있다.
④ ㉡은 시상이 전개되면서 ㉠과 하나가 되려는 의지를 드러내고 있다.
⑤ ㉡은 ㉠과의 인연을 삽화 형식으로 제시하면서 자신의 사연을 강조하고 있다.

기출

3 〈보기〉를 바탕으로 위 시를 감상한 내용으로 적절하지 않은 것은?

> **보기**
>
> 「여승」은 한 여인의 비극적 삶을 통해 일제의 식민지 수탈로 농촌 공동체가 몰락하고 가족 공동체가 파괴되는 당대의 현실을 그리고 있다. 이 작품은 가족의 생계를 위해 집을 떠난 지아비를 찾아 금점판을 떠돌다가 어린 딸마저 잃고 여승이 되어 버린 한 여인의 기구한 인생을 4연 12행의 짧은 구성으로 밀도 있게 보여 준다. 또한 이 시의 시상은 시간적 흐름에 따르지 않고 시간적 순서를 재구성하여 전개되고 있는 것이 특징이다.

① 여인이 '금점판'에서 '옥수수'를 팔고 '나'가 그 '옥수수'를 사는 것은 농촌 공동체의 몰락과 이를 회복하기 위한 행위로 볼 수 있군.
② '섶벌같이 나아간 지아비'가 '십 년이' 지나도록 '돌아오지' 않은 사실은 가난으로 인해 가족 공동체가 파괴된 모습으로 볼 수 있군.
③ '어린 딸'이 '도라지꽃이 좋아 돌무덤'으로 갔다는 것은 남편을 찾아 떠돌다가 딸마저 잃게 된 여인의 기구한 삶을 드러낸 것이군.
④ '여인의 머리오리가 눈물방울과 같이 떨어진 날'은 여인이 현실의 삶을 견디지 못하고 여승이 된 날로 볼 수 있군.
⑤ 여인의 비극적인 삶을 재구성하여 1연에서는 여승이 된 현재 모습을, 2~4연에서는 여승이 되기까지의 과거 모습을 보여 주고 있군.

개념 감정 이입

감정 이입은 화자의 감정을 다른 대상에 옮겨 넣어서 마치 그 대상이 그렇게 느끼고 생각하는 것처럼 표현하여 화자의 감정을 우회적으로 표현하는 방법이다. 예 '밤을 새워 우는 벌레는 / 부끄러운 이름을 슬퍼하는 까닭입니다.'에서 벌레가 부끄러운 이름이 슬퍼서 운다고 표현하였지만 실제로 부끄러워하고 슬퍼하는 것은 화자라고 볼 수 있다. 즉 화자의 감정을 벌레에 이입하여 표현한 것이다.

개념 역순행적 구성

역순행적 구성은 '과거–현재–미래'처럼 시간 순서대로 흘러가지 않고 현재에서 과거로 가거나, 현재에서 과거로 갔다가 다시 현재로 돌아오는 등 시간의 흐름을 따르지 않는 구성 방식을 말한다.

1 〈화자의 정서와 태도〉

시적 상황에 따른 화자의 정서와 태도를 그 이유와 함께 정리해 보자.

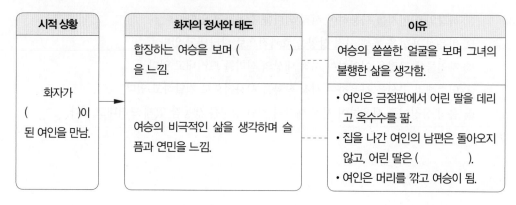

시적 상황	화자의 정서와 태도	이유
화자가 ( )이 된 여인을 만남.	합장하는 여승을 보며 ( )을 느낌.	여승의 쓸쓸한 얼굴을 보며 그녀의 불행한 삶을 생각함.
	여승의 비극적인 삶을 생각하며 슬픔과 연민을 느낌.	• 여인은 금점판에서 어린 딸을 데리고 옥수수를 팖. • 집을 나간 여인의 남편은 돌아오지 않고, 어린 딸은 ( ). • 여인은 머리를 깎고 여승이 됨.

2 〈시의 구조〉

이 시의 구조를 다음과 같이 정리할 때 빈칸에 들어갈 말을 써 보자.

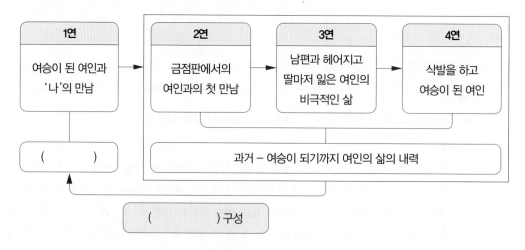

1연	2연	3연	4연
여승이 된 여인과 '나'의 만남	금점판에서의 여인과의 첫 만남	남편과 헤어지고 딸마저 잃은 여인의 비극적인 삶	삭발을 하고 여승이 된 여인

(   )

과거 – 여승이 되기까지 여인의 삶의 내력

(   ) 구성

3 〈표현상 특징〉

이 시에 쓰인 표현 방법을 파악해 보자.

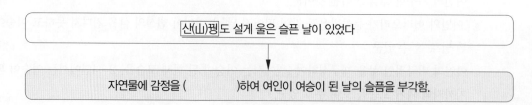

산(山)꿩도 설게 울은 슬픈 날이 있었다

↓

자연물에 감정을 (   )하여 여인이 여승이 된 날의 슬픔을 부각함.

얇은 사(紗) 하이얀 고깔은 / 고이 접어서 나빌레라.

파르라니 깎은 머리 / 박사(薄紗) 고깔에 감추오고

두 볼에 흐르는 빛이 / 정작으로 고와서 서러워라.

빈 대(臺)에 황촉(黃燭)불이 말없이 녹는 밤에
오동잎 잎새마다 달이 지는데

소매는 길어서 하늘은 넓고
돌아설 듯 날아가며 사뿐히 접어 올린 외씨보선이여.

까만 눈동자 살포시 들어
먼 하늘 한 개 별빛에 모두오고

복사꽃 고운 뺨에 아롱질 듯 두 방울이야
세사에 시달려도 번뇌는 별빛이라.

휘어져 감기우고 다시 접어 뻗는 손이
깊은 마음속 거룩한 합장인 양하고

이 밤사 귀또리도 지새는 삼경(三更)인데
얇은 사(紗) 하이얀 고깔은 고이 접어서 나빌레라.

– 조지훈, 「승무」 –

[정답과 해설 8쪽]

1 이 시는 세속적 번뇌를 종교적으로 승화하려는 (   )의 모습을, 「여승」은 가난 때문에 가족을 잃고 (   )이 된 여인의 비극적인 삶을 그리고 있다.

2 이 시의 표현상 특징으로 적절하지 <u>않은</u> 것은?

① 시적 허용　　　　　　　　　　　② 동적 이미지
③ 색채어의 사용　　　　　　　　　④ 수미 상관의 구조
⑤ 공간의 이동에 따른 시상 전개

쉽게 씌어진 시 | 윤동주

• 수록 교과서: 문학_동아, 금성, 미래엔, 비상, 지학사, 천재(김), 천재(정)
• 기출: 2013–11월 고1 학평

창(窓)밖에 ⊙밤비가 속살거려
육첩방(六疊房)*은 남의 나라,

시인(詩人)이란 ⊙슬픈 천명(天命)인 줄 알면서도*
한 줄 시(詩)를 적어 볼까,

땀내와 사랑 내 포근히 품긴
보내 주신 ⊙학비 봉투(學費封套)를 받어

대학(大學) 노-트를 끼고
②늙은 교수(教授)의 강의 들으러 간다.

생각해 보면 어린 때 동무들
하나, 둘, 죄다 잃어버리고

나는 무얼 바라
나는 다만, **홀로 침전(沈澱)***하는 것일까?

인생(人生)은 살기 어렵다는데
시(詩)가 이렇게 쉽게 씌어지는 것은
부끄러운 일이다.

육첩방(六疊房)은 남의 나라
⊙창(窓)밖에 밤비가 속살거리는데,

등불을 밝혀 어둠을 조금 내몰고,
시대(時代)처럼 올 아침*을 기다리는 최후(最後)의 나,

나는 나에게 작은 손을 내밀어
눈물과 위안(慰安)으로 잡는 **최초(最初)의 악수(握手).**

*
육첩방 일본식 돗자리인 다다미 여섯 장을 깐 방.
시인이란 ~ 알면서도 부정적 현실에 직접적, 적극적으로 대응하지 못하는 시인의 한계를 인식함.
침전 액체 속에 있는 물질이 밑바닥에 가라앉음. 기분 따위가 가라앉음.
시대처럼 올 아침 '올'이라는 표현을 사용하여 긍정적인 미래가 올 것이라는 확신을 드러냄.

윤동주의 작품 경향

북간도에서 출생한 윤동주는 연희 전문학교를 거쳐 일본에서 유학하던 중 독립운동 혐의로 체포되어 29살의 나이로 생을 마감했다. 윤동주의 시는 식민지 시대를 살아가는 지식인의 고뇌, 진실한 자기 성찰과 함께 솔직한 참회의 태도가 담겨 있다고 평가된다. 특히 현실에 순응하며 사는 현실적 자아와 현실 극복의 의지를 지니는 이상적 자아의 갈등과 화해는 윤동주 시의 중요한 흐름의 하나로 자리 잡고 있다.

기출 변형

1 위 시의 특징으로 적절한 것을 <u>모두</u> 고른 것은?

보기

ㄱ. 어조의 변화를 통해 시적 긴장감을 높이고 있다.
ㄴ. 명사로 끝나는 시행을 반복하여 여운을 남기고 있다.
ㄷ. 의미상 대조를 이루는 시어를 사용하여 주제를 부각하고 있다.
ㄹ. 원경에서 근경으로의 시선 이동을 통해 풍경을 묘사하고 있다.

① ㄱ, ㄴ   ② ㄱ, ㄷ   ③ ㄱ, ㄹ
④ ㄴ, ㄷ   ⑤ ㄴ, ㄹ

개념 **원경과 근경**

원경은 멀리 떨어진 장면을 말하고, 근경은 가까이에 있는 장면을 말한다. 시에서 원경과 근경은 대개 화자의 시선에 따라 시상이 전개될 때 나타난다.
예 '머언 산 청운사 [중략] 청노루 / 맑은 눈에 // 도는 구름'에서 화자는 처음에는 멀리 떨어진 청운사를 보다가 가까이 있는 노루로 시선을 이동한다. 원경에서 근경으로 시선을 이동한 것이다.

기출

2 〈보기〉를 바탕으로 위 시를 감상한 내용으로 적절하지 <u>않은</u> 것은?

보기

이 작품은 윤동주가 일제 강점기 때 일본에서 유학하며 쓴 시이다. 이 시에서 화자는 자아 성찰을 통해 무기력한 삶을 반성하고 현실을 극복하려는 의지와 희망적인 미래에 대한 확신을 드러낸다. 이 과정에서 현실에 안주하고 있는 현실적 자아와 현실 극복 의지를 지닌 이상적 자아 사이의 갈등은 해소되고 두 자아는 화해를 이루게 된다.

① '육첩방은 남의 나라'는 화자가 처해 있는 부정적인 현실을 의미하는군.
② '홀로 침전하는 것'은 일제 강점기 현실 속에서 고결함을 유지하고자 하는 화자의 의지를 나타내는군.
③ '등불을 밝혀 어둠을 조금 내몰고'는 현실 상황을 극복하려는 화자의 의지를 드러내는군.
④ '시대처럼 올 아침'은 긍정적인 미래에 대한 화자의 확고한 인식을 드러내는군.
⑤ '최초의 악수'는 현실적 자아와 이상적 자아가 화해에 이르렀음을 나타내는군.

개념 **자아 성찰**

자아 성찰이란 자기 자신의 의식이나 생각, 태도 등을 반성하면서 살피는 것을 말한다. 시에서 자아 성찰은 화자의 내적 갈등과 연결되며, 이때 화자는 고백적인 태도를 보이게 된다.

3 ㉠~㉤에 대한 설명으로 가장 적절한 것은?

① ㉠: 시간적 배경을 드러내면서 낭만적 분위기를 조성한다.
② ㉡: 부정적 현실에 적극적으로 대응하지 못하는 화자의 자기 인식을 드러낸다.
③ ㉢: 화자의 신분을 드러내는 소재로, 태도 변화의 직접적 계기를 제공한다.
④ ㉣: 현실에 저항하는 지식인으로, 화자가 동질감을 느끼는 대상이다.
⑤ ㉤: 현실과 대비되는 공간으로, 화자가 추구하는 이상 세계를 상징한다.

1 〈화자의 정서와 태도〉
시적 상황에 따른 화자의 정서와 태도를 그 이유와 함께 정리해 보자.

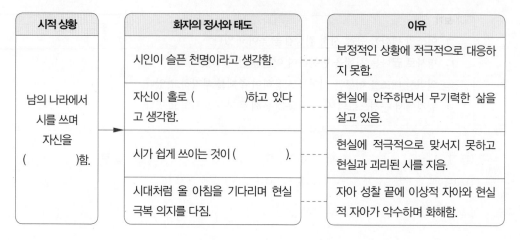

시적 상황	화자의 정서와 태도	이유
남의 나라에서 시를 쓰며 자신을 (　　　)함.	시인이 슬픈 천명이라고 생각함.	부정적인 상황에 적극적으로 대응하지 못함.
	자신이 홀로 (　　　)하고 있다고 생각함.	현실에 안주하면서 무기력한 삶을 살고 있음.
	시가 쉽게 쓰이는 것이 (　　　).	현실에 적극적으로 맞서지 못하고 현실과 괴리된 시를 지음.
	시대처럼 올 아침을 기다리며 현실 극복 의지를 다짐.	자아 성찰 끝에 이상적 자아와 현실적 자아가 악수하며 화해함.

2 〈시의 구조〉
이 시의 구조를 다음과 같이 정리할 때 빈칸에 들어갈 말을 써 보자.

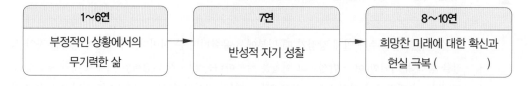

1~6연	7연	8~10연
부정적인 상황에서의 무기력한 삶	반성적 자기 성찰	희망찬 미래에 대한 확신과 현실 극복 (　　　)

3 〈시의 화자〉
이 시에 나타난 화자의 두 가지 모습을 정리해 보자.

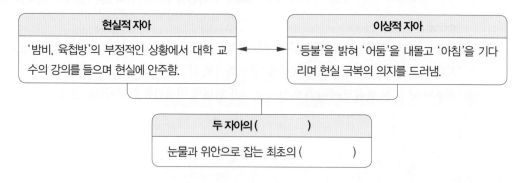

현실적 자아	이상적 자아
'밤비, 육첩방'의 부정적인 상황에서 대학 교수의 강의를 들으며 현실에 안주함.	'등불'을 밝혀 '어둠'을 내몰고 '아침'을 기다리며 현실 극복의 의지를 드러냄.

두 자아의 (　　　)

눈물과 위안으로 잡는 최초의 (　　　)

4 〈시어의 의미〉
이 시에 나타난 주요 시어의 상징적 의미를 파악해 보자.

밤비, 육첩방, 어둠	부정적 현실(일제 강점기)
등불	현실 극복의 의지
(　　　)	화자가 소망하는 희망찬 미래(조국의 독립)

연계 포인트 이 시는 시인으로서의 신념과 현실적인 문제 사이에서 갈등하는 시인의 고뇌와 극복 과정을 표현하고 있다. 시인을 화자로 내세워 현실에서의 신념과 의지를 다루었다는 점에서 「쉽게 씌어진 시」와 함께 읽어 볼 수 있다.

시를 믿고 어떻게 살아가나
서른 먹은 사내가 하나 잠을 못 잔다.
먼 기적 소리 처마를 스쳐가고
잠들은 아내와 어린것의 베갯맡에
밤눈이 내려 쌓이나 보다.
무수한 손에 뺨을 얻어맞으며
항시 곤두박질해 온 생활의 노래
지나는 돌팔매에도 이제는 피곤하다.
먹고 산다는 것
너는 언제까지 나를 쫓아오느냐.
㉠등불을 켜고 일어나 앉는다.
담배를 피워 문다.
쓸쓸한 것이 오장을 씻어 내린다.
노신(魯迅)이여
이런 밤이면 ㄱ대가 생각난다.
온 세계가 눈물에 젖어 있는 밤
상해(上海) 호마로(胡馬路) 어느 뒷골목에서
쓸쓸히 앉아 지키던 ㉡등불
등불이 나에게 속삭거린다.
여기 하나의 상심한 사람이 있다.
여기 하나의 굳세게 살아온 인생이 있다.

― 김광균, 「노신」 ―

[정답과 해설 10쪽]

1 이 시의 화자와 「쉽게 씌어진 시」의 화자에 대한 설명으로 적절하지 <u>않은</u> 것은?

① 시를 쓰는 사람이다.　　　　　　　　② 자신의 삶을 성찰하고 있다.

③ 현실을 부정적으로 인식하고 있다.　　④ 현실 극복의 의지를 다지고 있다.

⑤ 신념과 생계 사이에서 갈등하고 있다.

2 이 시에서 ㉠은 '노신'을 떠올리는 (　　　　　　)의 역할을 하고, ㉡은 화자에게 영향을 주는 '노신의 (　　　　　)'을 상징한다.

꽃덤불 | 신석정

• 수록 교과서: 문학_해냄
• 기출: 2016-9월 고3 모평A, B

태양을 의논하는 거룩한 이야기는
㉠항상 태양을 등진 곳에서만 비롯하였다.

㉡달빛이 흡사 비 오듯 쏟아지는 밤에도
우리는 헐어진 성터를 헤매이면서
언제 참으로 그 언제 우리 하늘에
오롯한 태양을 모시겠느냐고
가슴을 쥐어뜯으며 이야기하며 이야기하며
가슴을 쥐어뜯지 않았느냐?

㉢그러는 동안에 영영 잃어버린 벗도 있다.
그러는 동안에 멀리 떠나 버린 벗도 있다.
그러는 동안에 몸을 팔아 버린 벗도 있다.
그러는 동안에 맘을 팔아 버린 벗도 있다.

㉣그러는 동안에 드디어 서른여섯 해가 지나갔다.

다시 우러러보는 이 하늘에
㉤겨울밤 달이 아직도 차거니
오는 봄엔 분수처럼 쏟아지는 태양을 안고
그 어느 언덕 꽃덤불*에 아늑히 안겨 보리라.

신석정의 작품 경향

신석정에게는 흔히 '목가적, 전원적'이라는 말이 따라다닌다. 고향에서 밭을 일구며 창작 활동을 해 왔던 그는 아름다운 자연을 배경으로 전원생활의 기쁨이나 낭만을 표현한 작품을 다수 창작하였다. 그렇다고 해서 신석정에게 현실에 대한 고민이 없었던 것은 아니다. 그는 일제 강점기의 암울한 현실, 해방 이후의 기쁨과 혼란 등을 다룬 시도 창작하였다. 그런 경우에도 자연은 그의 시에서 중요한 소재로 등장하였다.

*
꽃덤불 꽃이 많이 우거진 덤불. 여기서는 화자가 기대하는 미래, 진정한 독립과 민족의 화합이 이루어진 세상을 의미함.

기출 변형

1 위 시에 대한 설명으로 적절한 것은?

① 색채어를 통해 새롭게 나타난 것들의 가치를 강조하고 있다.

② 공간의 이동에 따라 시상을 전개하면서 화자의 태도 변화를 드러내고 있다.

③ 역설적 표현을 활용하여 지향하는 세계에 대한 강력한 열망을 드러내고 있다.

④ 자연과 인간을 대비하여 세속적 가치를 초월한 삶에 대한 지향을 드러내고 있다.

⑤ 시련과 고난을 드러내는 표현을 사용하여 기대가 실현되기 이전의 상황을 제시하고 있다.

개념 색채어와 색채 이미지

색채어는 색깔을 나타내는 시어이며, 특정 색깔을 연상하게 하는 시어는 색채 이미지를 환기시키는 시어이다. 이때 색채 이미지는 색채어를 쓰지 않아도 환기될 수 있다.

예 '흰나비는 도무지 바다가 두렵지 않다'에서 '흰나비'는 색채어이며, '바다'는 '푸른색'을 떠올리게 하므로 색채 이미지를 환기시킨다.

기출 변형

2 ㉠~㉤에 나타난 화자의 태도에 대한 설명으로 가장 적절한 것은?

① ㉠: 일상을 권태롭게 여기는 태도가 '항상'을 통해 부각되고 있다.

② ㉡: 지향하는 세상이 올 것이라고 믿는 태도가 '흡사'를 통해 부각되고 있다.

③ ㉢: 부재하는 인물에 대해 죄책감을 느끼는 태도가 '영영'을 통해 부각되고 있다.

④ ㉣: 불행했던 시절이 되돌아올 것에 대비하려는 태도가 '드디어'를 통해 부각되고 있다.

⑤ ㉤: 부정적 상황이 온전히 극복되지 못한 것을 안타깝게 여기는 태도가 '아직도'를 통해 부각되고 있다.

기출 변형

3 〈보기〉를 바탕으로 위 시를 이해한 내용으로 적절하지 <u>않은</u> 것은?

> **보기**
>
> 사랑이 이루어진 상황을 사랑의 결실이라고 부르는 것은, 사랑을 이루기 위해 지극한 노력이 필요하기 때문이다. 사랑하기로 마음먹는 것만으로 사랑의 결실을 얻을 수는 없다. 사랑하는 대상에게 지속적으로 관심을 쏟아야 하고, 그 대상을 빼앗으려 하거나 위협하는 것들에 맞서야 한다. 이는 연인은 물론 다른 대상을 향한 사랑에서도 마찬가지이다.

① '태양을 의논하는 거룩한 이야기'가 '태양을 등진 곳'에서만 비롯한다는 것은 사랑의 결실을 맺기 어려운 상황에 있었음을 의미한다.

② '헐어진 성터'를 헤매고 '이야기'를 나누는 것은 사랑하는 대상에 대한 관심을 잃지 않았음을 의미한다.

③ '몸'과 '맘'을 팔아 버린 벗들의 삶은 사랑하는 대상을 되찾기 위한 지속적인 노력을 의미한다.

④ '오는 봄'에 '태양'을 안겠다고 말하는 것은 아직 사랑의 결실을 맺지 못하였음을 의미한다.

⑤ '어느 언덕 꽃덤불'에 안기는 것은 노력을 통해 얻으려 하는 사랑의 결실을 의미한다.

1 〈화자의 정서와 태도〉

시적 상황에 따른 화자의 정서와 태도를 그 이유와 함께 정리해 보자.

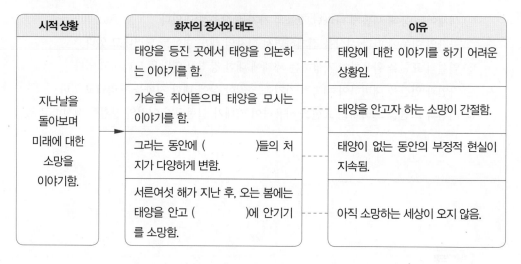

시적 상황	화자의 정서와 태도	이유
지난날을 돌아보며 미래에 대한 소망을 이야기함.	태양을 등진 곳에서 태양을 의논하는 이야기를 함.	태양에 대한 이야기를 하기 어려운 상황임.
	가슴을 쥐어뜯으며 태양을 모시는 이야기를 함.	태양을 안고자 하는 소망이 간절함.
	그러는 동안에 (　　　)들의 처지가 다양하게 변함.	태양이 없는 동안의 부정적 현실이 지속됨.
	서른여섯 해가 지난 후, 오는 봄에는 태양을 안고 (　　　)에 안기기를 소망함.	아직 소망하는 세상이 오지 않음.

2 〈시의 구조〉

이 시의 구조를 다음과 같이 정리할 때 빈칸에 들어갈 말을 써 보자.

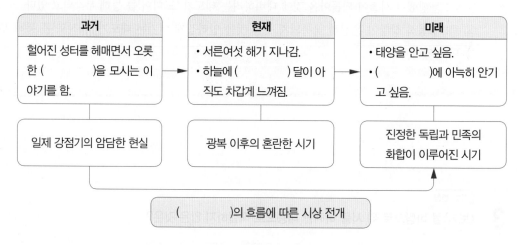

과거	현재	미래
헐어진 성터를 헤매면서 오롯한 (　　　)을 모시는 이야기를 함.	• 서른여섯 해가 지나감. • 하늘에 (　　　) 달이 아직도 차갑게 느껴짐.	• 태양을 안고 싶음. • (　　　)에 아늑히 안기고 싶음.
일제 강점기의 암담한 현실	광복 이후의 혼란한 시기	진정한 독립과 민족의 화합이 이루어진 시기

(　　　)의 흐름에 따른 시상 전개

3 〈시어의 의미〉

이 시의 시대적 배경을 고려하여 시어의 상징적 의미를 파악해 보자.

태양	조국의 (　　　)
밤	일제 강점기
헐어진 성터	일제에 의해 국권을 상실한 (　　　)
겨울밤	광복 이후의 혼란한 상황
봄	진정한 광복의 날
꽃덤불	혼란을 극복하고 진정한 독립과 민족의 (　　　)이 이루어진 세상

산아. 우뚝 솟은 푸른 산아. 철철철 흐르듯 짙푸른 산아. 숱한 나무들, 무성히 무성히 우거진 산마루에, 금빛 기름진 햇살은 내려오고, 둥 둥 산을 넘어, 흰 구름 건넌 자리 씻기는 하늘. 사슴도 안 오고 바람도 안 불고, 넘엇 골 골짜기서 울어 오는 뻐꾸기…….

산아. 푸른 산아. 네 가슴 향기로운 풀밭에 엎드리면, 나는 가슴이 울어라. 흐르는 골짜기 스며드는 물소리에, 내사 줄줄줄 가슴이 울어라. 아득히 가 버린 것 잊어버린 하늘과, 아른아른 오지 않는 보고 싶은 하늘에, 어쩌면 만나도질 볼이 고운 사람이, 난 혼자 그리워라. 가슴으로 그리워라.

티끌 부는 세상에도 벌레 같은 세상에도 눈 맑은, 가슴 맑은, 보고지운 나의 사람. 달밤이나 새벽녘, 홀로 서서 눈물 어릴 볼이 고운 나의 사람, 달 가고, 밤 가고, 눈물도 가고, 티어 올 밝은 하늘 빛난 아침 이르면, 향기로운 이슬밭 푸른 언덕을, 총총총 달려도 와 줄 볼이 고운 나의 사람.

푸른 산 한나절 구름은 가고, 골 넘어, 골 넘어, 뻐꾸기는 우는데, 눈에 어려 흘러가는 물결 같은 사람 속, 아우성쳐 흘러가는 물결 같은 사람 속에, 난 그리노라. 너만 그리노라. 혼자서 철도 없이 난 너만 그리노라.

- 박두진, 「청산도」 -

[정답과 해설 12쪽]

1 이 시의 '달밤', '새벽녘'과 「꽃덤불」의 '겨울밤'은 모두 (   )인 현실을 상징적으로 드러내는 시어이다.

2 이 시에 대한 설명으로 적절하지 <u>않은</u> 것은?

  ① 자연을 청자로 설정   ② 반복을 통한 그리움의 정서 강조

  ③ 대조적인 시어로 주제 의식 강조   ④ 음성 상징어를 통한 감각적 표현

  ⑤ 공간의 이동에 따른 화자의 태도 변화

울음이 타는 가을 강 | 박재삼

• 기출: 2014–11월 고2 학평B

마음도 한자리 못 앉아 있는 마음일 때,
㉠친구의 서러운 사랑 이야기를
가을 햇볕*으로나 동무 삼아 따라가면,
어느새 등성이에 이르러 눈물나고나.

㉡제삿날 큰집에 모이는 불빛도 불빛이지만,
㉢해 질 녘 울음이 타는 가을 강을 보것네.

저것 봐, 저것 봐,
네보담도 내보담도
㉣그 기쁜 첫사랑 산골 물소리가 사라지고
㉤그다음 사랑 끝에 생긴 울음까지 녹아나고
이제는 미칠*일 하나로 바다에 다 와 가는
소리 죽은 가을 강을 처음 보것네.*

박재삼의 작품 경향

일본에서 태어나 경남에서 어린 시절을 보낸 박재삼의 유년기는 그리 유복하지 않았다. 가난 때문에 중학교 진학을 포기한 그는 여고에서 사환으로 일했는데, 그때 시조 시인 김상옥의 눈에 띄어 문단 활동을 하게 된다. 이러한 유년기의 경험은 그를 '한(恨)의 시인'으로 만드는데 영향을 미쳤다. 외래어와 외국 정서가 인기를 끌던 시기에 가장 한국적인 언어로 한국적 정서를 표현한 그의 시는 김소월, 서정주로 내려오던 한국 전통 시의 맥을 이었다고 평가받는다.

*
가을 햇볕 소멸의 이미지를 나타내는 시어로 쓸쓸한 분위기를 조성함. 이는 '친구의 서러운 사랑 이야기'로 슬프고 우울해진 화자의 심리를 고조시키는 역할을 함.
미칠 공간적 거리나 수준 따위가 일정한 선에 닿을.
그 기쁜 ~ 처음 보것네. 자연 현상을 인간의 삶에 빗대어 표현함. 산골의 물이 청년기를 의미한다면 그 물줄기가 모여서 강을 이루고 바다에 다가가는 것은 나이듦을 의미한다고 볼 수 있음. 결국 '바다에 다 와 가는' 가을 강은 인생의 후반기를 의미한다고 볼 수 있으며, 젊은 시절의 기쁨과 아픔을 모두 삭이고 인내한 모습을 '소리 죽은 가을 강'으로 표현했다고 볼 수 있음.

기출 변형

1 위 시의 특징으로 가장 적절한 것은?

① 자연 현상에 인생과 관련된 의미를 부여하고 있다.
② 음성 상징어를 사용하여 화자의 의도를 드러내고 있다.
③ 구체적인 지명을 활용하여 시적 상황을 구체화하고 있다.
④ 서구적인 소재를 활용하여 이국적인 정서를 표현하고 있다.
⑤ 반어적 표현을 통해 현실에 대한 비판적 태도를 드러내고 있다.

개념 반어적 표현

반어적 표현은 전달하고자 하는 내용과 반대로 표현해 의도를 강조하는 것을 말한다.
예 '나 보기가 역겨워 / 가실 때에는 / 죽어도 아니 눈물 흘리우리다'에서는 이별로 인한 극한 슬픔과 상실감을 '죽어도 울지 않겠다.'라고 반대로 표현하고 있다.

기출

2 〈보기〉를 참고하여 위 시에 대해 감상한 것으로 적절하지 <u>않은</u> 것은?

> **보기**
>
> 「울음이 타는 가을 강」은 친구의 이야기와 강물의 흐름이라는 두 개의 정황이 진술의 축을 이루고 있다. 이러한 두 개의 정황은 '물'과 관련된, 하강의 이미지나 흐름의 이미지와 대응을 이루며 소멸의 이미지로 이어지게 된다. 특히 시상이 전개될수록 소멸에 따른 슬픔과 허무의 정서가 고조되고, 이러한 정서가 개인에서 인간의 삶으로까지 확장되면서 인간 삶의 유한함을 드러냄과 동시에 설움의 보편성까지 확보하고 있다.

① 1연에서 '서러운'에 나타나는 정서는, 화자가 '동무 삼아 따라가'는 과정을 거친 후 하강의 이미지로 형상화됨을 알 수 있어.
② 1연에서 '사랑 이야기' 끝에 보인 화자의 '눈물'이 2연에서 '울음'으로 이어지는 것으로 보아 슬픔의 감정이 점차 고조되어 감을 알 수 있어.
③ 1연의 '햇볕', 2연의 '해 질 녘'은 각각 흐름, 소멸의 이미지를 부각시켜 설움의 보편성을 이끌어 내고 있다고 볼 수 있어.
④ 3연의 '첫사랑 산골 물소리'가 '소리 죽은 가을 강'에 이르는 것을 강물이 바다에 이르는 과정으로 본다면, 이는 인생의 과정을 형상화한 것이라고 볼 수 있어.
⑤ 3연의 '사랑 끝에 생긴 울음까지 녹아'난 '가을 강'이 '바다에' 다다를 '일'만 남았다고 본다면, 이는 인간 삶의 유한함과 관련된 허무의 정서를 드러낸 것이라고 볼 수 있어.

개념 감각의 전이

감각의 전이는 흔히 '공감각'이라고도 하며, 하나의 감각을 다른 감각으로 옮겨서(전이시켜) 표현하는 것을 말한다. 이는 단순히 두 개의 감각을 나열한 복합 감각과는 다르다.
예 '분수처럼 흩어지는 푸른 종소리'에서는 '종소리'라는 청각적 심상을 '분수처럼 흩어지는 푸른'이라는 시각적 심상으로 표현하였다. 이는 청각의 시각화로 감각의 전이가 일어난 것이다. 반면 '접동새 소리 별 그림자'는 청각적 심상과 시각적 심상을 나열한 복합 감각이 사용된 것이다.

3 ㉠~㉣ 중, 〈보기〉의 ㉮에 해당하는 것은?

> **보기**
>
> 시인들은 추상적인 내용을 좀 더 생생하게 전달하기 위해 의식 속의 감각을 활용한다. 이를 위해 오감(五感), 즉 시각, 청각, 촉각, 후각, 미각을 자극하는 표현을 사용하여 독자들로 하여금 감각적이고 구체적인 경험을 떠올리게 하는 것이다. 때에 따라서는 ㉮하나의 감각을 다른 감각으로 전이함으로써 생경한 표현 효과를 유도하기도 한다.

① ㉠   ② ㉡   ③ ㉢   ④ ㉣   ⑤ ㉤

1 〈화자의 정서와 태도〉

시적 상황에 따른 화자의 정서와 태도를 그 이유와 함께 정리해 보자.

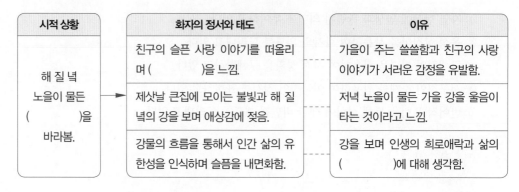

시적 상황	화자의 정서와 태도	이유
해 질 녘 노을이 물든 (　　　)을 바라봄.	친구의 슬픈 사랑 이야기를 떠올리며 (　　　)을 느낌.	가을이 주는 쓸쓸함과 친구의 사랑 이야기가 서러운 감정을 유발함.
	제삿날 큰집에 모이는 불빛과 해 질 녘의 강을 보며 애상감에 젖음.	저녁 노을이 물든 가을 강을 울음이 타는 것이라고 느낌.
	강물의 흐름을 통해서 인간 삶의 유한성을 인식하며 슬픔을 내면화함.	강을 보며 인생의 희로애락과 삶의 (　　　)에 대해 생각함.

2 〈시의 구조〉

이 시의 구조를 다음과 같이 정리할 때 빈칸에 들어갈 말을 써 보자.

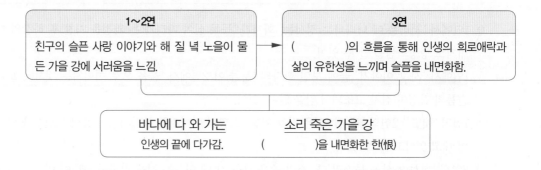

1~2연	3연
친구의 슬픈 사랑 이야기와 해 질 녘 노을이 물든 가을 강에 서러움을 느낌.	(　　　)의 흐름을 통해 인생의 희로애락과 삶의 유한성을 느끼며 슬픔을 내면화함.

바다에 다 와 가는	소리 죽은 가을 강
인생의 끝에 다가감.	(　　　)을 내면화한 한(恨)

3 〈시어의 기능〉

이 시에서 '물'과 '불'의 이미지가 주는 효과를 정리해 보자.

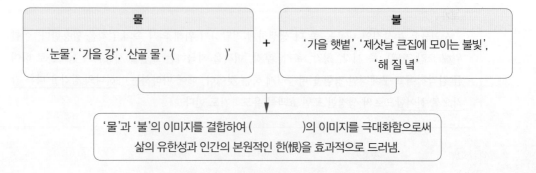

물	불
'눈물', '가을 강', '산골 물', '(　　　)'	'가을 햇볕', '제삿날 큰집에 모이는 불빛', '해 질 녘'

'물'과 '불'의 이미지를 결합하여 (　　　)의 이미지를 극대화함으로써
삶의 유한성과 인간의 본원적인 한(恨)을 효과적으로 드러냄.

가야 할 때가 언제인가를
분명히 알고 가는 이의
뒷모습은 얼마나 아름다운가.

봄 한 철 / 격정을 인내한
나의 사랑은 지고 있다.

분분한 낙화……
결별이 이룩하는 축복에 싸여
지금은 가야 할 때,

무성한 녹음과 그리고
머지않아 열매 맺는 / 가을을 향하여

나의 청춘은 꽃답게 죽는다.

헤어지자 / 섬세한 손길을 흔들며
하롱하롱 꽃잎이 지는 어느 날

나의 사랑, 나의 결별
샘터에 물 고이듯 성숙하는
내 영혼의 슬픈 눈.

− 이형기, 「낙화」 −

[정답과 해설 13쪽]

1 이 시와 「울음이 타는 가을 강」은 (   )을 인간의 삶과 대응시켜 의미를 이끌어 낸다는 점에서 공통점이 있다.

2 이 시에 대한 설명으로 적절하지 <u>않은</u> 것은?

① 1연: 영탄적 어조로 깨끗한 이별의 아름다움을 강조함.
② 2연: 하강적 이미지를 사용하여 애상적 정서를 불러일으킴.
③ 3연: 역설적 표현을 사용하여 이별의 아픔을 부각함.
④ 4~5연: 계절감을 드러내는 시어를 사용하여 이별을 통한 성숙을 표현함.
⑤ 6연: 음성 상징어를 사용하여 대상의 상태를 효과적으로 드러냄.

어느 날 고궁을 나오면서 | 김수영

• 수록 교과서: 문학_금성, 신사고, 지학사, 천재(김)
• 기출: 2013-9월 고2 학평A, B

㉠왜 나는 조그만 일에만 분개하는가.

저 왕궁 대신에 왕궁의 음탕 대신에

오십 원짜리 갈비가 기름 덩어리만 나왔다고 분개하고

옹졸하게 분개하고 설렁탕집 **돼지 같은 주인년**한테 욕을 하고

옹졸하게 욕을 하고

한번 정정당당하게 / 붙잡혀 간 소설가를 위하여

언론의 자유를 요구하고 월남 파병에 반대하는

자유를 이행하지 못하고

이십 원을 받으러 세 번씩 네 번씩 / 찾아오는 야경꾼*만 증오하고 있는가.

옹졸한 나의 **전통은 유구**하고 이제 내 앞에 정서로 / 가로놓여 있다.

㉡이를테면 이런 일이 있었다.

부산에 포로수용소의 제십사 야전 병원*에 있을 때

정보원이 너어스들과 스폰지를 만들고 거즈를 개키고 있는

나를 보고 포로 경찰이 되지 않는다고

남자가 뭐 이런 일을 하고 있느냐고 놀린 일이 있었다. / 너어스들 옆에서

지금도 내가 반항하고 있는 것은 이 ⓐ스폰지 만들기와

거즈 접고 있는 일과 조금도 다름없다.

개의 울음소리를 듣고 그 비명에 지고

머리에 피도 안 마른 애놈의 투정에 진다.

떨어지는 은행나뭇잎도 내가 밟고 가는 가시밭

㉢아무래도 나는 비켜서 있다. **절정 위에는 서 있지**

않고 암만해도 조금쯤 옆으로 비켜서 있다.

그리고 조금쯤 옆에 서 있는 것이 조금쯤 / 비겁한 것이라고 알고 있다!

그러니까 이렇게 옹졸하게 반항한다.

㉣이발쟁이에게 / 땅 주인에게는 못하고 이발쟁이에게

구청 직원에게는 못하고 동회 직원에게도 못하고

야경꾼에게 이십 원 때문에 십 원 때문에 일 원 때문에 / 우습지 않으냐 일 원 때문에

김수영외 작품 견향

김수영은 1960년대 후반에 '모든 문학은 불온해야 한다.'라고 말하면서 문학의 가치를 현실 참여에서 찾았다. 4·19 혁명은 김수영이 현실 문제에 관심을 갖게 된 중요한 계기였다. 그는 현실에 대한 비판적 태도로 사회의 부조리한 면에 관심을 가지면서 힘없는 자들의 편에 서서 자유와 정의를 외치는 시를 썼다. 참여 문학의 대표적 시인이었던 김수영은 '민초(民草)'라는 말을 널리 알린 참여시의 대표작 「풀」을 지은 지 보름이 안 되어 불의의 교통사고로 세상을 떠났다.

ⓜ모래야 나는 얼마큼 작으냐.

바람아 먼지야 풀아 난 얼마큼 작으냐. / 정말 얼마큼 작으냐……

*
야경꾼 밤사이에 화재나 범죄가 없도록 살피고 지키는 사람.
야전 병원 싸움터에서 생기는 부상병을 일시적으로 수용하고 치료하기 위하여 전투 지역에서 가까운 후방에 설치하는 병원.

기출

1 ㉠~ⓜ에 나타난 표현상의 특징으로 적절하지 않은 것은?

① ㉠: 자조적인 표현을 통해 시적 의미를 강조하고 있다.

② ㉡: 과거의 경험을 제시하여 정서의 변화를 보여 주고 있다.

③ ㉢: 의도적 행갈이를 통해 시적 긴장감을 유지시키고 있다.

④ ㉣: 의미가 대비되는 시어를 사용하여 상황을 부각하고 있다.

⑤ ⓜ: 동일 시구의 반복과 변주로 주제 의식을 강조하고 있다.

개념 자조적

자조적이란 자기 자신을 비하하고 비웃는 것을 말한다. 보통 무기력한 자신을 비판하거나 조롱할 때 사용한다.

개념 반복과 변주

변주는 시어나 시구 등을 약간씩 변형해서 반복하는 것을 말한다. 같은 표현이 되풀이되는 '반복'과 함께 쓰이는 경우가 많다.
예 '너였다가 / 너였다가, 너일 것이었다가'에는 '너였다가'라는 표현이 두 번 쓰였고, '너일 것이었다가'로 약간 변형되어 반복되었다.

기출

2 〈보기〉를 바탕으로 위 시를 이해할 때 그 내용으로 적절하지 않은 것은?

> **보기**
>
> 일상적 제재와 비속어의 사용은 자신의 소시민적이고 속물적인 근성을 피하지 않고 정직하게 바라본 김수영 시의 특징이다. 이 정직함은 자신과 세계를 바로 응시할 수 있게 하고, 자기비판을 가능하게 한다. 이러한 비판 정신은 기존 질서에 대항하고 역사와 현실의 불합리에 맞서는 힘이 된다.

① '돼지 같은 주인년'이라는 표현은 설렁탕집 주인의 속물적 근성에 대한 맹렬한 비판이겠군.

② '자유를 이행하지 못하고' 있다는 생각은 소시민성에 대한 자각을 나타낸 것으로 볼 수 있겠어.

③ '전통은 유구'하다는 인식은 과거 자신의 처신에 대한 정확한 응시에 근거한 것이겠군.

④ '절정 위에' 서 있는 것은 기존 질서에 적극적으로 대항하는 것이라 하겠어.

⑤ '나'의 반성은 자기비판을 넘어 역사와 현실의 불합리에 맞서는 힘이 될 수 있겠군.

3 ⓐ에 대한 설명으로 가장 적절한 것은?

① 사소하고 보잘것없는 일 ② 이타적이고 희생적인 일

③ 평범하지만 가치 있는 일 ④ 불의한 현실에 굴복하는 일

⑤ 현실에 적극적으로 대응하는 일

〈화자의 정서와 태도〉

1 시적 상황에 따른 화자의 정서와 태도를 그 이유와 함께 정리해 보자.

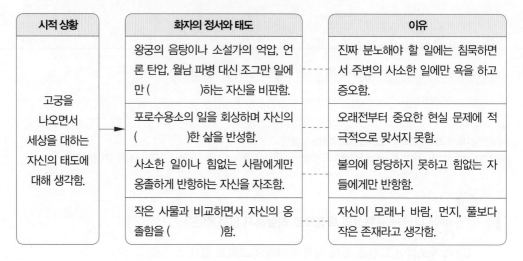

시적 상황	화자의 정서와 태도	이유
고궁을 나오면서 세상을 대하는 자신의 태도에 대해 생각함.	왕궁의 음탕이나 소설가의 억압, 언론 탄압, 월남 파병 대신 조그만 일에만 (　　　)하는 자신을 비판함.	진짜 분노해야 할 일에는 침묵하면서 주변의 사소한 일에만 욕을 하고 증오함.
	포로수용소의 일을 회상하며 자신의 (　　　)한 삶을 반성함.	오래전부터 중요한 현실 문제에 적극적으로 맞서지 못함.
	사소한 일이나 힘없는 사람에게만 옹졸하게 반항하는 자신을 자조함.	불의에 당당하지 못하고 힘없는 자들에게만 반항함.
	작은 사물과 비교하면서 자신의 옹졸함을 (　　　)함.	자신이 모래나 바람, 먼지, 풀보다 작은 존재라고 생각함.

〈시의 구조〉

2 이 시의 구조를 다음과 같이 정리할 때 빈칸에 들어갈 말을 써 보자.

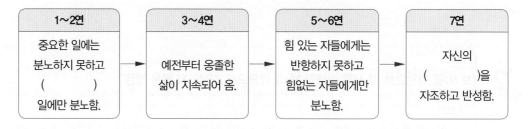

1~2연	3~4연	5~6연	7연
중요한 일에는 분노하지 못하고 (　　　) 일에만 분노함.	예전부터 옹졸한 삶이 지속되어 옴.	힘 있는 자들에게는 반항하지 못하고 힘없는 자들에게만 분노함.	자신의 (　　　)을 자조하고 반성함.

〈시의 주제〉

3 이 시에서 대조적인 상황을 비교해 본 후, 이를 통해 말하고자 하는 바를 파악해 보자.

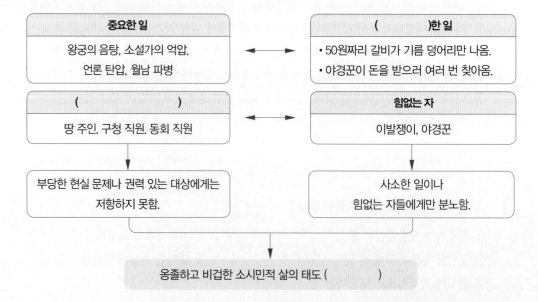

중요한 일	(　　　)한 일
왕궁의 음탕, 소설가의 억압, 언론 탄압, 월남 파병	• 50원짜리 갈비가 기름 덩어리만 나옴. • 야경꾼이 돈을 받으러 여러 번 찾아옴.

(　　　　　）	힘없는 자
땅 주인, 구청 직원, 동회 직원	이발쟁이, 야경꾼

부당한 현실 문제나 권력 있는 대상에게는 저항하지 못함.	사소한 일이나 힘없는 자들에게만 분노함.

옹졸하고 비겁한 소시민적 삶의 태도 (　　　)

4·19가 나던 해 세밑 / ⊙우리는 오후 다섯 시에 만나

반갑게 악수를 나누고 / 불도 없이 차가운 방에 앉아

하얀 입김 뿜으며 / 열띤 토론을 벌였다

어리석게도 우리는 무엇인가를 / 정치와는 전혀 관계없는 무엇인가를

위해서 살리라 믿었던 것이다

결론 없는 모임을 끝낸 밤 / 혜화동 로터리에서 대포를 마시며

사랑과 아르바이트와 병역 문제 때문에 / 우리는 때 묻지 않은 고민을 했고

아무도 귀 기울이지 않는 노래를 / 누구도 흉내 낼 수 없는 노래를

저마다 목청껏 불렀다

돈을 받지 않고 부르는 노래는 / 겨울밤 하늘로 올라가 / 별똥별이 되어 떨어졌다

그로부터 18년 오랜만에 / ⓒ우리는 모두 무엇인가 되어

혁명이 두려운 기성세대가 되어 / 넥타이를 매고 다시 모였다

회비를 만 원씩 걷고 / 처자식들의 안부를 나누고 / 월급이 얼마인가 서로 물었다

치솟는 물가를 걱정하며 / 즐겁게 세상을 개탄하고

익숙하게 목소리를 낮추어 / 떠도는 이야기를 주고받았다

모두가 살기 위해 살고 있었다 / 아무도 이젠 노래를 부르지 않았다

적잖은 술과 비싼 안주를 남긴 채 / 우리는 달라진 전화번호를 적고 헤어졌다

몇이서는 포커를 하러 갔고 / 몇이서는 춤을 추러 갔고 / 몇이서는 허전하게 동숭동 길을 걸었다

돌돌 말은 달력을 소중하게 옆에 끼고 / 오랜 방황 끝에 되돌아온 곳

우리의 옛사랑이 피 흘린 곳에 / 낯선 건물들 수상하게 들어섰고

플라타너스 가로수들은 여전히 제자리에 서서

아직도 남아 있는 몇 개의 마른 잎 흔들며 / 우리의 고개를 떨구게 했다

부끄럽지 않은가 / 부끄럽지 않은가

바람의 속삭임 귓전으로 흘리며 / 우리는 짐짓 중년기의 건강을 이야기하고

또 한 발짝 깊숙이 늪으로 발을 옮겼다

　　　　　　　　　　　　　　　　　　　　　－ 김광규, 「희미한 옛사랑의 그림자」 －

[정답과 해설 15쪽]

1 이 시와 「어느 날 고궁을 나오면서」는 (　　　　　　)적인 삶의 태도에 대한 성찰을 담고 있다는 점에서 공통점이 있다.

2 ⊙과 비교한 ⓒ의 특징으로 가장 적절한 것은?

① 열정적인 삶을 산다.　　　　　② 미래에 대한 희망이 있다.　　　　　③ 정신적인 가치를 중시한다.

④ 사회의 변화를 두려워한다.　　　⑤ 타인의 시선을 의식하지 않는다.

껍데기는 가라 | 신동엽

• 수록 교과서: 문학_창비, 천재(김)
• 기출: 2013-6월 고2 학평A

껍데기는 ⊙가라.
4월*도 알맹이만 남고
껍데기는 가라.

껍데기는 가라.
동학년* 곰나루*의, 그 ⓒ아우성만 살고
껍데기는 가라.

ⓒ그리하여, 다시
껍데기는 가라.
이곳에선, 두 가슴과 그곳까지 내논
아사달 아사녀*가
중립의 초례청* 앞에 서서
부끄럼 빛내며
맞절할지니

껍데기는 가라.
ⓔ한라에서 백두까지
향그러운 흙 가슴만 남고
그, ⓜ모오든 쇠붙이는 가라.

신동엽의 작품 경향

한국 전쟁과 4·19 혁명을 직접 겪은 신동엽에게 '4·19 정신의 계승'과 '분단의 극복'이라는 두 가지 과제는 그의 시에서 중심을 이루는 두 축이 되었다. 김수영과 함께 1960년대를 대표하는 참여 시인으로 평가받는 신동엽은 쉬운 언어로 민중 의식의 회복, 자주와 통일에 대한 염원을 표현하였다.

*
4월 1960년에 일어난 4·19 혁명.
동학년 동학 농민 운동이 일어난 1894년.
곰나루 충청남도 공주의 옛 이름으로 동학 농민 운동의 중심지였던 곳.
아사달 아사녀 신라의 무영탑 설화에 나오는 부부로, 남편인 아사달이 석가탑을 만들기 위해 떠난 후 서로를 그리워하다가 부부 모두가 비극적인 죽음을 맞이함. 하나였던 부부가 헤어졌다는 점에서 분단된 남과 북의 처지를 상징한다고 볼 수 있음. 따라서 아사달과 아사녀가 다시 만난다는 시의 내용은 남과 북이 하나가 되는 상황, 즉 통일의 상황을 의미한다고 볼 수 있음.
초례청 혼인 예식을 치르는 곳.

1 기출

위 시의 표현상 특징으로 가장 적절한 것은?

① 말을 건네는 방식으로 대상과의 친밀감을 드러내고 있다.

② 유사한 통사 구조를 반복하여 운율감을 나타내고 있다.

③ 설의적 표현을 활용하여 시적 긴장감을 높이고 있다.

④ 음성 상징어를 활용하여 대상을 묘사하고 있다.

⑤ 색채어를 대비하여 주제 의식을 강조하고 있다.

> **개념 묘사**
>
> 묘사는 대상의 모습을 그림 그리듯이 생생하게 표현한 것을 말한다. 이와 더불어 서사는 시간이 진행됨에 따라 전개되는 사건의 흐름을 서술한 것을 말한다.
> 예 '빼어난 가는 잎새 굳은 듯 보드랍고, / 자줏빛 굵은 대공 하얀 꽃이 벌고, / 이슬은 구슬이 되어 마디마디 달렸다.'에서는 이슬 맺힌 난초의 고결한 모습을 아름답게 묘사하고 있다.

2 기출

㉠~㉤에 대한 설명으로 적절하지 않은 것은?

① ㉠에는 화자의 단호한 어조가 나타나 있다.

② ㉡은 역사적 사건의 의미를 청각적으로 형상화하고 있다.

③ ㉢은 화자의 의지를 재차 강조하는 역할을 하고 있다.

④ ㉣에서 공간적 의미가 시간적 의미로 전환되고 있다.

⑤ ㉤은 시적 허용을 사용하여 의미를 강조하고 있다.

> **개념 시적 허용**
>
> 시적 허용은 시에서 시적 효과를 주기 위해 문법적으로 틀린 표현을 허용하는 것을 말한다.
> 예 '모든 순간이 다아 / 꽃봉오리인 것을'에서는 '다'라는 단어를 의도적으로 '다아'로 표현하면서 음악적인 효과를 높이고 의미를 강조하고 있다.

3 기출

〈보기〉를 참고하여 위 시를 감상한 내용으로 적절하지 않은 것은?

> **보기**
>
> 　신동엽 시인은 인간 생명의 원초적 본질인 대지에서 우리 민족 공동체가 함께 살기를 소망했다. 하지만 당시는 외세의 개입으로 인한 사회적 모순과 부조리가 가득했고 남과 북은 이념 대립으로 분단되어 있는 상태였다. 시인은 이런 문제를 해결하기 위해서 외세와 봉건에 저항했던 동학 혁명이나 불의에 저항했던 4월 혁명과 같은 정신이 필요하다고 생각했다.

① '껍데기'는 현실의 문제를 유발하는 외세와 그 추종 세력을 의미하는 것으로 볼 수 있겠군.

② '중립의 초례청'은 우리 민족이 당면한 모순과 부조리가 담겨 있는 현실의 공간이라는 생각이 들어.

③ '맞절할지니'는 남과 북이 하나의 공동체로 화합되기를 소망하는 마음이 반영된 것 같아.

④ '흙 가슴'은 우리 민족이 추구해야 할 인간 생명의 원초적 본질을 형상화한 것이라 볼 수 있겠어.

⑤ '쇠붙이'는 남과 북을 갈라놓은 부정적인 대상을 나타낸 것으로 보여.

1

〈화자의 정서와 태도〉

시적 상황에 따른 화자의 정서와 태도를 그 이유와 함께 정리해 보자.

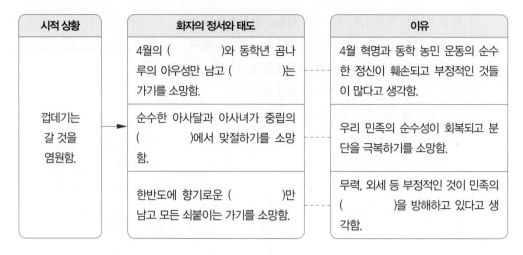

시적 상황	화자의 정서와 태도	이유
껍데기는 갈 것을 염원함.	4월의 (　　　)와 동학년 곰나루의 아우성만 남고 (　　　)는 가기를 소망함.	4월 혁명과 동학 농민 운동의 순수한 정신이 훼손되고 부정적인 것들이 많다고 생각함.
	순수한 아사달과 아사녀가 중립의 (　　　)에서 맞절하기를 소망함.	우리 민족의 순수성이 회복되고 분단을 극복하기를 소망함.
	한반도에 향기로운 (　　　)만 남고 모든 쇠붙이는 가기를 소망함.	무력, 외세 등 부정적인 것이 민족의 (　　　)을 방해하고 있다고 생각함.

2

〈시의 구조〉

이 시의 구조를 다음과 같이 정리할 때 빈칸에 들어갈 말을 써 보자.

1연
4월 혁명의 (　　　)한 정신이 회복되기를 소망함.

2연
동학 농민 운동의 순수한 정신이 회복되기를 소망함.

3연
민족의 순수성을 회복해 분단을 극복하기를 소망함.

4연
(　　　) 세력은 사라지고 순수한 화합의 시대가 오기를 소망함.

3

〈시어의 의미〉

이 시에 사용된 대립적 이미지의 시어들이 상징하는 의미를 파악해 보자.

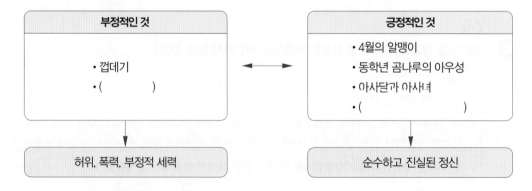

부정적인 것	긍정적인 것
• 껍데기 • (　　　)	• 4월의 알맹이 • 동학년 곰나루의 아우성 • 아사달과 아사녀 • (　　　)
↓	↓
허위, 폭력, 부정적 세력	순수하고 진실된 정신

4

〈표현상 특징〉

이 시에서 동일한 시행을 반복함으로써 얻고 있는 효과를 정리해 보자.

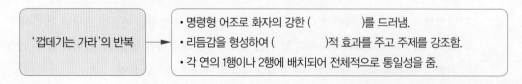

'껍데기는 가라'의 반복	• 명령형 어조로 화자의 강한 (　　　)를 드러냄. • 리듬감을 형성하여 (　　　)적 효과를 주고 주제를 강조함. • 각 연의 1행이나 2행에 배치되어 전체적으로 통일성을 줌.

오라, 이 강변으로,

우리는 하나, 만나야 할 한 핏줄,

마침내 손 잡을 그 날을 기다린다.

그날이 오면, 끊어진 허리

동강난 세월들 씻은 듯 나으리라.

너의 주름과 나의 백발도

이 땅의 아름다운 꽃이 되리라.

오늘도 여기 서서 너를 기다린다.

- 홍윤숙, 「오라, 이 강변으로」 -

[정답과 해설 17쪽]

1 이 시의 '이 땅'과 「껍데기는 가라」의 '한라에서 백두까지'는 '우리 국토 또는 (   )'를 의미한다.

2 이 시의 표현상 특징으로 적절하지 <u>않은</u> 것은?

① 부사어를 사용하여 소망의 간절함을 드러낸다.

② 문장의 어순을 의도적으로 바꾸어 주제를 강조한다.

③ 동일한 어미를 반복하여 규칙적인 리듬감을 형성한다.

④ 완곡한 표현을 사용하여 주제 의식을 우회적으로 드러낸다.

⑤ 단정적 어조로 소망이 이루어질 것에 대한 믿음을 표현한다.

저문 강에 삽을 씻고 | 정희성

• 수록 교과서: 문학_천재(정)
• 기출: 2018-6월 고2 학평

흐르는 것이 물뿐이랴
㉠우리가 저와 같아서[*]
강변에 나가 삽을 씻으며
거기 **슬픔도 퍼다 버린다**
일이 끝나 저물어
스스로 깊어 가는 강을 보며
쭈그려 앉아 담배나 피우고
나는 돌아갈 뿐이다
삽자루에 맡긴 한 생애가
이렇게 저물고, 저물어서[*]
샛강[*] 바닥 썩은 물에
달이 뜨는구나
우리가 저와 같아서
흐르는 물에 삽을 씻고
먹을 것 없는 사람들의 마을로
다시 어두워 돌아가야 한다

정희성의 작품 경향

참여 문학을 개척한 것으로 평가
받는 김수영을 기리기 위해 만든
'김수영 문학상'의 1회 수상자인
정희성은 1970년대를 대표하는
참여 시인이다. 주로 산업화, 도
시화로 소외된 삶을 사는 도시
노동자의 비참한 일상에 관심을
갖고 그들의 애환과 분노를 시로
표현하였다. 주제 의식을 중시하
던 참여 문학에 탁월한 서정성을
가미한 것은 그의 가장 큰 업적
으로 평가받는다.

*
우리가 저와 같아서 이 시에서 '우리'는 가난한 노동자들을 의미함.
저물고, 저물어서 오랜 시간을 노동자로 고단하게 살면서 그대로 나이가 들어 버린 것에 대한 비애감이 드러남. '저물다'라는 하강적 이미지
의 시어를 반복하여 비애감을 강조함.
샛강 큰 강의 줄기에서 한 줄기가 갈려 나가 중간에 섬을 이루고, 하류에 가서는 다시 본래의 큰 강에 합쳐지는 강.

기출 변형

1 위 시에 대한 설명으로 가장 적절한 것은?

① 접속어로 시상을 전환하여 시적 의미를 확대한다.
② 화자가 관찰한 외적 상황을 사실적으로 전달한다.
③ 하강적 이미지의 시어를 사용하여 부정적 정서를 드러낸다.
④ 대조적인 장면을 제시하여 주제 의식을 선명하게 드러낸다.
⑤ 공간의 이동에 따라 시상을 전개하여 인물의 상황 변화를 보여 준다.

개념 하강적 이미지

위에서 아래로 내려가는 느낌을 주는 것을 하강적 이미지라 하고, 반대로 아래에서 위로 올라가는 느낌을 주는 것을 상승적 이미지라고 한다. 하강적 이미지는 어둡고 부정적인 분위기를, 상승적 이미지는 밝고 긍정적인 분위기를 조성하는 경우가 많다.
예 '떨어져도 튀는 공이 되어 / 살아봐야지'에서 '떨어져도'는 하강적 이미지, '튀는'은 상승적 이미지의 시어이다.

기출 변형

2 〈보기〉를 참고하여 위 시를 감상한 내용으로 적절하지 않은 것은?

┌ 보기 ┐

우리는 시를 통해 삶 속의 다양한 인물들을 만날 수 있다. 그중에는 특정 시대나 사회, 혹은 특정 계층을 대표할 만한 인물들이 있는데, 이런 인물들을 '전형적 인물'이라고 한다. 시는 전형적 인물이 처해 있는 상황을 통해 현실을 보다 구체적으로 보여 줄 수 있다. 일제 강점기의 상황을 보여 줄 수도 있고, 산업화와 도시화로 인해 피폐해진 농촌 상황을 보여 줄 수도 있다. 따라서 독자는 전형적 인물이 어떤 상황에 놓여 있으며, 그 상황을 어떻게 인식하고 그에 어떻게 대응하는지 면밀히 살펴야 한다.

① '강변에 나가 삽을 씻'는 모습을 통해서 화자가 노동 계층을 대표하는 전형적 인물이라고 볼 수 있군.
② '슬픔도 퍼다 버'리는 모습에서 현실에 대한 고뇌를 덜어 내려는 화자의 마음을 읽을 수 있군.
③ '쭈그려 앉아 담배나 피우'는 모습에서 현실에 대한 화자의 무기력하고 체념적인 태도를 엿볼 수 있군.
④ '샛강 바닥 썩은 물'에서 화자가 부정적인 상황에 처해 있음을 확인할 수 있군.
⑤ '다시 어두워 돌아가야 한다'에서 반복되는 일상을 극복하려는 화자의 의지를 느낄 수 있군.

3 ㉠에 대한 설명으로 적절하지 않은 것은?

① 인간의 삶을 '흐름'의 이미지와 결합시킨다.
② 시의 뒷부분에서 반복되어 시적 의미를 강조한다.
③ 현실에서 소외된 존재들끼리의 동질감을 표현한다.
④ 화자의 의지와 상관없이 움직이는 유동성과 관련된다.
⑤ 화자의 처지를 자연물에 빗대어 시적 의미를 형성한다.

1 〈화자의 정서와 태도〉

시적 상황에 따른 화자의 정서와 태도를 그 이유와 함께 정리해 보자.

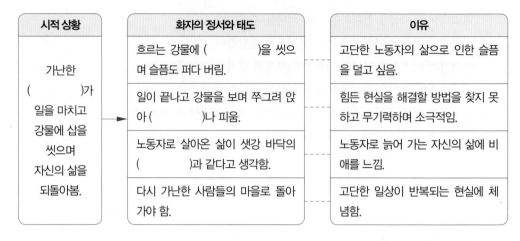

시적 상황	화자의 정서와 태도	이유
가난한 (　　　)가 일을 마치고 강물에 삽을 씻으며 자신의 삶을 되돌아봄.	흐르는 강물에 (　　　)을 씻으며 슬픔도 퍼다 버림.	고단한 노동자의 삶으로 인한 슬픔을 덜고 싶음.
	일이 끝나고 강물을 보며 쭈그려 앉아 (　　　)나 피움.	힘든 현실을 해결할 방법을 찾지 못하고 무기력하며 소극적임.
	노동자로 살아온 삶이 샛강 바닥의 (　　　)과 같다고 생각함.	노동자로 늙어 가는 자신의 삶에 비애를 느낌.
	다시 가난한 사람들의 마을로 돌아가야 함.	고단한 일상이 반복되는 현실에 체념함.

2 〈시의 구조〉

이 시의 구조를 다음과 같이 정리할 때 빈칸에 들어갈 말을 써 보자.

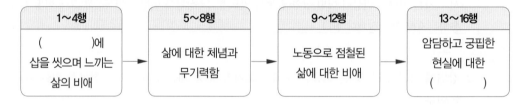

1~4행	5~8행	9~12행	13~16행
(　　　)에 삽을 씻으며 느끼는 삶의 비애	삶에 대한 체념과 무기력함	노동으로 점철된 삶에 대한 비애	암담하고 궁핍한 현실에 대한 (　　　)

3 〈시의 주제〉

이 시에 나타난 주요 소재의 의미와 이를 통해 말하고자 하는 바를 파악해 보자.

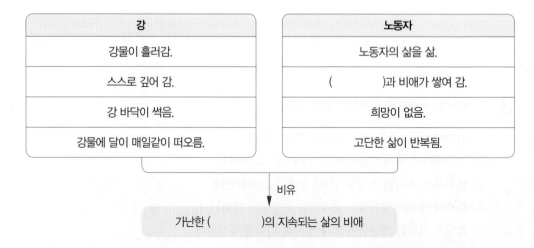

강	노동자
강물이 흘러감.	노동자의 삶을 삶.
스스로 깊어 감.	(　　　)과 비애가 쌓여 감.
강 바닥이 썩음.	희망이 없음.
강물에 달이 매일같이 떠오름.	고단한 삶이 반복됨.

비유

가난한 (　　　)의 지속되는 삶의 비애

다른 작품 엮어 읽기

연계 포인트 이 시는 산업화로 황폐화된 농촌의 비참한 현실과 농민들의 울분을 '농무'라는 공동체적 행위를 통해 표현하고 있다. 산업화 과정에서 소외된 계층의 아픔을 다룬다는 점에서 「저문 강에 삽을 씻고」와 함께 읽어 볼 수 있다.

징이 울린다 막이 내렸다

오동나무에 전등이 매어 달린 가설무대

구경꾼이 돌아가고 난 텅 빈 운동장

우리는 분이 얼룩진 얼굴로

학교 앞 소줏집에 몰려 술을 마신다

답답하고 고달프게 사는 것이 원통하다

꽹과리를 앞장세워 장거리로 나서면

따라붙어 악을 쓰는 건 조무래기들뿐

처녀 애들은 기름집 담벽에 붙어 서서

철없이 킬킬대는구나

보름달은 밝아 어떤 녀석은

꺽정이처럼 울부짖고 또 어떤 녀석은

서림이처럼 해해대지만 이까짓

산 구석에 처박혀 발버둥 친들 무엇하랴

비룟값도 안 나오는 농사 따위야

아예 여편네에게나 맡겨 두고

쇠전을 거쳐 도수장 앞에 와 돌 때

우리는 점점 신명이 난다

한 다리를 들고 날라리를 불꺼나

고갯짓을 하고 어깨를 흔들꺼나

— 신경림, 「농무」 —

[정답과 해설 18쪽]

1 이 시와 「저문 강에 삽을 씻고」에는 산업화 과정에서 (　　　　　)된 계층의 비애가 드러나 있다.

2 이 시에 대한 설명으로 적절하지 <u>않은</u> 것은?

① 계절의 변화에 따른 시상 전개　　　　② 자조적이고 체념적인 어조

③ 현실 인식에 대한 감정의 직접적 표현　　④ 역설적 상황을 통한 심리 표출

⑤ 하강적 이미지를 통한 시적 분위기 형성

상행 | 김광규

• 기출: 2014–9월 고2 학평A

[A]
가을 연기 자욱한 저녁 들판으로

상행 열차를 타고 평택을 지나갈 때

흔들리는 차창에서 너는

문득 낯선 얼굴을 발견할지도 모른다

그것이 너의 모습이라고 생각지 말아 다오

오징어를 씹으며 화투판을 벌이는

낯익은 얼굴들이 네 곁에 있지 않느냐

[B] **황혼 속에 고함치는 원색의 지붕들**과

잠자리처럼 파들거리는 TV 안테나들

흥미 있는 주간지를 보며

고개를 끄덕여 다오

농약으로 질식한 **풀벌레의 울음** 같은

심야 방송이 잠든 뒤의 전파 소리 같은

듣기 힘든 소리에 귀 기울이지 말아 다오

확성기마다 울려 나오는 힘찬 노래와

[C]
고속도로를 달려가는 자동차 소리는 얼마나 경쾌하냐

예부터 인생은 여행에 비유되었으니

맥주나 콜라를 마시며

즐거운 여행을 해 다오

되도록 생각을 하지 말아 다오

놀라울 때는 다만

〈아!〉라고 말해 다오

보다 긴 말을 하고 싶으면 침묵해 다오

[D] 침묵이 어색할 때는

오랫동안 가문 날씨에 관하여

아르헨티나의 축구 경기에 관하여

성장하는 GNP와 증권 시세에 관하여

이야기해 다오

[E]
너를 위하여

그리고 나를 위하여

김광규의 작품 경향

김광규의 시는 난해하고 추상적인 표현을 지양하고 평이하고 명확한 언어로 일상적인 사건이나 생각을 표현하기 때문에 읽기가 편하다. 그는 주로 중산층의 삶을 관조하면서 소시민성의 반성과 문명화에 대한 비판을 시로 표현하였다. 그의 시는 절제된 감정으로 부정적 상황을 객관적으로 표현하기에 현대 사회의 모순을 더욱 효과적으로 전달한다.

기출

1 위 시에 대한 설명으로 가장 적절한 것은?

① 회상의 방식을 통하여 바람직한 미래상을 제시하고 있다.

② 수미 상응의 구조를 활용하여 화자의 정서를 강조하고 있다.

③ 반어적 어조를 사용하여 현실에 대한 비판적 태도를 드러내고 있다.

④ 근경에서 원경으로 시선을 이동하여 대상을 상세하게 묘사하고 있다.

⑤ 화자의 정서를 특정 사물에 투영하여 그리움의 정서를 환기하고 있다.

기출

2 위 시의 시상 전개 과정에 대한 설명으로 적절하지 않은 것은?

① [A]에서는 구체적인 시간과 공간을 배경으로 제시하여 시상을 시작하고 있다.

② [B]에서는 당시에 흔히 볼 수 있는 모습을 제시하여 시적 상황이 현실과 밀접한 관련이 있음을 암시하고 있다.

③ [C]에서는 청각적 이미지를 대비하여 시적 상황에 대한 화자의 태도가 전환됨을 나타내고 있다.

④ [D]에서는 가정한 상황을 연속으로 제시하여 시적 상황의 심각성을 드러내고 있다.

⑤ [E]에서는 '너'에서 '너'와 '나'로 대상을 확장하여 시적 상황이 우리 모두의 문제임을 확인하고 있다.

기출

3 〈보기〉를 참고하여 위 시를 감상한 내용으로 적절하지 않은 것은?

> **보기**
>
> 　1970년대는 우리 사회가 본격적으로 경제 성장을 추구했던 시기였지만, 그 이면에는 많은 문제점을 내포하고 있었다. 농촌은 외형상으로 발전된 모습을 보여 주고 있었지만 무분별한 성장 추구로 인해 심각한 환경 오염에 물들어 갔으며, 전시 행정에만 급급했던 '지붕 개량화 사업'과 같은 정책들은 실질적인 서민들의 삶과 유리되어 있었다. 또한 사람들은 삶에 대한 진지한 성찰의 자세를 잃어버렸으며, 자신의 안위만을 걱정하는 소시민적 삶에 매몰되어 갔다.

① '황혼 속에 고함치는 원색의 지붕들'은 서민들의 실질적인 삶과는 분리된 채 전시 행정에만 급급했던 결과물이겠군.

② '흥미 있는 주간지'는 삶에 대한 진지한 성찰 없이 세속적인 문제에만 관심을 갖는 사람들의 모습을 보여 주는 것이겠군.

③ '풀벌레의 울음'은 환경 오염을 방치한 채 경제 성장만을 우선시하던 당대의 사회적 분위기가 만들어 낸 부작용이겠군.

④ '맥주나 콜라'는 당시 사회가 내포하고 있던 많은 문제점들을 포괄하여 집약적으로 제시하는 것이겠군.

⑤ '성장하는 GNP와 증권 시세'는 자신의 안위만을 추구하는 당대 사람들의 소시민적 삶의 한 단면을 보여 주는 것이겠군.

개념 수미 상응(수미 상관)

수미 상응은 '양쪽 끝이 서로 통하다.'라는 뜻으로, 시에서는 처음과 끝이 같거나 유사하게 반복되는 표현 방법을 말한다. 수미 상응의 구조를 사용하면 시의 내용 강조, 운율감 형성, 구조적 안정감 조성, 시상 전개의 통일감 형성 등의 효과를 얻을 수 있으며, 상황에 따라서는 여운을 남기는 효과를 주기도 한다.

개념 환기

환기는 주의나 여론, 생각 따위를 불러일으키는 것을 말한다. 시에서는 주로 화자에게 특정한 정서를 일으키게 하거나 특정한 생각을 하게 할 때 사용한다.
예 '펄펄 나는 저 꾀꼬리 / 암수 서로 정다운데 / 외로워라 이 내 몸은 / 뉘와 함께 돌아갈꼬'에서 '꾀꼬리'는 화자에게 외로운 정서를 환기시키는 소재이다.

〈화자의 정서와 태도〉

1 시적 상황에 따른 화자의 정서와 태도를 그 이유와 함께 정리해 보자.

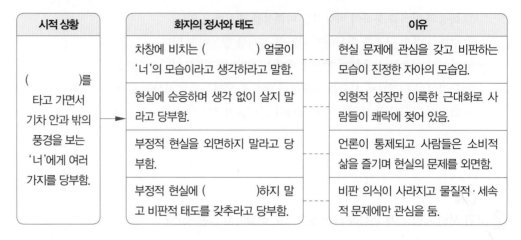

시적 상황	화자의 정서와 태도	이유
( )를 타고 가면서 기차 안과 밖의 풍경을 보는 '너'에게 여러 가지를 당부함.	차창에 비치는 ( ) 얼굴이 '너'의 모습이라고 생각하라고 말함.	현실 문제에 관심을 갖고 비판하는 모습이 진정한 자아의 모습임.
	현실에 순응하며 생각 없이 살지 말 라고 당부함.	외형적 성장만 이룩한 근대화로 사 람들이 쾌락에 젖어 있음.
	부정적 현실을 외면하지 말라고 당 부함.	언론이 통제되고 사람들은 소비적 삶을 즐기며 현실의 문제를 외면함.
	부정적 현실에 ( )하지 말 고 비판적 태도를 갖추라고 당부함.	비판 의식이 사라지고 물질적·세속 적 문제에만 관심을 둠.

〈시의 구조〉

2 이 시의 구조를 다음과 같이 정리할 때 빈칸에 들어갈 말을 써 보자.

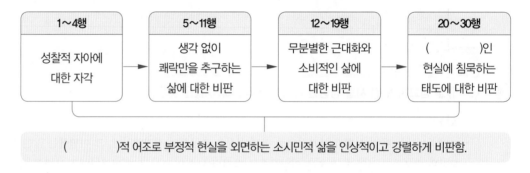

1~4행	5~11행	12~19행	20~30행
성찰적 자아에 대한 자각	생각 없이 쾌락만을 추구하는 삶에 대한 비판	무분별한 근대화와 소비적인 삶에 대한 비판	( )인 현실에 침묵하는 태도에 대한 비판

(   )적 어조로 부정적 현실을 외면하는 소시민적 삶을 인상적이고 강렬하게 비판함.

〈시어의 의미〉

3 이 시에서 대조적으로 쓰인 시어의 의미를 파악해 보자.

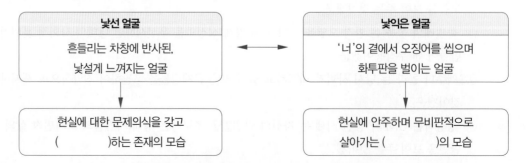

낯선 얼굴	낯익은 얼굴
흔들리는 차창에 반사된, 낯설게 느껴지는 얼굴	'너'의 곁에서 오징어를 씹으며 화투판을 벌이는 얼굴
↓	↓
현실에 대한 문제의식을 갖고 ( )하는 존재의 모습	현실에 안주하며 무비판적으로 살아가는 ( )의 모습

연계 포인트 이 시는 식료품 가게에 진열된 북어를 통해 억압적인 사회 분위기 속에서 획일화되고 무기력해지는 현대인의 모습을 비판하고 있다. 삶의 지향성을 상실한 무기력한 현대인을 비판한다는 점에서 「상행」과 함께 읽어 볼 수 있다.

밤의 식료품 가게

케케묵은 먼지 속에

죽어서 하루 더 손때 묻고

터무니없이 하루 더 기다리는

북어들,

북어들의 일 개 분대가

나란히 꼬챙이에 꿰어져 있었다.

나는 죽음이 꿰뚫은 대가리를 말한 셈이다.

[가]
┌ 한 쾌의 혀가
│ 자갈처럼 죄다 딱딱했다.
│ 나는 말의 변비증을 앓는 사람들과
└ 무덤 속의 벙어리를 말한 셈이다.

말라붙고 짜부라진 눈,

북어들의 빳빳한 지느러미.

막대기 같은 생각

빛나지 않는 막대기 같은 사람들이

가슴에 싱싱한 지느러미를 달고

헤엄쳐 갈 데 없는 사람들이

불쌍하다고 생각하는 순간,

느닷없이

[나]
┌ 북어들이 커다랗게 입을 벌리고
│ 거봐, 너도 북어지 너도 북어지 너도 북어지
└ 귀가 먹먹하도록 부르짖고 있었다.

– 최승호, 「북어」 –

[정답과 해설 20쪽]

1 이 시의 [가]와 「상행」의 [D]에서는 부정적인 현실에 (   )하는 현대인의 모습을 비판하고 있다.

2 [나]에 대한 설명으로 적절하지 <u>않은</u> 것은?

① 대상을 의인화하여 표현하고 있다.　　　② 반복을 통해 의미를 강조하고 있다.

③ 비판의 주체와 대상이 뒤바뀌고 있다.　　④ 화자의 반성적 태도가 드러나고 있다.

⑤ 반어적 표현으로 시상의 전환을 유도하고 있다.

새벽 편지 | 곽재구

• 기출: 2015–11월 고1 학평

[A]
새벽에 깨어나
반짝이는 별을 보고 있으면
이 세상 깊은 어디에 마르지 않는
사랑의 샘 하나 출렁이고 있을 것만 같다*

[B]
고통과 쓰라림과 목마름의 정령*들은 잠들고
눈시울이 붉어진 인간의 혼들만 깜박이는
아무도 모르는 고요한 그 시각에
아름다움은 새벽의 창을 열고
우리들 가슴의 깊숙한 뜨거움과 만난다

[C]
다시 **고통하는 법을 익히기 시작해야겠다***
이제 밝아 올 **아침***의 **자유로운 새소리를** 듣기 위하여
따스한 햇살과 바람과 라일락 꽃향기를 맡기 위하여
진정으로 진정으로 너를 사랑한다는 한마디
새벽 편지를 쓰기 위하여

[D]
새벽에 깨어나
반짝이는 **별을** 보고 있으면
이 세상 깊은 어디에 마르지 않는
희망의 샘 하나 출렁이고 있을 것만 같다.

곽재구의 작품 경향

곽재구의 첫 작품이자 대표작인 「사평역에서」는 고향으로 돌아가는 고단한 노동자들의 삶을 애정 어린 시선으로 표현한다. 이처럼 곽재구의 시에는 소외된 사람들에 대한 애정이 깔려 있다. 감각적이면서 일상적인 문체로 주변 이웃들에 대한 연민과 사랑을 담담하게 표현하는 것이다. 이러한 그의 작품 경향은 「그림엽서」와 같은 수필에서도 발견할 수 있다.

*
이 세상 ~ 것만 같다 사랑이 충만한 세상에 대한 소망과 기대를 표현한 것으로, 이는 화자가 현재의 세상에 대해 사랑이 충만하지 않다고 인식하고 있음을 드러냄. '사랑의 샘'은 추상적, 관념적 대상인 '사랑'을 구체적, 감각적으로 형상화한 표현임.
정령 산천초목이나 무생물 따위의 여러 가지 사물에 깃들어 있다는 혼령.
다시 ~ 시작해야겠다 인생은 고통을 견뎌 내며 성숙해 가는 과정이므로, 고통을 통해 정신적 성장을 이루겠다는 의지의 표현으로 볼 수 있음.
이제 밝아 올 아침 '아침'은 고통을 이겨 낸 뒤에 맞이할 사랑과 희망이 넘치는 긍정적 세상을 의미함. 아침이 이제 '올' 것이라고 표현함으로써 화자가 소망하는 세상이 반드시 올 것이라는 기대를 드러냄.

기출 변형

1 위 시에 대한 설명으로 가장 적절한 것은?

① 동일한 시구를 반복하여 시적 의미를 강조하고 있다.

② 설의적 표현을 사용하여 화자의 정서를 부각하고 있다.

③ 명령형 어미를 활용하여 화자의 소망을 표출하고 있다.

④ 음성 상징어를 사용하여 대상의 특성을 구체화하고 있다.

⑤ 반어적 표현을 통해 화자의 심정을 효과적으로 드러내고 있다.

개념 **설의적 표현**

설의적 표현은 누구나 쉽게 판단할 수 있는 사실을 의문형으로 표현하는 것을 말한다. 일반적인 의문문은 청자의 답을 요구하는 데 반해 설의적 표현은 답을 요구하기보다는 표현하고자 하는 의미를 강조하기 위해 사용한다.
예 '가난하다고 해서 사랑을 모르겠는가'는 '가난해도 사랑을 안다.'라는 내용을 강조하기 위한 설의적 표현이다.

기출 변형

2 〈보기〉를 바탕으로 위 시를 감상한 내용으로 적절하지 <u>않은</u> 것은?

> **보기**
>
> 시에서 시상은 다양한 방법으로 전개되는데, 곽재구의 「새벽 편지」는 고달픈 현실에 직면해 있는 화자의 행위를 중심으로 시상을 전개하고 있다. 특히 이러한 시상의 전개는 '시간'과 긴밀하게 연결되어 전체적인 시의 분위기를 형성하고 있다.

① '그 시각'을 '아무도 모'른다고 표현하면서 화자가 보내는 '그 시각'이 고통스러움을 보여 주고 있군.

② 화자는 '고통하는 법을 익히기 시작해야겠다'라며 의지를 보이고 있군.

③ '아침'에 '자유로운 새소리를' 들으려 하는 것은 화자가 희망을 지향하고 있음을 드러내고 있군.

④ '새벽'은 '별을 보'며 '희망'을 기대하는 시간이군.

⑤ '이 세상'에 '희망의 샘 하나 출렁이고 있을 것만 같다.'에는 고달픈 현실에서 벗어날 수 있을 것이라는 화자의 기대가 드러나 있군.

3 [A]~[D]에 대한 설명으로 가장 적절한 것은?

① [A]~[D]는 화자의 시선 이동에 따라 시상이 점층적으로 구성되고 있다.

② [A]는 시간적 배경과 공간적 배경을 구체적으로 제시하면서 화자가 처한 상황을 드러내고 있다.

③ [B]는 역동적인 이미지를 사용하여 환상적인 분위기를 조성하고 있다.

④ [C]는 다양한 감각적 이미지를 이용하여 화자가 생각하는 이상적 공간을 표현하고 있다.

⑤ [D]는 [A]를 반복하면서 일부 시어에 변화를 주어 시상 전개 과정에서 달라진 화자의 태도를 부각하고 있다.

1 〈화자의 정서와 태도〉

시적 상황에 따른 화자의 정서와 태도를 그 이유와 함께 정리해 보자.

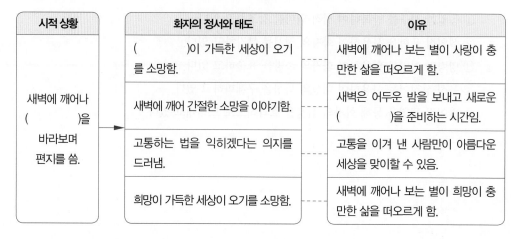

시적 상황	화자의 정서와 태도	이유
새벽에 깨어나 (　　　)을 바라보며 편지를 씀.	(　　　)이 가득한 세상이 오기를 소망함.	새벽에 깨어나 보는 별이 사랑이 충만한 삶을 떠오르게 함.
	새벽에 깨어 간절한 소망을 이야기함.	새벽은 어두운 밤을 보내고 새로운 (　　　)을 준비하는 시간임.
	고통하는 법을 익히겠다는 의지를 드러냄.	고통을 이겨 낸 사람만이 아름다운 세상을 맞이할 수 있음.
	희망이 가득한 세상이 오기를 소망함.	새벽에 깨어나 보는 별이 희망이 충만한 삶을 떠오르게 함.

2 〈시의 구조〉

이 시의 구조를 다음과 같이 정리할 때 빈칸에 들어갈 말을 써 보자.

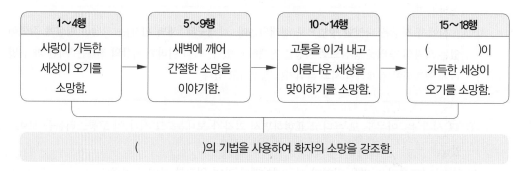

1~4행	5~9행	10~14행	15~18행
사랑이 가득한 세상이 오기를 소망함.	새벽에 깨어 간절한 소망을 이야기함.	고통을 이겨 내고 아름다운 세상을 맞이하기를 소망함.	(　　　)이 가득한 세상이 오기를 소망함.

(　　　)의 기법을 사용하여 화자의 소망을 강조함.

3 〈시어의 의미〉

이 시의 내용을 다음과 같이 정리할 때 주요 시어의 의미를 생각하며 빈칸에 들어갈 말을 써 보자.

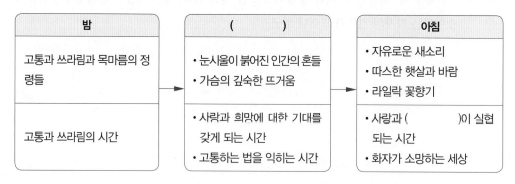

밤	(　　　)	아침
고통과 쓰라림과 목마름의 정령들	• 눈시울이 붉어진 인간의 혼들 • 가슴의 깊숙한 뜨거움	• 자유로운 새소리 • 따스한 햇살과 바람 • 라일락 꽃향기
고통과 쓰라림의 시간	• 사랑과 희망에 대한 기대를 갖게 되는 시간 • 고통하는 법을 익히는 시간	• 사랑과 (　　　)이 실현되는 시간 • 화자가 소망하는 세상

4 〈제목의 의미〉

이 시의 제목이 의미하는 바를 정리해 보자.

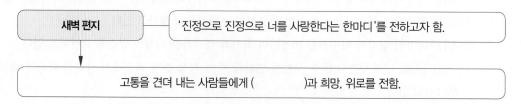

새벽 편지	'진정으로 진정으로 너를 사랑한다는 한마디'를 전하고자 함.

고통을 견뎌 내는 사람들에게 (　　　)과 희망, 위로를 전함.

다른 작품 엮어 읽기

연계 포인트 이 시는 추운 겨울밤 길거리에서 노래를 부르는 맹인 부부 가수의 모습을 통해서 아름다운 세상에 대한 희망을 이야기하고 있다. 고통받는 사람들에 대한 연민을 바탕으로 행복한 세상을 희망하며 노래한다는 점에서 「새벽 편지」와 함께 읽어 볼 수 있다.

눈 내려 어두워서 길을 잃었네

갈 길은 멀고 길을 잃었네

눈사람도 없는 겨울밤 이 거리를

찾아오는 사람 없어 노래 부르니

눈 맞으며 세상 밖을 돌아가는 사람들뿐

등에 업은 아기의 울음소리를 달래며

갈 길은 먼데 함박눈은 내리는데

사랑할 수 없는 것을 사랑하기 위하여

용서받을 수 없는 것을 용서하기 위하여

눈사람을 기다리며 노랠 부르네

세상 모든 기다림의 노랠 부르네

눈 맞으며 어둠 속을 떨며 가는 사람들을

노래가 길이 되어 앞질러 가고

돌아올 길 없는 눈길 앞질러 가고

아름다움이 이 세상을 건질 때까지

절망에서 즐거움이 찾아올 때까지

함박눈은 내리는데 갈 길은 먼데

무관심을 사랑하는 노랠 부르며

눈사람을 기다리는 노랠 부르며

이 겨울 밤거리의 눈사람이 되었네

봄이 와도 녹지 않을 눈사람이 되었네

― 정호승, 「맹인 부부 가수」―

[정답과 해설 22쪽]

1 이 시의 '(　　　　　)'와 「새벽 편지」의 '(　　　　　　　　)'는 고통받는 사람들에게 사랑과 희망을 전하는 소재이다.

2 이 시의 특징으로 가장 적절한 것은?

① 극적인 시상 전환   ② 과거와 현재의 대비

③ 다양한 색채어 사용   ④ 유사한 문장 구조 반복

⑤ 공간의 이동에 따른 시상 전개

장자를 빌려 – 원통에서 | 신경림

• 기출: 2018–9월 고1 학평

설악산 대청봉에 올라

발아래 구부리고 엎드린 작고 큰 **산들**이며

떨어져 나갈까 봐 잔뜩 겁을 집어먹고

언덕과 골짜기에 바짝 달라붙은 **마을들**이며

다만 무릎께까지라도 다가오고 싶어

안달*이 나서 몸살을 하는 **바다**를 내려다보니

온통 세상이 다 보이는 것 같고

또 **세상살이 속속들이** 다 알 것도 같다

그러다 **속초**에 내려와 하룻밤을 묵으며

중앙시장 바닥에서 다 늙은 **함경도 아주머니들**과

노령 노래*안주 해서 소주도 마시고

피난민 신세타령도 듣고

다음 날엔 **원통**으로 와서 뒷골목엘 들어가

지린내 땀내도 맡고 악다구니도 듣고

싸구려 하숙에서 **마늘 장수**와 실랑이도 하고

젊은 군인 부부 사랑싸움질 소리에 잠도 설치고 보니

㉠세상은 아무래도 산 위에서 보는 것과 같지만은 않다

지금 우리는 혹시 세상을

너무 **멀리**서만 보고 있는 것은 아닐까 아니면

너무 **가까이**서만 보고 있는 것은 아닐까

신경림의 작품 경향

신경림은 뛰어난 서정성과 친숙한 가락을 바탕으로 민중의 삶을 사실적으로 그려 내는 데 탁월하다. 백석 시의 영향을 받은 그의 작품들은 함축성과 음악성을 특징으로 하는 일반적인 시와 달리 이야기를 하는 듯한 산문성을 특징으로 한다. 또한 전국을 돌아다니며 보고 들은 민요, 민담 및 민중들의 삶이 그의 시의 형식과 내용에 영향을 주었다. 이에 신경림의 시는 소외된 사람들의 힘겨운 삶을 사실적으로 보여 주면서도 문학적 아름다움을 잃지 않았다고 평가받는다.

*
안달 속을 태우며 조급하게 구는 일.
노령 노래 구한말 함경도 지방의 남자들이, 일자리를 찾아 러시아로 떠나면서 느꼈던 심경과 삶의 고달픔 따위를 담고 있는 근대 민요.

기출 변형

1 위 시에 대한 설명으로 가장 적절한 것은?

① 도치의 방식을 활용하여 주제를 부각하고 있다.

② 자연물을 이용하여 화자의 정서를 표현하고 있다.

③ 계절적 배경을 통해 시적 분위기를 조성하고 있다.

④ 유사한 시구를 반복하여 시적 의미를 강조하고 있다.

⑤ 반어적 표현을 통해 현실에 대한 화자의 인식을 드러내고 있다.

개념 **도치**

도치는 문장의 어순을 바꾸어 변화를 주는 표현 방법이다. 우리 말은 '주어 – 목적어(보어) – 서술어'의 순서로 배열하는데, 이 순서를 바꾸어 단조로움을 피하고 내용을 강조하는 효과를 얻을 수 있다.

예 '오라, 이 강변으로'는 '이 강변으로 오라.'를 도치의 방식으로 표현하여 '오라'라는 명령형을 강조하는 효과를 준다.

2 ㉠에 대한 이해로 가장 적절한 것은?

① 세상이 단순하고 만만한 것만이 아니다.

② 세상이 고단하고 힘겨운 것만이 아니다.

③ 세상이 아름답고 평화로운 것만이 아니다.

④ 세상이 무의미하고 권태로운 것만이 아니다.

⑤ 세상이 경쟁적이고 이기적인 것만이 아니다.

기출

3 〈보기〉를 참고하여 위 시를 감상한 내용으로 적절하지 <u>않은</u> 것은?

> 보기
>
> 　이 시는 『장자』의 「추수편」에 실린 '대지관어원근(大知觀於遠近)'을 빌려 '큰 지혜는 멀리서도 볼 줄 알고, 가까이서도 볼 줄 아는 것'이라는 생각을 드러낸 작품이다. 특히 공간의 이동에 따른 관점의 변화를 그리며, 삶을 바라보는 태도에 대한 성찰을 드러내고 있다.

개념 **관점**

관점(觀點)은 사물이나 현상을 관찰할 때, 그 사람이 보고 생각하는 태도나 방향 또는 처지 등을 의미한다. 가령 '삶을 바라보는 관점'이라고 하면 '삶이란 무엇인가?', '어떻게 사는 것이 바람직한가?' 등과 같은 생각들을 모두 포함하는 것으로 볼 수 있다.

① '설악산 대청봉'에서 화자가 본 '산들'과 '마을들'은 '멀리'에서 본 세상의 모습이라 할 수 있겠군.

② 화자는 '바다'를 내려다보며 '세상살이 속속들이' 알기 위해서는 '가까이'에서 보아야 함을 깨달았겠군.

③ '함경도 아주머니들', '마늘 장수' 등을 만난 것은 화자에게 '가까이'에서 세상을 보는 경험이 되었겠군.

④ '속초'와 '원통'에서 겪은 일들로 인해 삶을 바라보는 화자의 관점이 변화하였겠군.

⑤ 화자는 '멀리'와 '가까이'에서 본 세상의 모습을 비교하며 삶을 바라볼 때 두 관점이 모두 필요하다고 느꼈겠군.

원리로 작품 독해

1 시적 상황에 따른 화자의 정서와 태도를 그 이유와 함께 정리해 보자.

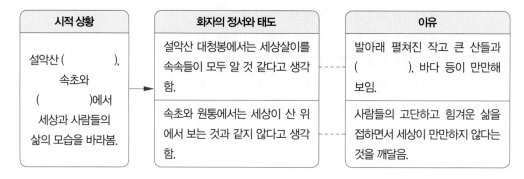

시적 상황	화자의 정서와 태도	이유
설악산 ( ), 속초와 ( )에서 세상과 사람들의 삶의 모습을 바라봄.	설악산 대청봉에서는 세상살이를 속속들이 모두 알 것 같다고 생각함.	발아래 펼쳐진 작고 큰 산들과 ( ), 바다 등이 만만해 보임.
	속초와 원통에서는 세상이 산 위에서 보는 것과 같지 않다고 생각함.	사람들의 고단하고 힘겨운 삶을 접하면서 세상이 만만하지 않다는 것을 깨달음.

〈시의 구조〉

2 이 시의 구조를 다음과 같이 정리할 때 빈칸에 들어갈 말을 써 보자.

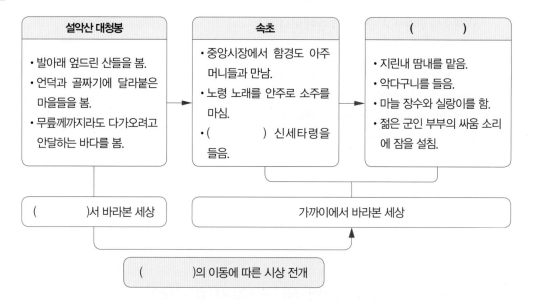

설악산 대청봉	속초	( )
• 발아래 엎드린 산들을 봄. • 언덕과 골짜기에 달라붙은 마을들을 봄. • 무릎께까지라도 다가오려고 안달하는 바다를 봄.	• 중앙시장에서 함경도 아주머니들과 만남. • 노령 노래를 안주로 소주를 마심. • ( ) 신세타령을 들음.	• 지린내 땀내를 맡음. • 악다구니를 들음. • 마늘 장수와 실랑이를 함. • 젊은 군인 부부의 싸움 소리에 잠을 설침.
( )서 바라본 세상	가까이에서 바라본 세상	

(   )의 이동에 따른 시상 전개

〈시의 주제〉

3 제목을 중심으로 이 시의 주제를 파악해 보자.

대지관어원근(大知觀於遠近): 큰 지혜는 멀리서도 볼 줄 알고, 가까이서도 볼 줄 아는 것이다.
– 『(   )』「추수편」에서

설악산 대청봉에서 바라본 세상	속초와 원통에서 바라본 세상
멀리서 세상을 바라보니 세상살이를 모두 알 것 같다고 자신만만해함.	가까이에서 사람들의 삶의 모습을 접하고 자신의 생각이 경솔했음을 깨달음.

어느 한쪽에 치우치지 않는 (   )으로 세상을 바라보아야 함을 깨달음.

누군가 나에게 물었다. ㉠시가 뭐냐고
나는 시인이 못 됨으로 잘 모른다고 대답하였다.
무교동과 종로와 명동과 남산과
서울역 앞을 걸었다.
저녁녘 남대문 시장 안에서
빈대떡을 먹을 때 생각나고 있었다.
그런 사람들이
엄청난 고생 되어도
순하고 명랑하고 맘 좋고 인정이
있으므로 슬기롭게 사는 사람들이
그런 사람들이
이 세상에서 알파이고
고귀한 인류이고
영원한 광명이고
다름 아닌 시인이라고.

– 김종삼, 「누군가 나에게 물었다」 –

[정답과 해설 24쪽]

1 이 시와 「장자를 빌려 – 원통에서」는 일상에서 얻은 (   )을 전하고 있다는 점에서 공통점이 있다.

2 ㉠에 대한 화자의 대답으로 가장 적절한 것은?

① 시인만이 쓸 수 있는 것
② 운율이 있는 언어로 표현하는 것
③ 구체적 공간을 배경으로 하는 것
④ 일상적인 삶의 가치를 담아내는 것
⑤ 인간의 정서를 서정적으로 표현하는 것

감자 먹는 사람들 | 김선우

• 기출: 2018-6월 고1 학평

어느 집 ⊙담장을 넘어 달겨드는

이것은,

치명적인 ⓛ냄새

식은 ⓒ감자알 갉작거리며* 평상에 엎드려 산수 숙제를 하던, ⓔ엄마 내 친구들은 내가 감자가
좋아서 감자밥 도시락만 먹는 줄 알아. 열한 식구 때꺼리를* 감자 없이 무슨 수로 밥을 해대냐고,
귀밝은 할아버지는 땅 밑에서 감자알 크는 소리 들린다고 흐뭇해하셨지만 엄마 난 땅속에서 자라
는 것들이 무서운데, 뿌리 끝에 댕글댕글한 어지럼증을 매달고* 식구들이 밥상머리를 지킨다 하나
둘 숟가락 내려놓을 때까지 엄마 밥주발*엔 숟가락 꽂히지 않는다*

어릴 적 질리도록 먹은 건 싫어하게 된다더니, 감자 삶는 냄새

이것은,

치명적인 그리움

ⓜ꽃은 꽃대로 놓아두고 저는 땅 밑으로만 궁그는,

꽃 진 자리엔 얼씬도 하지 않는,

열한 개의 구덩이를 가진 늙은 애기집*

김선우의 작품 경향

김선우 시의 시어는 자유롭다. 문
단의 관습적 말하기 방식을 따르
지 않고 참신한 시어들을 세련되
게 활용한다. 일상에서 흔히 지
나칠 수 있는 소재에 생명을 불
어넣고 선명한 감각적 이미지로
그것을 재탄생시키는 능력이 뛰
어난 김선우의 시에는 자신과 세
상에 대한 애정이 담겨 있다.

*
갉작거리며 날카롭고 뾰족한 끝으로 바닥이나 거죽을 자꾸 문지르며.
때꺼리 땟거리. 끼니를 때울 만한 먹을 것.
뿌리 끝에 ~ 매달고 어린 화자가 감자에 대해 부정적으로 느끼는 감정을 '어지럼증'으로 표현함.
밥주발 놋쇠로 만든 밥그릇.
하나둘 숟가락 ~ 꽂히지 않는다 밥이 모자랄까 봐 식구들이 다 먹고 남은 밥을 먹기 위해 기다리는 어머니의 희생과 사랑이 드러남.
꽃은 꽃대로 ~ 늙은 애기집 감자의 속성을 이용해 어머니의 희생을 이야기함. 예쁜 감자꽃을 피워 놓았지만 자기는 땅 밑으로 궁그며 사는
감자처럼 자식들을 위해 평생을 희생하고 헌신한 어머니의 사랑을 강조함.

1 위 시에 대한 설명으로 적절하지 <u>않은</u> 것은?

① 명사형 종결을 사용하여 시적 여운을 주고 있다.

② 과거와 현재의 시간을 오가며 시상을 전개하고 있다.

③ 인물들의 말을 직간접적으로 인용하며 현실감을 주고 있다.

④ 산문 형식을 사용하여 이야기가 전개되는 듯한 느낌을 주고 있다.

⑤ 반어적 표현을 활용하여 대상에 대한 냉소적 태도를 드러내고 있다.

기출
2 다음은 위 시의 화자가 어머니께 쓴 편지의 일부이다. 시적 상황을 고려할 때, ⓐ~ⓔ 중 적절하지 <u>않은</u> 것은?

> … 어머니, 그 시절 저는 ⓐ학교에 감자밥 도시락을 싸서 다니는 것이 그렇게 좋지만은 않았습니다. 그래서 어느 날인가 그 얘기를 했더니 곁에 계시던 ⓑ할아버지께서는 감자 드시는 것이 오히려 좋다시며 저를 나무라셨지요. 지금 생각해 보면 감자라도 밥에 섞지 않으면 11명이나 되는 식구들을 먹이기가 쉽지 않았음을 이해하게 됩니다. 특히 ⓒ식구들의 밥이 모자랄까 봐 식구들이 밥을 다 먹을 때까지 기다리시던 어머니의 모습이 아직도 눈에 선합니다. 하지만 그때 저는 어렸고, ⓓ감자에 대한 거부감까지 가지고 있었습니다. ⓔ그런데 지금은 왜 이렇게 그리운지 모르겠습니다. 그것은 아마 어머니의 가족에 대한 사랑을 깨달아서가 아닌가 합니다. …

① ⓐ   ② ⓑ   ③ ⓒ   ④ ⓓ   ⑤ ⓔ

기출 변형
3 〈보기〉를 참고할 때, ㉠~㉤ 중 ㉮에 해당하는 것으로 가장 적절한 것은?

> 보기
>
> 기억은 어떻게 재생되느냐에 따라 자발적 기억과 비자발적 기억으로 나눌 수 있다. 자발적 기억은 우리 의지에 따라 수행되는 기억이고, 비자발적 기억은 어떤 사건이나 사물 혹은 사람과 우연히 마주쳤을 때 발생하는 기억이다. 완전히 잊었다고 생각했던 과거의 일이 어떤 일을 계기로 우연히 떠오를 때가 있는데 이런 기억이 바로 비자발적 기억이다. 이때 ㉮비자발적 기억을 우연히 떠오르게 하는 요인으로 시각적 경험뿐 아니라 후각, 촉각적 경험 등도 작용한다.

① ㉠   ② ㉡   ③ ㉢   ④ ㉣   ⑤ ㉤

1 〈화자의 정서와 태도〉

시적 상황에 따른 화자의 정서와 태도를 그 이유와 함께 정리해 보자.

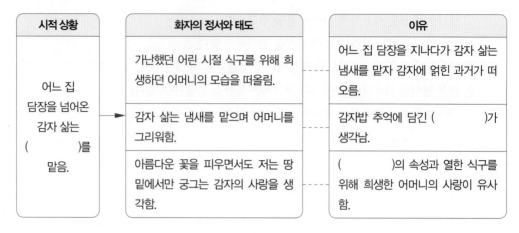

시적 상황	화자의 정서와 태도	이유
어느 집 담장을 넘어온 감자 삶는 ( )를 맡음.	가난했던 어린 시절 식구를 위해 희생하던 어머니의 모습을 떠올림.	어느 집 담장을 지나다가 감자 삶는 냄새를 맡자 감자에 얽힌 과거가 떠오름.
	감자 삶는 냄새를 맡으며 어머니를 그리워함.	감자밥 추억에 담긴 ( )가 생각남.
	아름다운 꽃을 피우면서도 저는 땅 밑에서만 궁그는 감자의 사랑을 생각함.	( )의 속성과 열한 식구를 위해 희생한 어머니의 사랑이 유사함.

2 〈시의 구조〉

이 시의 구조를 다음과 같이 정리할 때 빈칸에 들어갈 말을 써 보자.

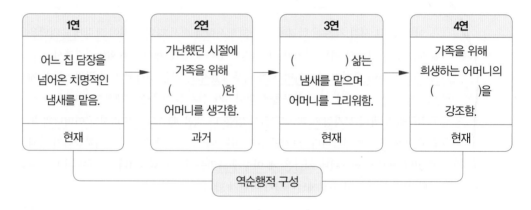

1연	2연	3연	4연
어느 집 담장을 넘어온 치명적인 냄새를 맡음.	가난했던 시절에 가족을 위해 ( )한 어머니를 생각함.	( ) 삶는 냄새를 맡으며 어머니를 그리워함.	가족을 위해 희생하는 어머니의 ( )을 강조함.
현재	과거	현재	현재

역순행적 구성

3 〈소재의 역할〉

이 시에 나타난 주요 소재의 역할을 파악해 보자.

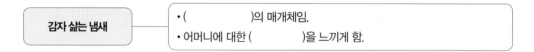

감자 삶는 냄새
- (   )의 매개체임.
- 어머니에 대한 (   )을 느끼게 함.

4 〈표현상 특징〉

이 시의 표현상 특징을 정리해 보자.

산문적 서술	과거 회상 장면을 ( ) 형식으로 서술함.
인물의 말 인용	어린 화자와 할아버지의 말을 직간접적으로 인용함.
자연물과 인간의 대응	감자의 속성을 바탕으로 어머니의 희생과 사랑을 표현함.
감각적 이미지의 활용	감자 냄새와 같은 ( ) 이미지를 이용해 정서를 표현함.

다른 작품 엮어 읽기

연계 포인트 이 시는 고흐의 그림 「감자 먹는 사람들」에서 모티프를 얻은 작품으로, 고단한 노동에 지쳐 휴식을 기대하는 한 가족의 모습을 담담하게 전개하고 있다. 동일한 제목 아래 '감자'를 중요 소재로 사용했다는 점에서 김선우의 「감자 먹는 사람들」과 함께 읽어 볼 수 있다.

우리들도 그렇게 둘러앉아

삶은 감자를 먹던 때가 있었다

불빛 흐린

언제나 ㉠불빛 흐린

저녁 식탁이

누구의 손 하나가 잘못 놓여도

삐걱거렸다

아무 말도 하지 않았다

다만 셋째 형만이

언제고 떠날 기회만 노리고 있었다

잘 삶아진 굵은 감자알들처럼

마디 굵은 우리 식구들의 ㉡손처럼

서걱서걱 흙을 파고 나가는

㉢삽질 소리들을 꿈속에서도 들었다

누구나 삽질을 잘하는 것은 아니다

우리는 타고난 사람들이었다

새벽에는

㉣빗줄기가 조금 창문을 두드렸다

제일 부드러웠다

㉤새싹들이 돋고 있으리라 믿었다

오늘은 하루쯤 쉬어도 되리라

식구들은

목욕탕에 가고 싶었다

– 정진규, 「감자 먹는 사람들 - 삽질 소리」 –

[정답과 해설 25쪽]

1 이 시와 김선우의 「감자 먹는 사람들」에서 '(   )'는 과거의 가난했던 삶을 드러낸다.

2 ㉠~㉤에 대한 설명으로 가장 적절한 것은?

① ㉠: 가족의 사랑을 느낄 수 있는 따스한 공간 ② ㉡: 서로에 대한 위로와 배려

③ ㉢: 노동의 고단함과 힘겨운 삶 ④ ㉣: 화자에게 시련을 주는 존재

⑤ ㉤: 어린 화자의 순수한 마음

II

현대 소설

어떻게 출제되나?

- 1920~1930년대 일제 강점기의 작품이나 6·25 전쟁 전후의 작품들이 많이 출제되며, 문학사적으로 중요한 위치를 차지하는 작가의 작품이 자주 출제된다.

- 작품의 종합적인 감상이나 시대 상황 속에서 인물이 대응하는 방식이나 태도를 묻는 문제가 자주 출제된다.

어떻게 공략해야 하나?

- 소설에 등장하는 인물과 사건, 시대 상황 등을 확인하며 작품을 감상하고, 〈보기〉와 작품을 적절하게 연관 지어 이해한다.

- 다른 갈래와 복합적으로 감상하고 창의적으로 변용하는 신유형 문제에 대비한다.

현대 소설, 어떻게 읽어야 하나?

소설은 작가의 상상력을 바탕으로 현실 세계에 있음 직한 일을 꾸며 쓴 허구의 이야기로, 다양한 인물들이 등장하여 벌이는 사건을 중심으로 이야기가 전개된다. 다음에 제시된 원리를 바탕으로 소설을 읽어 보면서 낯선 작품이 나와도 어렵지 않게 이해할 수 있도록 하자.

1 등장인물을 확인한다.

소설은 누가, 어디에서, 어떤 사건을 겪는지를 서술한 것이다. 소설은 다양한 인물이 만들어 가는 사건을 서술한 것이므로 소설을 읽을 때는 먼저 등장인물이 누구인지 파악해야 한다. 그리고 인물 간의 관계를 바탕으로 인물의 성격, 유형, 특성 등을 이해해야 한다. 인물 간의 관계를 파악할 때는 서술자가 누구를 중심으로 서술하고 있는지, 즉 사건의 주체를 찾아야 한다. 이때 인물을 지칭하는 표현에도 유의해야 한다. 인물을 지칭하는 표현에 따라 인물 간의 관계를 파악할 수 있기 때문이다.

2 인물이 겪는 사건과 갈등, 인물의 반응에 주목한다.

소설은 갈등의 발생과 해결 과정을 통해 사건이 진행되고 주제가 드러난다. 그리고 이러한 갈등 과정에서 인물의 심리와 태도가 나타난다. 그러므로 소설을 읽을 때는 어떠한 사건이 일어나는지, 왜 일어나는지, 그 사건에 대해 인물들이 어떤 심리나 태도를 보이는지 파악해야 한다. 소설에서 인물의 심리나 태도는 서술자의 서술을 통해 직접 드러나기도 하고, 인물 간의 대화나 행동을 통해 간접적으로 드러나기도 한다. 따라서 인물의 심리나 태도 등 반응이 나타나거나 이를 엿볼 수 있는 부분을 확인하는 것이 중요하다.

3 서술자에 주목한다.

소설에는 작가를 대신해 작품 속 이야기를 들려주는 사람이 있는데 이를 서술자라고 한다. 서술자가 작품 안에 있느냐, 작품 밖에 있느냐 또는 서술자가 관찰자와 같은 태도로 객관적으로 서술하느냐, 인물의 내면 심리까지 서술하느냐 등에 따라 작품의 분위기나 주제 전달 방식이 달라진다. 그러므로 서술자가 어디에 위치하는지, 인물의 내면을 알고 있는지에 주목해서 작품을 읽어야 한다.

4 구성 방식과 서술상 특징을 살펴본다.

소설 속 인물의 행동과 사건은 짜임새 있게 배열되어 있는데 이를 소설의 구성, 혹은 플롯이라고 한다. 독자의 흥미를 끌고 주제를 효과적으로 전달하기 위해 작가가 이야기를 어떻게 구성했는지, 어떤 서술상의 특징을 사용했는지 파악해야 한다.

작품을 통한 원리 이해

앞에서 제시된 원리를 적용하여 다음 작품을 독해해 보자.

— 섬사람들이 한창 둑을 파헤치고 있을 무렵이었다 한다. 좀 더 똑똑히 말한다면, 조마이섬 서쪽 강 둑길에 검정 지프차가 한 대 와 닿은 뒤라 한다. 웬 깡패같이 생긴 청년 두 명이 불쑥 현장에 나타나더니, 둑을 허물어뜨리는 광경을 보자마자 이내 노발대발 방해를 하기 시작하더라고. 엉터리 둑을 막아 놓고 섬을 통째로 집어삼키려던 소위 유력자의 앞잡인지 뭔지는 모르되 아무리 타일러도, '여보, 당신들도 보다시피 물이 안팎으로 이렇게 불어나는데 섬사람들은 어떻게 하란 말이오?' 해 봐도, 들어주긴 커녕 그중 힘깨나 있어 보이는, 눈이 약간 치째진 친구가 되레 갈밭새 영감의 괭이를 와락 뺏더니 물속으로 핑 집어 던졌다는 거다. 그리곤 누굴 믿고 하는 수작일 테지만 후욕패설을 함부로 뇌까리자, 순간 화가 머리끝까지 치밀었을 갈밭새 영감도,

"이 개 같은 놈아, 사람의 목숨이 중하냐, 네놈들의 욕심이 중하냐?"

말도 채 끝내기 전에 덜렁 그자를 들어 물속에 태질을 해 버렸다는 것이다. 상대방이 '아이고' 소리도 못 해 보고 탁류에 휩쓸려 가고, 지레 달아난 녀석의 고자질에 의해선지 이내 경찰이 둘이나 달려왔더라고.

"내가 그랬소!"

갈밭새 영감은 서슴지 않고 두 손을 내밀었다는 거다. 다행히도 벌써 그때는 둑이 완전히 뭉개지고, 섬을 치덮던 탁류도 빙 에워 돌며 뭉그적뭉그적 빠져나가고 있었다는 것이다.

"정말 우리 조마이섬을 지키다시피 해 온 영감인데…… 살인죄라니 우짜문 좋겠능기요?"

게까지 말하고 나를 쳐다보는 윤춘삼 씨의 벌건 눈에서는 어느덧 닭똥 같은 눈물이 뚝뚝 떨어지기 시작했다.

법과 유력자의 배짱과 선량한 다수의 목숨……. 나는 이방인(異邦人)처럼 윤춘삼 씨의 캉캉한 얼굴을 건너다보았다.

– 김정한, 「모래톱 이야기」 –

인물이 겪는 갈등과 인물의 반응

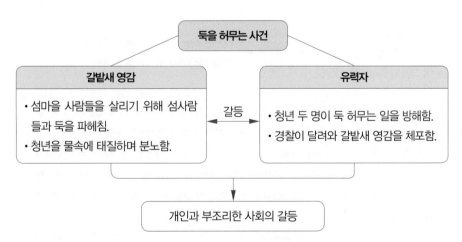

갈밭새 영감은 마을 사람들을 위해 용기 있게 나선 정의로운 인물로, 유력자의 횡포에 맞선다. 이에 유력자는 앞잡이 청년을 보내 갈밭새 영감을 방해하고 경찰을 보내 영감을 체포해 간다. 즉 조마이섬의 땅을 두고서 첨예한 갈등이 발생하는데, 갈밭새 영감이라는 개인이 생존권을 유린하는 잘못된 권력과 부조리한 현실에 맞선다는 점에서 개인과 사회의 갈등을 확인할 수 있다.

앞에서 제시된 작품의 다른 부분을 살펴보자.

— "아드님은 육이오 때 잃으셨다지요?"

내가 술을 한 잔 더 권하며 위로 삼아 물으니까,

"야……. 큰놈은 그래서 빼도 못 찾기 되고 작은놈은 머 사모아섬이라 카던기요, 그곳 바닷속에 넣어 버리지요."

"사모아섬?"

나는 그의 기구한 운명을 생각했다.

"야, 삼치잡이 배를 탔거던요……."

이러고 한숨을 쉬는 건우 할아버지의 뒤를 곁에 있던 윤춘삼 씨가 또 받아 이었다.

"와 언젠가 신문에도 짜다라 안 났던기요. '허리켄'인가 먼가 하는 폭풍을 만내 시운찮은 우리 삼칫 배들이 마구 결단이 난 일 말임더."

나도 건우 할아버지도 더 말이 없는데, 윤춘삼 씨가 혼자 화를 내듯,

"낙동강 잉어가 띠이 정지 바닥에 있던 부지깽이도 띤다 카듯이, 배도 남 씨다가 베린 걸 사 가주고 제북 원양 어업인가 먼가 숭내를 낼라 카다가 배만 카에는 사람들까지 떼죽음을 안 시킷능기요. 거에다가 머 시체도 몬 찾았거이와 회사가 워낙 시원찮아 노오니 위자료란 기나 어디 지데로 나왔능기요. 택도 앙이지 택도 앙이라!"

"없는 놈이 할 수 있나. 그저 이래 죽고 저래 죽는 기지 머!"

갈밭새 영감은 이렇게 내뱉듯이 해 던지고선, 아까부터 손안에서 만지작거리고 있던 두 알의 가래 열매를 별안간 세차게 달가닥대기 시작했다. 마치 그렇게라도 함으로써 세상의 모든 근심 걱정을 잊어버리기나 하려는 듯이. 어찌 들으면 남의 신경을 곤두서게 하는 그 딱딱한 소리가, 실은 어떤 깊은 분노의 분출을 억제하는 그의 마음의 울부짖음 같기도 했다.

— 김정한, 「모래톱 이야기」 —

서술자

특징	서술자
• '나'가 작품에 등장함. • '나'가 갈밭새 영감, 윤춘삼 씨와 대화를 나누며 그들의 이야기를 전달함.	'나'는 작품 안에 존재하는 서술자로 관찰자의 입장에서 이야기를 전달함.

소설에서 서술자를 파악하기 위해서는 우선 이야기를 전달하는 인물이 작품 안에 있는지, 작품 밖에 있는지를 알아야 한다. 작품 안에 있다는 것은 서술자가 작품에 등장하는 인물이라는 것이고, 작품 밖에 있다는 것은 서술자가 등장인물이 아니라는 것이다. 또한 작품 안에 존재하는 서술자가 직접 자신의 이야기를 하면 1인칭 주인공 시점이고, 다른 사람의 이야기를 전달하면 1인칭 관찰자 시점이다. 이 소설에서 '나'는 작품에 등장하고 갈밭새 영감의 삶을 관찰하여 전달하기 때문에 1인칭 관찰자라 할 수 있다.

다른 작품을 함께 살펴보자.

(가) 건우 할아버지와 윤춘삼 씨가 들려준 조마이섬 이야기는 언젠가 건우가 써냈던 〈섬 얘기〉에 몇 가지 기막히는 일화가 붙은 것이었다.

"우리 조마이섬 사람들은 지 땅이 없는 사람들이오. 와 처음부터 없기싸 없었겠소마는 죄다 뺏기고 말았지요. 옛적부터 이 고장 사람들이 젖줄같이 믿어 오던 낙동강 물이 맨들어 준 우리 조마이섬은……."

건우 할아버지는 처음부터 개탄조로 나왔다. 선조로부터 물려받은 땅, 자기들 것이라고 믿어 오던 땅이 자기들이 겨우 철 들락말락할 무렵에 별안간 왜놈의 동척 명의로 둔갑을 했더란 것이었다.

– 김정한, 「모래톱 이야기」 –

(나) 그는 지금 어머니와 함께 꼬두메를 찾아 내려가고 있는 참이었다. 허황하기조차 한 그녀의 넋두리를 좇아 이렇듯 추운 한겨울 밤을 완행열차에 흔들리며, 떠나온 지 십삼 년이 넘은 고향으로 향하게 되리라고는 바로 몇 시간 전까지만 해도 그는 미처 상상조차 못 했던 것이다. 이 느닷없는 귀향길은 어찌 보면 어처구니없을 만큼 충동적으로 결행된 셈이었다. 아내의 말마따나 제정신이 아닌 짓인지도 모를 일이었다.

바로 이날 오후였다. 휴일이 아닌데도 그는 담배꽁초만 재떨이에 수북하게 쌓아 가며 종일 방구석에 틀어박혀 있었다. 몸이 불편해서 출근하지 않는 줄로만 여겼는지, 아내는 되도록이면 그를 혼자 있도록 내버려두고 있는 눈치였다. 이날 아침 그는 기어이 사표를 써서 집 앞 우체통에 넣었던 것이다. 몇 푼 안 되는 퇴직금은 고사하고라도 몇 달째 밀린 봉급이라도 받을 수 있을까 하는 기대조차 사라진 지 오래였다. 무엇보다 자신과 똑같은 처지의 동료들의 누렇게 뜬 얼굴들을 대하기가 소름이 돋도록 두려웠다. 결국 그는 또다시 실업자가 되었다는 것 외에는 아무것도 변한 게 없다는 사실을 알았다. 이번으로 꼭 두 번째였다. 신문사를 나온 후, 오 년 동안의 그 공백 기간에 겪었던 처참함을 그는 아직도 생생히 기억하고 있었다.

– 임철우, 「눈이 오면」 –

구성 방식

	사건	구성 방법	구성 유형
(가)	건우 할아버지가 조마이섬 이야기를 들려줌.	이야기가 시간의 흐름에 따라 전개됨.	순행적 구성
(나)	'그'가 왜 고향으로 떠나게 되었는지를 회상함.	이야기가 시간의 흐름에 따르지 않고 과거로 되돌아가(회상) 전개됨.	역순행적 구성

소설에서 이야기가 구성되는 방식은 과거에서 현재, 처음에서 끝 등 시간의 흐름에 따라서만 전개되는 것이 아니라 시간 순서가 뒤바뀌기도 한다. 이는 주제나 사건의 내용을 부각하거나 단조로운 사건 전개에 변화를 주기 위한 것이다. (나)와 같이 밤의 일보다 이날 오후의 일을 뒤에 배치한 것도 변화를 주기 위해서이다.

서술상 특징 (가)에서는 "와 처음부터 없기싸 없었겠소마는 죄다 뺏기고 말았지요." 등의 사투리를 통해 향토적이고 토속적인 분위기를 조성한다. 서술 방식이나 문체, 표현 방법 등 서술상 특징을 살펴보면 작품의 분위기나 인물의 특성 등을 파악할 수 있다.

고향 | 현진건

• 수록 교과서: 문학_창비 / 국어_비상(박안수)
• 기출: 2014-3월 고2 학평B

【작품 구조】

발단 '나'는 서울로 가는 기차에서 기이한 옷차림을 한 '그'를 만남.

전개 '나'는 '그'가 서울로 무작정 일자리를 찾으러 가는 것을 알고 동정심을 느낌.

위기 '나'는 농토를 잃고 고향을 떠나 유랑하던 '그'의 이야기를 듣게 됨.

절정 '나'는 '그'가 과거에 만났던 여인에 대한 이야기를 들음.

결말 '나'는 '그'의 이야기에 공감하여 함께 술을 마시고 '그'는 노래를 부름.

[앞부분의 줄거리] '나'는 대구에서 서울로 가는 기차 안에서 조선, 중국, 일본 3국의 옷을 섞어 입은 듯한 기이한 옷차림의 '그'를 보며 거부감과 호기심을 동시에 느낀다. '그'는 '나'에게 일자리를 알아보러 무작정 서울로 가고 있는 중이라며 말을 건다.

[A]
그러자, 그의 신세타령의 실마리는 풀려나왔다. 그의 고향은 대구에서 멀지 않은 K군 H란 외딴 동리였다. 한 백 호 남짓한 그곳 주민은 전부가 역둔토*를 파먹고 살았는데, 역둔토로 말하면 사삿집* 땅을 부치는 것보다 떨어지는 것이 후하였다. 그러므로 넉넉지는 못할 망정 평화로운 농촌으로 남부럽지 않게 지낼 수 있었다. 그러나 세상이 뒤바뀌자 그 땅은 전부가 동양 척식 회사의 소유에 들어가고 말았다. 직접으로 회사에 소작료를 바치게나 되었으면 그래도 나으련만 소위 중간 소작인이란 것이 생겨나서 저는 손에 흙 한번 만져 보지도 않고 동척엔 소작인 노릇을 하며 실작인에게는 지주 행세를 하게 되었다. 동척에 소작료를 물고 나서 또 중간 소작인에게 긁히고 보니, 실작인의 손에는 소출의 삼 할도 떨어지지 않았다. 그 후로 '죽겠다', '못 살겠다' 하는 소리는 중이 염불하듯 그들의 입길에서 오르내리게 되었다. 남부여대*하고 타처로 유리하는 사람만 늘고 동리는 점점 쇠진해 갔다.

지금으로부터 구 년 전, 그가 열일곱 살 되던 해 봄에(그의 나이는 실상 스물여섯이었다. 가난과 고생이 얼마나 사람을 늙히는가.) 그의 집안은 살기 좋다는 바람에 서간도로 이사를 갔다. 쫓겨 가는 운명이거든 어디를 간들 신신하랴. 그곳의 비옥한 전야*도 그들을 위하여 열려질 리 없었다. 조금 좋은 땅은 먼저 간 이가 모조리 차지를 하였고 황무지는 비록 많다 하나 그곳 당도하던 날부터 아침거리 저녁거리 걱정이라 무슨 행세로 적어도 일 년이란 장구한 세월을 먹고 입어 가며 거친 땅을 풀 수가 있으랴. 남의 밑천을 얻어서 농사를 짓고 보니, 가을이 되어 얻는 것은 빈주먹뿐이었다. 이태 동안을 사는 것이 아니라 억지로 버티어 갈 제, 그의 아버지는 우연히 병을 얻어 타국의 외로운 혼이 되고 말았다. 열아홉 살밖에 안 된 그가 홀어머니를 모시고 악으로 악으로 모진 목숨을 이어 가는 중 사 년이 못 되어 영양 부족한 몸이 심한 노동에 지친 탓으로 그의 어머니 또한 죽고 말았다.

"모친꺼정 돌아갔구마." / "돌아가실 때 흰 죽 한 모금 못 자셨구마."

하고 이야기하던 이는 문득 말을 뚝 끊는다. 그의 눈이 번들번들함은 눈물이 쏟아졌음이리라. 나는 무엇이라고 위로할 말을 몰랐다. 한동안 머뭇머뭇이 있다가 나는 차를 탈 때에 친구들이 사 준 ㉠정종 병마개를 빼었다. 찻잔에 부어서 그도 마시고 나도 마셨다. 악착한 운명이 던져 준 깊은 슬픔을 술로 녹이려는 듯이 연거푸 다섯 잔을 마신 그는 다시 말을 계속하였다. 그 후 그는 부모 잃은 땅에 오래 머물기 싫었다. 신의주로, 안동현으로 품을 팔다가 일본으로 또 벌이를 찾아가게 되었다. 구주 탄광에 있어도 보고, 대판 철공장에도 몸을 담아 보았다. 벌이는 조금 나았으나 외롭고 젊은 몸은 자연히 방탕해졌다. 돈을 모으려야 모을 수 없고 이따금 울화만 치받치기 때문에 한곳에 주접을 하고 있을 수 없었다. 화도 나고 고국산천이 그립기도 하여서 훌쩍 뛰어나왔다가 오래간만에 고향을 둘러보고 벌이를 구할 겸 서울로 올라가는 길이라 한다.

*
역둔토 역에 속한 논밭과 지방에 주둔하는 군대의 경비를 조달하기 위한 토지.
사삿집 개인이 살림하는 집.
남부여대 남자는 지고 여자는 인다는 뜻으로, 가난한 사람들이 살 곳을 찾아 이리저리 떠돌아다님을 비유적으로 이르는 말.
전야 논밭으로 이루어진 들.

"고향에 가시니 반가워하는 사람이 있습디까?"

나는 탄식하였다.

"반가워하는 사람이 다 뭐기오, 고향이 통 없어졌더마."

"그렇겠지요. 구 년 동안이면 퍽 변했겠지요."

"변하고 뭐고 간에 아무것도 없더마. 집도 없고, 사람도 없고, 개 한 마리도 얼씬을 않더마."

"그러면 아주 폐농이 되었단 말씀이오?"

"흥, 그렇구마. 무너지다가 만 담만 즐비하게 남았즈마. 우리 살던 집도 터야 안 남았겠는기요, 암
만 찾아도 못 찾겠더마. 사람 살던 동리가 그렇게 된 것을 혹 구경했는기오."

하고 그의 짜는 듯한 목은 높아졌다.

"썩어 넘어진 서까래,* 뚤뚤 구르는 주추*는! 꼭 무덤을 파서 해골을 헐어 젖혀 놓은 것 같더마. 세상
에 이런 일도 있는기오? 백여 호 살던 동리가 십 년이 못 되어 통 없어지는 수도 있는기요, 후!"

하고 그는 한숨을 쉬며, 그때의 광경을 눈앞에 그리는 듯이 멀거니 먼 산을 보다가 내가 따라 준 술을
꿀꺽 들이켜고,

"참! 가슴이 터지더마, 가슴이 터져."

하자마자 굵직한 눈물 두어 방울이 뚝뚝 떨어진다.

나는 그 눈물 가운데 음산하고 비참한 조선의 얼굴을 똑똑히 본 듯싶었다.

배경지식 확장

1920년대 시대적 상황과 「고향」

1920년대는 일제의 농촌 수탈 정책이 본격화된 시기로, 일제는 농업 생산력 증대 및 농촌 근대화를 명목 삼아 토지 조사 사업을 벌이고, 이 과정에서 빼앗은 토지를 동양 척식 회사에서 관리하였다. 「고향」의 '그' 역시 하루아침에 삶의 터전을 잃고 고향을 떠나 유랑하는 신세가 되었는데 이와 같은 모습은 1920년대 일제에 수탈당한 조선 농촌의 현실을 사실적으로 보여 준다.

*
서까래 마룻대에서 도리 또는 보에 걸쳐 지른 나무.
주추 기둥 밑에 괴는 돌 따위의 물건.

1 윗글의 '그'에 대한 설명으로 가장 적절한 것은?

① 살기 좋다는 말을 듣고 가족들과 함께 서간도로 떠났다.

② 오랜만에 고향을 찾았지만, 낯선 사람들만 있어 실망한다.

③ 부모님을 제대로 모시지 못했다는 사실을 감추고 싶어 한다.

④ 정착하겠다는 의지를 품고 서간도를 떠나 일본으로 건너갔다.

⑤ 일본을 떠나 귀국한 것은 고향에 가면 일자리를 잡을 수 있을 것이라고 기대했기 때문이다.

개념 서사 구조

서사 구조는 소설과 같은 서사물에서 사건들이 결합하는 방식이나 사건들의 연관 관계를 가리킨다. 주로 사건들이 일어나는 시간 순서에 따라 구분할 수 있다.

2 [A]의 서사적 기능으로 가장 적절한 것은?

① 사건의 흐름에서 벗어난 장면을 통해 위기감을 해소한다.

② 현재의 상황을 바탕으로 지나간 사건을 추리하여 재구성한다.

③ 하나의 사건을 여러 각도에서 살펴봄으로써 독자들의 판단을 유도한다.

④ 상반된 역사적 해석을 대비하며 역사적 사건이 총체적으로 드러나게 한다.

⑤ 사건이 벌어지게 된 배경을 제시함으로써 서사 구조에 필연성을 강화한다.

---

3 ㉠에 대한 이해로 가장 적절한 것은?

① '그'를 악착한 운명으로 몰아넣게 된 원인이다.

② '나'가 '그'에 대해 관심을 갖게 되는 계기이다.

③ '그'에 대한 '나'의 공감과 연민의 마음을 나타낸다.

④ '그'가 고국에 대한 그리움을 잊게 하는 매개체이다.

⑤ '그'가 조선을 떠나 외국으로 이주하게 된 까닭을 드러낸다.

개념 **동양 척식 회사**

1908년 12월에 일본 제국이 조선의 경제 독점과 토지·자원의 수탈을 목적으로 세운 국책 회사이다. 대영 제국의 동인도 회사를 본뜬 식민지 수탈 기관으로, 1908년 제정한 '동양 척식 주식 회사법'에 따라 설립되었다. 주요 목적은 일본의 경제적 이익을 위해 조선의 토지와 금융을 장악하고 일본인들의 식민지 개척 및 활동을 돕는 것이었다. 줄여서 '동척(東拓)'이라고 부르기도 하였다.

기출

4 〈보기〉를 참고하여, 윗글을 감상한 내용으로 적절하지 <u>않은</u> 것은?

┌ 보기 ┐

「고향」이 1920년대 식민지 조선의 피폐함을 사실적으로 잘 드러낼 수 있었던 것은 작가 현진건이 『동아 일보』 기자였다는 것과 관련이 있다. 국내 농촌의 피폐함뿐만 아니라 해외 동포들의 비극적인 삶에 대해 현진건은 기사를 통해 누구보다 자주 접할 수 있었기 때문이다. 이런 환경 속에서 일본의 폭력적 식민 지배가 낳은 폐단을 고발하고 식민 지배의 직접적인 피해 계층은 한국 민중이라는 사실을 집약적으로 드러내는 「고향」이 창작되었다. 민족 전체가 암울하게 살아가던 때, 「고향」은 우리 민중들이 품고 있는 반일 감정과 민족에 대한 연민의 감정을 고조시키는 계기가 되었다.

① 고향을 둘러본 '그'가 괴로워하는 것은 일제의 수탈을 피해 고향을 버렸던 사람들이 지닌 죄책감을 반영하고 있군.

② 농민에 대한 동양 척식 회사와 중간 소작인의 횡포는 일본의 폭력적 식민 지배가 낳은 폐단을 집약적으로 보여 주는군.

③ '그'가 겪은 서간도에서의 삶과 일본 탄광에서의 노동 등은 작가가 접한 해외 동포들의 비극상에 바탕을 둔 것이겠군.

④ 온갖 고난을 겪다가 고향까지 잃어버린 '그'의 모습을 통해 식민 지배의 직접적인 피해 계층이 한국 민중임을 구체적으로 보여 주고 있군.

⑤ '그'의 모습을 '조선의 얼굴'이라고 표현한 것은 '그'의 고달픈 삶을 통해 당시 암울했던 우리 민족 전체의 삶을 짐작할 수 있도록 하려는 의도에서 비롯되었겠군.

플러스 자료실

액자 소설

액자처럼 외부 이야기 속에 내부 이야기가 들어 있는 구성 방식의 소설을 말한다. 일반적으로 외부 이야기에서 시작하여 내부 이야기로 이어지며, 내부 이야기가 끝나면 다시 외부 이야기로 이어진다. 그 과정에서 시점의 변화가 일어나기도 하는데, 보통 외부 이야기는 1인칭으로 서술되고 내부 이야기는 3인칭으로 서술된다. 주로 외부 이야기의 인물이 내부 이야기를 전해 듣는 방식을 사용하여 독자에게 내부 이야기가 실제로 일어난 사건인 듯한 효과를 준다.

원리로 작품 독해

〈인물의 상황과 심리〉

1 사건에 따른 '나'의 심리를 다음과 같이 정리해 보자.

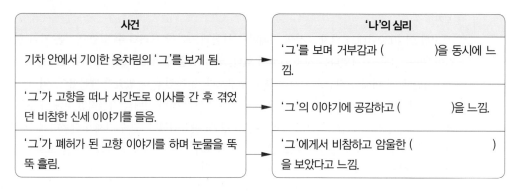

사건	'나'의 심리
기차 안에서 기이한 옷차림의 '그'를 보게 됨.	'그'를 보며 거부감과 ( )을 동시에 느낌.
'그'가 고향을 떠나 서간도로 이사를 간 후 겪었던 비참한 신세 이야기를 들음.	'그'의 이야기에 공감하고 ( )을 느낌.
'그'가 폐허가 된 고향 이야기를 하며 눈물을 뚝뚝 흘림.	'그'에게서 비참하고 암울한 ( )을 보았다고 느낌.

〈소재의 의미와 기능〉

2 이 글에 제시된 소재의 의미와 기능을 다음과 같이 정리해 보자.

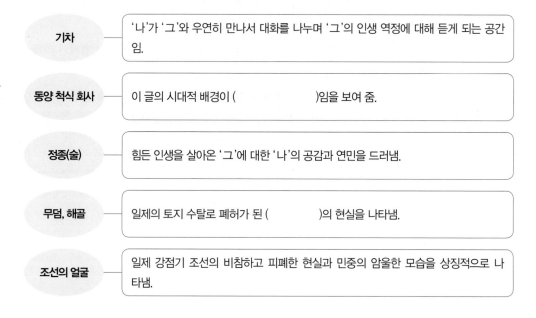

기차 — '나'가 '그'와 우연히 만나서 대화를 나누며 '그'의 인생 역정에 대해 듣게 되는 공간임.

동양 척식 회사 — 이 글의 시대적 배경이 (   )임을 보여 줌.

정종(술) — 힘든 인생을 살아온 '그'에 대한 '나'의 공감과 연민을 드러냄.

무덤, 해골 — 일제의 토지 수탈로 폐허가 된 (   )의 현실을 나타냄.

조선의 얼굴 — 일제 강점기 조선의 비참하고 피폐한 현실과 민중의 암울한 모습을 상징적으로 나타냄.

〈구성 방식〉

3 이 글의 구성 방식을 파악해 보자.

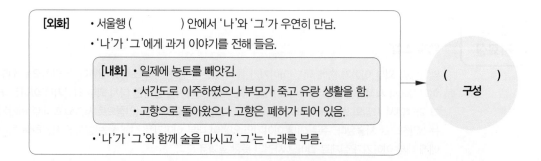

[외화]
• 서울행 (   ) 안에서 '나'와 '그'가 우연히 만남.
• '나'가 '그'에게 과거 이야기를 전해 들음.

　　[내화] • 일제에 농토를 빼앗김.
　　　　　 • 서간도로 이주하였으나 부모가 죽고 유랑 생활을 함.
　　　　　 • 고향으로 돌아왔으나 고향은 폐허가 되어 있음.

• '나'가 '그'와 함께 술을 마시고 '그'는 노래를 부름.

→ (   ) **구성**

인가는 문 서방 말과는 딴전을 치면서 담뱃대를 쌈지에 넣는다.

"허허, 어제두 말했지만 글쎄 곡식이 안 된 거 어떡하오?"

"안 돼! 안 돼! 곡식이 자르 되고 모 되고 내가 알으오? 오늘은 받아 가지구야 가겠소!"

인가는 담배를 피우면서 버티려는 수작인지 땅에 펑덩 들어앉았다.

"내년에는 꼭 갚아 드릴게 올만 참아 주오! 장구재도 알지만 흉년이 되어서 되지두 않은 이것(곡식)을 모두 드리면 우리는 어떻게 겨울을 나라구? 응! 자, 내년에는 꼭. 하하."

인가를 보면서 넋없는 웃음을 치는 문 서방의 눈에는 애원하는 빛이 흘렀다.

"안 되우! 안 돼! 퉁퉁디(모두) 주! 우리두 많이 많이 부족이오!"

"부족이 돼두 하는 수 없지. 글쎄 뻔히 보시면서 어떡하란 말이오! 휴……."

"어째 어부소? 응 늬디 어째 어부소 마리 해! 울리 쌀리디, 울리 소금이디, 울리 강냉이디…… 늬디 입이(그는 입을 가리키면서) 디 안 먹어? 어째 어부소? 응."

인가는 낯빛이 붉으락푸르락해서 소리를 고래고래 질렀다. 문 서방은 더 말이 나오지 않았다.

언제나 이놈의 소작인 노릇을 면하여 볼까? 경기도에서도 소작인 십 년에 겨죽만 먹다가, 그것도 자유롭지 못하여 남부여대로 딸 하나 앞세우고 이 서간도로 찾아들었더니 여기서도 그네를 맞아 주는 것은 지팡살이였다. 이름만 달랐지 역시 소작인이다. 들어오던 해는 풍년이었으나 늦게 들어와서 얼마 심지 못하였고 그 이듬해에는 흉년으로 말미암아 일 년 내 꾸어 먹은 것도 있거니와 소작료도 못 갚아서 인가에게 매까지 맞고 금년으로 미뤘더니 금년에도 흉년이 졌다. 다른 사람들도 빚을 지지 않은 바가 아니로되 유독 문 서방을 조르는 것은 음흉한 인가의 가슴속에 문 서방의 딸 용례(금년 열일곱)가 걸린 까닭이었다. 문 서방은 벌써 그 눈치를 알아채었으나 차마 양심이 허락지 않았다. 인가의 욕심만 채우면 밭 맥(1맥은 10일경(日耕)=1일경은 약 천 평)이나 단단히 생겨서 한평생 기탄이 없을 것을 모르지는 않지만, 무남독녀로 고이 기른 딸을 되놈에게 주기는 머리에 벼락이 내릴 것 같아서 죽으면 그저 굶어 죽었지 차마 할 수 없었다. 그는 그런 것 저런 것 생각할 때마다 도리어 내지(조선) — 쪼들려도 나서 자란 자기 고향에서 쪼들리던 옛날이 — 삼 년 전의 그 옛날이 그리웠다. 그러나 그것도 한 꿈이었다. 그 꿈이 실현되기에는 그네의 경제적 기초가 너무도 어줄이 없었다. 빈 마음만 흐르는 구름에 부쳐서 내지로 보낼 뿐이었다.

"어째서 대답이 어부소, 응? 그래 울리 비디디 안 가파? 창우니! 빠피야(이놈, 껍질 벗긴다)."

인가는 담뱃대를 꽁무니에 찌르면서 일어나 앉더니 팔을 걷는다.

– 최서해, 「홍염」–

[정답과 해설 27쪽]

1 이 글의 문 서방과 「고향」의 '그'는 일제의 억압과 착취에 못 이겨 고향을 떠나 (   )로 갔으나 거기에서도 힘든 삶을 산다.

2 이 글의 문 서방은 그의 딸 용례를 노리고 매일 (   ) 독촉을 해대는 인가의 횡포로 어려운 처지에 놓여 있다.

소설가 구보 씨의 일일 | 박태원

• 수록 교과서: 문학_금성, 미래엔, 지학사
• 기출: 2014–9월 고2 학평B

조그만

한 개의 기쁨을 찾아, 구보는 **남대문을 안에서 밖으로 나가 보기로** 한다. 그러나 그곳에는 불어드는 바람도 없이, 양옆에 웅숭그리고 앉아 있는, 서너 명의 지게꾼들의 그 모양이 맥없다.

구보는 고독을 느끼고, 사람들 있는 곳으로, 약동하는 무리들이 있는 곳으로, 가고 싶다 생각한다. 그는 눈앞의 **경성역**을 본다. 그곳에는 마땅히 인생이 있을 게다. 이 낡은 서울의 호흡과 또 감정이 있을 게다. 도회의 소설가는 모름지기 이 도회의 항구와 친하여야 한다. 그러나 물론 그러한 직업의식은 어떻든 좋았다. 다만 구보는 고독을 삼등 ⊙대합실 군중 속에 피할 수 있으면 그만이다.

그러나 오히려 고독은 그곳에 있었다. 구보가 한옆에 끼어 앉을 수도 없게시리 **사람들**은 그곳에 **빽빽하게** 모여 있어도, 그들의 누구에게서도 인간 본래의 온정을 찾을 수는 없었다. 그들은 거의 옆의 사람에게 한마디 말을 건네는 일도 없이, 오직 자기네들 사무에 바빴고, 그리고 간혹 말을 건네도, 그것은 자기네가 타고 갈 열차의 시각이나 그러한 것에 지나지 않았다. 그네들의 동료가 아닌 사람에게 그네들은 ⓛ변소에 다녀올 동안의 그네들 짐을 부탁하는 일조차 없었다. 남을 결코 믿지 않는 그네들의 눈은 보기에 딱하고 또 가엾었다.

[A]
구보는 한구석에 가 서서, 그의 앞에 앉아 있는 노파를 본다. 그는 뉘 집에 드난*을 살다가 이제 늙고 또 쇠잔한 몸을 이끌어, 결코 넉넉하지 못한 어느 시골, 딸네 집이라도 찾아가는지 모른다. 이미 굳어 버린 그의 안면 근육은 어떠한 다행한 일에도 펴질 턱 없고, 그리고 그의 몽롱한 두 눈은 비록 그의 딸의 그지없는 효양(孝養)*을 가지고도 감동시킬 수 없을지 모른다. 노파 옆에 앉은 중년의 시골 신사는 그의 시골서 조그만 백화점을 경영하고 있을 게다. 그의 점포에는 마땅히 주단포목도 있고, 일용 잡화도 있고, 또 흔히 쓰이는 약품도 갖추어 있을 게다. 그는 이제 그의 옆에 놓인 물품을 들고 자랑스러이 차에 오를 게다. 구보는 그 시골 신사가 노파와의 사이에 되도록 간격을 가지려고 노력하는 것을 발견하고, 그리고 그를 업신여겼다. 만약 그에게 옅은 지혜와 또 약간의 용기를 주면 그는 삼등 승차권을 주머니 속에 간수하고 일, 이등 대합실에 오만하게 자리 잡고 앉을 게다.

문득 구보는 그의 얼굴에 부종(浮腫)*을 발견하고 그의 앞을 떠났다. 신장염. 그뿐 아니라 구보는 자기 자신의 만성 위 확장을 새삼스러이 생각해 내지 않으면 안 되었다. 그러나 구보기 매점 옆에까지 갔었을 때, 그는 그곳에서도 역시 병자를 보지 않으면 안 되었다. 40여 세의 노동자. 전경부(前頸部)*의 광범한 팽륭(澎隆)*. 돌출한 안구. 또 손의 경미한 진동. 분명한 바세도우씨병*. 그것은 누구에게든 결코 깨끗한 느낌을 주지는 못한다. 그의 좌우에 좌석이 비어 있어도 사람들은 그곳에 앉으려 들지 않는다. 뿐만 아니라, 그에게서 두 칸통 떨어진 곳에 있던 아이 업은 젊은 아낙네가 그의 ⓒ바스켓 속에서 꺼내다 잘못하여 시멘트 바닥에 떨어뜨린 한 개의 복숭아가 굴러 병자의 발 앞에까지 왔을 때, 여인은 그것을 쫓아와 집기를 단념하기조차 하였다.

구보는 이 조그만 사건에 문득, 흥미를 느끼고, 그리고 그의 **대학 노트를 펴들었다**. 그러나 그가, 문

*
드난 임시로 남의 집 행랑에 붙어 지내며 그 집의 일을 도와줌. 또는 그런 사람.
효양 어버이를 효성으로 봉양함.
부종 몸이 붓는 증상.
전경부 목의 앞쪽 부분.
팽륭 크게 부어 오름.
바세도우씨병 갑상선의 이상으로 목 앞이 불룩해지고 눈알이 튀어나오는 병.

옆에 기대어 서 있는 캡 쓰고 린네츠메리 '**양복 입은 사나이**'의, 그 온갖 사람에게 의혹을 갖는 두 눈을 발견하였을 때, 구보는 또다시 우울 속에 그곳을 떠나지 않으면 안 되었다.

개찰구 앞에

두 명의 사나이가 서 있었다. 낡은 파나마에 모시 두루마기 노랑 구두를 신고, 그리고 손에 조그만 보따리 하나도 들지 않은 그들을, 구보는, 확신을 가져 무직자라고 단정한다. 그리고 이 시대의 무직자들은, 거의 다 금광 브로커에 틀림없었다. 구보는 새삼스러이 **대합실 안팎**을 둘러본다. 그러한 인물들은, 이곳에도 저곳에도 눈에 띄었다.

황금광 시대.

저도 모를 사이에 구보의 입술엔 무거운 한숨이 새어 나왔다. **황금을 찾아**, 그것도 역시 숨김없는 인생의, 분명한 일면이다. 그것은 적어도, 한 손에 단장과 또 한 손에 공책을 들고, 목적 없이 거리로 나온 자기보다는 좀 더 진실한 인생이었을지도 모른다. 시내에 산재한 무수한 광무소(鑛務所).* 인지대 100원, 열람비 5원, 수수료 10원, 지도대 18전…… 출원 등록된 광구,* 조선 전토(全土)의 7할. 시시각각으로 사람들은 졸부가 되고 또 몰락하여 갔다. 황금광 시대. 그들 중에는 평론가와 시인, **이러한 문인들**조차 끼어 있었다. 구보는 일찍이 창작을 위하여 그의 벗의 광산에 가 보고 싶다 생각하였다. 사람들의 사행심, 황금의 매력, 그러한 것들을 구보는 보고, 느끼고, 하고 싶었다. 그러나 고도의 금광열은 오히려 ㉣**총독부** 청사, 동측 최고층, 광무과 열람실에서 볼 수 있었다…….

문득 한 사나이가 둥글넓적한, 그리고 또 비속한 얼굴에 웃음을 띠우고, 구보 앞에 그의 모양 없는 손을 내민다. 그도 벗이라면 ⎡벗⎦이었다. 중학 시대의 열등생. 구보는 그래도 약간 웃음에 가까운 표정을 지어 보이고, 그리고 단장 든 손을 그대로 내밀어 그의 손을 가장 엉성하게 잡았다. 이거 얼마만이야. 어디 가나. 응, 자네는.

구보는 친하지 않은 사람에게 '자네' 소리를 들으면 언제든 불쾌하였다. '해라'는, 해라는 오히려 나왔다. 그 사나이는 주머니에서 ㉤**금시계**를 꺼내 보고, 다음에 구보의 얼굴을 쳐다보며, 저기 가서 차라도 안 먹으려나. 전당포 집의 둘째 아들. 구보는 그러한 사나이와 자리를 같이하여 차를 마실 생각은 없었다. 그러나 그러한 경우에 한 개의 구실을 지어, 그 호의를 사절할 수 있도록 구보는 용감하지 못하다. 그 사나이는 앞장을 섰다. 자, 그럼 저리로 가지. 그러나 그것은 구보에게만 한 말이 아니었다.

구보는 자기 뒤를 따라오는 한 여성을 보았다. 그가 한번 흘낏 보기에도, 한 사나이의 애인 된 티가 있었다. 어느 틈엔가 이런 자도 연애를 하는 시대가 왔다. 새삼스러이 그 천한 얼굴이 쳐다보였으나, 그러나 **서정 시인조차 황금광으로 나서는 때다.**

*
광무소 광업에 관한 모든 제출 서류를 광업령에 의거하여 대신 써 주던 영업소.
광구 관청에서 어떤 광물의 채굴이나 시굴을 허가한 구역.

배경지식 확장

1930년대의 세태

• [조그만]: 도시화가 진행되면서 전통 사회의 따뜻한 인간미가 상실되고 타인과의 관계가 단절되었다.

• [개찰구 앞에]: 자본주의가 생활에 깊숙이 들어와 도시화가 진행되면서 대부분의 사람들이 황금 열풍에 동참하고 순수 문인들까지 가세하였다. 모든 가치가 물질을 중시하는 황금 만능주의로 변모하였다.

개념 갈등

갈등은 어떤 사건이나 상황에 대해 인물의 마음속 생각이 엇갈리거나, 인물 간의 태도나 의견 등이 엇갈려 서로 대립하고 충돌하는 것을 말한다. 갈등은 사건을 전개시키고 인물의 성격을 뚜렷하게 드러내며 주제를 분명하게 제시하는 역할을 한다.

개념 서술자

서술자는 소설에서 작가를 대신해 이야기를 들려주는 사람이다. 작가가 의도를 가지고 꾸며 낸 인물이므로 작가의 허구적 대리인이라 할 수 있다.

기출

1 [A]에 대한 설명으로 적절한 것은?

① 추측하는 표현을 사용하여 대상에 대해 상상한 것을 드러내고 있다.

② 주로 짧은 문장을 사용하여 인물의 내면 변화를 박진감 있게 드러내고 있다.

③ 과거와 현재의 대비되는 경험을 제시하여 인물의 복잡한 내면을 드러내고 있다.

④ 인물 간의 심리적 갈등을 섬세하게 포착하여 갈등이 심화될 것을 예고하고 있다.

⑤ 서술자가 직접 경험한 내용을 중심으로 대상에 대한 비판적 생각을 드러내고 있다.

기출

2 벗에 대한 설명으로 적절한 것은?

① 구보와 대비되는 경제력을 소유한 것을 통해 구보의 경제적 어려움을 부각하고 있다.

② 금광에 도전하여 성공한 모습을 통해 진취적인 태도가 필요하다는 것을 보여 주고 있다.

③ 예전과 달라진 모습을 통해 물질적인 가치가 중시되는 사회가 되었음을 보여 주고 있다.

④ 구보를 비판하는 언행을 통해 지식인의 경제적 무능력과 허위의식을 조롱하고 비판하고 있다.

⑤ 부정한 방법으로 부를 얻고도 부끄러움을 모르는 모습을 통해 당시의 도덕적 타락상을 보여 주고 있다.

기출

3 〈보기〉를 바탕으로 윗글을 감상한 내용으로 적절하지 않은 것은?

> 보기
>
> 이 작품의 배경이 되는 1930년대는 근대화와 도시화가 진행되면서 여러 병폐가 생겨났고 황금 열풍이 불기 시작했다. 이런 세태를 바라보는 주인공의 비판적이고 냉소적인 시선에는 이런 병폐에서 벗어나야 한다는 생각이 바탕에 깔려 있다고 볼 수 있다.

① 주인공은 고독을 벗어나기 위해 '경성역'을 찾았으나 그곳에서 오히려 군중 속의 고독을 느끼는군.

② 주인공은 역에 모인 '사람들'의 모습을 보며 인정이 메마르고 인간적 신뢰가 약화된 도시의 모습에 안타까움을 느끼는군.

③ 주인공은 '양복 입은 사나이'가 타인을 경계하고 의심하는 모습을 보며 서글픔을 느끼는군.

④ '두 명의 사나이'를 보면서 주인공은 무직자가 양산되었던 당시의 불안정한 경제 상황을 부정적으로 생각하고 있군.

⑤ '이러한 문인들'을 비판적으로 바라보는 주인공은 물질적인 가치관에 의해 타락한 현실에서 벗어날 대책을 모색하고 있군.

4 〈보기〉를 참고하여 윗글을 감상한 내용으로 적절하지 <u>않은</u> 것은?

> **보기**
>
> 　박태원은 자신의 소설 창작 방법을 '고현학(考現學)'이라고 칭한 바 있다. 박태원의 소설에서 주인공은 마치 산책을 하듯 도회지를 돌아다니며 여러 대상을 관심 있게 관찰하고 때로는 노트에 기록도 하면서 취재하는 과정을 소설의 주요 내용으로 삼는다. 또한 당대의 풍속과 세태를 조사하며 삶의 의미를 탐색하는 모습을 보이기도 한다.

① 구보가 '남대문을 안에서 밖으로 나가 보기로' 하며 '경성역'으로 이동하는 데서 산책하듯 도회지를 돌아다니는 모습을 살펴볼 수 있군.

② 구보가 조그만 사건에 흥미를 느끼고, '대학 노트를 펴들'은 데서 관심 있게 관찰한 내용을 기록하여 소설화하려는 모습을 살펴볼 수 있군.

③ 구보가 개찰구 앞에서 '대합실 안팎'을 둘러보는 데서 도회지에서 살아가는 사람들을 관심 있게 관찰하는 모습을 살펴볼 수 있군.

④ 구보가 대합실 이곳저곳의 사람들을 통해 너도나도 '황금을 찾'는 당시의 모습을 떠올린 데서 당대의 세태를 살펴볼 수 있군.

⑤ 구보가 '서정 시인조차 황금광으로 나서는 때'라고 생각하는 데서 경제적 안정에서 삶의 의미를 탐색하고 있음을 살펴볼 수 있군.

5 ㉠~㉤ 중, 당대의 시대적 배경을 짐작할 수 있는 것은?

① ㉠　　　　　② ㉡　　　　　③ ㉢　　　　　④ ㉣　　　　　⑤ ㉤

플러스 자료실

1930년대 '황금광 시대'

1930년대에 금 본위제(금의 일정량의 가치를 기준으로 단위 화폐의 가치를 재는 화폐 제도)가 실시되면서 전쟁 물자 결제를 위해 금을 필요로 하는 일제의 요구가 심해졌다. 일본 기업가들은 물론이고 조선인들에게도 금광업을 독려하며 사금, 석금 가리지 않고 모든 금을 사들이면서 당시 금광 개발 열풍은 최고조에 달했다. 이와 더불어 최창학, 방응모, 이종만 등 금광 재벌들의 성공 신화는 농민과 지식인을 가리지 않고 너도나도 금광 개발에 뛰어들게 만들었다. 금광에 대한 과열된 분위기는 사기, 폭행 등의 사건을 낳기도 했는데 언론사들은 이를 두고 황금에 미친 '황금광(黃金狂) 시대'라 칭했다. 1940년대 태평양 전쟁으로 일본이 군수 물자 생산에 집중하면서 조선에서의 금광 열풍도 점차 사그라들었다.

1 〈인물의 심리〉

이 글에서 구보가 사람들을 관찰하며 어떤 심리 상태를 보이는지 정리해 보자.

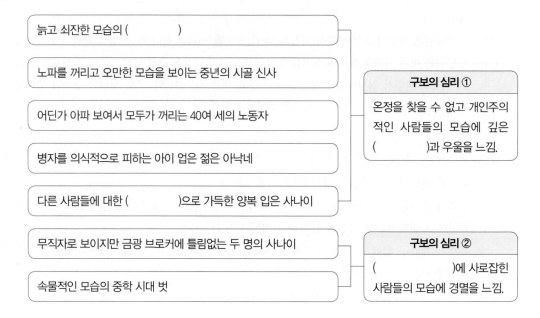

늙고 쇠잔한 모습의 (   )

노파를 꺼리고 오만한 모습을 보이는 중년의 시골 신사

어딘가 아파 보여서 모두가 꺼리는 40여 세의 노동자

병자를 의식적으로 피하는 아이 업은 젊은 아낙네

다른 사람들에 대한 (   )으로 가득한 양복 입은 사나이

무직자로 보이지만 금광 브로커에 틀림없는 두 명의 사나이

속물적인 모습의 중학 시대 벗

구보의 심리 ①

온정을 찾을 수 없고 개인주의적인 사람들의 모습에 깊은 (   )과 우울을 느낌.

구보의 심리 ②

(   )에 사로잡힌 사람들의 모습에 경멸을 느낌.

2 〈시대적 배경〉

이 글에 나타난 시대 상황과 그에 대한 구보의 반응을 정리해 보자.

	[조그만]	[개찰구 앞에]
1930년대 시대 상황	• 도시화가 진행되면서 전통 사회의 따뜻한 인간미가 사라짐. • 타인과의 관계가 ( )됨.	• 너도나도 ( ) 열풍에 동참하고 순수해야 할 문인들까지 가세함. • 물질적인 가치를 중시하는 황금만능주의가 만연함.

구보는 당시 세태에 (   ), 냉소적 태도를 보임.

3 〈서술상 특징〉

이 글의 서술상 특징을 파악해 보자.

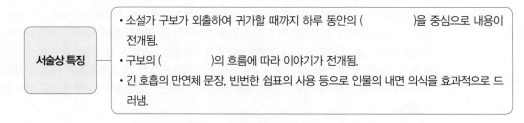

서술상 특징

• 소설가 구보가 외출하여 귀가할 때까지 하루 동안의 (   )을 중심으로 내용이 전개됨.
• 구보의 (   )의 흐름에 따라 이야기가 전개됨.
• 긴 호흡의 만연체 문장, 빈번한 쉼표의 사용 등으로 인물의 내면 의식을 효과적으로 드러냄.

다른 작품 엮어 읽기

연계 포인트 이 소설은 근대화된 사회에 적응하지 못하고 권태로운 삶을 살고 있는 지식인의 내면을 그리고 있다. 의식의 흐름 기법으로 무기력한 지식인의 삶을 다루고 있다는 점에서 「소설가 구보 씨의 일일」과 함께 읽어 볼 수 있다.

어쨌든 나섰다. 나는 좀 야맹증이다. 그래서 될 수 있는 대로 밝은 거리를 골라서 돌아다니기로 했다. 그러고는 경성역 일이 등 대합실 한결 티 룸에를 들렀다. 그것은 내게는 큰 발견이었다. 거기는 우선 아무도 아는 사람이 안 온다. 설사 왔다가도 곧 가니까 좋다. 나는 날마다 여기 와서 시간을 보내리라 속으로 생각하여 두었다.

제일 여기 시계가 어느 시계보다도 정확하리라는 것이 좋았다. 섣불리 서투른 시계를 보고 그것을 믿고 시간 전에 집에 돌아갔다가 큰코를 다쳐서는 안 된다.

나는 한 부스에 아무것도 없는 것과 마주 앉아서 잘 끓은 커피를 마셨다. 총총한 가운데 여객들은 그래도 한 잔 커피가 즐거운가 보다. 얼른얼른 마시고 무얼 좀 생각하는 것같이 담벼락도 좀 쳐다보고 하다가 곧 나가 버린다. 서글프다. 그러나 내게는 이 서글픈 분위기가 거리의 티 룸들의 그 거추장스러운 분위기보다는 절실하고 마음에 들었다. 이따금 들리는 날카로운 혹은 우렁찬 기적 소리가 모차르트보다도 더 가깝다. 나는 메뉴에 적힌 몇 가지 안 되는 음식 이름을 치읽고 내리읽고 여러 번 읽었다. 그것들은 아물아물한 것이 어딘가 내 어렸을 때 동무들 이름과 비슷한 데가 있었다.

거기서 얼마나 내가 오래 앉았는지 정신이 오락가락하는 중에, 객이 슬며시 뜸해지면서 이 구석 저 구석 걷어치우기 시작하는 것을 보면 아마 닫을 시간이 된 모양이다. 열한 시가 좀 지났구나, 여기도 결코 내 안주의 곳은 아니구나, 어디 가서 자정을 넘길까, 두루 걱정을 하면서 나는 밖으로 나섰다. 비가 온다. 빗발이 제법 굵은 것이 우비도 우산도 없는 나를 고생을 시킬 작정이다. 그렇다고 이런 괴이한 풍모를 차리고 이 홀에서 어물어물하는 수는 없고, 에이 비를 맞으면 맞았지 하고 나는 그냥 나서 버렸다.

대단히 선선해서 견딜 수가 없다. 코르덴 옷이 젖기 시작하더니 나중에는 속속들이 스며들면서 처근거린다. 비를 맞아 가면서라도 견딜 수 있는 데까지 거리를 돌아다녀서 시간을 보내려 하였으나 인제는 선선해서 이 이상은 더 견딜 수가 없다. 오한이 자꾸 일어나면서 이가 딱딱 맞부딪는다.

– 이상, 「날개」 –

[정답과 해설 28쪽]

1 이 글과 「소설가 구보 씨의 일일」은 (   ) 기법으로 인물의 내면을 드러내고 있다.

2 이 글의 '나'는 거리를 배회하며 시간을 보내는 등 (   )한 모습을 보이고 있다.

봄·봄 | 김유정

• 수록 교과서: 문학_비상 / 국어_동아, 금성, 지학사, 천재(박), 해냄
• 기출: 2016–6월 고3 모평A

우리 장인님은 약이 오르면 이렇게 손버릇이 아주 못됐다. 또 사위에게 이 자식 저 자식 하는 이놈의 장인님은 어디 있느냐. 오죽해야 우리 동리에서 누굴 물론하고 그에게 욕을 안 먹는 사람은 명이 짜르다, 한다. 조그만 아이들까지도 그를 돌라세 놓고 욕필이 ⊙(본 이름이 봉필이니까), 욕필이, 하고 손가락질을 할 만치 두루 인심을 잃었다. 허나 인심을 정말 잃었다면 욕보다 읍의 배 참봉 댁 마름*으로 더 잃었다. 번이 마름이란 욕 잘하고 사람 잘 치고 그리고 생김 생기길 호박개 같아야 쓰는 거지만 장인님은 외양이 똑 됐다. 작인이 닭 마리나 좀 보내지 않는다든가 애벌논 때 품을 좀 안 준다든가 하면 그해 ⓐ가을에는 영락없이 땅이 뚝뚝 떨어진다. 그러면 미리부터 돈도 먹이고 술도 먹이고 안달재신*으로 돌아치던 놈이 그 땅을 슬쩍 돌라앉는다. 이 바람에 장인님 집 빈 외양간에는 눈깔 커다란 황소 한 놈이 절로 엉금엉금 기어들고, 동리 사람들은 그 욕을 다 먹어 가면서도 그래도 굽신굽신하는 게 아닌가 —

㉮그러나 내겐 장인님이 감히 큰소리할 계제가 못 된다.

뒷생각은 못 하고 뺨 한 개를 딱 때려 놓고는 장인님은 무색해서* 덤덤히 쓴침만 삼킨다. 난 그 속을 퍽 잘 안다. 조금 있으면 갈도 꺾어야 하고 모도 내야 하고, 한창 바쁜 때인데 나 일 안 하고 우리 집으로 그냥 가면 고만이니까. 작년 이맘때도 트집을 좀 하니까 늦잠 잔다고 돌멩이를 집어 던져서 자는 놈의 발목을 삐게 해 놨다. 사날씩이나 건승 끙, 끙, 앓았더니 종당에는* 거반 울상이 되지 않았는가 —

"얘, 그만 일어나 일 좀 해라. 그래야 올 갈에 벼 잘되면 너 장가들지 않니."

그래 귀가 번쩍 띄어서 그날로 일어나서 남이 이틀 품 들일 ⓑ논을 혼자 삶아 놓으니까 장인님도 눈깔이 커다랗게 놀랐다. 그럼 정말로 가을에 와서 혼인을 시켜 줘야 원 경우가 옳지 않겠나. 볏섬을 척척 들여 쌓아도 다른 소리는 없고 물동이를 이고 들어오는 점순이를 담배통으로 가리키며,

"이 자식아 미처 커야지. 조걸 데리고 무슨 혼인을 한다고 그러니 원!" 하고 남 낯짝만 붉게 해 주고 고만이다.

[중략]

그 전날 왜 내가 새고개 맞은 봉우리 ⓒ화전밭을 혼자 갈고 있지 않았느냐. 밭 가생이로 돌 적마다 야릇한 꽃내가 물컥물컥 코를 찌르고 머리 위에서 벌들은 가끔 붕, 붕, 소리를 친다. 바위틈에서 샘물 소리밖에 안 들리는 산골짜기니까 맑은 하늘의 봄볕은 이불 속같이 따스하고 꼭 꿈꾸는 것 같다. 나는 몸이 나른하고 몸살 ⓛ(을 아직 모르지만 병)이 나려고 그러는지 가슴이 울렁울렁하고 이랬다.

"어러이! 말이! 맘 마 마……."

이렇게 노래를 하며 소를 부리면 여느 때 같으면 어깨가 으쓱으쓱한다. 웬일인지 ⓓ밭 반도 갈지 않아서 온몸의 맥이 풀리고 대고 짜증만 난다. 공연히 소만 들입다 두들기며 —

"안야! 안야! 이 망할 자식의 소 ⓒ(장인님의 소니까) 대리를 꺾어 줄라."

그러나 내 속은 정말 안야 때문이 아니라 점심을 이고 온 점순이의 키를 보고 울화가 났던 것이다.

*
마름 지주를 대리하여 소작권을 관리하는 사람.
안달재신 몹시 속을 태우며 여기저기로 다니는 사람.
무색해서 겸연쩍고 부끄러워서.
종당에는 일의 마지막에는.

점순이는 뭐 그리 썩 이쁜 계집애는 못 된다. 그렇다구 또 개떡이냐 하면 그런 것도 아니고, 꼭 내 아내가 돼야 할 만치 그저 툽툽하게 생긴 얼굴이다. 나보다 십 년이 아래니까 올해 열여섯인데 몸은 남보다 두 살이나 덜 자랐다. 남은 잘도 훤칠히들 크건만 이건 위아래가 몽툭한 것이 내 눈에는 헐없이 감참외 같다. 참외 중에는 감참외가 젤 맛 좋고 이쁘니까 말이다. 둥글고 커단 눈은 서글서글하니 좋고 좀 지쳐 찢어졌지만 입은 밥술이나 혹혹이 먹음직하니 좋다. 아따 밥만 많이 먹게 되면 팔자는 고만 아니냐. 헌데 한 가지 파가 있다면 가끔가다 몸이 ㉣(장인님은 이걸 채신이 없이 들까분다고 하지만) 너무 빨리빨리 논다. 그래서 밥을 나르다가 때 없이 풀밭에서 깨빡을 쳐서 흙투성이 밥을 곧잘 먹인다. 안 먹으면 무안해할까 봐서 이걸 씹고 앉았노라면 으적으적 소리만 나고 돌을 먹는 겐지 밥을 먹는 겐지 ―

그러나 ㉢이날은 웬일인지 성한 밥채로 밭머리에 곱게 내려놓았다. 그리고 또 내외를 해야 하니까 저만큼 떨어져 이쪽으로 등을 향하고 웅크리고 앉아서 그릇 나기를 기다린다.

내가 다 먹고 물러섰을 때 그릇을 와서 챙기는데 그런데 난 깜짝 놀라지 않았느냐. 고개를 푹 숙이고 밥함지에 그릇을 포개면서 날더러 들으라는지 혹은 제 소린지,

"밤낮 일만 하다 말 텐가!" 하고 혼자서 종알거린다. 고대 잘 내외하다가 이게 무슨 소린가, 하고 난 정신이 얼떨떨했다. 그러면서도 한편 무슨 좋은 수나 있는가 싶어서 나도 공중을 대고 혼잣말로,

"그럼 어떻게?" 하니까,

"성례시켜 달라지 뭘 어떻게." 하고 되알지게 쏘아붙이고 얼굴이 발개져서 산으로 그저 도망질을 친다.

나는 잠시 동안 어떻게 되는 셈판인지 맥을 몰라서 그 뒷모양만 덤덤히 바라보았다.

봄이 되면 온갖 초목이 물이 오르고 싹이 트고 한다. 사람도 아마 그런가 보다, 하고 며칠 내에 부쩍 ㉤(속으로) 자란 듯싶은 점순이가 여간 반가운 것이 아니다.

개념 현학적 표현

현학적 표현은 지나치게 어렵고 전문적인 어휘를 필요 이상으로 사용하는 것으로, 자신의 학식을 과시하며 아는 척하려는 인물이 등장하는 상황에 주로 나타난다.

기출

1 윗글에 대한 설명으로 가장 적절한 것은?

① 동시에 일어나는 두 개의 사건을 병치하여 긴장감을 조성하고 있다.

② 과거 사건을 현재 상황에 끌어들여 인물들의 관계를 드러내고 있다.

③ 현학적 표현을 사용하여 등장인물들의 긍정적 성격을 강조하고 있다.

④ 작중 인물이 관찰자의 입장에서 작중 세계를 객관적으로 묘사하고 있다.

⑤ 다른 사람의 체험을 듣고 독자에게 전해 주는 액자식 구성을 취하고 있다.

기출

2 윗글의 인물에 대한 이해로 가장 적절한 것은?

① '점순이'는 성례를 위해 적극적으로 행동을 취하지 않는 '나'에게 불만을 표시한다.

② '나'는 '점순이'와의 갈등을 회피하기 위해서 자신의 집으로 돌아갈 것을 결심한다.

③ '나'와 '장인'이 갈등을 일으키는 이유는 '점순이'에게 함부로 일을 시키는 '장인'의 태도 때문이다.

④ '동리 사람들'에게 '장인'이 인심을 잃게 된 주된 이유는 '나'와 '점순이'의 혼례를 치러 주지 않았기 때문이다.

⑤ '나'는 '동리 사람들'이 '장인'에게 보여 주는 태도와 상반된 입장을 보임으로써, '나'는 '장인'이 '동리 사람들'에게 취하는 행동을 옹호한다.

기출

3 ㉠~㉤에 대한 설명으로 적절하지 않은 것은?

① ㉠: 인물의 이름과 별명의 연관성을 제시하고 있다.

② ㉡: 괄호를 제거해도 자연스러운 문장이 되도록 서술자의 진술이 이루어지고 있다.

③ ㉢: 소의 주인과 소를 동일시하여 '장인'에 대한 서술자의 반감을 드러내고 있다.

④ ㉣: '너무 빨리빨리 논다.'라는 행동에 대한 '장인'의 평가를 첨가하고 있다.

⑤ ㉤: '점순이'가 부쩍 자란 사실을 숨겨 온 '장인'의 속셈을 알아내고 반가워하는 '나'의 태도를 제시하고 있다.

기출

4 〈보기〉를 참조할 때, ⓐ~ⓔ에 대한 감상으로 적절하지 <u>않은</u> 것은?

> 보기
>
> 「봄·봄」은 시·공간의 이동을 통해 사건들이 전개된다. 소설 속 사건이 일어나는 배경은 단순히 물리적 시·공간을 제시하는 데에서 그치는 것이 아니다. 인물을 둘러싼 구체적 환경은 인물의 성격을 드러내거나 태도에 변화를 줄 뿐만 아니라 사건의 분위기를 조성하기도 한다. 그리고 인물이 처한 사회적 환경을 환기하기도 하고 때로는 인물의 심리 상태에 영향을 미친다.

① ⓐ: 대부분의 마름들이 장인과 같이 행동하였다면, '가을'에 많은 소작농들은 불안감에 시달렸겠군.

② ⓑ: '논'은 '장인'의 회유에 넘어간 '나'가 일꾼으로서의 면모를 발휘하는 장소로군.

③ ⓒ: '화전밭'에서 '나'는 생기 있는 봄의 분위기에 취해 정서적으로 반응하고 있군.

④ ⓓ: '밭'에서 '나'는 '장인' 때문에 생긴 울화를 '소'와 '점순이'에게 한껏 터트리고 있군.

⑤ ⓔ: '이날'은 '점순이'의 평소와 다른 말과 행동을 통해 '나'가 '점순이'의 본심을 알아채는 날이겠군.

5 ㉮의 이유로 가장 적절한 것은?

① '나'와의 사이가 나빠지면 '점순이'가 성례를 안 하려 들기 때문에

② '점순이'와의 성례를 명분으로 '나'를 농사일에 부려 먹어야 하기 때문에

③ '점순이'가 다 자라기 전에 성례를 시켜서 '나'를 붙잡아 두어야 하기 때문에

④ '나'를 심하게 대했다가는 동리 사람들 앞에서 망신을 당할 수도 있기 때문에

⑤ '점순이'와 '나'의 사이가 좋아지면 자신이 비난의 대상이 될 수도 있기 때문에

개념 배경

배경은 인물이 활동하고 사건이 일어나는 시간적·공간적 환경이다. 배경은 시간과 장소를 구체적으로 제시하여 소설 속 사건이 실제 일어난 일처럼 느껴지게 현실성을 부여할 뿐 아니라, 작품의 분위기를 조성하고 인물의 심리나 사건 전개 방향을 암시하기도 한다. 나아가 배경이 작품 전체를 상징하는 의미를 나타내거나 주제를 드러내기도 한다.

플러스 자료실

김유정 소설의 해학성

김유정의 소설들은 대부분 해학성이 넘친다. 이는 그의 작품에 등장하는 인물의 특성에서 비롯되는 경우가 많다. 김유정의 소설에 등장하는 인물들은 대개 우직하고 어수룩하며 무지하다. 이들의 엉뚱하고 천진한 행동, 비속어와 토속적인 사투리의 사용은 독자의 웃음을 자아낸다. 대개 소작인, 유랑 농민, 머슴, 노동자, 실업자, 걸인 등의 생활상을 통해 드러나는 그의 해학성은 당시 우리 민족의 대다수를 차지한 민중 계층의 삶을 표현하려는 노력이었으며, 일제 강점기 조선의 비참한 현실을 우회적으로 알리는 문학적 표현이었다.

원리로 작품 독해

1 〈갈등 양상〉
이 글에 나타난 인물 간의 갈등 양상을 정리해 보자.

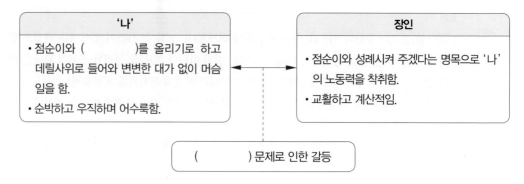

‘나’	장인
• 점순이와 (　　　　)를 올리기로 하고 데릴사위로 들어와 변변한 대가 없이 머슴일을 함. • 순박하고 우직하며 어수룩함.	• 점순이와 성례시켜 주겠다는 명목으로 ‘나’의 노동력을 착취함. • 교활하고 계산적임.

(　　　　) 문제로 인한 갈등

2 〈글의 분위기〉
이 글에서 해학적 분위기를 조성하는 요소를 다음과 같이 정리할 때 빈칸에 들어갈 말을 써 보자.

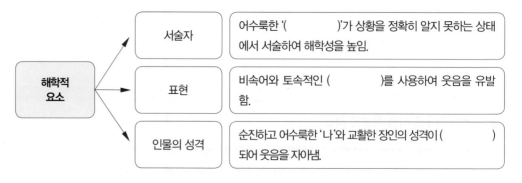

해학적 요소

서술자	어수룩한 ‘(　　　　)’가 상황을 정확히 알지 못하는 상태에서 서술하여 해학성을 높임.
표현	비속어와 토속적인 (　　　　)를 사용하여 웃음을 유발함.
인물의 성격	순진하고 어수룩한 ‘나’와 교활한 장인의 성격이 (　　　　)되어 웃음을 자아냄.

3 〈구성상 특징〉
이 글의 구성 방식을 파악해 보자.

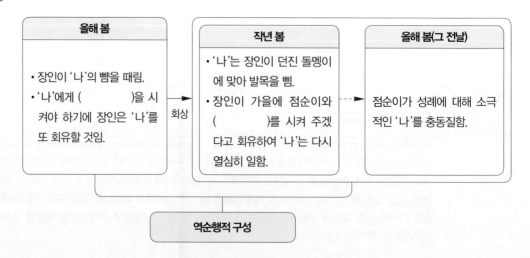

올해 봄		작년 봄	올해 봄(그 전날)
• 장인이 ‘나’의 뺨을 때림. • ‘나’에게 (　　　　)을 시켜야 하기에 장인은 ‘나’를 또 회유할 것임.	회상	• ‘나’는 장인이 던진 돌멩이에 맞아 발목을 삠. • 장인이 가을에 점순이와 (　　　　)를 시켜 주겠다고 회유하여 ‘나’는 다시 열심히 일함.	점순이가 성례에 대해 소극적인 ‘나’를 충동질함.

역순행적 구성

다른 작품 엮어 읽기

연계 포인트 이 소설은 산골 남녀의 순박한 사랑을 해학적으로 그리고 있다. 향토적인 배경을 바탕으로 젊은 남녀의 애정 문제와 관련한 사건을 다루고 있다는 점에서 「봄·봄」과 함께 읽어 볼 수 있다.

점순네 수탉(은 대강이가 크고 똑 오소리같이 실팍하게 생긴 놈)이 덩저리 작은 우리 수탉을 함부로 해내는 것이다. 그것도 그냥 해내는 것이 아니라 푸드덕 하고 면두를 쪼고 물러섰다가 좀 사이를 두고 또 푸드덕 하고 모가지를 쪼았다. 이렇게 멋을 부려 가며 여지없이 닦아 놓는다. 그러면 이 못생긴 것은 쪼일 적마다 주둥이로 땅을 받으며 그 비명이 킥, 킥 할 뿐이다. 물론 미처 아물지도 않은 면두를 또 쪼이어 붉은 선혈은 뚝뚝 떨어진다.

이걸 가만히 내려다보자니 내 대강이가 터져서 피가 흐르는 것같이 두 눈에서 불이 버쩍 난다. 대뜸 지게막대기를 메고 달려들어 점순네 닭을 후려칠까 하다가 생각을 고쳐먹고 헛매질로 떼어만 놓았다.

이번에도 점순이가 쌈을 붙여 놨을 것이다. 바짝바짝 내 기를 올리느라고 그랬음에 틀림없을 것이다.

고놈의 계집애가 요새로 들어서서 왜 나를 못 먹겠다고 그렇게 아르렁거리는지 모른다.

나흘 전 감자 쪼간만 하더라도 나는 저에게 조금도 잘못한 것은 없다.

계집애가 나물을 캐러 가면 갔지 남 울타리 엮는 데 쌩이질을 하는 것은 다 뭐냐. 그것도 발소리를 죽여 가지고 등 뒤로 살며시 와서

"얘! 너 혼자만 일하니?"

하고 긴치 않은 수작을 하는 것이다.

어제까지도 저와 나는 이야기도 잘 않고 서로 만나도 본척만척하고 이렇게 점잖게 지내던 터이련만 오늘로 갑작스레 대견해졌음은 웬일인가. 황차 망아지만 한 계집애가 남 일하는 놈 보고…….

"그럼 혼자 하지 떼루 하디?"

내가 이렇게 내배앝는 소리를 하니까

"너 일하기 좋니?" / 또는 / "한여름이나 되거든 하지 벌써 울타리를 하니?"

잔소리를 두루 늘어놓다가 남이 들을까 봐 손으로 입을 틀어막고는 그 속에서 깔깔댄다. 별로 우스울 것도 없는데 날씨가 풀리더니 이놈의 계집애가 미쳤나 하고 의심하였다. 게다가 조금 뒤에는 즈 집께를 할금할금 돌아다보더니 행주치마의 속으로 꼈던 바른손을 뽑아서 나의 턱 밑으로 불쑥 내미는 것이다. 언제 구웠는지 아직도 더운 김이 홱 끼치는 굵은 감자 세 개가 손에 뿌듯이 쥐었다.

"느 집엔 이거 없지?"

하고 생색 있는 큰소리를 하고는 제가 준 것을 남이 알면은 큰일 날 테니 여기서 얼른 먹어 버리란다. 그리고 또 하는 소리가

"너 봄 감자가 맛있단다."

"난 감자 안 먹는다, 니나 먹어라."

나는 고개도 돌리지 않고 일하던 손으로 그 감자를 도로 어깨 너머로 쑥 밀어 버렸다.

그랬더니 그래도 가는 기색이 없고, 그뿐만 아니라 쌔근쌔근하고 심상치 않게 숨소리가 점점 거칠어진다.

— 김유정, 「동백꽃」—

[정답과 해설 30쪽]

1 이 글과 「봄·봄」은 순박하고 어수룩한 시골 청년을 서술자로 설정하여 (   )을 높이고 있다.

2 이 글의 점순이는 '나'에게 (   )를 주며 관심을 표현하나, '나'가 이를 거절하자 닭싸움으로 '나'의 화를 돋운다.

메밀꽃 필 무렵 | 이효석

• 수록 교과서: 문학_금성
• 기출: 2015-9월 고1 학평

【작품 구조】

발단 허 생원은 동이라는 장 돌뱅이가 충줏집과 수작 하는 것을 보고 화가 나 서 나무람.

전개 허 생원은 조 선달, 동이 와 다음 장터로 동행하 면서 성 서방네 처녀와 의 추억을 이야기함.

절정 동이의 출생 이야기를 듣던 허 생원은 동이의 모친이 성 서방네 처녀 일 수 있다는 기대를 함.

결말 허 생원은 동이와 함께 제천으로 가기로 함.

이지러는 졌으나 보름을 가제 지난 달은 부드러운 빛을 흐붓이 흘리고 있다. 대화까지는 칠십 리의 밤길, 고개를 둘이나 넘고 개울을 하나 건너고 벌판과 산길을 걸어야 된다. 길은 지금 긴 산허리 에 걸려 있다. 밤중을 지난 무렵인지 죽은 듯이 고요한 속에서 짐승 같은 달의 숨소리가 손에 잡힐 듯이 들리며, 콩 포기와 옥수수 잎새가 한층 달에 푸르게 젖었다. 산허리는 온통 메밀밭이어서 피기 시작한 꽃이 소금을 뿌린 듯이 흐붓한 달빛에 숨이 막힐 지경이다. 붉은 대궁이 향기같이 애잔하고 나귀들의 걸음도 시원하다. (가)길이 좁은 까닭에 세 사람은 나귀를 타고 외줄로 늘어섰다. 방울 소리가 시원스 럽게 딸랑딸랑 메밀밭께로 흘러간다. 앞장선 허 생원의 이야기 소리는 꽁무니에 선 동이에게는 확적 히는 안 들렸으나, 그는 그대로 개운한 제멋에 적적하지는 않았다.

"장 선 꼭 이런 날 밤이었네. 객줏집* 토방*이란 무더워서 잠이 들어야지. 밤중은 돼서 혼자 일어나 개 울가에 목욕하러 나갔지. 봉평은 지금이나 그제나 마찬가지지. 보이는 곳마다 메밀밭이어서 개울가 가 어디 없이 하얀 꽃이야. 돌밭에 벗어도 좋을 것을, 달이 너무도 밝은 까닭에 옷을 벗으러 물방앗 간으로 들어가지 않았나. 이상한 일도 많지. 거기서 난데없는 성 서방네 처녀와 마주쳤단 말이네. 봉평서야 제일가는 일색이었지."

"팔자에 있었나 부지."

아무렴 하고 응답하면서 말머리를 아끼는 듯이 한참이나 담배를 빨 뿐이었다. 구수한 자줏빛 연기 가 밤기운 속에 흘러서는 녹았다.

"날 기다린 것은 아니었으나 그렇다고 달리 기다리는 놈팽이가 있는 것두 아니었네. 처녀는 울고 있 단 말야. 짐작은 대고 있었으나 성 서방네는 한창 어려워서 들고날 판인 때였지. 한집안 일이니 딸 에겐들 걱정이 없을 리 있겠나. 좋은 데만 있으면 시집도 보내련만 시집은 죽어도 싫다지……. 그러 나 처녀란 울 때같이 정을 끄는 때가 있을까. 처음에는 놀라기도 한 눈치였으나 걱정 있을 때는 누 그러지기도 쉬운 듯해서 이럭저럭 이야기가 되었네……. 생각하면 무섭고도 기막힌 밤이었어."

"제천인지로 줄행랑을 놓은 건 그다음 날이었나?"

"다음 장도막*에는 벌써 온 집안이 사라진 뒤였네. 장판은 소문에 발끈 뒤집혀 오죽해야 술집에 팔려 가기가 상수라고 처녀의 뒷공론이 자자들 하단 말이야. 제천 장판을 몇 번이나 뒤졌겠나. 하나 처녀 의 꼴은 꿩 궈 먹은 자리야. 첫날밤이 마지막 밤이었지. 그때부터 봉평이 마음에 든 것이 반평생을 두고 다니게 되었네. 평생인들 잊을 수 있겠나."

"수 좋았지. 그렇게 신통한 일이란 쉽지 않아. 항용 못난 것 얻어 새끼 낳고 걱정 늘구 생각만 해두 진저리 나지……. 그러나 늘그막바지까지 장돌뱅이로 지내기도 힘드는 노릇 아닌가? 난 가을까지 만 하구 이 생애와도 하직하려네. 대화쯤에 조그만 전방*이나 하나 벌이구 식구들을 부르겠어. 사시 장철 뚜벅뚜벅 걷기란 여간이래야지."

"옛 처녀나 만나면 같이나 살까……. 난 거꾸러질 때까지 이 길 걷고 저 달 볼 테야."

산길 을 벗어나서 큰길 로 튀어졌다. (나)꽁무니의 동이도 앞으로 나서 나귀들은 가로 늘어섰다.

*
객줏집 예전에, 길 가는 나그네들 에게 술이나 음식을 팔고 손님을 재우는 영업을 하던 집.
토방 방에 들어가는 문 앞에 좀 높이 편평하게 다진 흙바닥.
장도막 한 장날로부터 다음 장날 사이의 동안을 세는 단위.
전방 물건을 늘어놓고 파는 가게.

"총각두 젊겠다, 지금이 한창 시절이렷다. 충줏집에서는 그만 실수를 해서 그 꼴이 되었으나 섧게 생각 말게."

"처, 천만에요. 되려 부끄러워요. 계집이란 지금 웬 제격인가요. 자나 깨나 어머니 생각뿐인데요."

허 생원의 이야기로 실심해 한 끝이라 동이의 어조는 한풀 수그러진 것이었다.

"아비 어미란 말에 가슴이 터지는 것도 같았으나 제겐 아버지가 없어요. 피붙이라고는 어머니 하나뿐인걸요."

"돌아가셨나?" / "당초부터 없어요." / "그런 법이 세상에."

생원과 선달이 야단스럽게 껄껄들 웃으니, 동이는 정색하고 우길 수밖에는 없었다.

"부끄러워서 말하지 않으려 했으나 정말예요. 제천 촌에서 달도 차지 않은 아이를 낳고 어머니는 집을 쫓겨났죠. 우스운 이야기나, 그러기 때문에 지금까지 아버지 얼굴도 본 적 없고 있는 고장도 모르고 지내와요."

고개가 앞에 놓인 까닭에 세 사람은 나귀를 내렸다. 둔덕은 험하고 입을 벌리기도 대근하여* 이야기는 한동안 끊겼다. 나귀는 건듯하면 미끄러졌다. 허 생원은 숨이 차 몇 번이고 다리를 쉬지 않으면 안 되었다. 고개를 넘을 때마다 나이가 알렸다. 동이 같은 젊은 축이 그지없이 부러웠다. 땀이 등을 한바탕 쪽 씻어 내렸다.

고개 너머는 바로 개울이었다. 장마에 흘러 버린 널다리가 아직도 걸리지 않은 채로 있는 까닭에 벗고 건너야 되었다. 고의를 벗어 띠로 등에 얽어매고 반 벌거숭이의 우스꽝스런 꼴로 물속에 뛰어들었다. 금방 땀을 흘린 뒤였으나 밤 물은 뼈를 찔렀다.

"그래, 대체 기르긴 누가 기르구?"

"어머니는 하는 수 없이 의부를 얻어 가서 술장수를 시작했죠. 술이 고주*래서 의부라고 전망나니*예요. 철들어서부터 맞기 시작한 것이 하룬들 편한 날 있었을까. 어머니는 말리다가 채이고 맞고 칼부림을 당하곤 하니 집 꼴이 무어겠소. 열여덟 살 때 집을 뛰어나서부터 이 짓이죠."

"총각 낫세론 섬이 무던하다고 생각했더니 듣고 보니 딱한 신세로군."

물은 깊어 허리까지 채었다. 속 물살도 어지간히 센데다가 발에 채이는 돌멩이도 미끄러워 금시에 훌칠 듯하였다. (다)나귀와 조 선달은 재빨리 거의 건넜으나 동이는 허 생원을 붙드느라고 두 사람은 훨씬 떨어졌다.

"모친의 친정은 원래부터 제천이었던가?"

"웬걸요. 시원스리 말은 안 해 주나 봉평이라는 것만은 들었죠."

"봉평? 그래 그 아비 성은 무엇이구?"

"알 수 있나요. 도무지 듣지를 못했으니까."

그 그렇겠지 하고 중얼거리며 흐려지는 눈을 까물까물하다가 허 생원은 경망하게도 발을 빗디뎠다. 앞으로 고꾸라지기가 바쁘게 몸째 풍덩 빠져 버렸다.

배경지식 확장

메밀꽃 핀 달밤의 산길

이 작품에서 배경은 사건이 일어나는 시간과 장소를 제시하는 본래 기능뿐만 아니라, 작품의 분위기 형성과 사건 진행, 주제 형성에도 기여하고 있다. '달밤'은 과거와 현재의 공통적인 시간적 배경으로 낭만적이고 서정적인 분위기를 조성하며, '산길'은 공간적 배경으로 역경을 지닌 삶의 공간을 의미하기도 하지만 아름다운 자연과 삶이 융화된 공간이기도 하다.

*
대근하여 견디기가 어지간히 힘들고 만만하지 않아.
고주 술에 몹시 취하여 정신을 가누지 못하는 상태. 또는 그런 사람.
전망나니 돈이라면 사족을 못 쓰고 못된 짓을 하는 사람.

1 윗글의 내용과 일치하지 <u>않는</u> 것은?

① 조 선달은 장돌뱅이 일을 가을까지만 하고 그만둘 생각을 하고 있다.

② 허 생원은 봉평이 마음에 들어 거의 반평생 빼놓지 않고 다니고 있다.

③ 허 생원과 성 서방네 처녀는 물방앗간에서 만나기로 약속되어 있었다.

④ 동이는 허 생원이 개울 건너는 것을 돕느라 조 선달과는 거리가 벌어졌다.

⑤ 허 생원은 모친의 친정이 봉평이라는 동이의 말에 놀라 개울에 빠져 버렸다.

개념 감각적 문체

감각적 문체는 시각, 청각, 후각, 미각, 촉각과 같은 인간의 감각을 자극하는 표현을 사용한 문체를 말한다. 이러한 감각적 문체는 장면을 생생하게 전달하고 한 편의 시를 읽는 것 같은 느낌을 자아낸다.

2 〈보기〉에서 윗글에 대한 설명으로 적절한 것끼리 묶은 것은?

> **보기**
>
> ㄱ. 인물의 회상을 통해 과거 사건을 전달하고 있다.
>
> ㄴ. 동시에 벌어지는 사건을 병치하여 내용을 전개하고 있다.
>
> ㄷ. 감각적인 문체를 구사하여 서정적인 분위기를 조성하고 있다.
>
> ㄹ. 장면마다 서술자를 교체하여 사건을 입체적으로 드러내고 있다.

① ㄱ, ㄴ   ② ㄱ, ㄷ   ③ ㄴ, ㄷ

④ ㄴ, ㄹ   ⑤ ㄷ, ㄹ

3 (가)

기출

(가)~(다)의 행렬을 아래와 같이 그림 기호로 나타내었을 때, 이에 대한 설명으로 적절하지 <u>않은</u> 것은?

(가)	(나)	(다)
◇		□
□	◇ □ ○	
○		◇ ○

① (가)의 행렬은 공간적 제약에서 비롯한 것이다.

② (나)의 행렬은 대화 참가자의 수에 영향을 미친다.

③ (다)의 행렬은 두 부분으로 나누어진다.

④ (가)에 비해 (다)에서 □의 역할은 커진다.

⑤ (가)에서 (다)로 전개될수록 ◇와 ○의 거리는 가까워진다.

기출

4 〈보기〉에서 설명하고 있는 '이곳'은?

> 보기
>
> 떠돌이 장꾼인 허 생원은 '이곳'에서 수직적으로 이동하며 거듭 시련을 겪은 후 정착의 이유를 발견하게 되는 다음 공간으로 이동한다.

① 산허리   ② 산길   ③ 큰길

④ 고개   ⑤ 개울

기출

5 〈보기〉를 바탕으로 윗글을 감상한 내용으로 적절하지 <u>않은</u> 것은?

> 보기
>
> 이 작품은 자연 배경, 현재와 과거의 연결 구조, 한국적인 소재의 선택, 서정적 문체 등이 조화를 이루어 독자에게 감동을 주고 있다. 그리고 질문과 대답의 과정을 통해 중심인물들의 관계가 밝혀지는 탐정식 수법이 사용되고 있다.

① 허 생원의 옛 추억은 현재의 삶에 영향을 미치고 있군.

② 한국적 소재인 핏줄 찾기 이야기라서 독자가 쉽게 공감하겠군.

③ 허 생원의 과거 일이 작가의 글솜씨로 아름답게 꾸며져 독자에게 전달되겠군.

④ 허 생원과 동이의 대화에서 인간과 자연의 조화를 추구하는 작가의 가치관이 드러나는군.

⑤ 허 생원은 동이 모가 성 서방네 처녀가 아닐까 하는 기대감으로 탐정식 질문을 하고 있군.

플러스 자료실

「메밀꽃 필 무렵」의 작품 세계

이효석은 1938년 4월 『조선 일보』에 쓴 평론 「현대적 단편 소설의 상모」에서 「메밀꽃 필 무렵」에 대해 "애욕의 신비성을 다루려 했다."라고 밝힌 바 있다. 이 소설은 인간의 근원적이고 원초적인 애정을 시적인 정서와 애틋한 느낌으로 그려 낸 작품으로, 남녀의 만남과 이별, 부자간의 정이 낭만적 배경과 서정적 문체로 어우러져 있다. 즉 이 작품에서는 산문적 서정성이 잘 드러났다고 평가할 수 있다.

1 〈인물 간의 관계〉
이 글에 등장하는 인물의 특징과 관계를 다음과 같이 정리해 보자.

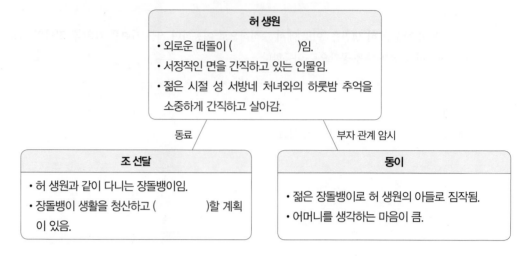

허 생원

• 외로운 떠돌이 ( )임.
• 서정적인 면을 간직하고 있는 인물임.
• 젊은 시절 성 서방네 처녀와의 하룻밤 추억을 소중하게 간직하고 살아감.

동료 ⟋ ⟍ 부자 관계 암시

조 선달

• 허 생원과 같이 다니는 장돌뱅이임.
• 장돌뱅이 생활을 청산하고 ( )할 계획이 있음.

동이

• 젊은 장돌뱅이로 허 생원의 아들로 짐작됨.
• 어머니를 생각하는 마음이 큼.

2 〈배경의 의미〉
이 글에서 배경의 의미와 역할을 파악해 보자.

시간적 배경	• ( ): 과거와 현재의 공통적인 시간적 배경. 낭만적이고 서정적인 분위기를 조성함.
공간적 배경	• 산길: 시련과 역경을 지닌 공간. 아름다운 자연과 삶이 융화된 공간이기도 함. • ( ): 허 생원이 동이 어머니가 자신이 그리워하던 성 서방네 처녀일 수 있다는 기대를 하는 공간. 허 생원이 동이에게 혈육의 정을 느끼는 계기가 됨.

작품의 ( ) 형성, 사건의 진행, 주제 형성에 기여함.

3 〈구성상 특징〉
이 글을 다음과 같이 정리할 때 빈칸에 들어갈 말을 써 보자.

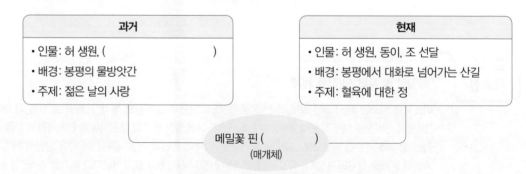

과거

• 인물: 허 생원, ( )
• 배경: 봉평의 물방앗간
• 주제: 젊은 날의 사랑

현재

• 인물: 허 생원, 동이, 조 선달
• 배경: 봉평에서 대화로 넘어가는 산길
• 주제: 혈육에 대한 정

메밀꽃 핀 ( )
(매개체)

다른 작품 엮어 읽기

연계 포인트 이 소설은 자연과 동화되어 가는 소박한 삶의 모습을 그리고 있다. 탁월한 서정성과 세련된 시적 문체를 통해 낭만적 분위기를 조성하고 있다는 점에서 「메밀꽃 필 무렵」과 함께 읽어 볼 수 있다.

개울가에 냄비를 걸고 서툰 솜씨로 지은 저녁을 마쳤을 때에는 밤이 적이 어두웠다.

깊은 하늘에 별이 총총 돋고 초생달이 나뭇가지를 올가미 지웠다.

새들도 깃들고 바람도 자고 개울물만이 쫄쫄쫄쫄 숨 쉰다. 검은 산등은 잠든 황소다.

등걸불이 탁탁 튄다. 나뭇잎 타는 냄새가 몸을 휩싸며 구수하다. 불을 쬐며 담배를 피우니 몸이 훈훈하다. 더 바랄 것 없이 마음이 만족스럽다.

한 가지 욕심이 솟아올랐다.

밥 짓는 일이란 머슴애 할 일이 못 된다. 사내자식은 역시 밭 갈고 나무하는 것이 옳은 것이다. 장가를 들려면 이웃집 용녀만 한 색시는 없다. 용녀를 데려다 밥 일을 맡길 수밖에는 없다고 생각하였다.

용녀를 생각만 하여도 즐겁다. 궁리가 차례차례로 솔솔 풀렸다.

굵은 나무를 베어다 껍질째 토막을 내 양지쪽에 쌓아 올려 단간의 조촐한 오두막을 짓겠다. 펑퍼짐한 산허리를 일궈 밭을 만들고 봄부터 감자와 귀리를 갈 작정이다. 오랍뜰에 우리를 세우고 염소와 돼지와 닭을 칠 터. 산에서 노루를 산 채로 붙들면 우리 속에 같이 기르고 용녀가 집일을 하는 동안에 밭을 가꾸고 나무를 할 것이며, 아이를 낳으면 소같이 산같이 튼튼하게 자라렷다. 용녀가 만약 말을 안 들으면 밤중에 내려가 가만히 업어 올걸.

한번 산에만 들어오면 별수 없지.

불이 거의거의 아스러지고 물소리가 더한층 맑다.

별들이 어지럽게 깜박거린다.

달이 다른 나뭇가지에 걸렸다.

나머지 등걸불을 발로 비벼 끄니 골짜기는 더한층 막막하다.

어느 때인지 산속에서는 때도 분별할 수 없다.

자기가 이른지 늦은지도 모르면서 나무 밑 잠자리로 향하였다.

낟가리같이 두두룩하게 쌓인 낙엽 속에 몸을 송두리째 파묻고 얼굴만을 빠끔히 내놓았다.

몸이 차차 푸근하여 온다.

하늘의 별이 와르르 얼굴 위에 쏟아질 듯싶게 가까웠다 멀어졌다 한다.

별 하나 나 하나, 별 둘 나 둘, 별 셋 나 셋……

세는 동안에 중실은 제 몸이 스스로 별이 됨을 느꼈다.

　　　　　　　　　　　　　　　　　　　　　　　　　　　　　　　　　　　　　　－ 이효석, 「산」 －

[정답과 해설 31쪽]

1 이 글과 「메밀꽃 필 무렵」은 서정적인 문체로 (　　　　　　)을 묘사하여 낭만적인 분위기를 형성하고 있다.

2 이 글의 중실은 소박한 산속 생활에 만족감을 느끼는 인물로 (　　　　　)과 동화하는 모습을 보인다.

논 이야기 | 채만식

• 수록 교과서: 문학_해냄
• 기출: 2014-3월 고1 학평

[앞부분의 줄거리] 한덕문은 빚을 갚고도 논을 더 구입할 수 있다는 속셈으로 일본인 길천에게 자신의 논을 판다. 하지만 길 천으로 인해 땅값이 비싸지는 바람에 논을 더 구입하려던 계획은 수포로 돌아간다.

　이리하여 한덕문은 논 일곱 마지기로 겨우 빚 쉰 냥을 갚고는 아무것도 남은 것이 없이 손 싹싹 털고 나선 셈이었다. 친구가 있어 한덕문을 책하면서 물었다.

"어떡허자구 논을 판단 말인가?"

"인제 두구 보게나."

"무얼 두구 보아?"

"일인들이 다 쫓겨 가면, 그 땅 도로 내 것 되지 갈 데 있던가?"

"쫓겨 갈 놈이 논을 사겠나?"

"저이 놈들이 천지 운수를 안다든가?"

"두구 보래두 그래."

　한덕문은 혼자 속으로는 아뿔사, 논이래야 단지 그것뿐인 것을 팔고서 인제는 송곳 꽂을 땅도 없으니 이 노릇을 어찌한단 말이냐고 심히 후회하여 마지아니하였다. 그러면서도 남더러는 그렇게 배포 있이 장담을 탕탕 하였다. 한덕문은 장차에 일인들이 쫓기어 가리라는 것을 확언할 아무런 근거도 가진 것이 없었다. 따라서 자신도 없었다. 오직 그는 논을 판 명예롭지 못함과 어리석음을 싸기 위하여 그런 희떠운* 소리를 한 것일 따름이었다.

　한덕문이, 일인들이 다 쫓기어 가면 그 논이 도로 제 것이 될 터이라서 논을 팔았다고 한다더라, 이 소문이 한입 두입 퍼지자 듣는 사람마다 그의 희떠움을 혹은 실없음을 웃었다.

　하는 양을 보느라고 위정*

"자네 논 팔았다면서?" 한다 치면 / "팔았지."

"어째서?" / "돈이 좀 아쉬워서."

"돈이 아쉽다고 논을 팔구서 어떡허자구?"

"일인들이 다 쫓겨 가면 그 논 도루 내 것 되지 갈 데 있나?"

"일인들이 쫓겨 간다든가?" / "그럼 백 년 살까?"

또 누구는 수작을 바꾸어, / "일인들이 쫓겨난다지?" 한다 치면, / "그럼!"

"언제쯤 쫓겨 가는구?"

"에구 요 맹추야. 요 허풍선이야. 우리나라 상감님을 쫓어내구 저희가 왕 노릇을 하는데 쫓겨 가?"

"자넨 그럼 일인들이 안 쫓겨 가구, 영영 그대루 있으면 좋을 건 무언가?"

"좋기루 할 말이야 일러 무얼 하겠나만, 우리 좋구픈 대루 세상일이 돼 준다던가?"

"그래두 인제 내 말을 일를 때가 오너니."

"괜히 논 팔구섬 할 말 없거들랑 국으루 잠자쿠 가만히나 있어요."

"체에, 내 논 내가 팔아먹는데, 죄 될 일 있나?"

“걸 누가 죄라니?” / “길천이한테 논 팔아먹은 놈이 한덕문이 하나뿐인감?”

“누가 논 판 걸 나무래? ⓐ희떤 장담을 하니깐 그러는 거지.”

“희떤 장담인지 아닌지 두고 보잔 말야.”

이로부터 한덕문은 그 말로 인하여 마을과 인근에서 아주 호가 났고,* 어느 겨를인지 그것이 한 ㉠속담

까지 되었다.

[중략]

한 생원은 분이 나서 두 주먹을 쥐고 구장에게로 쫓아갔다.

“그래 일인들이 죄다 내놓구 가는 것을 백성들더러 돈을 내구 사라구 마련을 했다면서?”

“아직 자세힌 모르겠어두 아마 그렇게 되기가 쉬우리라구들 하드군요.”

해방 후에 새로 난 구장의 대답이었다.

“그런 놈의 법이 어딨단 말인가? 그래, 누가 그렇게 마련을 했는구?”

“나라에서 그랬을 테죠.” / “나라?”

“우리 조선 나라요.”

“나라가 다 무어 말라비틀어진 거야? 나라 명색이 내게 무얼 해 준 게 있길래, 이번엔 일인이 내놓

구 가는 내 땅을 저이가 팔아먹으려구 들어? 그게 나라야?”

“일인의 재산이 우리 조선 나라 재산이 되는 거야 당연한 일이죠.”

“당연?” / “그렇죠.”

“흥, 가만둬 두면 저절로 백성의 것이 될 걸. 나라 명색은 가만히 앉었다 어디서 툭 튀어나와 가지구

걸 뺏어서 팔아먹어? 그따위 행사가 어딨다든가?”

“한 생원은 그 논이랑 멧갓*이랑 길천이한테 돈을 받구 파셨으니깐 임자로 말하면 길천이지 한 생원

인가요?”

“암만 팔았어두, 길천이가 내놓구 쫓겨 갔은깐 도루 내 것이 돼야 옳지, 무슨 말야. 걸 무슨 탁에 나

라가 뺏을 영으루 들어?”

“한 생원한테 뺏는 게 아니라 길천이한테 뺏는 겁니다.”

“흥, 둘러다 대긴 잘들 허이. 공동묘지 가 보게나. 핑계 없는 무덤 있던가? 저 병신년에 원놈(군수)

김가가 우리 논 열두 마지기 뺏을 제두 핑곈 다 있었드라네.”

“좌우간, 아직 그렇게 지레 염렬 하실 게 아니라, 기대리구 있노라면 나라에서 다 억울치 않두룩 처

단을 하겠죠.”

“일없네. ⓑ난 오늘버틈 도루 나라 없는 백성이네. 제길, 삼십육 년두 나라 없이 살아왔을려드냐.

아니 글쎄, 나라가 있으면 백성한테 무얼 좀 고마운 노릇을 해 주어야 백성두 나라를 믿구 나라에다

마음을 붙이구 살지. 독립이 됐다면서 고작 그래, 백성이 차지할 땅 뺏어서 팔아먹는 게 나라 명색야?”

그러고는 털고 일어서면서 혼잣말로 / “독립 됐다구 했을 제 내 만세 안 부르기 잘했지.”

배경지식 확장

해방 이후 토지 정책

해방 직후 미 군정은 일본인 소
유의 토지를 모두 미 군정에 귀
속시켰고, 동양 척식 회사를 신
한 공사로 개편하여 토지를 관리
하게 하였다. 1948년에 이르러서
야 미 군정은 귀속된 토지를 농
민들에게 유상으로 매각하였으
며, 1949년에 농지를 농민에게
적절히 분배하여 농민 생활 향상
및 국민 경제 발전에 기여하기
위한 농지 개혁법이 제정되었다.

*
호가 났고 이름이 세상에 널리
드러났고
멧갓 나무를 함부로 베지 못하게
가꾸는 산.

1 윗글에 대한 설명으로 가장 적절한 것은?

① 작품 속 인물이 다른 인물을 관찰하여 서술하고 있다.

② 작품 속 인물이 자신이 경험한 사건을 서술하고 있다.

③ 작품 밖 서술자가 인물의 행동과 내면 심리를 서술하고 있다.

④ 작품 밖 서술자가 인물의 말과 행동을 객관적인 시각에서 관찰하고 있다.

⑤ 특정한 서술자가 없이 장면마다 서술자를 달리하여 사건을 입체적으로 전달하고 있다.

개념 **문제의식**

문제의식은 어떤 대상에 대하여
문제점을 찾고 그에 적극적으로
대처하려는 인식이나 태도를 뜻
한다. 소설에서는 시대적·사회
적 현실에 대한 작가의 인식과
대처를 의미한다.

기출

2 〈보기〉를 참고하여 윗글을 감상한 학생들의 반응으로 적절한 것은?

> **보기**
>
> 일제의 토지 정책으로 인해 많은 농민들이 땅을 잃고 소작농으로 전락했기 때문에, 해방 직후 토지의 소유 문제는 중요한 현안이었다. 이 작품은, 농민을 수탈하는 사회 제도가 해방 후에도 변하지 않았다는 작가의 문제의식에서 출발하고 있다. 즉 땅을 갖고 싶다는 농민의 소망을 저버 린 정부의 토지 정책을 비판하고 있는 것이다. 아울러 독립의 역사적 의미를 외면하고 자신의 이익만 추구하는 사람들에 대한 비판 의식도 담고 있다.

① '길천'은 '한덕문'의 토지를 강제로 뺏었다는 점에서 일제의 제도적인 수탈을 상징하는 인물이 라고 할 수 있겠군.

② 해방 후에도 토지의 소유주가 '길천'이라고 생각한다는 점에서, '구장'은 정부의 토지 정책을 비판하는 인물이군.

③ '한덕문'의 '친구'는 논을 판 '한덕문'을 옹호한다는 점에서 일제 강점기 소작농으로 전락한 농 민이라고 할 수 있겠군.

④ 자신이 판 논을 자신이 다시 구입할 권리가 있다고 생각한다는 점에서, '한덕문'은 정부의 토 지 정책을 지지하는 인물이군.

⑤ 해방 후 독립 만세를 부르지 않은 것을 다행으로 여긴다는 점에서 '한덕문'은 독립의 역사적 의미보다는 자신의 이익을 중시한 인물이군.

기출

3 ㉠은 '한덕문'에 대한 '마을 사람들'의 인식을 반영한 것이다. ㉠의 내용에 대한 추측으로 가장 적 절한 것은?

① 줏대 없이 남의 말에 쉽게 휘둘리는 사람을 비꼬는 속담이겠군.

② 자신의 앞가림도 못하면서 다른 사람을 걱정하는 사람을 비꼬는 속담이겠군.

③ 목표를 위해 아무 행동도 하지 않고 성과를 거두려는 사람을 비꼬는 속담이겠군.

④ 이루어질 수 없는 일을 시작하여 놓고 성공을 자신하는 사람을 비꼬는 속담이겠군.

⑤ 자신이 잘못을 해 놓고도 다른 사람에게 책임을 전가하는 사람을 비꼬는 속담이겠군.

4 ⓐ의 내용으로 가장 적절한 것은?

① '길천'에게 판 논은 해방이 되면 다시 자신의 논이 되리라고 자신하는 일

② '길천'에게 비록 논은 팔았지만 다시 땅값이 오르지 않으리라고 자신하는 일

③ '길천'에게 일부 논은 팔았지만 제일 비옥한 논은 남겨 두었다고 자신하는 일

④ '길천'에게 판 논은 해방이 되면 국가의 소유가 되어 분배될 것이라고 자신하는 일

⑤ '길천'에게 논은 팔았지만 해방이 올 것이라며 결코 후회하지 않는다고 자신하는 일

5 ⓑ에 나타난 인물의 태도로 가장 적절한 것은?

① 해방이 되어도 원놈 같은 관리들이 판을 치고 있는 현실을 염려하고 있다.

② 해방이 되어도 나라에서 '길천'에게 판 논을 돌려주지 않아 반감을 드러내고 있다.

③ 해방이 되어도 여전히 농사꾼의 처지를 벗어나지 못하는 현실에 답답해하고 있다.

④ 해방이 되어도 나라에서 일인들이 놓고 간 논을 제대로 환수하지 못해 분노하고 있다.

⑤ 해방이 되어도 논을 팔아 독립운동을 했던 일에 대해 제대로 보상받지 못해 안타까워하고 있다.

플러스 자료실

해방에 대한 한덕문의 인식

해방은 농민들에게 있어 일제에 빼앗긴 농토를 되찾고 자기 논에서 농사를 지을 수 있으리라는 희망을 갖게 하는 역사적 사건이었다. 그러나 농민들의 이러한 바람에도 불구하고 일본이 빼앗아 간 농토는 원래 주인에게 돌아가지 못했으며, 독립된 정부가 들어선 이후에도 친일파들을 중심으로 한 지주 세력의 기득권은 유지되었다. 이 작품에서 한덕문이 자신을 나라 없는 백성이라고 하는 것은 농민들이 자신의 논을 소유하여 경작하고 싶다는 절박한 요구가 해방 이후에도 제대로 이루어지지 않았음을 보여 준다.

1 〈인물의 상황과 심리〉

사건에 따른 한덕문의 심리를 다음과 같이 정리해 보자.

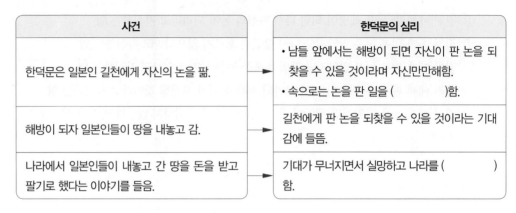

사건	한덕문의 심리
한덕문은 일본인 길천에게 자신의 논을 팖.	• 남들 앞에서는 해방이 되면 자신이 판 논을 되찾을 수 있을 것이라며 자신만만해함. • 속으로는 논을 판 일을 ( )함.
해방이 되자 일본인들이 땅을 내놓고 감.	길천에게 판 논을 되찾을 수 있을 것이라는 기대감에 들뜸.
나라에서 일본인들이 내놓고 간 땅을 돈을 받고 팔기로 했다는 이야기를 들음.	기대가 무너지면서 실망하고 나라를 ( )함.

2 〈글의 주제〉

이 글에 나타난 인물과 국가에 대한 인식을 바탕으로 주제를 정리해 보자.

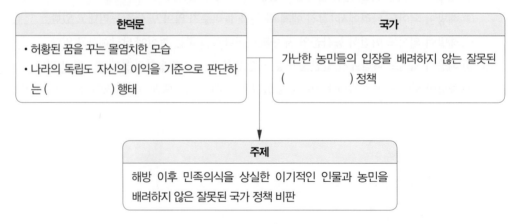

한덕문	국가
• 허황된 꿈을 꾸는 몰염치한 모습 • 나라의 독립도 자신의 이익을 기준으로 판단하는 ( ) 행태	가난한 농민들의 입장을 배려하지 않는 잘못된 ( ) 정책

주제

해방 이후 민족의식을 상실한 이기적인 인물과 농민을 배려하지 않은 잘못된 국가 정책 비판

3 〈소재의 의미〉

이 글에 제시된 주요 소재의 의미를 파악해 보자.

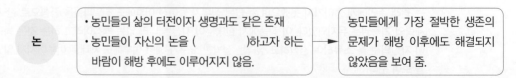

논 — • 농민들의 삶의 터전이자 생명과도 같은 존재
• 농민들이 자신의 논을 (   )하고자 하는 바람이 해방 후에도 이루어지지 않음.

→ 농민들에게 가장 절박한 생존의 문제가 해방 이후에도 해결되지 않았음을 보여 줌.

건우 할아버지와 윤춘삼 씨가 들려준 조마이섬 이야기는 언젠가 건우가 써냈던 〈섬 얘기〉에 몇 가지 기막히는 일화가 붙은 것이었다.

"우리 조마이섬 사람들은 지 땅이 없는 사람들이오. 와 처음부터 없기싸 없었겠소마는 죄다 뺏기고 말았지요. 옛적부터 이 고장 사람들이 젖줄같이 믿어 오던 낙동강 물이 맨들어 준 우리 조마이섬은⋯⋯."

건우 할아버지는 처음부터 개탄조로 나왔다. 선조로부터 물려받은 땅, 자기들 것이라고 믿어 오던 땅이 자기들이 겨우 철 들락말락할 무렵에 별안간 왜놈의 동척 명의로 둔갑을 했더란 것이었다.

"이완용이란 놈이 '을사 보호 조약'이란 걸 맨들어 낸 뒤라 카더만!"

윤춘삼 씨의 퉁방울 같은 눈에도 증오의 빛이 이글거리기 시작했다.

1905년 — 을사년 겨울, 일본 군대의 포위 속에서 맺어진 '을사 보호 조약'이란 매국 조약을 계기로, 소위 '조선 토지 사업'이란 것이 전국적으로 실시되던 일, 그리고 이태 후인 정미년에 가서는 "한국 정부는 시정 개선에 관하여 통감의 지도를 수할 사"란 치욕적인 조목으로 시작된 '한일 신협약'에 따라, 더욱 그 사업을 강행하고 역둔토(驛屯土)의 대부분과 삼림원야(森林原野)들을 모조리 국유로 편입시키는 등 교묘한 구실과 방법으로써 농민으로부터 빼앗은 뒤, 다시 불하하는 형식으로 동척과 일인(日人) 수중에 옮겨 놓던 그 해괴망측한 처사들이 문득 내 머릿속에도 떠올랐다.

"쥑일 놈들."

건우 할아버지는 그렇게 해서 다시 국회 의원, 다음은 하천 부지의 매립 허가를 얻은 유력자 ⋯⋯ 이런 식으로 소유자가 둔갑되어 간 사연들을 죽 들먹거리더니,

"이 꼴이 되고 보니 선조 때부터 둑을 맨들고 물과 싸워 가며 살아온 우리들은 대관절 우찌 되는기요?"

그의 꺽꺽한 목소리에는, 건우가 지각을 하고 꾸중을 듣던 날 "나릿배 통학생임더." 하던 때의, 그 무엇인가를 저주하듯한 감정이 꿈틀거리고 있는 것 같았다. 얼마나 그들의 땅에 대한 원한이 컸던가를 가히 짐작할 수가 있었다.

— 김정한, 「모래톱 이야기」 —

[정답과 해설 33쪽]

1 이 글과 「논 이야기」는 일제 강점기부터 해방 이후까지의 토지 수탈의 역사를 바탕으로 사회에 대한 (   ) 인식을 드러내고 있다.

2 이 글의 (   )은 지배 계층에 의해 착취당하는 소외 계층의 비참한 삶을 상징하는 공간이다.

역마 | 김동리

• 기출: 2013–9월 고3 모평

[앞부분의 줄거리] 아들 성기가 역마살 때문에 떠돌이가 될까 봐 걱정하던 옥화는 그를 정착시키기 위해 체 장수 영감의 딸 계연과 맺어 주려 하지만, 계연이 자기 동생이라는 것을 알고는 그녀를 떠나보내기로 한다.

　계연의 시뻘겋게 상기한 얼굴은, 옥화와 그의 아버지가 그들을 지켜보고 있다는 것도 잊은 듯이 성기의 얼굴만 일심으로 바라보고 있었으나, 버드나무에 몸을 기댄 성기의 두 눈엔 다만 불꽃이 활활 타오를 뿐, 아무런 새로운 명령도 기적도 나타나지 않았다.

　"오빠, 편히 사시오."

하고, ⓐ거의 울음이 다 된, 마지막 목소리를 남기고 돌아선 계연의 저만치 가고 있는 항라 적삼*을, 고운 햇빛과 늘어진 버들가지와 산울림처럼 울려오는 뻐꾸기 울음 속에, 성기는 우두커니 지켜보고 있을 뿐이었다.

　성기가 다시 자리에서 일어나게 된 것은 이듬해 우수(雨水)도 경칩(驚蟄)도 다 지나, 청명(淸明) 무렵의 비가 질금거릴 무렵이었다. 주막 앞에 늘어선 버들가지는 다시 실같이 푸르러지고 살구, 복숭아, 진달래 들이 골목 사이로 산기슭으로 울긋불긋 피고 지고 하는 날이었다.

　아들의 미음상을 차려 들고 들어온 옥화는 성기가 미음 그릇을 비우는 것을 보자 이렇게 물었다.

　"아직도, 너, 강원도 쪽으로 가 보고 싶냐?"

　"……"

　성기는 조용히 고개를 돌렸다.

　"여기서 장가들어 나랑 같이 살겠냐?"

　"……"

　성기는 역시 고개를 돌렸다.

　그해 아직 봄이 오기 전, 보는 사람마다, 성기의 회춘*을 거의 다 단념하곤 하였을 때 옥화는, 이왕 죽고 말 것이라면, 어미의 맘속이나 알고 가라고, 그래, 그 체 장수 영감은, 서른여섯 해 전 남사당을 꾸미며 와 이 화개 장터에 하룻밤을 놀고 갔다는 자기의 아버지임에 틀림이 없었다는 것과, 계연은 그 왼쪽 귓바퀴 위의 사마귀로 보아 자기의 동생임이 분명하더라는 것을, 통정하노라면서*, 자기의 같은 왼쪽 귓바퀴 위의 ㉮검정 사마귀까지를 그에게 보여 주었다.

　"나도 처음부터 영감이 '서른여섯 해 전'이라고 했을 때 가슴이 섬뜩하긴 했다. 그렇지만 설마 했지 그렇게 남의 간을 뒤집어 놀 줄이야 알았다. 하도 아슬해서 이튿날 악양으로 가 명도*까지 불러 봤더니, 요것도 남의 속을 빤히 들여다나 보는 듯이 재잘대는구나, 차라리 망신을 했지."

　옥화는 잠깐 말을 그쳤다. 성기는 두 눈에 불을 켜듯 한 형형한* 광채를 띠고, 그 어머니의 얼굴을 쳐다보고 있었다.

　"차라리 몰랐으면 또 모르지만 한번 알고 나서야 인륜이 있는듸 어쩌겠냐."

*
항라 적삼 명주, 모시, 무명실 따위로 된 한 겹의 윗도리.
회춘 중한 병에서 회복되어 건강을 되찾음.
통정 통사정. 딱하고 안타까운 형편을 털어놓고 말함.
명도 마마를 앓다가 죽은 어린 계집아이의 귀신.
형형한 광선이나 광채가 반짝반짝 빛나며 밝은.

그리고 ⑤부디 어미 야속타고나 생각지 말라고, 옥화는 아들의 뼈만 남은 손을 눈물로 씻었다.

옥화의 이 마지막 하직같이 하는 통정 이야기에 의외로도 성기는 도로 힘을 얻은 모양이었다. 그 불 타는 듯한 형형한 두 눈으로 천장을 한참 바라보고 있던 성기는 무슨 새로운 결심이나 하듯 입술을 지 그시 깨물고 있었다.

아버지를 찾아 강원도 쪽으로 가 볼 생각도 없다, 집에서 장가들어 살림을 할 생각도 없다, 하는 아 들에게 그러나, 옥화는 이제 전과 같이 고지식한 미련을 두는 것도 아니었다.

"그럼 어쩔라냐? 너 좋을 대로 해라."

"……"

성기는 아무런 말도 없이 도로 자리에 드러누워 버렸다.

그리고 나서 한 달포나 넘어 지난 뒤였다.

성기가 좋아하는 여러 가지 산나물이 화갯골에서 연달아 자꾸 내려오는 이른 여름의 어느 장날 아 침이었다. 두릅회에 막걸리 한 사발을 쭉 들이켜고 난 성기는 옥화더러,

"어머니, 나 엿판 하나만 맞춰 줘."

하였다.

"……"

옥화는 갑자기 무엇으로 머리를 얻어맞은 듯이 성기의 얼굴을 멍하니 바라보고 있었다.

그런 지도 다시 한 보름이나 지나, ⑥뻐꾸기는 또다시 산울림처럼 건드러지게 울고, 늘어진 버들가 지엔 햇빛이 젖어 흐르는 아침이었다. 새벽녘에 잠깐 가는 비가 지나가고, 날은 다시 유달리 맑게 갠 화개 장터 삼거리 길 위에서, 성기는 그 어머니와 하직을 하고 있었다. 갈아입은 옥양목 고의적삼*에, 명주 수건까지 머리에 잘끈 동여매고 난 성기는, 새로 맞춘 새하얀 나무 엿판을 걸빵해서 느직하게 엉 덩이 즈음에다 걸었다. 위 목판에는 새하얀 가락엿이 반나마 들어 있었고, 아래 목판에는 팔다 남은 이야기책 몇 권과 간단한 방물*이 좀 들어 있었다.

그의 발 앞에는, 물과 함께 갈려 길도 세 갈래로 나 있었으나, 화갯골 쪽엔 처음부터 등을 지고 있었 고, 동남으로 난 길은 하동, 서남으로 난 길이 구례, 작년 이맘때도 지나 그녀가 울음 섞인 하직을 남 기고 체 장수 영감과 함께 넘어간 산모퉁이 고갯길은 퍼붓는 햇빛 속에 지금도 환히 장터 위를 굽이돌 아 구례 쪽을 향했으나, 성기는 한참 뒤, 몸을 돌렸다. 그리하여 그의 발은 구례 쪽을 등지고 하동 쪽 을 향해 천천히 옮겨졌다.

한 걸음, 한 걸음, 발을 옮겨 놓을수록 그의 마음은 한결 가벼워져, 멀리 버드나무 사이에서 그의 뒷 모양을 바라보고 서 있을 어머니의 주막이 그의 시야에서 완전히 사라져 갈 무렵해서는, 육자배기 가 락으로 제법 콧노래까지 흥얼거리며 가고 있는 것이었다.

배경지식 확장

이 글에 나타난 운명론적 사고

옥화와 계연이 이복 자매임을 알 게 되어 성기와 계연은 이별하 고, 외할아버지인 체 장수 영감 에게서 비롯된 성기의 역마살은 결국 성기에게 엿판을 메고 떠도 는 삶을 살게 만든다. 주어진 운 명에 상처받고 좌절하면서도 결 국은 운명에 순응하는 삶을 선택 하는 것은 우리 민족의 전통적인 운명관을 보여 준다.

*
고의적삼 여름에 입는 홑바지와 저고리.
방물 여자가 쓰는 화장품, 바느질 기구, 패물 따위의 물건.

개념 **의식의 흐름**

의식의 흐름 기법은 중단되지 않고 연속적으로 이어지는 인간의 의식의 흐름을 따라가며 소설을 전개하는 것을 말하는데, 주로 인물의 내적 독백을 통해 사건이나 장면을 서술한다. 의식의 흐름 기법이 사용된 대표적인 작품으로는 박태원의 「소설가 구보 씨의 일일」, 이상의 「날개」, 오상원의 「유예」 등이 있다.

기출

1 윗글에 대한 설명으로 적절한 것은?

① 과거 장면을 삽입하여 인물들의 관계를 드러내고 있다.

② 다른 장소에서 동시에 벌어진 사건들을 병치하고 있다.

③ 의식의 흐름을 통해 사건을 요약적으로 진술하고 있다.

④ 상상적 공간을 배경으로 삼아 허구성을 강화하고 있다.

⑤ 등장인물의 독백을 직접 인용하여 내면을 보여 주고 있다.

기출

2 ㉠은 〈보기〉 (가)의 시점으로 서술되어 있다. ㉠을 (나)의 시점으로 바꾸어 썼을 때, 가장 적절한 것은?

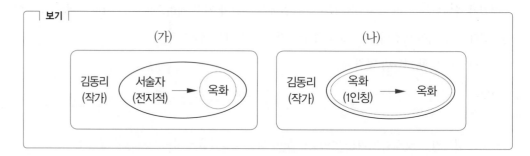

① 부디 나를 야속타고나 생각지 말라고, 나는 나의 뼈만 남은 손을 눈물로 씻었다.

② 부디 나를 야속타고나 생각지 말라고, 나는 아들의 뼈만 남은 손을 눈물로 씻었다.

③ 부디 나를 야속타고나 생각지 말라고, 옥화는 아들의 뼈만 남은 손으로 눈물로 씻었다.

④ "부디 나를 야속타고나 생각지 마라."라고 말하며, 나는 나의 뼈만 남은 손을 눈물로 씻었다.

⑤ "부디 어미 야속타고나 생각지 마라."라고 말하며, 엄마는 나의 뼈만 남은 손을 눈물로 씻었다.

기출

3 ⓐ와 ⓑ에 대한 해석으로 가장 적절한 것은?

① ⓐ의 '항라 적삼'과 '고운 햇빛'은 모두 인물의 성격을 드러내고 있다.

② ⓐ의 '목소리'는 '뻐꾸기 울음'과 대조를 이루며 비극성을 약화시키고 있다.

③ ⓑ의 '햇빛'은 '유달리 맑게 갠'과 함께 분위기를 새롭게 전환하고 있다.

④ ⓑ의 '뻐꾸기'는 '화개 장터'와 연결되어 시대적 상황을 나타내고 있다.

⑤ ⓑ의 '버들가지'는 '또다시'와 연결되어 갈등이 재현될 것을 예고하고 있다.

4 ㉮의 역할로 가장 적절한 것은?

① 계연이 옥화의 집에 있게 된 원인을 제공하며, 성기를 설레게 한다.

② 옥화의 고단한 과거를 암시하며, 성기에게 회한의 정서를 갖게 만든다.

③ 계연이 옥화를 미워하는 계기로 작용하며, 성기와 이별하는 원인이 된다.

④ 계연이 옥화에게 의지하게 된 까닭을 드러내며, 성기에게 기대감을 갖게 한다.

⑤ 옥화와 계연의 관계를 암시하며, 성기가 계연과의 이별을 받아들이는 계기가 된다.

기출

5 〈보기〉를 참고하여, 윗글을 감상한 내용으로 적절하지 **않은** 것은?

> **보기**
>
> ㄱ. 김동리는 「역마」의 인물들을 통해, 운명을 수용하는 것이 운명에 패배하는 것이 아니라 세계와 조화되는 것이며, 이는 우리 민족의 전통적 삶의 방식이라고 여겼다.
>
> ㄴ. 「역마」의 인물들이 보여 주는 생각과 행동은 적극적이지 않고 비합리적이어서, 주체적으로 자기 삶의 방향을 결정하는 현대인들이 공감하기 힘들다는 비판이 있다.

개념 전통적 인물

전통적 인물은 기존의 가치관에 따라 행동하는 인물이다. 즉 과거의 유교적 전통이나 운명적 사고관, 숙명적 인생관 등 전통적 삶의 방식을 따르는 인물형을 가리킨다.

① ㄱ에 따르면, 성기와 계연의 이별 장면은 한국인의 전통적 삶의 방식을 보여 주는 장면이군.

② ㄱ에 따르면, 엿장수가 되어 떠나는 성기의 행동은 세계와 조화를 이루는 행동이군.

③ ㄴ에 따르면, 성기를 떠난 계연은 전통적 인물이면서도 삶의 방향을 스스로 결정하는 주체적인 인물이군.

④ ㄴ에 따르면, 명도를 불러 보고 그가 한 말을 받아들이는 옥화는 비합리적인 인물이군.

⑤ ㄴ에 따르면, 하동 쪽으로 발을 옮겨 놓는 성기는 소극적 삶의 자세를 보여 주는 인물이군.

플러스 자료실

'화개 장터 삼거리 길'의 의미

이 소설의 마지막 부분에 언급된 화개 장터 삼거리 길은 성기가 자신의 운명을 선택하는 일과 관련이 깊다. 세 갈래 길 중에서 '화갯골'로 난 길은 성기가 어머니와 삶을 살아온 공간으로 과거의 삶을 의미한다. '구례'로 난 길은 계연이 떠나간 길로 성기가 이곳으로 향한다면 계연을 따라가는 것이므로 운명을 거부하는 삶이 된다. '하동'으로 난 길은 성기가 선택한 새로운 삶을 의미하는 길로 이는 자신에게 주어진 운명에 순응하는 삶을 의미한다.

〈인물 간의 관계〉

1 이 글에 등장하는 인물의 성격과 관계를 정리해 보자.

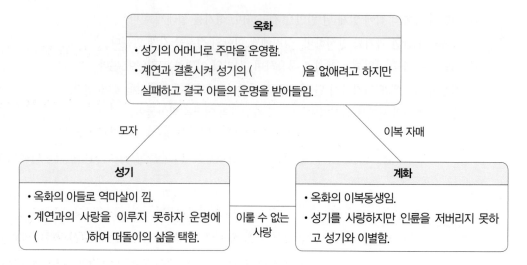

옥화
• 성기의 어머니로 주막을 운영함.
• 계연과 결혼시켜 성기의 (   )을 없애려고 하지만 실패하고 결국 아들의 운명을 받아들임.

모자   이복 자매

성기
• 옥화의 아들로 역마살이 낌.
• 계연과의 사랑을 이루지 못하자 운명에 (   )하여 떠돌이의 삶을 택함.

이룰 수 없는 사랑

계화
• 옥화의 이복동생임.
• 성기를 사랑하지만 인륜을 저버리지 못하고 성기와 이별함.

〈배경의 의미〉

2 이 글에 나타난 '세 갈래 길'이 의미하는 바를 정리해 보자.

화갯골

구례

하동

화갯골	성기가 지금까지 어머니와 함께 살아온 곳으로 과거의 삶을 의미함.
구례	계연이 떠난 곳으로 성기가 이곳을 선택하면 계연과의 인연을 이어 가는 것이기에 운명을 ( )하는 삶을 의미함.
하동	성기가 새로운 삶을 찾아 선택한 곳으로 자신에게 주어진 ( )에 순응하는 삶을 의미함.

〈소재의 의미〉

3 이 글에 제시된 소재의 의미와 역할을 파악해 보자.

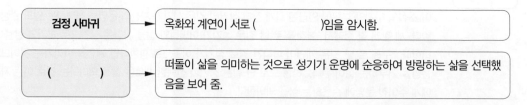

검정 사마귀	▶	옥화와 계연이 서로 ( )임을 암시함.
( )	▶	떠돌이 삶을 의미하는 것으로 성기가 운명에 순응하여 방랑하는 삶을 선택했음을 보여 줌.

그러나 아내는 밤이 가고 날이 밝기는커녕 해가 중천에 올라도 돌아오지를 않았다. 그는 차차 걱정이 나서 찾아보러 나섰다.

아우의 집에도 없었다. 동네를 모두 찾아보아도 본 사람도 없다 한다.

그리하여, 낮쯤 한 삼사 리 내려가서 바닷가에서 겨우 아내를 찾기는 찾았지만 그 아내는 이전 같은 생기로 찬 산 아내가 아니요, 몸은 물에 불어서 곱이나 크게 되고, 이전에 늘 웃음을 흘리던 예쁜 입에는 거품을 잔뜩 문, 죽은 아내였다.

그는 아내를 업고 집으로 돌아오기까지 정신이 없었다.

이튿날 간단하게 장사를 하였다. 뒤에 따라오는 아우의 얼굴에는,

"형님, 이게 웬일이오니까."

하는 듯한 원망이 있었다.

장사를 지낸 이튿날부터 아우는 그 조그만 마을에서 없어졌다. 하루 이틀은 심상히 지냈지만, 닷새 엿새가 지나도 아우는 돌아오지 않았다. 그래서 알아보니까, 꼭 그의 아우같이 생긴 사람이 오륙 일 전에 멧산자 보따리를 하여 진 뒤에 시뻘건 저녁 해를 등으로 받고 더벅더벅 동쪽으로 가더라 한다. 그리하여 열흘이 지나고 스무날이 지났지만 한번 떠난 그의 아우는 돌아올 길이 없고, 혼자 남은 아우의 아내는 매일 한숨으로 세월을 보내게 되었다.

그도 이것을 잠자코 보고 있을 수가 없었다. 그 불행의 모든 죄는 죄 그에게 있었다.

그도 마침내 뱃사람이 되어, 적으나마 아내를 삼킨 바다와 늘 접근하며 가는 곳마다 아우의 소식을 알아보려고, 어떤 배를 얻어 타고 물길을 나섰다.

그는 가는 곳마다 아우의 이름과 모습을 말하여 물었으나, 아우의 소식은 알 수가 없었다.

이리하여 꿈결같이 십 년을 지내서 구 년 전 가을, 탁탁히 낀 안개를 꿰며 연안(延安) 바다를 지나가던 그의 배는, 몹시 부는 바람으로 말미암아 파선을 하여, 벗 몇 사람은 죽고, 그는 정신을 잃고 물 위에 떠돌고 있었다.

그가 겨우 정신을 차린 때는 밤이었었다. 그리고 어느덧 그는 뭍 위에 올라와 있었고 그를 말리느라고 새빨갛게 피워 놓은 불빛으로 자기를 간호하는 아우를 보았다.

그는 이상히도 놀라지도 않고 천연하게 물었다. / "너, 어떻게 여기 완?"

아우는 잠자코 한참 있다가 겨우 대답하였다. / "형님, 거저 다 운명이외다."

따뜻한 불기운에 깜빡 잠이 들려다가 그는 화닥닥 깨면서 또 말했다.

"십 년 동안에 되게 파랬구나."

"형님, 나두 변했거니와 형님두 몹시 늙으셨쉐다."

이 말을 꿈결같이 들으면서 그는 또 혼혼히 잠이 들었다. 그리하여 두어 시간, 꿀보다도 단 잠을 잔 뒤에 깨어 보니, 아까같이 새빨간 불은 피어 있지만 아우는 어디로 갔는지 없어졌다.

- 김동인, 「배따라기」-

[정답과 해설 34쪽]

1 이 글의 '그'는 자신의 오해로 (   ) 운명에 이르고, 「역마」의 성기는 계연과 사랑을 이루지 못하자 (   )의 운명에 순응한다.

2 이 글의 '그'는 아내와 동생 사이를 의심해 아내를 죽게 만들고, 떠나간 동생을 찾으러 (   )이 되어 「배따라기」를 부르며 다니는 운명에 놓인다.

불꽃 | 선우휘

• 기출: 2016–11월 고1 학평

[앞부분의 줄거리] 현의 아버지는 3·1 운동 때 일본 경찰의 총을 맞고 동굴에 피신하였다가 죽는다. 현의 할아버지 고 노인은 풍수지리를 믿고 조상 일만 돌보며 살아가는 사람으로 손자 현에게 지극한 관심을 쏟는다. 현은 일제 강점기 일본 유학 후 학병으로 끌려가 중국에 파병되었다가 탈주하여 고향으로 돌아와 평범하게 살고자 한다. 하지만, 월북했다가 6·25 전쟁 때 돌아온 친구 연호가 주도하는 인민재판에 분노하여 총을 난사하고, 동굴로 피신한다. 연호는 동굴 바로 앞에서 현의 할아버지를 인질로 잡고서 현이 투항할 것을 종용한다.

　고 노인은 또 한 번 ㉠동굴을 올려다보았다. 저 동굴 안에서 아들이 죽었고, 지금 또 손자가 저 속에서 죽음의 위험에 직면해 있다. 그리고 자기도 또한 그것을 목격하며 위기의 순간에 서 있었다. 이 야릇한 숙명적인 불행의 부합. 다시 고 노인은 눈길을 선친의 산소에 돌렸다. 문득 이처럼 가혹한 숙명의 사슬에 엉키도록 자기는 조상의 뼈를 묻지 않았다는 생각이 들었다. 그렇다면 이 거대한 변사*— 전쟁 앞에는 과거의 어떠한 원리도 무색해지는 것일까. 혈통이 이어져 뻗어 가는 기준의 상실. 골수에 젖은 풍수 원리를 굳게 믿고 **조상의 뼈다귀를 메고 다닌** 지난날의 노력의 공허.

　그렇게 허탈해 가는 고 노인의 마음속에 차차 하나의 **새로운 감정**이 흘러들었다. 모두가 기정의 숙명에서 벗어나 있다는 해방감과 다음 순간의 운명은 누구도 헤아릴 수 없다는 어떤 종류의 감동이었다. 그 감동 속에서 고 노인은 팔십 평생에 처음 무엇에도 구애되지 않는 ⓐ순수한 자기 자신의 의지를 결정했다.

　'이까지 용케 견디어 온 가상할 자기의 팔십 생애. 산소의 탓도 목에 달린 복의 상징이란 혹의 탓도 아닌 맨주먹 알몸으로 기를 쓰며 살아온 팔십 평생, 나는 이것으로 족한 것 지금은 가는 것이다. 현아, 이젠 네가 살아야 한다.'

　여울 같은 감동이 고 노인의 전신을 흘렀다. 머리카락과 수염이 햇살을 받아 은빛으로 빛나고 있었다. 크게 숨을 들이모았다.

　"현아! 너는 살아야 한다. 저 대포 소리를 듣거라. 어떻게든지 여길 도망해서……"

　순간 고 노인은 등을 꿰뚫는 불덩어리를 느꼈다. 중심을 잃고 풀숲에 쓰러지는 고 노인은 총성의 메아리 속에 현의 절규를 들었다. 그리운 그 음성.

　"할아버지!"

　따각! 불발탄을 끄집어내고 다음 탄환을 밀어 잰 현의 소총과 연호의 권총에서 동시에 불이 튀었다. 순간, 현은 왼편 어깨에 뜨거운 쇠갈고리의 관통을 느끼며 연호가 천천히 왼쪽으로 몸을 틀면서 숲속으로 굴러떨어지는 것을 보았다.

　"할아버지!"

　바위를 넘어 밑으로 내달리려던 현은 아찔하면서 그대로 바위 위에 쓰러지고 말았다. 어깨를 움켜쥔 손가락 사이로 붉은 피가 뿜어 나왔다. 땅으로 끌려 들어가는 듯한 의식의 강하. 어깨의 고통 — 꼭 삼십 년을 살고 지금 여기서 죽어 가는구나. 생각을 모아야겠다. 목숨이 끊어지기 전에 생각을, 생각을 모아 보자. 이것이 한 인간의 삶? 삼십 년 — 어떻게 살았던가? 외면·도피, 밤낮을 가림 없이 도

*
선친 남에게 돌아가신 자기 아버지를 이르는 말.
변사 예사롭지 아니하고 이상한 일.

피·외면·도피. 그 밖에 무엇을 하고 지내 왔는지 도무지 생각나는 것이 없었다. 첫번째 탄환처럼 불발에 그친 삼십 년. 그것은 영(零)·산송장. 그렇다면 결국 **살아 본 일이 없**지 아니한가.

나는 다음 탄환으로 연호의 가슴을 뚫었다. 사람을 죽인 것이다. 남에게 손가락 하나 까딱하지 않으려던 내가 사람을 죽인 것이다. **가엾은 연호**. 연호와 나와는 아무런 원한도 없었는데. 인간이란 이래서 죄인이라는 것일까. 어쩔 수 없이 살인을 하게 되는 인간의 불여의.* 죄악을 내포한 인간의 숙명? 그것은 원죄?

우거진 ⓒ꽃밭의 울타리 안에서 스스로 죄 없다는 나 자신을 잠재우고 있을 때, 밖에서는 검은 구름과 휘몰아칠 폭풍이, 그리고 사람이 죽어 가는 비명이 준비되고 있었다.

그것은 먼저 네가 질러야 할 비명이었을는지도 모른다. 그 어린 병사 대신 네가 그 길가에 누웠어야 했을는지도 모른다. 나 같은 인간은 아직 살아 있었고, 살아야 할 인간은 죽어 갔다. 이런 것이 그대로 용허될* 수 있었다고 생각되는가. 동굴에서 죽은 부친. 강렬히 살아서 아낌없이 그 생명을 일순에 불태운 부친. 부친은 살아남은 인간들을 대신해서 죽었고, 그들의 삶에 어떤 의미를 부여했을는지도 모른다.

저 숲속에 누운 할아버지. 시체가 아니라 그것은 삶의 증거. 모든 불합리에 알몸으로 항거하고 불합리 속에 역시 불합리한 삶을 주장한 피어린 한 인간의 역사. 거인의 최후 같은 그 죽음.

[중략]

껍질 속에 몸을 오므리고 두더지처럼 태양의 빛을 꺼린 삶. 산 것이 아니라 다만 있었다. 마치 돌멩이처럼. 결국 너는 살아 본 일이 없었던 것이다. 살아 본 일이 없다면 죽을 수도 없는 일이 아닌가. 살아 본 일이 없이 죽는다는 것, 아니 죽을 수도 없다는 안타까움이 현의 마음에 말할 수 없는 공포의 감정을 휘몰아 왔다. 현은 잃어져 가는 생명의 힘을 돋우어 이 공포의 감정에 반발했다.

'살아야겠다. 그리고 살았다는 증거를 보이고 다시 죽어야 한다.'

현은 기를 쓰는 반발의 감정 속에서 예기치 않은 새로운 힘이 움터 오르는 것을 느꼈다. 그 힘이 조금씩 조금씩 마음에 무게를 가하더니 전신에 어떤 충족감이 느껴지자 현은 가슴속에서 갑자기 우직 하고 깨뜨러지는 자기 껍질의 소리를 들었다. 조각을 내고 부서지는 껍질. 그와 함께 거기서 무수한 불꽃이 튀는 듯했다. 그것은 다음 차원(次元)의 비약을 약속하는 불꽃. 무수한 불꽃. 찬란한 그 섬광. 불타는 생에의 의욕. 전신을 흐르는 생명의 여울. 통절히 느껴지는 해방감.

현은 끝없는 푸른 하늘로 트이는 마음의 상쾌를 느꼈다.

'**나머지 한 알의 탄환**. 그처럼 내가 살아남는 것이라 하자. 그러면 어떻게 될 것일까. 그것은 누구도 모른다. 먼저 나 자신이 선택할 것이다. 다음은 — 그것은 더욱 누구도 모른다.'

분명한 한 가지는 외면하거나 도피하지는 않을 것이다. 외면하지 않고 어떻든 정면으로 대하자.

도피할 수가 없도록 절박된 이 처지. 정면으로 대하도록 기어이 상황은 바싹 내 앞으로 다가온 것이다. ⓑ이미 꽃밭의 시대는 끝난 것이다.

배경지식 확장

'동굴'의 상징성

현의 아버지가 죽은 죽음의 공간이자, 현의 할아버지와 현에게 새로운 각성을 주는 재생의 공간

↓

소멸과 부활의 장소

'불꽃'의 상징성

소극적·순응적·현실 도피적 삶(할아버지의 삶의 방식)이 적극적·투쟁적·현실 참여적 삶(아버지의 삶의 방식)으로 바뀜.

↓

• 새로운 비약을 다짐하는 생명력
• 자기 개혁을 시도하는 적극적이고 행동적인 삶의 의지

*
불여의 일이 되어 가는 과정이나 그 결과가 뜻한 바와 같지 아니함.
용허될 허락되어 너그럽게 받아들여질.

(기출)

1 윗글에 대한 설명으로 가장 적절한 것은?

① 내적 독백을 활용하여 인물의 의식을 드러내고 있다.

② 동시에 벌어진 사건들을 병치하여 갈등의 원인을 밝히고 있다.

③ 인물의 표정과 내면을 반대로 서술하여 인물의 특성을 부각하고 있다.

④ 액자 구조를 통해 상이한 이야기가 갖는 유사한 의미를 강조하고 있다.

⑤ 서술자가 관찰자의 입장에서 사건을 객관적으로 전달하여 사실성을 높이고 있다.

(기출)

2 〈보기〉를 바탕으로 윗글을 감상한 내용으로 적절하지 않은 것은?

┌─ 보기 ┐

　이 작품에는 일제 강점기로부터 6·25 전쟁에 이르는 역사적 상황에 대한 개인의 다양한 대응 방식이 제시되어 있다. 작품 속 인물들은 부조리한 현실에 저항하기도 하고, 운명론적 가치관에 기대어 사회 현실보다 개인의 삶을 우선시하기도 한다. 한편 작품 속 인물들의 실존적 성찰과 인식 전환의 과정에서는, 집단적 가치에 의해 박탈된 개인적 가치에 대한 연민이 드러난다. 이를 통해 인간애의 회복이라는 휴머니즘의 시각이 부각되고 있다.

① '조상의 뼈다귀를 메고 다'니는 인물의 행위는 사회 현실보다 개인의 삶을 우선시한 것이라고 할 수 있군.

② '새로운 감정'에는 운명론적 가치관에 기대어 살아가던 인물의 인식 전환이 드러나 있다고 할 수 있군.

③ '살아 본 일이 없'다는 인물의 생각에는 지나온 삶에 대한 자책과 반성이 드러나 있다고 할 수 있군.

④ '가엾은 연호'에는 전쟁이라는 집단적 가치에 의해 박탈된 개인적 가치에 대한 연민이 드러나 있다고 할 수 있군.

⑤ '나머지 한 알의 탄환'은 역사적 상황 속에서 희망을 갖지 못하고 방황하는 인물의 심리가 드러나 있다고 볼 수 있군.

(기출)

3 ㉠과 ㉡에 대한 이해로 가장 적절한 것은?

① ㉠과 ㉡은 모두 미래에 대한 인물의 낙관적 전망을 의미한다.

② ㉠과 ㉡은 모두 상황의 반전을 통해 인물 간의 관계를 변화시킨다.

③ ㉠은 냉혹한 현실을 부각하고, ㉡은 암울한 미래를 상징한다.

④ ㉠은 개인적 이상향을 의미하고, ㉡은 공동체적 이상향을 의미한다.

⑤ ㉠은 과거와 현재를 매개하고, ㉡은 부정적 현실에 대한 외면을 상징한다.

4 ⓐ의 구체적 내용으로 가장 적절한 것은?

① 조상의 훼손된 명예를 꼭 되살리겠다는 결심

② 선친의 산소를 꼭 지켜 집안을 일으키겠다는 결심

③ 불의의 적들에게 자신마저 희생당하지 않겠다는 의지

④ 운명에 맡기지 않고 자신의 의지로 손자를 살리겠다는 결심

⑤ 적들에게 쫓기는 상황에서 정면으로 맞닥뜨려야겠다는 의지

5 ⓑ와 관련된 인물의 심리로 가장 적절한 것은?

① 자신을 위해 희생당한 할아버지의 죽음에 슬퍼한다.

② 원한도 없는데 연호를 죽인 일에 대해 죄책감을 느낀다.

③ 비극적 상황에서 대의를 위해 자신을 희생하겠다는 각오를 다진다.

④ 비극적인 처지에서 벗어나 자연에 귀의하고 싶은 소망이 드러난다.

⑤ 현재의 비극적이고 암울한 현실 상황을 이겨 내겠다는 의지를 보인다.

플러스 자료실

제목 '불꽃'의 의미

이 소설은 일제 강점기와 6·25 전쟁 등 한국 근현대사 속에서 살아온 인물들의 구체적인 이야기가 펼쳐지는 제1부와, 주로 의식의 흐름 기법으로 '현'과 '연호'의 마지막 대결을 전개하며 작품의 절정을 이루는 제2부로 이루어져 있다. 이 소설은 전통적 사고방식을 고수하는 할아버지와 불의에 저항하고 행동하는 지식인인 아버지, 두 인물 사이에서 방황하다 결국 아버지의 적극적인 삶의 태도를 선택하는 '현'의 모습을 그리고 있다. 이 작품의 제목인 '불꽃'은 이와 같은 '현'의 새로운 비약을 다짐하는 생명력, 즉 현실 참여로 자기 개혁을 시도하는 적극적인 삶의 의지를 의미한다고 할 수 있다.

〈인물 간의 관계〉

1 이 글에 등장하는 인물의 성격과 관계를 다음과 같이 정리해 보자.

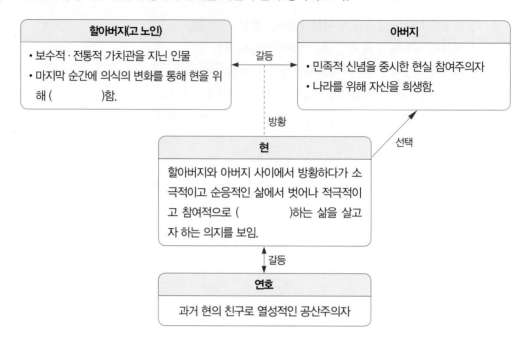

할아버지(고 노인)
- 보수적 · 전통적 가치관을 지닌 인물
- 마지막 순간에 의식의 변화를 통해 현을 위해 (   )함.

갈등

아버지
- 민족적 신념을 중시한 현실 참여주의자
- 나라를 위해 자신을 희생함.

방황

선택

현

할아버지와 아버지 사이에서 방황하다가 소극적이고 순응적인 삶에서 벗어나 적극적이고 참여적으로 (   )하는 삶을 살고자 하는 의지를 보임.

갈등

연호

과거 현의 친구로 열성적인 공산주의자

〈소재의 의미〉

2 이 글에 제시된 소재의 상징적 의미를 파악해 보자.

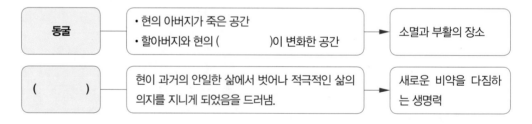

동굴
- 현의 아버지가 죽은 공간
- 할아버지와 현의 (   )이 변화한 공간

→ 소멸과 부활의 장소

(   )
현이 과거의 안일한 삶에서 벗어나 적극적인 삶의 의지를 지니게 되었음을 드러냄.

→ 새로운 비약을 다짐하는 생명력

〈서술상 특징〉

3 이 글의 구성 방식과 서술상 특징을 정리해 보자.

구성 방식	사건이 일어나는 것은 하룻밤이지만 회상을 통해 3 · 1 운동부터 6 · 25 전쟁까지 다루는 ( ) 구성
서술상 특징	현과 연호의 마지막 장면에서 내적 ( ) 형식으로 인물의 의식을 드러내는 의식의 흐름 기법 사용

연계 포인트 이 소설은 6·25 전쟁 중 포로가 되어 북쪽으로 이송되어 가는 형제의 이야기를 다루고 있다. 암울한 한국 근현대사 속에서 개인이 겪어야 했던 비극적 경험을 다루면서 올바른 삶의 방향을 모색한다는 점에서 「불꽃」과 함께 읽어 볼 수 있다.

이튿날, 형의 걸음걸이는 눈에 띄게 절름거렸다. 혼잣소리도 풀이 없었다.

"그만큼 걸었음 무던히 왔구만서두. 에에이, 이젠 좀 그만 걷지딜, 무던히 걸었구만서두."

하고는 주위의 경비병들을 흘끔 곁눈질해 보았다. 경비병들은 물론 알은체도 안 했다. 바뀐 사람들은 꽤나 사나운 패들이었다.

그날 밤 형은 동생을 향해 쓸쓸하게 웃기만 했다.

"칠성아, 너 집에 가거든 말이다, 집에 가거든……."

하고는 또 무슨 생각이 났는지 벌쭉 웃으면서,

"히히, 내가 무슨 소릴 허니. 네가 집에 갈 땐 나두 갈 텐데, 앙 그러니? 내가 정신이 빠졌어."

한참 뒤엔 또 동생의 어깨를 그러안으면서,

"야, 칠성아!"

동생의 얼굴을 똑바로 마주 쳐다보기만 했다. [중략]

그날 밤, 바깥엔 함박눈이 내렸다.

형은 불현듯 동생의 귀에다 입을 댔다.

"너, 무슨 일이 생겨두 날 형이라구 글지 마라, 어엉?"

여느 때답지 않게 숙성한 사람 같은 억양이었다.

"울지두 말구 모르는 체만 해, 꼭."

동생은 부러 큰 소리로,

"야하, 눈이 내린다."

형이 지껄일 소리를 자기가 지금 대신하고 있다고 생각했다.

"……."

그러나 이미 형은 그저 꾹하니 굳은 표정이었다.

동생은 안타까워 또 울었다. 형을 그러안고 귀에다 입을 대고,

"형아, 형아, 정신 차려."

이튿날, 한낮이 기울어서 어느 영 기슭에 다다르자, ㉠형은 동생의 허벅다리를 쿡 찌르고는 걷던 자리에 털썩 주저앉고 말았다.

형의 걸음걸이를 주의해 보아 오던 한 사람이 뒤에서 따발총을 휘둘러 쏘았다.

형은 앉은 채 앞으로 꼬꾸라졌다. 그 사람은 총을 어깨에 둘러메면서,

"메칠을 더 살겠다구 뻐득대? 뻐득대길."

– 이호철, 「나상」 –

[정답과 해설 36쪽]

1 이 글과 「불꽃」은 (　　　　　　)이라는 역사적 사건을 배경으로 하여 개인의 삶을 훼손하는 전쟁의 비극성을 고발하는 한편, 올바른 삶의 자세에 대해 생각해 보게 하고 있다.

2 ㉠의 의도로 가장 적절한 것은?

　① 동생에게 도움 요청　　　② 동생에게 도주 제안　　　③ 전날 한 이야기의 환기
　④ 자신의 실수에 대한 자백　　　⑤ 동생의 행동에 대한 불만 표출

동행 | 전상국

· 기출: 2018-6월 고2 학평

[앞부분의 줄거리] 눈 덮인 밤길을 억구와 큰 키의 사내(형사)가 동행하게 된다. 그 과정에서 억구가 6·25 때 자신의 아버지를 죽인 득칠을 우연히 만나 술자리 끝에 그를 살해하고, 부친의 산소 곁에서 죽을 심산으로 고향으로 가는 길임이 드러난다.

옆 산 소나무 위에 얹혔던 ⓐ눈 무더기가 쏴르르 쏟아져 내렸다. 마치 자기 무게를 그렇게 나약한 소나뭇가지 위에선 더 이상 지탱할 수 없다는 듯이……. 그때 좀 먼 곳에서 뚝 우지끈 소나뭇가지 부러져 내리는 소리가 들려 왔다. / 그러자 이때 억구가 느닷없이 키 큰 사내의 앞을 막아 서며,

"선생, 난 득수 동생놈을, 그 김득칠일 어제 죽였단 말이오. 이렇게 온통 눈이 내리는데 그까짓 걸 숨겨 뭘 하겠소. 선생은 아주 추악한, 사람을 몇씩이나 죽인 무서운 놈과 함께 서 있는 거유. 자, 날 어떻게 하겠수?"

그러면서 한 걸음 큰 키의 사내 앞으로 다가섰다.

㉠큰 키의 사내는 후딱 몇 걸음 물러서며 오버 주머니에 오른손을 잽싸게 넣었다.

그의 시선은 억구가 양복 윗주머니의 불룩한 것을 움켜쥐고 있는 것에 머물러 있었다.

"아까두 말했지만, 그 술집에서 난 놈에게 이주걱댔죠.* 그래 자넨 분명 우리 아버질 잡았것다? ㉡그래 벌초를 매년 해 왔다구? 아 고마워, 고마워…… 하고 말입네다. 헌데 그 득칠일 난 그날 밤 죽이고야 만 것입니다. 글쎄, 나두 그걸 모르겠수다. 왜 내가 그 득칠일 죽였는지……."

여직 들어 보지 못한 맥빠진, 그렇게 풀이 죽은 목소리로 말했다.

그러나 큰 키의 사내는 묵묵히 억구의 얼굴을 뜯어보고만 있었다.

이윽고 억구가 큰 키의 사내 앞에서 몸을 돌리며 저쪽 산등성이를 가리켜 보였다.

"바루 저 산에 가친* 산소가 있답니다. 우리 조부님 산소 옆이라는군요. 난 지금 거길 가는 겁니다. 가서 우선 무덤의 눈을 쳐 드려야죠. 그리구 술을 한잔 올립랍니다. 술을 올리면서 가친의 음성을 들을 겁니다. 올해두 눈이 퍽 내렸구나, 눈 온 짐작으루 봐선 내년두 분명 풍년이겠다만…… 하실 겁니다. 그리고 푹 한숨을 몰아쉬시겠죠. ㉢그 한숨 소릴 들으면서 가친 옆에 누워야죠. 이젠 가친을 혼자 버려두고 달아나진 않을 겁니다."

그는 산으로 향한 생눈길을 몇 걸음 걷다가 다시 이쪽을 향해,

"참, 바루 저기 보이는 저 모퉁일 돌아감 거기가 바루 와야립니다. 가셔서 우선 구장네 집을 찾아 몸을 녹이시우. 뜨끈뜨끈한 아랫목에 푹 몸을 녹이셔. 자, 그럼 난……."

산을 향해 생눈길을 걸어가는 그의 언 바짓가랑이가 서걱서걱 요란한 소리를 냈다.

어깨를 잔뜩 구부리고 흡사 한 마리 흰곰처럼 산을 향해 걷는 억구의 을씨년스럽고 초라한 뒷모습에 눈을 주고 선 큰 키의 사내는 한참이나 그렇게 묵묵히 섰다가 문득 큰길 아래로 내려서서 억구 쪽으로 따라가며, / "노―형,* 잠깐!"

말소리 속에 강인한 무엇인가 깔려 있는 듯싶었다.

언 바짓가랑이를 데걱거리며 걸어가던 억구가 주춤 멈춰서 이쪽으로 몸을 돌렸다. 큰 키의 사내가 성큼성큼 다가갔다. 오버 안주머니에 손을 넣어 무엇인가 움켜쥔 그런 자세였다.

*
이주걱댔죠 이기죽대다. 자꾸 밉살스럽게 지껄이며 짓궂게 빈정거렸죠.
가친 남에게 자기 아버지를 높여 이르는 말.
노형 처음 만났거나 그다지 가깝지 않은 남자 어른들 사이에서, 상대편을 높여 이르는 이인칭 대명사.

억구가 짐짓 몸을 추스르며 자기에게로 다가서는 큰 키의 사내 거동을 바라보고만 있었다.

억구 앞에 멈춰 선 큰 키의 사내가 할 말을 잊은 듯 멍청하니 고개를 위로 향했다. 고개를 약간 젖히고 입을 헤— 벌린 채. 그의 이러한 생각하는 표정 위에 눈이 내려앉고 있었다.

[A] ——— 그날 밤 난 생물 선생네 담을 빙빙 돌고만 있었지. 내 키보다두 낮은 담이었어. 난 거푸 담을 돌고만 있었지. 만약 내가 담을 넘어 들어간다면……. 그러나 난 담을 넘어서는 안 된다고 생각했다. 담이란 남이 들어오지 말라고 만들어 놓은 거니까. 들어오지 말라는 걸 들어가면 그건 나쁜 짓이니까, 그건 도둑놈이지. 난 나쁜 놈이 되는 건 싫었으니까. 무서웠던 거야. 나는 담만 돌며 생각했지. 오늘 갑자기 생물 선생넨 무서운 개를 얻어다 놓았을지도 모른다고. 또, 어쩌면 선생이 설사 나서 변소에 웅크려 앉았을지도 모른다는 지레 경계를……. 그리고 남의 담을 넘는다는 건 분명 나쁜 짓이라고……. 무서웠던 거야. 결국 난 새끼 토낄 구할 생각을 거두고 담만 돌다 돌아오고 말았지.

"아니 선생, 남을 불러 놓군 왜 그렇게 하늘만 쳐다보슈?" / 억구가 말했다.

——— 나쁜 놈이 되기가 싫었던 거야. 담을 넘는다는 건…….

큰 키의 사내가 한걸음 물러섰다. 생각하는 표정을 거두지 못한 채.

산 속 소나무 위에서 다시 눈 무더기가 쏴르르 쏟아져 내렸다. 마치 그 연약한 나뭇가지 위에선, 그리고 거푸 내려 쌓이고 있는 눈의 무게를 더 이상 지탱할 수 없다는 듯. / 억구가 다시 다그쳤다.

"선생, 발이 시립니다. 내가 여기 얼어붙어야 좋겠소? 원 별 양반도……. 자, 그럼……."

억구가 다시 몸을 돌려 산을 향했다. ㉣그가 몸을 돌리는 순간 그의 깡똥한 양복 윗주머니에 삐죽하니 2홉들이 소주병 노란 덮개가 드러나 보였다.

순간 망설이던 큰 키의 사내 얼굴에 어떤 결의의 빛이 스쳤다.

"아, 노형, 잠깐!" / 억구가 바짓가랑이를 데격거리며 다시 몸을 돌렸다. / 순간 큰 키의 사내는 오른쪽 오버 주머니에서 서서히 손을 뺐다. 그리고 무엇인가 불쑥 억구 앞으로 내밀었다.

——— 나는 담만 돌았지. 무서웠던 거야.

"이걸 나한테 주시는 겁니까?" / 억구가 물었다.

"예, 드리는 겁니다. 아까 두 개비를 피웠으니까 꼭 열여덟 개비가 남아 있을 겁니다. 눈이 이렇게 많이 왔으니 올핸 담배도 풍년이겠죠. 그러나 제가 지금 드린 담배는 하루에 꼭 한 개씩만 피우셔야 합니다."

㉤큰 키의 사내 얼굴에 엷은 미소가 번지고 있었다.

그리고 그는 담배 한 갑을 받아 든 채 멍청히 서 있는 억구에게서 몸을 돌려 마치 눈에 흘린 사람처럼 비척비척 큰길을 향해 걸어가고 있었다. / 잔기침을 몇 번 쿳쿳 하면서.

걸어가는 그의 등 뒤로 마치 울음 같은 억구의 외침이 따랐다.

"하루에 꼭 한 개씩 피우라구요? 꼭, 한 개씩, 피, 우, 라, 구요?"

그러면서 그는 느닷없이 웃음을 터뜨리는 것이었다. / ㅎ ㅎ ㅎ ㅎ ㅎ ㅎ ㅎ……

눈 덮인 산 속, 아직 눈 조용히 비껴 내리고 있는 밤이었다.

배경지식 확장

억구와 득칠의 악연

억구는 어린 시절 자신을 업신여기던 득수 때문에 늘 따돌림을 당하며 자란다. 6·25 전쟁이 일어나자 억구는 인민군의 앞잡이가 되어 득수를 죽인다. 그리고 전쟁의 상황이 변해 국군이 돌아오게 되자 득수의 동생인 득칠이 억구의 아버지를 죽이고, 억구는 혼자 달아난다. 10년이 지나서 억구는 춘천에서 우연히 득칠을 만나 아버지 무덤의 위치를 물어본 후, 매년 무덤의 벌초를 해 왔다는 득칠을 죽인다. 작가는 이들을 통해 모두가 역사의 희생자임을 이야기하고 있다.

소설에서 장면은 같은 인물이 동일한 시공간 안에서 벌이는 사건의 광경을 의미한다. 이때 장면을 판단하는 기준은 인물, 시간, 장소 등의 세 가지로 정리할 수 있다. 따라서 장면이 전환된다는 것은 이야기의 흐름에서 사건의 중심인물이 바뀌거나, 시간이 달라지거나, 공간이 변했다는 것으로 볼 수 있다.

（기출

1 윗글의 서술상 특징으로 가장 적절한 것은?

① 현재 시제를 활용하여 상황의 현장감을 부각하고 있다.

② 빈번하게 장면을 전환하여 주제 의식을 강조하고 있다.

③ 대화와 내적 독백을 통하여 인물의 심리적 갈등을 드러내고 있다.

④ 서술의 시점을 달리하여 사건의 의미를 다각적으로 조명하고 있다.

⑤ 동시에 일어난 두 사건을 대비하여 갈등 해결의 실마리를 제시하고 있다.

（기출

2 〈보기〉와 [A]를 참고하여 '큰 키의 사내'에 대해 이해한 내용으로 가장 적절한 것은?

> **보기**
>
> '큰 키의 사내'는 학창 시절에 새끼 토끼를 잡게 된다. 생물 선생은 그 새끼 토끼를 다음날 해부하고 고기는 술안주로 삼겠다고 하였다. 그날 밤, 새끼 토끼를 구하기 위해 목숨을 걸고 달려들던 어미 토끼의 눈과 끔찍하게 해부될 새끼 토끼를 떠올리던 '큰 키의 사내'는 고민 끝에 새끼 토끼를 구하러 가지만 생물 선생네 담을 넘지 못해 새끼 토끼를 구할 수 없었다.

① '억구'가 자신에게 위협적인 존재라고 인식하고 있다.

② '억구'를 '새끼 토끼'와 동일시하는 태도를 보이고 있다.

③ '새끼 토끼'를 구하지 못했던 과거 경험을 부정하고 있다.

④ '억구'의 처지가 '어미 토끼'를 닮아가고 있다고 여기고 있다.

⑤ '어미 토끼'에 대한 불쾌한 기억을 지우지 못해 후회하고 있다.

（기출

3 ㉠~㉤에 대한 설명으로 적절하지 <u>않은</u> 것은?

① ㉠: '큰 키의 사내'가 범행을 털어놓는 '억구'를 경계하고 있음을 알 수 있다.

② ㉡: 아버지의 산소 벌초를 매년 한 것에 대해 '억구'가 득칠에게 진심으로 고마워하고 있음을 알 수 있다.

③ ㉢: 과거와 달리 아버지 곁을 떠나지 않겠다고 다짐하는 '억구'의 마음을 짐작할 수 있다.

④ ㉣: 아버지의 산소에 술을 올리고 그 옆에 눕겠다는 '억구'의 말이 사실임을 짐작할 수 있다.

⑤ ㉤: 미소가 번지는 표정을 통해 '큰 키의 사내'가 '억구'에 대한 자신의 결정에 만족해하고 있음을 알 수 있다.

4 ⓐ에 대한 설명으로 가장 적절한 것은?

① 억구가 아버지를 떠올리게 하는 역할을 한다.

② 작품의 서정적인 분위기를 조성하고 여운을 준다.

③ 억구와 '큰 키의 사내'가 밤길을 걷는 데 지장을 주고 있다.

④ 억구가 지니고 있던 죄책감의 무게가 크다는 것을 의미한다.

⑤ '큰 키의 사내'가 새끼 토끼를 구하지 못했던 과거를 떠올리게 하는 역할을 한다.

5 (기출)

〈보기〉를 참고하여 윗글을 감상한 내용으로 가장 적절한 것은?

┌─ 보기 ┐
　「동행」은 동일한 여정 속의 두 인물에 관한 이야기이다. 전쟁이 남긴 상흔을 안고 살아가는 인물과 우연히 그를 만나 눈길을 동행하게 되는 인물의 모습이 잘 드러나 있다. 이들을 통해 작가는 전쟁이 남긴 아픔을 치유하는 인간애를 보이고 있다.
└─────────────────────────┘

① '억구'와 '큰 키의 사내'는 전쟁의 상흔으로 고향을 떠났다가 돌아오는 동일한 여정을 지니고 있군.

② '억구'가 '큰 키의 사내'에게 구장네 집을 알려 주는 모습에서 쫓기는 자로서의 다급함을 느낄 수 있군.

③ '억구'가 자신의 범행을 '큰 키의 사내'에게 털어놓은 것은 밤길을 동행하며 느낀 인간적인 연민 때문이로군.

④ '큰 키의 사내'가 '억구'에게 담배를 하루에 한 개씩만 피우라고 당부하는 모습에서 따뜻한 인간애를 엿볼 수 있군.

⑤ '큰 키의 사내'를 뒤로하고 떠나가는 '억구'의 을씨년스러운 뒷모습에서 전쟁의 상처를 극복하려는 의지를 느낄 수 있군.

플러스 자료실

전상국의 작품 세계

전상국의 작품을 대표하는 두 가지 키워드는 '전쟁'과 '교육'이다. 그의 대표 작품 중 다수가 6·25 전쟁을 배경으로 하였거나, 교육 현장의 이야기를 다루었기 때문이다. 이는 그가 국민학교(지금의 초등학교) 4학년 때 6·25 전쟁을 경험하였고, 교사를 직업으로 가졌던 것과 무관하지 않다. 그는 이러한 경험을 바탕으로 사실주의에 입각하여 현실의 문제를 날카롭게 비판하는 작품을 창작하였다. 그러면서도 그의 작품 밑바탕에는 휴머니즘이 깔려 있다. 그는 사람들을 가해자와 피해자라는 이분법적 논리로 구분하지 않는다. 이는 모든 사람들이 상처를 안고 살아가고 있으며, 이러한 상처는 인간과 생명을 존중하는 마음으로 치유할 수 있다는 생각이 바탕이 된 것이다.

〈인물의 상황과 심리〉

1 사건에 따른 '큰 키의 사내'의 행동과 심리를 다음과 같이 정리해 보자.

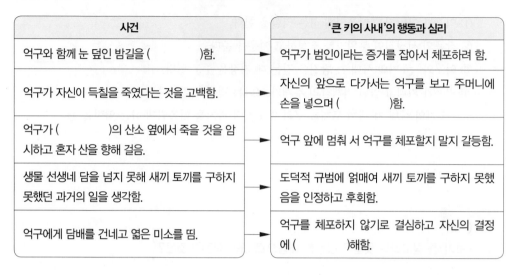

사건	'큰 키의 사내'의 행동과 심리
억구와 함께 눈 덮인 밤길을 ( )함.	억구가 범인이라는 증거를 잡아서 체포하려 함.
억구가 자신이 득칠을 죽였다는 것을 고백함.	자신의 앞으로 다가서는 억구를 보고 주머니에 손을 넣으며 ( )함.
억구가 ( )의 산소 옆에서 죽을 것을 암시하고 혼자 산을 향해 걸음.	억구 앞에 멈춰 서 억구를 체포할지 말지 갈등함.
생물 선생네 담을 넘지 못해 새끼 토끼를 구하지 못했던 과거의 일을 생각함.	도덕적 규범에 얽매여 새끼 토끼를 구하지 못했음을 인정하고 후회함.
억구에게 담배를 건네고 엷은 미소를 띰.	억구를 체포하지 않기로 결심하고 자신의 결정에 ( )해함.

〈서사 구조〉

2 '큰 키의 사내'의 과거 회상을 중심으로 현재 상황을 파악해 보자.

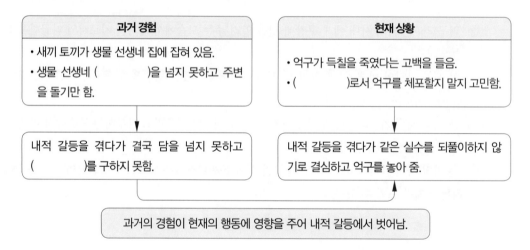

과거 경험	현재 상황
• 새끼 토끼가 생물 선생네 집에 잡혀 있음. • 생물 선생네 ( )을 넘지 못하고 주변을 돌기만 함.	• 억구가 득칠을 죽였다는 고백을 들음. • ( )로서 억구를 체포할지 말지 고민함.
내적 갈등을 겪다가 결국 담을 넘지 못하고 ( )를 구하지 못함.	내적 갈등을 겪다가 같은 실수를 되풀이하지 않기로 결심하고 억구를 놓아 줌.

과거의 경험이 현재의 행동에 영향을 주어 내적 갈등에서 벗어남.

〈소재의 의미〉

3 이 글에 제시된 소재의 의미를 파악해 보자.

담	'큰 키의 사내'를 갈등하게 하는 사회적·도덕적 ( )을 상징함.
새끼 토끼	'큰 키의 사내'가 과거에 구하지 못한 것으로 그를 얽매고 있는 후회를 보여 줌.
( )	억구가 죽지 않기를 바라는 '큰 키의 사내'의 바람과 연민이 담김.

　세 사람은 감천 가는 도중에 있는 마지막 마을로 들어섰다. 마을 어귀의 얼어붙은 개천 위로 물오리들이 종종걸음을 치거나 주위를 선회하고 있었다. 마을의 골목길은 조용했고, 굴뚝에서 매캐한 청솔 연기 냄새가 돌담을 휩싸고 있었는데 나직한 창호지의 들창 안에서는 사람들의 따뜻한 말소리들이 불투명하게 들려왔다. 영달이가 정 씨에게 제의했다.

　"허기가 져서 속이 떨려요. 감천엔 어차피 밤에 떨어질 텐데, 여기서 뭣 좀 얻어먹구 갑시다."

　"여긴 바닥이 작아 주막이나 가게두 없는 거 같군."

　"어디 아무 집이나 찾아가서 사정을 해 보죠."

　백화도 두 손을 코트 주머니에 찌르고 간신히 발을 떼면서 말했다.

　"온몸이 얼었어요. 밥은 고사하고 뜨뜻한 아랫목에서 발이나 녹이구 갔으면."

　정 씨가 두 사람을 재촉했다.

　"얼른 지나가지. 여기서 지체하면 하룻밤 자게 될 테니. 감천엘 가면 하숙두 있구, 우리를 태울 기차두 있단 말요."

　그들은 이 적막한 산골 마을을 지나갔다. 눈 덮인 들판 위로 물오리 떼가 내려앉았다가는 날아오르곤 했다. 길가에 퇴락한 초가 한 간이 보였다. 지붕의 한쪽은 허물어져 입을 벌렸고 토담도 반쯤 무너졌다. 누군가가 살다가 먼 곳으로 떠나간 폐가임이 분명했다. 영달이가 폐가 안을 기웃해 보며 말했다.

　"저기서 신발이라두 말리구 갑시다."

　백화가 먼저 그 집의 눈 쌓인 마당으로 절뚝이며 들어섰다. [중략]

　영달이가 뒷주머니에서 꼬깃꼬깃한 오백 원짜리 두 장을 꺼냈다.

　"저 여잘 보냅시다."

　영달이는 표를 사고 삼립빵 두 개와 찐 달걀을 샀다. 백화에게 그는 말했다.

　"우린 뒤차를 탈 텐데…… 잘 가슈."

　영달이가 내민 것들을 받아 쥔 백화의 눈이 붉게 충혈되었다.

　그 여자는 더듬거리며 물었다.

　"아무도…… 안 가나요?"

　"우린 삼포루 갑니다. 거긴 내 고향이오."

　영달이 대신 정 씨가 말했다. 사람들이 개찰구로 나가고 있었다. 백화가 보퉁이를 들고 일어섰다.

　"정말, 잊어버리지…… 않을게요."

– 황석영, 「삼포 가는 길」 –

[정답과 해설 38쪽]

1 이 글과 「동행」은 인물들이 동행하면서 상대에게 연민과 유대감을 느끼는 과정을 그린 소설로, 인물의 (　　　　)을 중심으로 사건이 전개되고 있다.

2 이 글에서 '(　　　　)'은 소박하지만 따뜻한 분위기가 느껴지는 공간으로, 인물들의 고단한 처지와 대비되어 삶의 고달픔을 부각하는 역할을 한다.

• 수록 교과서: 국어_창비
• 기출: 2014-9월 고3 모평A

그의 고객은 왜정 시대*는 주로 일본인이었고 현재는 권력층이 아니면 재벌의 셈속에 드는 측들이어야만 했다.

㉠그의 일과는 아침에 진찰실에 나오자 손가락 끝으로 창틀이나 탁자 위를 훑어 무테안경 속 움푹한 눈으로 응시하는 일에서 출발한다.

이때 손가락 끝에 먼지만 묻으면 불호령이 터지고, 간호원은 하루 종일 원장의 신경질에 부대껴야만 한다.

아무튼 단골 고객들은 그의 정결한 결백성에 감탄과 경의를 표해 마지않는다.

1·4 후퇴 시 청진기가 든 손가방 하나를 들고 월남한 이인국 박사다. 그는 수복*되자 재빨리 셋방 하나를 얻어 병원을 차렸다. 그러나 이제는 평당 오십만 환*을 호가하는 도심지에 타일을 바른 이층 양옥을 소유하게 되었다. 그는 자기 전문의 외과 외에 내과, 소아과, 산부인과 등 개인 병원을 집결시켰다. ㉡운영은 각자의 호주머니 셈속이었지만 종합 병원의 원장 자리는 의젓이 자기가 차지하고 있다.

이인국 박사는 양복 조끼 호주머니에서 십팔금 회중시계를 꺼내어 시간을 보았다.

두 시 사십 분!

미국 대사관 브라운 씨와의 약속 시간은 이십 분밖에 남지 않았다. 이 시계에도 몇 가닥의 유서 깊은 이야기가 숨어 있다. 이인국 박사는 시계를 볼 때마다 참말 '기적'임에 틀림없었던 사태를 연상하게 된다.

왕진 가방과 함께 38선을 넘어온 피란 유물의 하나인 시계. 가방은 미군 의사에게서 얻은 새것으로 갈아매어 흔적도 없게 된 지금, **시계**는 목숨을 걸고 삶의 도피행을 같이한 유일품이요, 어찌 보면 인생의 반려이기도 한 것이다.

밤에 잘 때에도 그는 시계를 머리맡에 풀어 놓거나 호주머니에 넣은 채로 버려두지 않는다. 반드시 풀어서 등기 서류, 저금통장 등이 들어 있는 **비상용 캐비닛** 속에 넣고야 잠자리에 드는 것이었다. 거기에는 또 그럴 만한 연유가 있었다. 이 시계는 제국 대학을 졸업할 때 받은 영예로운 수상품이다. 뒤쪽에는 자기 이름이 새겨져 있다.

그 후 삼십여 년, 자기 주변의 모든 것은 변하여 갔지만 시계만은 옛 모습 그대로다. 주변뿐만 아니라 자기 자신은 얼마나 변한 것인가. 이십 대 홍안을 자랑하던 젊음은 어디로 사라진 것인지 머리카락도 반백이 넘었고 이마의 주름은 깊어만 간다. 일제 시대, 소련군 점령하의 감옥 생활, 6·25 사변, 38선, 미군 부대, 그동안 몇 차례의 ⓐ아슬아슬한 죽음의 고비를 넘긴 것인가.

'월삼* 십칠 석.'

우여곡절 많은 세월 속에서 아직도 제 시간을 유지하는 것만도 신기하다. 시간을 보고는 습성처럼 째깍째깍 소리에 귀 기울이는 때의 그의 가느다란 눈매에는 흘러간 인생의 축도가 서리는 것이었고, 그 속에서는 각모(角帽)와 쓰메에리(목달이) 학생복을 벗어 버리고 **신사복**으로 갈아입던 그날의 감회

*
왜정 시대 '일제 강점기'의 전 용어.
수복 잃었던 땅이나 권리 따위를 되찾음.
환 우리나라의 옛 화폐 단위. 1환은 1전(錢)의 100배이다.
월삼 미국 시계 회사 '월섬'.

를 더욱 새롭게 해 주는 충동을 금할 길 없는 것이었다.

[중략]

"아마 소련군이 들어오나 봐요. 모두들 야단법석이에요…….."

숨을 헐레벌떡이며 이야기하는 혜숙의 말에 이인국 박사는 아무 대꾸도 없이 눈만 껌벅이며 도로 앉았다. 여러 날째 **라디오**에서 오늘 입성 예정이라고 했으니 인제 정말 오는가 보다 싶었다.

혜숙이 내려간 뒤에도 이인국 박사는 ⓒ한참 동안 아무 거동도 못 하고 바깥쪽을 내려다보고만 있었다.

[A]
무엇을 생각했던지 그는 움찔 자리에서 일어났다. 그리고는 벽장문을 열었다. 안쪽에 손을 뻗쳐 액자틀을 끄집어내었다.

國語常用(국어상용)*의 家(가).

해방되던 날 떼어서 집어넣어 둔 것을 그동안 깜박 잊고 있었다.

그는 액자틀 뒤를 열어 음식점 면허장 같은 두터운 모조지를 빼내어 ⓓ글자 한 자도 제대로 남지 않게 손끝에 힘을 주어 꼼꼼히 찢었다.

이 종잇장 하나만 해도 일본인과의 교제에 있어서 얼마나 떳떳한 구실을 할 수 있었던 것인가. 야릇한 미련 같은 것이 섬광*처럼 머릿속에 스쳐갔다.

환자도 일본 말 모르는 축은 거의 오는 일이 없었지만 대외 관계는 물론 집 안에서도 일체 일본 말만을 써 왔다. 해방 뒤 부득이 써 오는 제 나라 말이 오히려 의사 표현에 어색함을 느낄 만큼 그에게는 거리가 먼 것이었다.

마누라의 솔선수범하는 내조지공도 컸지만 애들까지도 곧잘 지켜 주었기에 이 종잇장을 탄 것이 아니던가. 그것을 탄 날은 온 집안이 무슨 큰 경사나 난 것처럼 기뻐들 했었다.

"잠꼬대까지 국어로 할 정도가 아니면 이 영예로운 기회야 얻을 수 있겠소."

하던 국민총력연맹 지부장의 웃음 띤 치하* 소리가 떠올랐다.

ⓔ그 순간 자기 자신은 아이들을 소학교부터 일본 학교에 보낸 것을 얼마나 다행으로 여겼던 것인가.

배경지식 확장

'회중시계'의 의미와 역할

• 이인국이 일본 대학 졸업식에서 받은 수상품으로 가장 아끼는 물건이다.

• 일제 강점기, 소련군 점령하에서의 감옥 생활, 6·25 전쟁 등 이인국의 인생 전환기 때마다 함께한 물건이다.

• 과거의 일을 떠올리는 회상의 매개체 역할을 한다.

*

국어 여기서는 일본어를 가리킴.

섬광 순간적으로 강렬히 번쩍이는 빛.

치하 남이 한 일에 대하여 고마움이나 칭찬의 뜻을 표시함.

기출

1 윗글의 서술상의 특징으로 가장 적절한 것은?

① 대화의 빈번한 사용을 통해 현장감을 높이고 있다.

② 인물 간의 대결 의식을 중심으로 사건을 전개하고 있다.

③ 역전적 시간 구성을 통해 인물의 과거 행적을 드러내고 있다.

④ 감각적인 수사를 반복적으로 사용하여 공간적 배경을 제시하고 있다.

⑤ 현학적인 표현을 사용하여 비판적인 지성인의 모습을 형상화하고 있다.

기출

2 ㉠~㉤에 대한 설명으로 가장 적절한 것은?

① ㉠: 사소한 일도 쉽게 지나치지 않는 빈틈없고 까다로운 인물임을 보여 준다.

② ㉡: 다른 사람의 이익을 우선시하는 인물의 사려 깊은 자세를 보여 준다.

③ ㉢: 일이 뜻대로 이루어진 기쁜 마음을 감춘 채 사태를 주시하는 주인공의 침착한 태도를 보여 준다.

④ ㉣: 시류 변화에 적응하기 어려워 현실을 인정하지 않으려는 의지를 보여 준다.

⑤ ㉤: 새로운 환경에 적응해야 하는 아이들을 염려하는 아버지의 자상한 모습을 보여 준다.

기출 변형

3 〈보기〉의 선생님의 질문에 대한 대답으로 적절한 것은?

> **보기**
>
> **선생님:** 「꺼뻬딴 리」는 서술의 초점이 극명하게 주인공에게 맞춰진 인물 소설이에요. 서술자는 다양한 방식으로 이인국이라는 인물의 부정적 속성을 형상화하면서 이를 통해 독자에게 바람직한 삶의 방식을 성찰하게 하고 있죠. 자, 그러면 이 글에서 서술자가 [A]를 통해 형상화하려는 부정적 속성은 무엇일까요?

① 불안정하고 예민한 정서

② 극단적이고 폭력적인 행동

③ 운명에 순응하는 체념적인 태도

④ 과거에 집착하는 고루한 가치관

⑤ 시류에 따라 변신하는 기회주의적인 성격

기출

4 ⓐ를 가장 잘 나타낸 것은?

① 고진감래(苦盡甘來)
② 내우외환(內憂外患)
③ 맥수지탄(麥秀之嘆)
④ 사생결단(死生決斷)
⑤ 생사기로(生死岐路)

기출

5 〈보기〉를 참고하여 윗글을 이해한 내용으로 적절하지 않은 것은?

> **보기**
>
> 전광용의 「꺼삐딴 리」는 일제 강점기부터 6·25 한국 전쟁 이후까지 격동기를 살아온 인물을 주인공으로 한다. 이 소설에 등장하는 소재들은 작품의 시·공간적 배경을 제시하거나 사건을 구성하는 과정에서 중요한 역할을 한다. 또한 독자에게 인물에 대한 부가 정보를 전달함으로써 작품 이해를 심화시키는 기능을 한다.

① '왕진 가방'은 38선을 넘어온 피란 유물로서 유랑 생활의 고단함과 고향에 대한 그리움의 의미를 형상화한 소재이다.
② 인생의 반려로 비유된 '시계'는 역사적 흐름을 한 인물의 삶에 담아 표현해 줄 수 있는 작품 구성의 주요한 장치이다.
③ '비상용 캐비닛'은 주인공의 성격을 형상화해 주는 소재로, 만일의 상황에 대비하는 주인공의 주도면밀함을 보여 주는 사물이다.
④ '신사복'은 주인공이 사회생활의 시작 단계에서 가졌던 희망찬 기대를 표상하는 소재이다.
⑤ '라디오'는 소련군의 입성이라는 시대적 상황을 전달하는 소재로, 주인공이 새롭게 직면하게 된 변화된 정세를 제시해 준다.

플러스 자료실

전광용의 작품 세계

전광용은 우리 사회 곳곳에서 벌어지는 부정적인 사회 현상에 대한 고발과 비판의 자세를 보여 준다. 특히 사회의 부정적인 현상에 내재된 인간 심리의 섬세한 양상을 극적으로 표현하여 인간 군상의 다양한 내면을 성찰한다. 또한 그는 간결한 문체와 압축된 구성력을 통해 단편 소설의 전형적인 기법을 탁월하게 보여 주는 작가로 평가받고 있다.

1 〈인물의 성격〉

이 글에 등장하는 인물의 성격을 정리해 보자.

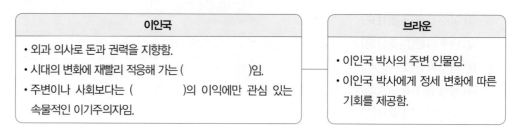

이인국	브라운
• 외과 의사로 돈과 권력을 지향함. • 시대의 변화에 재빨리 적응해 가는 (　　　　)임. • 주변이나 사회보다는 (　　　)의 이익에만 관심 있는 속물적인 이기주의자임.	• 이인국 박사의 주변 인물임. • 이인국 박사에게 정세 변화에 따른 기회를 제공함.

2 〈소재의 의미〉

이 글에 제시된 주요 소재의 의미와 역할을 파악해 보자.

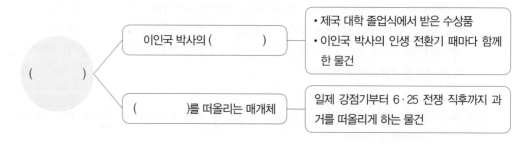

(　　　)	이인국 박사의 (　　　)	• 제국 대학 졸업식에서 받은 수상품 • 이인국 박사의 인생 전환기 때마다 함께한 물건
	(　　　　)를 떠올리는 매개체	일제 강점기부터 6·25 전쟁 직후까지 과거를 떠올리게 하는 물건

3 〈구성 방식〉

이 글의 구성 방식을 다음과 같이 정리해 보자.

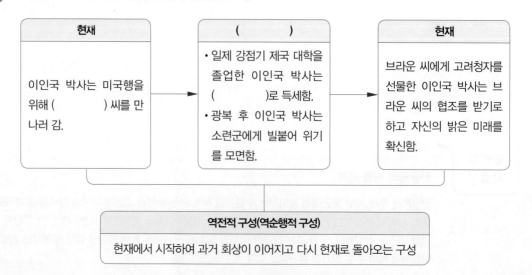

현재	(　　　)	현재
이인국 박사는 미국행을 위해 (　　　) 씨를 만나러 감.	• 일제 강점기 제국 대학을 졸업한 이인국 박사는 (　　　)로 득세함. • 광복 후 이인국 박사는 소련군에게 빌붙어 위기를 모면함.	브라운 씨에게 고려청자를 선물한 이인국 박사는 브라운 씨의 협조를 받기로 하고 자신의 밝은 미래를 확신함.

역전적 구성(역순행적 구성)

현재에서 시작하여 과거 회상이 이어지고 다시 현재로 돌아오는 구성

다른 작품 엮어 읽기

연계 포인트 이 소설은 '방삼복'이라는 인물이 시대 변화에 교묘히 적응해 가며 '미스터 방'으로 인정받게 되는 과정을 통해 광복 직후의 혼란한 세태와 인간상을 비판하고 있다. 권력에 편승하는 기회주의적 인물의 삶을 풍자 적으로 그렸다는 점에서 「꺼삐딴 리」와 함께 읽어 볼 수 있다.

미국 장교는 담뱃대를 집어 들고 기물스러하면서 연방 들여다보다가 값이 얼마냐고,

"하우 머치? 하우 머치?" / 하고 묻는다.

담뱃대 장수 영감은, 삼십 원이라고 소래기만 지른다.

알아들을 턱이 없어 고개를 깨웃거리면서 다시금 하우 머치만 찾는 것을, 기회 좋을씨고라고, 삼복이가 나직이,

"더티 원." / 하여 주었다.

홱 돌려다보더니,

"오, 캔 유 스피크?"

하면서 사뭇 그러안을 듯이 반가워하는 양이라니, 아스러지도록 손을 잡고 흔드는 데는 질색할 뻔하였다.

직업이 있느냐고 물었다. 방금 실직하였노라고 대답하였다.

그럼, 내 통역이 되어 주겠느냐고 물었다. 그러겠노라고 대답하였다.

이 자리에서 신기료장수 코삐뚤이 삼복이 미스터 방으로 승차를 하여, S라는 미국 주둔군 소위의 통역이 되었다. 주급 십오 불(이백사십 원) 가량의.

거진 매일같이 미스터 방은 S 소위를, 낮에는 거리의 구경으로, 밤이면 계집 있는 술집으로 인도하였다.

한번은 탑골 공원의 사리탑을 구경하면서, 얼마나 오랜 것이냐고 S 소위가 물었다. 미스터 방은 언젠가, 수천 년 된 것이란 말을 들었기 때문에, 투사우전드 이얼스라고 대답하였다.

또 한번은, 경회루를 구경하면서 무엇 하던 건물이냐고 물었다. 미스터 방은 서슴지 않고,

"킹 드링크 와인 앤드 댄스 앤드 싱, 위드 댄서."

라고 대답하였다. 임금이 기생 데리고 술 마시고, 춤추고 노래 부르고 하던 집이란 뜻이었었다. [중략]

제일 재미있고 유명한 소설이 무엇이냐고 물어서, 『추월색』이라고 대답하였고, 그럼 그것을 한 권 사고 싶다고 하여서, 여러 날 사러 다니다 못해 동네 노마네 집에 치를 이 원에 사 주었다. 이밖에도 미스터 방은 S 소위에게 조선을 소개한 공로가 여러 가지로 많으나, 대강은 그러하였다.

그 공로에 정비례해서, 미스터 방은 나날이 훌륭하여져 갔다. 8·15 이전에 어떤 은행의 중역의 사택이라던 지금의 이 집으로, 현저동 그 집에서 옮아오기는 S 소위의 통역이 되는 사흘 후였었다. 위아래층을 다, 양식 절반 일본식 절반으로 꾸민 호화스런 저택이었다.

– 채만식, 「미스터 방」 –

[정답과 해설 39쪽]

1 이 글의 방삼복과 「꺼삐딴 리」의 이인국 박사는 시대 흐름에 맞춰 재빠르게 변신하는 (　　　　　) 인물이라고 할 수 있다.

2 이 글의 '(　　　　　)'이라는 호칭에는 영어를 할 줄 안다는 이유로 재산을 얻고 신분 상승을 하게 된 방삼복을 풍자하고 희화화한 작가의 의도가 담겨 있다.

나목 | 박완서

• 기출: 2016 수능A

나는 숨을 죽이고 지그시 아픔을 견디며, 또 하나의 아픈 날을 회상한다. 꼭 이만큼이나 아팠던 날을. 그것은 아마 나의 고가(古家)*가 헐리던 날이었을 게다.

남편은 결혼식을 치르자 제일 먼저 고가의 철거를 주장했다. 터무니없이 넓은 대지에 불합리한 구조로 서 있는 **음침한 고가**는 불필요한 방들만 많고 손댈 수 없이 퇴락했으니, 깨끗이 헐어 내고 대지의 반쯤을 처분해서 쓸모 있는 **견고한 양옥**을 짓자는 것이었다.

너무도 당연한 소리였다. 반대할 이유라곤 없었다.

[고가]의 철거는 신속히 이루어졌다. 나는 그 해체를 견딜 수 없는 아픔으로 지켰다.

우아한 추녀와 드높은 용마루*는 헌 기왓장으로 해체되고, 웅장한 대들보*와 길들은 기둥목, 아른거리던 바둑마루는 허술한 장작더미처럼 나자빠졌다.

숱한 애환을 가려 주던 〈亞〉 자 창들이 문짝 장사의 손구루마에 난폭하게 실렸다.

㉠남편은 이런 장사꾼들과 몇 푼의 돈 때문에 큰소리로 삿대질까지 해 가며 영악하게 흥정을 했다.

남편 하나는 참 잘 만났느니라고 사돈댁 – 지금의 동서 – 은 연신 뻐드러진 이를 드러내고 내 등을 쳤다.

이렇게 해서 나의 고가는 완전히 해체되어 몇 푼의 돈으로 바뀌었나 보다.

아버지와 오빠들이 그렇게도 사랑하던 집, 어머니가 임종의 날까지 그렇게도 집착하던 고가. 그것을 그들이, 생면부지의 낯선 사나이가 산산이 해체해 놓고 만 것이다.

그러나 생각해 보면 고가의 해체는 행랑채에 구멍이 뚫린 날부터 이미 비롯된 것이었고 한번 시작된 해체는 누구에 의해서고 끝막음을 보아야 할 것 아닌가.

다시는, 다시는 아침 햇살 속에 기왓골*에 서리를 이고 서 있는 **숙연한 고가**를 볼 수 없다니.

그러나 나는 나 자신의 육신이 해체되는 듯한 아픔을 의연히 견디었다. 실상 나는 고가의 해체에 곁들여 나 자신의 해체를 시도하고 있었는지도 모를 일이었다.

남편이 쓸모없이 불편한 고가를 해체시켜 우리의 새 생활을 담을 새 집을 설계하듯이, ㉡나는 아직도 그의 아내로서 편치 못한 나를 해체시켜, 그의 아내로서 편한 나로 뜯어 맞추고 싶었다.

쓸모 있고 견고한, 그러나 속되고 네모난 집이 남편의 설계대로 이루어졌다. 현대식 시설을 갖춘 부엌과, 잔디와 조그만 분수까지 있는 정원이 있는 아담하고 밝은 집. 모두가 남편의 뜻대로 되었다.

㉢다만 나는 후원의 은행나무들만은 그대로 두기를 완강히 고집했다. 넓지 않은 정원에 안 어울리는 ㉮거목들이 때로는 서늘한 그늘을 주었지만 때로는 새 집을 너무도 침침하게 뒤덮었다.

그러나 나는 아직도 그것들의 빛, 그것들의 속삭임, 그것들의 아우성을 가끔가끔 필요로 했다.

㉣그러고 보니 아직도 해체되지 않은 한 모퉁이가 내 은밀한 곳에 남아 있는지도 몰랐다.

"옥희도 씨 유작전*이 있군."

남편도 지금 그 기사를 읽고 있는 모양이다.

"죽은 후에 유작전이나 열어 주면 뭘 해. 살아서는 개인전 한 번 못 가져 본 분을."

*
고가 지은 지 오래된 집.
용마루 지붕 가운데 부분에 있는 가장 높은 수평 마루.
대들보 작은 들보의 하중을 받기 위하여 기둥과 기둥 사이에 건너지른 큰 들보.
기왓골 기와지붕에서 빗물이 잘 흘러내리도록 골이 진 부분.
유작전 죽은 사람이 생전에 남긴 작품을 전시하는 것.

"......"

"흥, 그분 그림이 외국 사람들 사이에 꽤 인기가 있는 모양인데 모를 일이야."

'흥, 잡종의 상판을 헐값으로 그려 준 대가를 제법 받는 셈인가.'

"죽은 후에 치켜세우는 것처럼 싱거운 건 없더라. 아마 어떤 ⓐ비평가의 농간이겠지……."

ⓑ'흥, 당신이 생각해 낼 만한 천박한 추측이군요.'

"에이 모르겠다. 예술이니 나발이니. 살아서 잘 먹고 편히 사는 게 제일이지."

'암, 몰라야죠. 당신 따위가 알 게 뭐예요. 그분은 그렇게밖에 살 수 없었다는 걸 당신 따위가 알 게 뭐예요.'

남편은 신문을 떨구고 기지개를 늘어지게 폈다.

ⓒ나는, 젖힌 그의 얼굴에서 동굴처럼 뚫린 콧구멍과 그 속을 무성하게 채운 코털을 보며 잠깐 모멸과 혐오를 느꼈다.

[중략]

옆에 앉은 남편도 풍선을 쫓았던가 고개를 젖힌 채 눈이 함빡 하늘을 담고 있다.

그러나 그뿐, 이미 그의 눈엔 10년 전의 앳된 갈망은 없다. 그뿐이랴. 여자를 소유하고 가정을 갖고 싶다는 세속적인 소망 외에는 한 번도 야망이나 고뇌가 깃들어 보지 않은 눈. 부스스한 머리가 늘어진 이마에 어느새 굵은 주름이 자리 잡기 시작한 중년의 그가 나는 또다시 낯설다.

저만치서 고등학생들이 배드민턴을 친다. 공이 나비처럼 경쾌하게 날아와 라켓에 부딪치는 소리가 마치 젊은 연인들의 찰나적인 키스의 파열음처럼 감각적으로 들린다.

ⓓ나는 충동적으로 그의 이마의 주름진 곳에 그런 키스를 퍼부었다.

그가 낯선 게 견딜 수 없어서였다. 그가 아주 타인처럼 낯선 게 견딜 수 없어서였다.

배경지식 확장

옥희도와 화가 박수근

이 작품에 등장하는 화가 옥희도는 실제 인물인 박수근 화백을 모델로 한 것으로 알려져 있다. 박수근은 생활고를 면하기 위해 미군 부대에서 초상화를 그렸는데, 곤궁한 삶의 고통을 탓하지 않고 오직 자신의 예술적 세계를 추구하는 태도를 보여 주었다. 박완서는 그의 겨울나무 그림을 보면서 고통스러운 생활에서 벗어나려는 의지를 확인하고, 강인하고 꿋꿋하게 예술 정신을 구현하고자 했던 그의 모습을 옥희도라는 인물로 형상화하고자 했다.

기출

1 ⊙~⊎에 대한 설명으로 적절하지 <u>않은</u> 것은?

① ⊙의 '남편'의 행동은 ⓒ에서 '나'가 지키고자 했던 대상을 보존하기 위한 '남편'의 배려심이 반영된 것이다.

② ⊙에는 '남편'의 행동 묘사를 통해 '남편'의 성격이 드러나 있고, ⓑ에는 '남편'의 외양 묘사를 통해 '나'의 심리가 드러나 있다.

③ ⓒ에서 '나'는 '남편'의 삶에 동화되고자 하지만, ⓔ에서 여전히 '남편'에게 동화되지 않는 '나'의 모습을 발견하고 있다.

④ ⓒ에는 '남편'에 대한 '나'의 태도를 변화시키고자 하는 심리가 드러나 있고, ⓑ에는 '남편'을 낯설어하는 '나'의 감정을 변화시키고자 하는 돌발적 행위가 드러나 있다.

⑤ ⓒ에서 드러나는 '은행나무들'에 대한 '나'의 집착은 ⓔ에서 나타나는 '나'의 잠재의식과 연결된다.

기출

2 고가 를 중심으로 윗글을 이해한 내용으로 적절하지 <u>않은</u> 것은?

① 고가 의 철거 결정에는 '남편'의 실용적인 가치관이 작용하고 있다.

② 고가 의 철거를 주장한 '남편'은 '견고한 양옥'의 설계에서도 자신의 뜻을 반영하였다.

③ 고가 의 철거는 '나'와의 친밀감을 회복하고자 하는 '남편'의 의지가 좌절된 사건을 의미한다.

④ 고가 는 과거의 '나'가 투영된 대상으로 '나'의 의식 속에 환기되어 내면의 갈등 상태를 드러내고 있다.

⑤ 고가 를 '남편'은 '음침한 고가'로, '나'는 '숙연한 고가'로 표현하여 인물에 따른 관점의 차이를 드러내고 있다.

기출

3 〈보기〉를 ⓐ에 대한 '남편'의 속말이라고 가정할 때, ⓑ에 들어갈 말로 가장 적절한 것은?

> **보기**
>
> 　생전에는 주목하지 않던 옥희도를 사후에 높이 평가하는 것에는 원칙이 있다고 볼 수 없으니,
> (　　　　ⓑ　　　　)(이)라는 말이 생각나는군.

① 모래 위에 쌓은 성

② 고양이 쥐 사정 보듯

③ 까마귀 날자 배 떨어진다

④ 귀에 걸면 귀걸이 코에 걸면 코걸이

⑤ 될성부른 나무는 떡잎부터 알아본다

[정답과 해설 40쪽]

4 〈보기〉에서 ㉮와 가장 유사한 의미를 나타내는 시어는?

개념 곽재구, 「사평역에서」

'사평역'이라는 시골의 간이역을 배경으로 고향으로 가는 막차를 기다리는 사람들의 애환을 간결하게 그린 작품이다. 화자는 고단하고 힘겨운 삶을 살아가는 사람들에게 연민을 느끼며 위로를 보내고 있다.

> ┌ 보기 ┐
>
> 막차는 좀처럼 오지 않았다 / 대합실 밖에는 밤새 송이눈이 쌓이고
> 흰 보라 **수수꽃** 눈 시린 유리창마다 / 톱밥 난로가 지펴지고 있었다
> 그믐처럼 몇은 졸고 / 몇은 **감기**에 쿨럭이고
> 그리웠던 순간들을 생각하며 나는 / 한 줌의 톱밥을 불빛 속에 던져 주었다
> 내면 깊숙이 할 말들은 가득해도 / 청색의 손바닥을 불빛 속에 적셔 두고
> 모두들 아무 말도 하지 않았다 / 산다는 것이 때론 술에 취한 듯
> 한 두름의 굴비 한 광주리의 **사과**를 / 만지작거리며 귀향하는 기분으로
> 침묵해야 한다는 것을 / 모두들 알고 있었다
> 오래 앓은 기침 소리와 / 쓴 약 같은 입술 **담배 연기** 속에서
> 싸륵싸륵 눈꽃은 쌓이고 / 그래 지금은 모두들
> **눈꽃**의 화음에 귀를 적신다
> [후략]
>
>   – 곽재구, 「사평역에서」 –

① 수수꽃   ② 감기   ③ 사과

④ 담배 연기   ⑤ 눈꽃

5 ㉯에 드러난 인물의 태도로 가장 적절한 것은?

① 옥희도 씨의 그림에 나타난 작품 세계를 설명하려는 의도가 드러난다.
② 옥희도 씨의 유작전을 폄하하는 남편의 태도에 대한 반감이 드러난다.
③ 옥희도 씨에 대한 남편의 오해를 불식시키고자 하는 의도가 드러난다.
④ 옥희도 씨의 죽음을 안타까워하는 남편의 감정에 대한 공감이 드러난다.
⑤ 옥희도 씨에 대한 남편의 무관심을 일깨워 각성하게 하려는 의지가 드러난다.

플러스
자료실

「나목」의 창작 배경

「나목」의 작가인 박완서는 6·25 전쟁 중에 실제로 미군 부대 안의 초상화부에서 근무한 적이 있다. 이때 장병들이 들고 오는 개인 사진이나 가족사진을 그림으로 그려 주는 무명 화가들 틈에 박수근이 있었다. 결혼 후 평범한 주부가 된 박완서는 '박수근 회고전' 기사를 보고 찾아가 그의 그림을 보고 영감을 받아 소설 「나목」을 쓰게 된다. 이 작품의 모델이 된 그림은 박수근 화백의 대표작인 「나무와 두 여인」으로 알려져 있다.

〈인물의 상황과 심리〉

1 사건에 따른 '나'의 심리를 다음과 같이 정리해 보자.

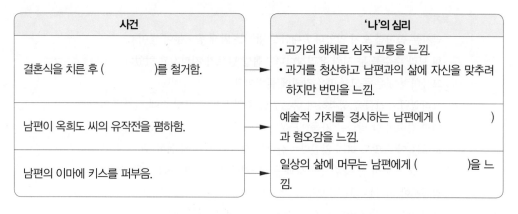

사건	'나'의 심리
결혼식을 치른 후 (　　　　)를 철거함.	• 고가의 해체로 심적 고통을 느낌. • 과거를 청산하고 남편과의 삶에 자신을 맞추려 하지만 번민을 느낌.
남편이 옥희도 씨의 유작전을 폄하함.	예술적 가치를 경시하는 남편에게 (　　　)과 혐오감을 느낌.
남편의 이마에 키스를 퍼부음.	일상의 삶에 머무는 남편에게 (　　　　)을 느낌.

〈사건의 의미〉

2 이 글에서 '고가 철거'에 담긴 의미를 다음과 같이 정리해 보자.

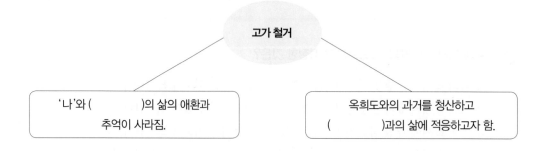

고가 철거

'나'와 (　　　　)의 삶의 애환과 추억이 사라짐.

옥희도와의 과거를 청산하고 (　　　　)과의 삶에 적응하고자 함.

〈서술의 시점〉

3 이 글에 등장하는 서술자의 특징을 파악해 보자.

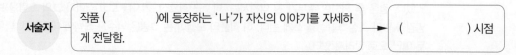

서술자　작품 (　　　　)에 등장하는 '나'가 자신의 이야기를 자세하게 전달함.　→　(　　　　) 시점

날이면 날마다 나는 뒷산에 올라갔다. 한 시간 남짓한 거리에 여승들의 절이 있다. 나는 절이라는 곳이 몹시 싫었으나 거기를 좀 더 지나가면 맘에 드는 장소가 나타났다. 들장미의 덤불과 젊은 나무들의 초록이 바람을 바로 맞는 등성이였다.

바람을 받으면서 앉아 있곤 하였다. 젊은 느티나무의 그루 사이로 들장미의 엷은 훈향이 흩어지곤 하였다.

터키시 블루의 원피스 자락 위에 흰 꽃잎을 뜯어서 올려놓았다. 수없이 뜯어서 올려놓았다. 꽃잎은 찬란한 하늘 밑에서 이내 색이 바래고 초라하게 말려들었다.

그러고 있다가 시선을 들었다. 다음 찰나에 나는 나도 모르게 일어서 있었다.

현규였다.

그는 급한 비탈을 올라오고 있었다. 입을 일자로 다물고 언젠가처럼 화를 낸 것 같은 얼굴이었다. 아니 일자로 다문 입은 좀 슬퍼 보여서 화를 낸 것 같은 얼굴은 아니었다.

그가 이삼 미터의 거리까지 와서 멈추었을 때 나는 내 몸이 저절로 그 편으로 내달은 것 같은 착각을 느꼈다. 사실은 그와 반대로 젊은 느티나무 둥치를 붙든 것이었다.

"그래, 숙희, 그 나무를 놓지 말아. 놓지 말고 내 말을 들어."

그는 자기도 한두 걸음 뒤로 물러서면서 말하였다. 그 얼굴에는 무언지 참담한 것이 있었다.

"숙희는 돌아와서 학교에 가야 해. 무엇이고 다 잊고 공부를 해야 해. 나도 그렇게 할 작정이니까. 우리는 헤어져 있어야 해. 헤어져서 공부해야 해. 어머니가 떠나시려면 비용도 들 테니까 집은 남 빌려주자고 말씀드렸어. 내가 갈 곳도 생각해 놓고. 숙희도 어머니 친구 댁에 가 있으면 될 거야. 그렇게 헤어져 있어야 하지만, 숙희, 우리에겐 길이 없는 것은 아니야. 내 말을 알아들어 줄까?"

그는 두 발로 땅을 꾹 딛고 서서 말하였다. 나는 느티나무를 붙들고 가늘게 떨고 있었다.

"그때 숲속에서의 일은 우리에게는 어찌할 수도 없는 진실이었다. 우리는 이 일을 잊을 수도 없고 이제 이 일을 부정하고는 살아가지도 못할 게다. 우리는 만나기 위해서 헤어지는 것이야. 우리에겐 길이 없지 않아. 외국엘 가든지……."

그는 부르쥔 손등으로 얼굴을 닦았다.

"내 말을 알아 주겠어, 숙희?"

나는 눈물을 그득 담고 끄덕여 보였다. 내 사랑은 끝나 버린 것이 아니었다. 나는 그를 더 사랑하여도 되는 것이었다.

"이제는 집에 돌아오겠다고 약속해 주겠지? 내일이건 모레건 되도록 속히……."

나는 또 끄덕여 보였다. / "고마워, 그럼."

그는 억지로처럼 조금 미소하였다. 그리고 빙글 몸을 돌려 산비탈을 달려 내려갔다. 바람이 마주 불었다.

나는 젊은 느티나무를 안고 웃고 있었다. 펑펑 울면서 온 하늘로 퍼져 가는 웃음을 웃고 있었다. 아아, 나는 그를 더 사랑하여도 되는 것이다…….

- 강신재, 「젊은 느티나무」 -

[정답과 해설 41쪽]

1 이 글의 '나'와 「나목」의 '나'는 (   )에 대한 애착을 통해 자신의 심리를 표출하고 있다.

2 이 글의 '나'와 현규는 지금은 헤어지지만, 먼 훗날을 기약하며 성숙한 태도로 서로의 (   )을 확인하고 있다.

눈길 | 이청준

• 기출: 2017-9월 고1 학평

고등학교 1학년 때 형의 주벽*으로 가계가 파산을 겪은 뒤부터, 그리고 마침내 그 형이 세 조카아이와 그 아이들의 홀어머니까지를 포함한 모든 장남의 책임을 내게 떠맡기고 세상을 떠난 뒤부터 일은 줄곧 그렇게만 되어 온 셈이었다.

고등학교와 대학교와 군영*3년을 치러 내는 동안 노인은 **내게 아무것도 낳아 기르는 사람의 몫을** 못 했고, 나는 또 나대로 그 고등학교와 대학과 군영의 의무를 치르고 나와서도 자식 놈의 도리는 엄두를 못 냈다. **노인**이 내게 베푼 바가 없어서가 아니라 그럴 처지가 못 되었기 때문이다. 나는 나대로 형이 내게 떠맡기고 간 장남의 책임을 감당하기를 사양치 않을 수가 없었기 때문이었다.

노인과 나는 결국 그런 식으로 서로 주고받을 것이 없는 처지였다. 노인은 누구보다 그것을 잘 알고 있었다. 그렇기 때문에 내게 대해선 소망도 원망도 있을 수 없었다.

[중략 부분의 줄거리] K시에서 공부하며 고등학교 1학년을 보내고 있던 '나'는 형이 재산을 탕진해 집을 팔았다는 소식을 듣고 고향에 온다. 당시 노인은 '나'에게 상처를 주지 않으려고 새 집주인의 양해를 얻어 내가 그 집에서 하룻밤을 잘 수 있게 하였다. 다음날 새벽 노인은 눈길을 헤치며 차 타는 곳까지 '나'를 바래다준 후 홀로 눈길을 되돌아왔다.

"길을 혼자 돌아가시던 **그때 일**을 말씀이세요?"

"눈길을 혼자 돌아가다 보니 그 길엔 아직도 우리 둘 말고는 아무도 지나간 사람이 없지 않았겠냐. 눈발이 그친 신작로 눈 위에 저하고 나하고 ㉠둘이 걸어온 발자국만 나란히 이어져 있구나."

"그래서 어머님은 그 발자국 때문에 아들 생각이 더 간절하셨겠네요."

"간절하다뿐이었겠냐. 신작로를 지나고 산길을 들어서도 굽이굽이 돌아온 ㉡그 몹쓸 발자국들에 아직도 도란도란 저 아그의 목소리나 따뜻한 온기가 남아 있는 듯만 싶었제. 산비둘기만 푸르륵 날아올라도 저 아그 넋이 새가 되어 다시 되돌아오는 듯 놀라지고, 나무들이 눈을 쓰고 서 있는 것만 보아도 뒤에서 금세 저 아그 모습이 뛰어나올 것만 싶었지야. 하다 보니 나는 굽이굽이 외지기만 한 그 산길을 저 아그 발자국만 따라 밟고 왔더니라. 내 자석아, 내 자석아, 너하고 둘이 온 길을 이제는 이 몹쓸 늙은 것 혼자서 너를 보내고 돌아가고 있구나!"

"어머님 그때 우시지 않았어요?"

"울기만 했겠냐. 오목오목 디뎌 논 그 아그 발자국마다 한도 없는 눈물을 뿌리며 돌아왔제. 내 자석아, 내 자석아, 부디 몸이나 성히 지내거라. 부디부디 너라도 좋은 운 타서 복 받고 살거라……. 눈앞이 가리도록 눈물을 떨구면서 **눈물로 저 아그 앞길만 빌고 왔제…….**"

노인의 이야기는 이제 거의 끝이 나 가고 있는 것 같았다. 아내는 이제 할 말을 잊은 듯 입을 조용히 다물고 있었다.

"그런디 그 서두를 것도 없는 길이라 그렁저렁 시름없이 걸어온 발걸음이 그래도 어느 참에 동네 뒷산을 당도해 있었구나. 하지만 나는 그 길로는 차마 동네를 바로 들어설 수가 없어 잿등* 위에 눈을 쓸고 아직도 한참이나 시간을 기다리고 앉아 있었더니라……."

*
주벽 술을 마시면 나타나는 버릇.
군영 군대가 주둔하는 곳. 여기서는 '군 복무'의 의미임.
잿등 고개의 등성이.

"어머님도 이젠 돌아가실 거처가 없으셨던 거지요."

한동안 조용히 입을 다물고 있던 아내가 이제 더 이상 참을 수가 없어진 듯 갑자기 노인을 추궁하고 나섰다. 그녀의 목소리는 이제 울먹임 때문에 떨리고 있었다.

나 역시도 이젠 더 이상 노인을 참을 수가 없었다. 이제나마 노인을 가로막고 싶었다. 아내의 추궁에 대한 그 노인의 대꾸가 너무도 두려웠다. 노인의 대답을 들을 수가 없었다. 하지만 그 역시도 불가능한 일이었다.

나는 아직도 눈을 뜰 수가 없었다. 불빛 아래 눈을 뜨고 일어날 수가 없었다. 사지가 마비된 듯 가라앉아 있는 때문만이 아니었다. 졸음기가 아직 아쉬워서도 아니었다. ㉮눈꺼풀 밑으로 뜨겁게 차오르는 것을 아내와 노인 앞에 보일 수가 없었다. 그것이 너무도 부끄러웠기 때문이었다. 아내는 이번에도 그러는 나를 알고 있었던 것 같았다.

"여보, 이젠 좀 일어나 보세요. 일어나서 당신도 말을 좀 해 보세요."

그녀가 느닷없이 나를 세차게 흔들어 깨웠다. 그녀의 음성은 이제 거의 울부짖음에 가까웠다. 그래도 나는 일어날 수가 없었다. **뜨거운 것**을 숨기기 위해 눈꺼풀을 꾹꾹 눌러 참으면서 내처 잠이 든 척 버틸 수밖에 없었다.

음성이 아직 흐트러지지 않고 있는 건 오히려 그 노인뿐이었다.

"가만 두거라. 아침 길 나서기도 피곤할 것인디 곤하게 자고 있는 사람 뭣하러 그러냐."

노인은 일단 아내의 행동을 말려 두고 나서 아직도 그 옛 얘기를 하는 듯한 아득하고 차분한 음성으로 당신의 남은 이야기를 끝맺어 가고 있었다.

"그런디 이것만은 네가 잘못 안 것 같구나. 그때 내가 뒷산 잿등에서 동네를 바로 들어가지 못하고 있었던 일 말이다. 그건 내가 갈 데가 없어 그랬던 건 아니란다. 산 사람 목숨인데 설마 그때라고 누구네 문간방* 한 칸이라도 산 몸뚱이 깃들일 데 마련이 안 됐겠냐. 갈 데가 없어서가 아니라 아침 햇살이 활짝 퍼져 들어 있는디, 눈에 덮인 그 우리집 지붕까지도 햇살 때문에 볼 수가 없더구나. 더구나 동네에선 아침 짓는 연기가 한참인디 그렇게 ⓐ시린 눈을 해 갖고는 그 햇살이 부끄러워 차마 어떻게 동네 골목을 들어설 수가 있더냐. 그놈의 말간 햇살이 부끄러워서 그럴 엄두가 안 생겨나더구나. 시린 눈이라도 좀 가라앉히고자 그래 그러고 앉아 있었더니라……."

*
문간방 문간 옆에 있는 방.

1 윗글의 서술상 특징으로 가장 적절한 것은?

① 관련성이 없는 사건을 삽화처럼 나열하였다.

② 인물의 대화를 통해 과거의 이야기를 제시하였다.

③ 같은 시간에 서로 다른 장소에서 일어난 사건을 서술하였다.

④ 외부 상황과 관련 없이 떠오르는 인물의 의식을 기술하였다.

⑤ 공간에 따라 서술자를 달리하여 상황을 입체적으로 드러내었다.

2 ㉠과 ㉡을 비교한 내용으로 적절하지 않은 것은?

① ㉠과 ㉡은 동일한 공간에 존재한다.

② ㉠과 ㉡에는 동일 인물의 발자국이 있다.

③ ㉠과 ㉡의 발자국은 같은 곳을 향하고 있다.

④ ㉡은 ㉠과 달리 노인의 감정이 표면적으로 드러난다.

⑤ ㉡은 ㉠과 달리 노인에게 아들에 대한 거리감을 갖게 한다.

3 〈보기〉의 선생님의 질문에 대한 학생의 대답으로 가장 적절한 것은?

> **보기**
>
> **선생님:** 이 소설에서 '노인'으로 표현되는 어머니는 햇살이 비치는 아침에 다른 사람이 주인이
> 돼 버린 집을 바라봅니다. 그 집에서 아들을 하룻밤 재웠죠. 햇살은 자연적이고 근원적인 빛
> 으로서 만물을 속속들이 비추는 기능을 합니다. 어머니는 이러한 햇살에 자신의 모습을 비추
> 어 봅니다. 이 점에 주목하여 ⓐ에 드러난 '노인'의 심리를 말해 볼까요?
>
> **학생:** 노인은 (   )

① 아들을 떠나보내고 돌아갈 곳이 없어서 서러웠을 것입니다.

② 자식과 주고받을 것이 없는 관계가 된 것이 슬펐을 것입니다.

③ 자신이 베푼 사랑을 알아주지 않은 아들이 서운했을 것입니다.

④ 아들이 가장의 역할을 감당해야 하는 상황에 처하게 한 것이 미안했을 것입니다.

⑤ 아들에게 부모의 도리를 다하지 못한 자신의 무력한 삶이 한스러웠을 것입니다.

4 ㉮에 담긴 '나'의 심리로 가장 적절한 것은?

① 회한과 부끄러움　　　　　　　② 의구심과 두려움

③ 시기심과 질투심　　　　　　　④ 좌절감과 절망감

⑤ 불안감과 상실감

5 〈보기〉를 바탕으로 윗글을 감상한 내용으로 적절하지 <u>않은</u> 것은?

> ┌ **보기** ┐
>
> 　이 작품은 집안의 몰락으로 물질적인 도움을 주지 못한 어머니를 원망하고 애써 외면해 오던 '나'가 고향에 와서 겪은 일을 그린 귀향 소설이다. '나'는 아내와 어머니의 대화를 들으면서 과거 고향을 떠나던 날 자신이 떠난 후의 어머니의 일과 그때의 심정을 알게 되고, 그 이야기를 통해 어머니의 사랑을 깨닫게 된다.

① 노인이 '내게 아무것도 낳아 기르는 사람의 몫'을 하지 못했다는 것에서 '나'는 부모의 도리를 물질적인 것으로만 생각한다는 것을 알 수 있군.

② 어머니를 '노인'이라 칭하고 있는 데서 어머니를 애써 외면해 오던 '나'의 모습을 알 수 있군.

③ 아내가 '그때 일'에 대해 어머니에게 질문을 함으로써 '나'는 자신이 떠난 후의 이야기를 듣게 되는군.

④ 어머니가 "눈물로 저 아그 앞길만 빌고 왔제."라고 하는 데서 '나'는 과거 고향을 떠나던 날에 이미 어머니의 사랑을 알고 있었음을 짐작할 수 있군.

⑤ 어머니의 이야기를 듣고 '뜨거운 것'이 느껴지는 데서 '나'가 어머니의 사랑을 깨닫게 되었음을 알 수 있군.

> **개념 ┃ 귀향 소설**
>
> 귀향 소설은 타지에 나와 살던 인물이 고향으로 돌아가거나 다시 타지로 이동하는 과정에서 발생한 사건과 갈등, 내면 심리의 변화 등을 다룬 소설을 말한다. 대개 고향에서 겪은 일이 중심 사건이 되며 작품의 주제 의식을 형성한다.

플러스 자료실

이청준의 자전적 소설인 「눈길」

　작가 자신의 삶이나 체험을 소재로 하여 쓴 소설을 자전적 소설이라고 한다. 이 소설은 이청준의 경험을 바탕으로 쓴 글로, 작가는 실제로 형 때문에 집안의 몰락을 겪었고 어머니와 서먹한 관계를 유지했던 것으로 알려져 있다. 작가는 「눈길」이 혼자 쓴 소설이 아니라 어머니와 아내, 셋이서 함께 쓴 소설이라고 말한다. 그는 오래전 그 새벽 헤어짐 이후의 사연을 간직해 온 어머니나 헌 옷궤에 담긴 사연을 실마리 삼아 아픔의 실체를 드러내 준 아내가 아니었으면 이 소설은 쓰이지 않았을 것이라고 말한 바 있다.

원리로 작품 독해

1 〈인물 간의 관계〉

이 글에 나타난 인물 간의 관계를 다음과 같이 정리할 때 빈칸에 들어갈 말을 써 보자.

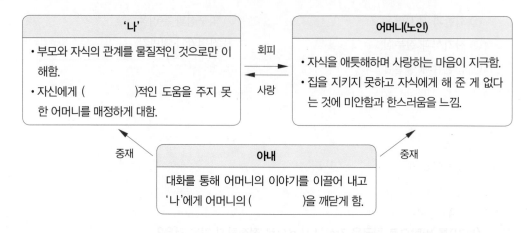

'나'		어머니(노인)
• 부모와 자식의 관계를 물질적인 것으로만 이해함. • 자신에게 (　　　　)적인 도움을 주지 못한 어머니를 매정하게 대함.	회피 → ← 사랑	• 자식을 애틋해하며 사랑하는 마음이 지극함. • 집을 지키지 못하고 자식에게 해 준 게 없다는 것에 미안함과 한스러움을 느낌.

중재 ↖　　　**아내**　　　↗ 중재

대화를 통해 어머니의 이야기를 이끌어 내고 '나'에게 어머니의 (　　　　)을 깨닫게 함.

2 〈인물의 심리〉

이 글에 나타난 '나'의 심리 변화를 파악해 보자.

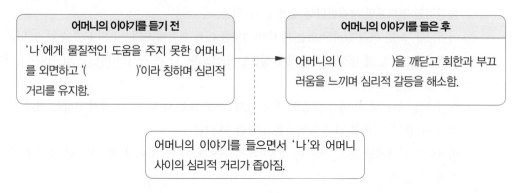

어머니의 이야기를 듣기 전	어머니의 이야기를 들은 후
'나'에게 물질적인 도움을 주지 못한 어머니를 외면하고 '(　　　　)'이라 칭하며 심리적 거리를 유지함.	어머니의 (　　　　)을 깨닫고 회한과 부끄러움을 느끼며 심리적 갈등을 해소함.

어머니의 이야기를 들으면서 '나'와 어머니 사이의 심리적 거리가 좁아짐.

3 〈소재의 의미와 기능〉

이 글에 제시된 주요 소재의 의미를 파악해 보자.

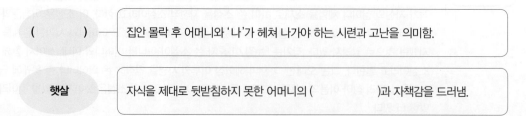

(　　) ── 집안 몰락 후 어머니와 '나'가 헤쳐 나가야 하는 시련과 고난을 의미함.

햇살 ── 자식을 제대로 뒷받침하지 못한 어머니의 (　　　　)과 자책감을 드러냄.

거짓말 손톱만큼도 안 보탠 말로, 딸이라고 여의면서, 백모래밭에 혀를 박고 죽는 한이 있더라도 그 딸네에게서 덕을 보겠단다고 한 것은 아니었지만, 이 한겨울을 마룻장 위에서 올골골 떨고 있는 막둥이를 생각한답시고 이렇게 거지 행색을 한 채 시집살이를 하는 딸네 집으로 찾아들 수밖에 없는 늙은 어머니의 마음이, 딸의 얼굴을 보는 재미 말고 재미가 있으면 얼마나 있어서 선뜻 안으로 들어설 수 있으랴.

그런 어머니 마음을 딸은 환히 뚫고 있었으며, 늙은 어머니는 어머니대로, 자기 살이라도 베어 줄 수 있기만 한다면 베어 주고 싶어 하는 딸아이의 뜨거운 마음을, 그 딸의 눈에 그렁그렁 괴고 있는 눈물과 하르르 떨고 있는 입술을 잘강 깨무는 흰 이빨 하나만을 보아도 꿰뚫어 짐작할 수 있는 터인지라, 다른 말들은 서로가 할 것도 말 것도 없는 것이었다. 다만, 어머니 쪽에서 저희들 서방 각시가 오손도손 금슬 좋게 살면 되는 것이지, 그 외에 더 무엇을 바라랴 하면서도 점점 못 되어 가는 딸의 얼굴을 대하고는, 왜 하필이면, 이런 겨울 들어 얼음물에 손 집어넣어 물김[海苔]을 건져 내어야만 먹고사는 해변 지방으로 여의었던가 하는 후회를 씹지 않을 수가 없는 심사가 되어져

"몸은 무거운디, 어떻게 해우[海苔] 하고 사냐?"

하고 오열하면서 딸이 이끄는 대로 안으로 들어갔다.

딸은 행실이 분명하여, 자기의 늙은 어머니를 먼저 자기의 시부모가 있는 안방으로 모셔 가는 것이었는데, 늙은 어머니는 자기의 목구멍에서 언제 터져 나와서 사돈네를 당황하게 만들지 모르는 기침이 걱정되었다.

제발 사돈 내외 앞에서만은 기침이 나와 주지 않기를 용천(用天)하시는 하느님께 빌고, 딸이

"아부님, 친정 어무니가 오셨구만이라우."

하는 말을 따라 방으로 들어가 인사를 차렸다.

원래, 여자 걸음이란, 한 번만 옮겨도 술과 떡이 따라야 하는 어려운 걸음걸이라는 것을 모르는 바 아니고, 길에서 맞부딪쳐도 딸 둔 사돈 쪽에서 맡아 놓고 길 밑으로 내려서야 한다는 것 또한 잘 알고 있는 터인데도 이렇게 빈손으로 온 것이 어찌 낯뜨겁지 않을까마는, 이 한겨울을 널빤지 위에서 얼굴이 푸릇푸릇 얼부푼 아들을 생각하면, 한 닢 반 닢이 아깝고 서러운 처지인데 무슨 인사치레는 인사치레냐 하며 눈 딱 감고 마주 앉아 있었다. [중략]

이날 밤, 머슴을 데리고 바다에 나가 김을 따 가지고 들어온 사위, 남의 자식일수록 내 자식의 지극한 사랑의 정에 따라 뜨겁게 지극해지게 마련인 법이라, 그 사위 또한 딸 못지않게 깜짝 놀란 듯 반가워하며, 자기가 어협 조합의 총대 일을 보느라 바빠서 막둥이 처남한테 면회 한번도 못 갔음을 죄송해하더니, 막둥이의 건강 상태에 대해 묻고, 한동안 말없이 담배만 빨고 있다가, 딸이 저녁 설거지를 마치고 들어서자, 모녀가 오랜만에 만났으니 이런저런 할 이야기가 쌓였을 게 아니냐면서 마을을 나갔다.

– 한승원, 「어머니」 –

[정답과 해설 43쪽]

1 이 글의 어머니와 「눈길」의 노인은 자식을 걱정하는 모습을 보이며 한없는 자식 (　　　　　)의 마음을 나타내고 있다.

2 이 글은 호흡이 긴 (　　　　) 문장을 사용하여 어머니가 처한 상황과 심리를 자세히 묘사하고 있다.

아홉 켤레의 구두로 남은 사내 | 윤흥길

• 수록 교과서: 국어_비상(박안수), 천재(이)
• 기출: 2016 수능B

【작품 구조】

발단 '나'가 세놓은 문간방에 권 씨가 임신한 아내와 두 아이를 데리고 이사 옴.

전개 권 씨는 구두 열 켤레를 열심히 닦아 신고 다니고 '나'는 권 씨가 전과자가 된 사연을 듣게 됨.

위기 권 씨는 아내가 아이를 낳다 수술을 하게 되자 '나'에게 돈을 빌리러 옴. '나'는 몇 번 거절하다가 수술을 받도록 도와줌.

절정 권 씨는 '나'의 집에 강도질을 하러 갔다가 정체를 들키고 밖으로 나감.

결말 며칠이 지나도 아홉 켤레의 구두만 남긴 권 씨는 돌아오지 않음.

불을 끈 다음에 아내가 다시 소곤거려 왔다.

"당신두 보셨죠? 오늘사 말고 영기 엄마 배가 유난히 더 불러 보였어요. 혹시 쌍둥이나 아닌가 싶어서 남의 일 같잖아요. 여덟 달밖에 안 된 배가 그렇게 만삭이니 원……."

"당신더러 대신 낳으라고 떠맡기진 않을 거야. 걱정 마."

㉠<u>나는 그날 밤 디킨스와 램의 궁둥이를 번갈아 걷어차는 꿈을 꾸었다.</u> 내가 권 씨의 궁둥이를 걷어차고 권 씨가 내 궁둥이를 걷어차는 꿈을 꾸었다.

아내가 권 씨네에 대해서 갑자기 관심을 보이기 시작했다. 좀 더 정확히 얘기해서 권 씨 부인의 그 금방 쏟아질 것만 같은 아랫배에 관한 관심이었다. 말투로 볼 때 남자들이 집을 비우는 낮 동안이면 더러 접촉도 가지는 모양이었다. ㉡<u>예정일도 모르더라면서 아내는 낄낄낄 웃었다.</u> 임산부가 자기 분만 예정일도 몰라서야 말이 되느냐고 핀잔했더니, 까짓것 알아도 그만 몰라도 그만, 어차피 때가 되면 배 아프며 낳기는 마찬가지라면서 태평으로 있더라는 것이었다.

권 씨는 여전히 일자리를 구하지 못한 채였다. 일정한 직장이 없으면서도 아침만 되면 출근 복장을 차리고 뻔질나게 밖으로 나가곤 했다. 몸에 붙인 기술도, 그렇다고 타고난 뚝심도 없으면서 계속해서 공사판 같은 데 나가 막일을 하는 눈치였다. "동주운아, 노올자아!" 하고 둘이 합창하듯이 길게 외치면서 일단 안방까지 들어오는 데 성공한 권 씨의 아이들은 끼니때가 되어도 막무가내로 버티면서 문간방으로 돌아가지 않는 적이 자주 있게 되었다. 문간방의 사정이 심상치 않다는 징조였다. 그렇다고 권 씨나 권 씨 부인이 우리에게 터놓고 도움을 청한 적은 한 번도 없었다. ㉢<u>다만 우리로 하여금 그런 꼴을 목격하고도 도울 마음을 먹지 않으면 도무지 인간이 아니게시리 상황을 최악의 선까지 잠자코 몰고 갈 뿐이었다.</u> 애당초 이 순경이 기대했던 그대로 산타클로스 비슷한 꼴이 되어 쌀이나 연탄 따위를 슬그머니 문간방 부엌에다 넣어 주고 온 날 저녁이면 아내는 분하고 억울해서 밥도 제대로 못 먹었다. 임부나 철부지 애들을 생각한다면 그까짓 알량한 선심쯤 아무렇지도 않다는 주장이었다. 하지만 제게 딸린 처자식조차 변변히 건사 못하는 한 얼간이 사내한테까지 자기 선심의 일부나마 미칠 일을 생각하면 괘씸해서 잠이 안 올 지경이라고 생병*을 앓았다. 권 씨가 여간내기 아니라고 속삭이던 게 엊그제인 걸 벌써 잊고 아내는 셋방 잘못 내줬다고 두고두고 자탄*하는 것이었다.

남편이 여전히 벌이가 시원찮은 상태에서 권 씨 부인은 어언 해산의 날을 맞게 되었다. 진통이 시작된 지 꽤 오래되는 모양이었다. 아내의 귀띔으로는 점심 무렵이 지나서부터 그런다고 했다. 학교에서 돌아와 저녁을 먹다가 나는 문간방에서 울리는 괴상한 소리를 들었다. 처음에는 되게 몸살을 하듯이 끙끙 앓는 소리로 시작되었다. 그러다가 느닷없이 몸의 어딘가에 깊숙이 칼이라도 받는 양 한 차례 처절하게 부르짖고는 이내 도로 잠잠해지곤 하면서 이러기를 몇 번이고 되풀이하는 것이었다. 나로서는 그것이 방을 세 내준 이후로 처음 듣는 권 씨 부인의 목소리였다.

"당신이 한번 권 씰 설득해 보세요. 제가 서너 번 얘길 했는데두 무슨 남자가 실실 웃기만 하믄서 그저 염려 없다구만 그러네요."

*
생병 자기 스스로 공연히 앓는 병.
자탄 자기의 일에 대하여 탄식함.

병원 얘기였다.

㉮"권 씨가 거절하는 게 아니고 돈이 거절하는 거겠지."

아내는 진즉부터 해산 준비가 전혀 되어 있지 않음을 더러는 홍보고 또 더러는 우려해 왔었다.

"남산만이나 한 배를 갖구서 요즘 세상에 그래 앨 집에서, 그것도 산모 혼잣힘으로 낳겠다니, 아무래두 꼭 무슨 일이 터질 것만 같애요. 달이 다 차도록 기저귓감 하나 장만 않는 여편네나 조산원 하나 부를 돈도 마련이 없는 사내나 어쩜 그리 짝짜꿍인지!"

서둘러 식사를 끝내고 나서 나는 권 씨를 마당으로 불러냈다. 듣던 대로 권 씨는 대뜸 아무 염려 말라면서 실실 웃었다. 마치 곤경에 빠진 나를 극진히 위로해 주는 투였다.

"둘째 때도 마누라 혼자서 거뜬히 해치웠거든요."

"우리가 염려하는 건 권 선생네가 아니라 바로 우리를 위해서요. 물론 그럴 리야 없겠지만 만의 일이라도 일이 잘못될 경우 난 권 선생을 원망하겠소."

작자가 정도 이상으로 느물거린다 싶어 나는 엔간히 모진 소리를 남기고는 방으로 들어와 버렸다.

배경지식 확장

작품의 배경인 '광주 대단지 사건'

1971년 8월 10일, 경기도 광주 대단지 주민 5만여 명이 정부의 무계획적이고 졸속한 도시화에 반발하여 일어난 대규모 시위이다. 입주민의 생업 대책도 마련하지 않은 채 도시화를 진행한 정부의 말만 믿고 전국 각지에서 몰려든 사람들이 실업 상태에 빠지고 토지 투기를 둘러싼 각종 범죄 행위가 급증하자 입주민들이 이를 시정하라고 요구한 것이다. 이 소설 속 권 씨는 이 시위에서 주동자로 몰려 전과자가 된다.

1 윗글에 대한 이해로 가장 적절한 것은?

① '아내'는 '권 씨네'에게 선심을 베푸는 것을 비판하는 '나'로 인해 생병을 앓는다.

② '아내'는 '권 씨'가 '권 씨네'의 경제적 상황을 해결하고 있다는 이유로 여간내기가 아니라고 간주한다.

③ '아내'는 '권 씨 부인'의 진통이 시작된 것을 '나'를 통해 알게 된다.

④ '아내'의 불안감과 우려는 '나'로 하여금 '권 씨'를 불러내게 하는 계기가 된다.

⑤ '나'를 위로하는 '권 씨'의 행동은 '권 씨'에 대한 '아내'의 원망을 누그러뜨린다.

개념 '디킨스'와 '램'의 의미

영국 작가인 찰스 디킨스와 찰스 램은 불우한 유년 시절을 보내며 빈민가 사람들에 대한 연민과 동정의 글을 썼다. 램은 성공한 이후에도 자신의 작품과 부합하는 삶의 태도를 유지했지만, 디킨스는 유명해진 후 빈민가 사람들을 대하는 태도가 바뀌어 이 둘은 빈민을 대하는 상반된 태도를 보여 주었다.

2 ㉠~㉢에 대한 설명으로 가장 적절한 것은?

① ㉠은 '나'의 경험에 대한 분석 내용을 제시하고 있다.

② ㉡은 '아내'의 말을 통해 다른 인물의 상황을 나타내고 있다.

③ ㉢은 '나'가 관찰하고 있는 인물들의 내면을 묘사하고 있다.

④ ㉠과 ㉢은 '나'와 인물들 간의 외적 갈등을 제시하고 있다.

⑤ ㉡과 ㉢은 인물들을 바라보는 '나'의 긍정적 시선을 드러내고 있다.

3 ㉮에 대한 설명으로 가장 적절한 것은?

① '권 씨네'가 해산 준비 문제로 서로 갈라서게 될 것임을 나타낸다.

② '권 씨네'가 해산 준비를 하지 못할 만큼 경제적으로 어려움을 나타낸다.

③ '권 씨네'가 해산 준비를 하는 데 필요한 돈을 잘못 사용하고 있음을 나타낸다.

④ '권 씨네'가 해산 준비에 필요한 돈을 갖고 있으면서도 숨기고 있음을 나타낸다.

⑤ '권 씨네'가 해산 준비에 필요한 돈을 빌려 달라는 것에 '나'가 부담을 느끼고 있음을 나타낸다.

4 〈보기〉를 바탕으로 윗글을 감상한 내용으로 적절하지 <u>않은</u> 것은?

> ┌─ 보기 ┐
> 1970년대 한국 소설에는 산업화 과정에서 공동체적 유대감이 파괴되고 개인주의가 팽배하면서 그 사이에서 고민하게 되는 소시민이 나타난다. 물질적 가치를 중시하는 세태가 심화되고 계층 분화가 일어나면서 주변부로 밀려난 도시 빈민과 같은 소외 계층이 등장하는데, 이들도 소설의 주요한 제재로 반영되고 있다.

① '나'가 '권 씨네'를 의식하면서도 '권 씨네'의 상황에 거리를 두려는 것은 소시민의 내적 갈등을 보여 주는군.

② '권 씨'가 일정한 직업 없이 막일을 할 수밖에 없는 것은 계층이 분화하면서 생겨난 도시 빈민의 처지를 나타내는군.

③ '아내'가 '권 씨네'를 대하는 이중적 태도는 공동체 의식과 개인주의 사이에 놓인 소시민의 모습을 반영하는군.

④ '권 씨 부인'이 혼자 힘으로 해산을 하려는 모습은 궁핍한 삶에 내몰린 소외 계층의 처지를 반영하는군.

⑤ '나'가 '권 씨네'에 대해 염려하며 '우리를 위해서'라고 말한 것은 공동체적 유대감을 회복하려는 소시민의 욕망을 드러내는군.

개념 소시민의 문학

소시민은 노동자와 자본가의 중간에 위치하는 소생산자(小生産者), 소상인 및 수공업자, 하급 봉급생활자 등을 통틀어 이르는 말이다. 1970년대 한국 문학은 소시민의 문학이라 할 만큼 이들의 이야기를 다룬 작품들이 많았는데, 산업화를 배경으로 하여 빈부 격차, 계층 간 갈등 등의 문제를 본격적으로 다루었다.

플러스 자료실

윤흥길의 작품 세계

1970년대를 대표하는 작가 윤흥길이 지속적으로 관심을 기울인 주제는 6·25 전쟁으로 생긴 분단 문제와 1970년대 이후로 가속화된 산업화의 과정에서 파생된 인간 문제이다. 따라서 윤흥길의 작품 세계는 전쟁 체험과 분단 상황을 다룬 작품군과 산업화 이후의 사회적 모순을 그린 작품군으로 나뉜다. 중편 소설 「장마」가 전쟁과 분단으로 발생한 문제와 그 화해 과정을 다룬 대표작이라면, 연작 소설인 「아홉 켤레의 구두로 남은 사내」는 산업화가 낳은 소외된 민중들의 그늘진 삶을 예리하게 포착한 작품이라 할 수 있다.

〈인물의 상황과 심리〉

1 사건에 따른 인물의 심리를 다음과 같이 정리해 보자.

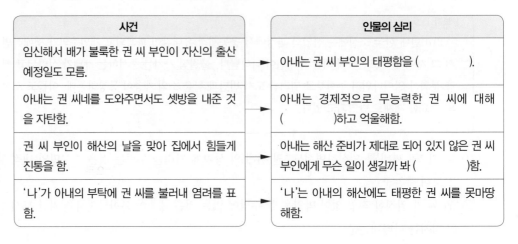

사건	인물의 심리
임신해서 배가 불룩한 권 씨 부인이 자신의 출산 예정일도 모름.	아내는 권 씨 부인의 태평함을 ( ).
아내는 권 씨네를 도와주면서도 셋방을 내준 것을 자탄함.	아내는 경제적으로 무능력한 권 씨에 대해 ( )하고 억울해함.
권 씨 부인이 해산의 날을 맞아 집에서 힘들게 진통을 함.	아내는 해산 준비가 제대로 되어 있지 않은 권 씨 부인에게 무슨 일이 생길까 봐 ( )함.
'나'가 아내의 부탁에 권 씨를 불러내 염려를 표함.	'나'는 아내의 해산에도 태평한 권 씨를 못마땅해함.

〈인물의 특징〉

2 이 글에 나타난 인물의 특징을 다음과 같이 정리해 보자.

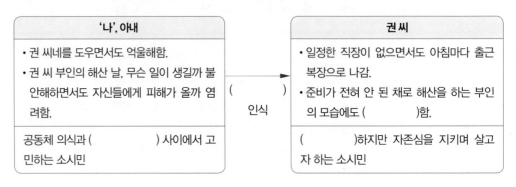

'나', 아내		권 씨
• 권 씨네를 도우면서도 억울해함. • 권 씨 부인의 해산 날, 무슨 일이 생길까 불안해하면서도 자신들에게 피해가 올까 염려함.	( ) 인식	• 일정한 직장이 없으면서도 아침마다 출근 복장으로 나감. • 준비가 전혀 안 된 채로 해산을 하는 부인의 모습에도 ( )함.
공동체 의식과 ( ) 사이에서 고민하는 소시민		( )하지만 자존심을 지키며 살고자 하는 소시민

〈서술의 시점〉

3 이 글에 등장하는 서술자의 특징을 파악해 보자.

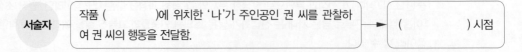

서술자 → 작품 ( )에 위치한 '나'가 주인공인 권 씨를 관찰하여 권 씨의 행동을 전달함. → ( ) 시점

연계 포인트 이 소설은 현대 사회를 살아가는 소시민의 삶을 통해 가진 자의 횡포와 위선 등 사회의 부조리한 모습을 보여 주고 있다. 현대 사회에서 마땅한 방편 없이 경제적으로 어려운 처지에 놓인 소시민의 삶이 드러난다는 점에서 「아홉 켤레의 구두로 남은 사내」와 함께 읽어 볼 수 있다.

나는 오 선생이 코앞에 펼쳐 보이는 기사를 읽었다. '마르지 않은 인정의 샘'이라는 큰 제목 밑에 작은 제목으로 '자해(自害) 상습범에 뻗친 갱생(更生)의 손길'이라고 적혀 있고, 침대 위에 누운 채 면목 없다는 듯이 손바닥을 펴서 턱 부근을 약간 가리고 있는 사내의 사진이 그 아래 들어가 있었다. 그것이 바로 내가 '전비(前非)를 뉘우치면서' 괴로워하는 모습이었다. 한마디로 그것은 허위투성이의 기사였다. 우선 '권기용 씨(가명·37세 경기도 성남시 태평동 거주)'라고 기재된 인적 사항부터가 엉터리였다. 엄연한 내 본명을 가명이라고 적어 놓은 것이다. 특히나 심한 것은 가해자와 피해자를 뒤바꿔 놓은 그 점이었다. 멀쩡한 대낮에 불의의 교통사고를 위장해서 금품을 갈취할 목적으로 달리는 차에 뛰어들었다는 것이다. 어떻게 알아냈는지 내가 전과자임을 밝힌 그 대목만은 움직일 수 없는 사실이었다. 그러나 그것도 읽는 사람으로 하여금 자해 행위를 하다가 얻은 전과인 듯이 그릇된 인상을 줄 염려가 다분하게 매우 애매한 서술 방식을 취하고 있었다. 내 잘못을 모두 용서하고 나를 자기 회사 사원으로 특채함으로써 응달 속의 인생에 거듭나는 기쁨을 안겨 준 미담의 주인공 오 사장은 왕방(往訪)한 기자에게 다음과 같이 말하고 있었다.

"죄는 미워할 수 있어도 인간을 미워할 수는 없습니다. 약간 여유가 있는 사람으로서 사회를 위해 당연히 해야 할 일을 했을 뿐인데 번번이 남들이 알게 돼서 그저 부끄럽기만 할 뿐입니다."

끝으로 그 기사는, 화제의 인물 오만한 사장이 과거에도 부지기수로 어려운 사람들을 형제처럼 도운 바 있는 숨은 독지가이며, 그가 경영하는 동림 산업은 목화표 섬유 제품을 생산하는 전도유망한 신진 기업이라고 소개하고 있었다.

"이따위 놈들은 가만 내버려 둬선 안 됩니다! 명예 훼손이 아니라 집단 폭행죄로 고소를 해야 합니다!"

오 선생은 흥분을 억제하지 못해 연신 안절부절을 못했다. 오히려 당사자인 내가 그를 진정시키고 위로할 정도였다. 그의 흥분을 나는 십분 이해할 수 있었다. 크게는 구두를 태운 뒤로 무섭게 변모해 버린 이웃에 대한 여전한 애정이자 새로운 우려의 표시일 것이었다. 그리고 작게는 처음부터 이번 일에 대리인 자격으로 깊이 관여한 데서 느껴지는 책임감 때문일 것이었다. 하지만 나는 오 선생이 걱정해 주는 것만큼 그렇게 비참한 기분은 아니었다. 의식적이든 무의식적이든 나로서는 진즉부터 예감하고 마음으로 대비해 나온 수많은 경우 중의 하나에 지나지 않았다.

"그들은 그들대로 계산이 있겠지만 전 저대로 또 계산이 있습니다. 실직자인 데다가 전과자라는 사실까지 밝혀진 건 내 약점이고, 그 약점을 이용해서 제멋대로 허위 보도를 하게 만든 건 그들의 약점입니다. 서로가 상대방의 약점을 최대한 활용해서 공존동생하겠다는 세상 아닙니까. 내 손에도 약점 한 가지가 쥐어진 이상 저들이 나한테 건넨 약속은 이제 어느 정도 보장을 받은 셈입니다. 모르는 척하고 그냥 넘어갑시다."

– 윤흥길, 「직선과 곡선」 –

[정답과 해설 44쪽]

1 이 글의 '나'이자 「아홉 켤레의 구두로 남은 사내」의 권 씨는 도시화, 산업화 과정에서 경제적으로 어려운 처지에 놓인 (   )의 전형에 해당한다.

2 이 글의 '나'는 신문 기사의 왜곡을 묵인하고 현실과 (   )하려는 태도를 보이나, 오 선생은 오 사장이 사실을 왜곡했다며 매우 흥분하는 모습을 보인다.

마지막 땅 | 양귀자

• 수록 교과서: 국어_비상(박영민)
• 기출: 2015-3월 고1 학평

다음날 아침, 신새벽부터 밭에 나갔던 강 노인은 그만 입을 쩍 벌리고 선 채 말을 잃었다. 세상에 이런 법은 없었다. 이제 손가락만 한 고추 모종*이 깔려 있는 밭에 여기저기 연탄재들이 나뒹굴고 있지 않은가. 겨울 빈 밭에 내다 버리는 것이야 그럴 수 있다 치더라도 목숨이 붙어 자라고 있는 밭에 연탄재를 내던진 것은 명백히 짐승의 처사였다. 반상회 끝의 독기 어린 동네 사람들이 저지른 것임은 대번에 알 수 있었지만 아무리 그렇다 하여도 이런 짓거리까지 해 댈 줄이야 짐작도 못 했던 강 노인이었다. 수십 덩어리의 연탄재 폭격을 당해 짓뭉개진 모종이 한 고랑*만 해도 숱했다. 세상에 막된 인종들……. 강 노인은 주먹코를 씰룩이며 밭으로 달려 들어가서 닥치는 대로 연탄재를 길가에 내던졌다. 서울 것들이나 되니 살아 있는 밭에 해코지할 생각을 갖지. 땅을 아는 자라면 저 시퍼런 하늘이 무서워서라도 감히 이따위 행패를 생각이나 하겠는가. 흰 연탄재 가루를 뒤집어쓰고 쓰러져 있는 죄 없는 풀잎을 차마 바로 볼 수 없어서 강 노인은 잔뜩 허둥대고 있었다.

도로 청소원인 김 씨가 아침밥을 먹으러 들어오면서 보니 강 노인은 검정 고무신이 벗겨진 줄도 모르고 손바닥으로 연탄재를 끌어모으느라 정신이 없었다. 밤사이 밭에 무슨 일이 있었는지 눈여겨보지 않아 알 턱이 없었던 김 씨가 인사랍시고 던진 말은 더욱 가관이었다.

"영감님네 땅을 내놓으셨다면서요? 그런데 뭘 그리 열심히 가꾸십니까. 이내 넘길 거라면서……."

"아니, 누가 그런 소릴 해?"

시뻘건 얼굴을 홱 돌리며 벽력*같이 고함을 지르는 통에 김 씨가 움찔 뒤로 물러났다.

"어젯밤 반상회에서 댁의 며느님이 그러셨다는데요? 저도 우리 집 여편네한테 들은 소리라서."

더 들어 볼 것도 없이 강 노인은 곧장 집으로 뛰어갔다. 벗겨진 신발을 짝짝이로 꿰어 차고서. 얼갈이배추와 열무들을 다듬고 있던 마누라가 노인의 허둥대는 기세에 토끼 눈을 뜨고 일어섰다.

"그렇게 말한 게 아니라, 우리 아버님 근력이 쇠하셔서 올해일랑은 더 이상 일을 못 하시니까 파실 모양이더라고 말했다는군요. 경국이 어미도 동네 사람들 닦달에 그냥 해 본 소리겠지요."

"그냥?"

"밭에다 그 지경을 해 댄 걸 보면 오죽했겠수. 뭐, 틀린 말도 아니고 땅 팔아서 아들 살리고 남는 돈은 은행에 넣어 이자나 받으면 우리 식구 신간이사 편치 뭘 그러슈."

[중략]

"시끄러!"

마누라 입을 봉해 놓고서 강 노인은 이내 밭으로 되돌아왔다. 한 포기라도 살릴 수 있는 만큼은 건져 내야 할 고추 모종들 때문에 한시가 급한 강 노인이었다. 반상회 파문은 그것으로 끝난 것이 아니었다. 반상회 소식이 알려지자마자 연립 주택에 산다는 은혜 엄마가 찾아와서 경국이 엄마가 지난달 꾸어 간 오십만 원을 돌려 달라고 하소연을 늘어놓기 시작한 것이다. 땅을 팔았다니 계약금을 받았을 터인즉 큰며느리 빚을 대신 갚아 줄 수 없겠느냐는 여자의 말에 강 노인은 주먹코가 더욱 빨개졌다. 지난겨울

*
모종 옮겨 심으려고 가꾼, 벼 이외의 온갖 어린 식물. 또는 그것을 옮겨 심음.
고랑 밭 따위를 세는 단위.
벽력 벼락. 공중의 전기와 땅 위의 물체에 흐르는 전기 사이에 방전 작용으로 일어나는 자연 현상.

서울에서 이사 와 동네 물정 모르고 딸이 다니는 에바다 피아노 학원에서 알게 된 경국이 엄마에게 곗돈을, 그것도 두 번째 탄 것을 빌려줬다는 것이다. 이 동네 지주의 큰며느리라 해서 별 의심도 하지 않고 돈을 주었는데 경국이 엄마가 동네에 뿌린 빚이 한두 군데가 아니어서 직접 시아버지와 담판을 짓겠다고 마음먹은 은혜 엄마였다.

그게 어떤 돈인가 말이다. 서울에서의 셋방살이*가 하도 지긋지긋해서 연립 주택 한 채를 마련, 이곳에 이사 온 지 반년도 채 되지 않은 그녀였다. 곗돈 타고, 여름에 보너스 나오면 이자 나가는 빚 백만 원을 갚을 요량이었는데 그 몇 달 사이의 ㉠이자 몇 푼을 욕심내다가 생돈 떼이게 생겼으니 생각만 해도 속이 터질 지경이었다.

땅을 팔았다는 소문이 번지면서 큰아들 용규에게 빚을 준 동네 사람들이 강 노인에게 몰려왔다. 은혜 엄마까지 꼭 여덟 명이었다. 그중에는 목동에서 살다 철거 보상금 받아 쥐고 이곳까지 흘러온 김영진이라는 날품팔이* 사내도 끼여 있었다. 철거 보상금을 삼 부 이자로 놓아 주겠다는 고흥댁의 말만 믿고 돈을 건네준 사람이었다. 그들은 한결같이 강 노인 땅을 믿고 빌려준 돈이니까 책임을 져야 한다고 우겨대면서 땅을 판 적이 없다는 그의 말을 도무지 믿으려 하지 않았다.

"그 못난 놈이 공장까지 담보로 잡혀 먹었대요. 최신 기계 설비만 갖추면 돈 벌리는 게 눈에 보이는 사업이라는데……. 은행 대출도 기간이 차서 경고장이 날아왔답니다."

이판사판이라고 마누라도 이젠 감추지 않고 잘도 털어놓는다. 용규가 그 모양이니 처가에서까지 돈을 끌어댄 용민이는 어쩌겠느냐고 숫제 으름장이었다.

"땅은 안 돼, 안 팔아!"

"고집 좀 그만 부리고 우선 집 앞에 거라도 떼어 팔아 발등의 불이라도 꺼 봅시다. 다 자식 잘되라고 하는 짓인데 왜 그러우?"

"자식 놈들 뒷바라지에 땅 다 날려 보낸 걸 몰라!"

입씨름에 지친 마누라가 눈물 바람을 하다가 용문이 방으로 건너가 버린 뒤, 강 노인은 그 밤 오래도록 잠을 이루지 못하고 뒤척여야만 했다. 자식 농사는 포기한 지 오래지만 해마다 씨를 뿌리고 수확을 거두는 재미만큼은 쉽게 포기할 수 없는 그였다. 서울에서 밀려 나온 서울 것들 때문에 여기까지 땅값이 들먹거리는 북새통*을 치렀고 그 와중에서 자식들이 모두 저 푼수로 커 버렸다는 원망도 많은 게 강 노인이었다. 씨 뿌린 땅에서 거두어들이는 수확이 아닌 다음에야 어찌 땅 팔아서 그 돈으로 쌀 사고 채소 사며 살 수 있을 것인가. 농사꾼 주제로는 평생 만져 볼 엄두도 못 내는 큰돈이 굴러 들어왔어도 쉽게 생긴 내력만큼이나 씀씀이도 허망하기 짝이 없었다. 그나마 이만큼이라도 마지막 땅 조각을 붙들고 있다는 위안이 강 노인에게는 큰 힘이 되었다. 이 고장에 서울 바람이 몰아닥쳐 요 모양으로 설익은 도시가 되지 않았더라면 아직껏 넓디넓은 땅을 가지고 있을 것이 틀림없는 스스로를 생각해 보면 더욱 화가 치밀었는데 다 부질없는 노릇이었다.

배경지식 확장

1980년대 '땅'의 의미 변화

전통적으로 '땅'은 가족과 지역 공동체의 경제적 기반이었다. 가족과 지역 공동체는 '땅'을 공동으로 경작하는 행위를 통해서 그 공동체의 물질적, 정신적 삶을 영위해 왔다. 그것은 생명과 삶의 원천이고, 화합과 공존이라는 삶의 가치를 학습하는 공간이기도 했다. 그러나 근대 산업화 이후 '땅'은 이익을 창출하는 수단이자 도시적 삶의 공간으로 변화하였다.

*
셋방살이 세를 내고 빌려 쓰는 방에서 사는 살림살이.
날품팔이 그날그날 셈하는 품삯을 받고 파는 품.
북새통 많은 사람이 야단스럽게 부산을 떨며 법석이는 상황.

개념 **시점**

시점은 서술자가 이야기를 서술하는 방식이나 관점을 말한다. 서술자가 작품 안에 있으면 1인칭 시점, 작품 밖에 있으면 3인칭 시점으로 분류한다. 전지적 시점(관점)이란 서술자가 소설 속 사건의 전말은 물론 모든 인물의 속마음까지 아는 상태에서 서술하는 것을 말한다.

⌐기출

1 윗글의 서술상 특징으로 적절한 것은?

① 서술자가 과거를 회상하며 등장인물로 나타나고 있다.

② 서술자가 자신의 이야기를 중심으로 사건을 전개하고 있다.

③ 서술자가 작중 인물로 등장하여 사건에 직접 개입하고 있다.

④ 서술자가 관찰자 입장에서 사건을 객관적으로 전달하고 있다.

⑤ 서술자가 전지적 관점에서 등장인물의 심리를 서술하고 있다.

⌐기출

2 윗글의 사건을 시간의 흐름에 따라 〈보기〉와 같이 재구성하였을 때, Ⓐ~Ⓔ에 대한 설명으로 적절하지 <u>않은</u> 것은?

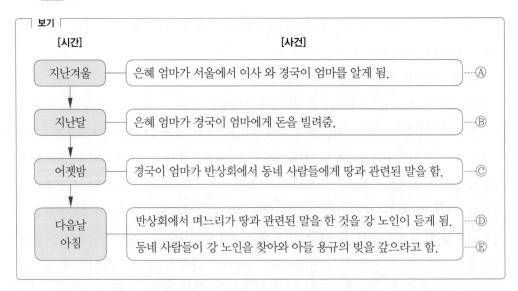

[시간]	[사건]	
지난겨울	은혜 엄마가 서울에서 이사 와 경국이 엄마를 알게 됨.	┈Ⓐ
지난달	은혜 엄마가 경국이 엄마에게 돈을 빌려줌.	┈Ⓑ
어젯밤	경국이 엄마가 반상회에서 동네 사람들에게 땅과 관련된 말을 함.	┈Ⓒ
다음날 아침	반상회에서 며느리가 땅과 관련된 말을 한 것을 강 노인이 듣게 됨.	┈Ⓓ
	동네 사람들이 강 노인을 찾아와 아들 용규의 빚을 갚으라고 함.	┈Ⓔ

① Ⓐ는 자식이 연결 고리가 되어 일어난 사건이다.

② Ⓑ는 경국이 엄마가 강 노인의 며느리라는 사실이 영향을 미쳤다.

③ Ⓒ는 경국이 엄마가 강 노인의 입장을 대변하려 했기 때문에 발생한 일이다.

④ Ⓓ는 청소원 김 씨에 의해 이루어진 사건이다.

⑤ Ⓔ는 강 노인의 부인이 아들의 빚 문제를 구체적으로 실토하는 계기가 된다.

3 윗글을 읽고 알 수 있는 내용으로 적절하지 <u>않은</u> 것은?

① 강 노인은 동네 사람들이 밭에 연탄재를 뿌렸다고 생각했다.
② 땅을 내놓았느냐는 김 씨의 말을 듣고 강 노인은 매우 분노했다.
③ 용규는 고흥댁의 철거 보상금까지 빌렸으나 갚지 못하고 있었다.
④ 강 노인은 서울에서 온 사람들 때문에 땅값이 들먹이게 되었다고 생각했다.
⑤ 은혜 엄마는 강 노인을 찾아와 며느리가 빌려 간 돈을 대신 갚아 달라고 요구했다.

4 (기출) '땅'에 대한 강 노인의 생각으로 보기 <u>어려운</u> 것은?

① 삶의 위안을 느낄 수 있는 공간이다.
② 재미와 보람을 느낄 수 있는 공간이다.
③ 마지막까지 지켜 내고자 하는 공간이다.
④ 생명을 가꾸고 유지할 수 있는 공간이다.
⑤ 자식들과의 행복한 생활을 보장하는 공간이다.

개념 소설의 공간

소설의 공간은 인물이 어떤 행위를 하거나 사건이 발생하는 장소이다. 즉 인물들이 존재하는 자연환경이나 생활 환경을 폭넓게 이르는 곳으로, 인물이나 사건에 지대한 영향을 미치기도 한다.

5 (기출) ㉠의 상황과 관련이 있는 한자 성어로 가장 적절한 것은?

① 금상첨화(錦上添花) ② 소탐대실(小貪大失)
③ 점입가경(漸入佳境) ④ 진퇴양난(進退兩難)
⑤ 풍전등화(風前燈火)

플러스 자료실 **양귀자의 작품 세계**

양귀자는 특별히 내세울 것 없는 평범한 사람들의 이야기를 따뜻한 시선으로 그려 냈다. 주로 1980년대를 배경으로 한 작품을 통해 산업화가 이루어지는 중심지에서 벗어나 주변인의 삶을 사는 소시민들의 고단한 일상을 보여 준다. 이를 통해 인간관계의 단절과 인간 소외 현상을 실감 나게 보여 주면서도 그 속에서 피어나는 사랑과 희망을 착한 인물들의 모습을 통해 감동적으로 형상화한다.

원리로 작품 독해

〈인물의 상황과 심리〉

1 사건에 따른 강 노인의 심리를 다음과 같이 정리해 보자.

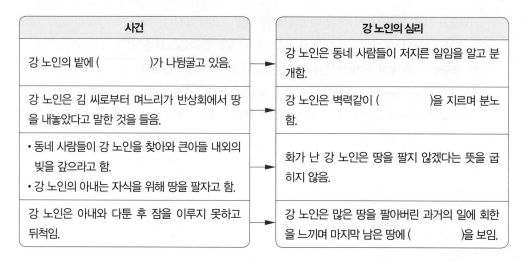

사건	강 노인의 심리
강 노인의 밭에 ( )가 나뒹굴고 있음.	강 노인은 동네 사람들이 저지른 일임을 알고 분개함.
강 노인은 김 씨로부터 며느리가 반상회에서 땅을 내놓았다고 말한 것을 들음.	강 노인은 벽력같이 ( )을 지르며 분노함.
• 동네 사람들이 강 노인을 찾아와 큰아들 내외의 빚을 갚으라고 함. • 강 노인의 아내는 자식을 위해 땅을 팔자고 함.	화가 난 강 노인은 땅을 팔지 않겠다는 뜻을 굽히지 않음.
강 노인은 아내와 다툰 후 잠을 이루지 못하고 뒤척임.	강 노인은 많은 땅을 팔아버린 과거의 일에 회한을 느끼며 마지막 남은 땅에 ( )을 보임.

〈갈등 양상〉

2 이 글에 나타난 인물 간의 갈등 양상을 정리해 보자.

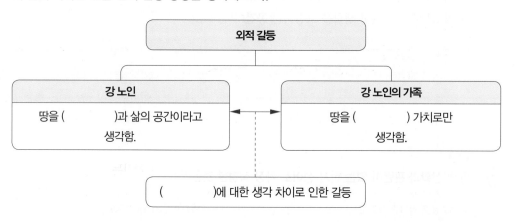

외적 갈등

강 노인	강 노인의 가족
땅을 ( )과 삶의 공간이라고 생각함.	땅을 ( ) 가치로만 생각함.

( )에 대한 생각 차이로 인한 갈등

〈사회적 상황〉

3 이 글에 나타난 사회적 상황을 파악해 보자.

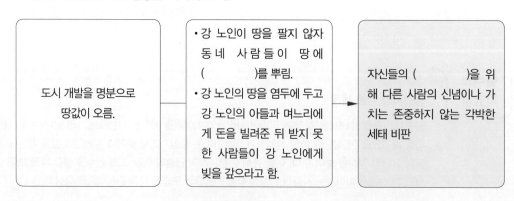

도시 개발을 명분으로 땅값이 오름.

• 강 노인이 땅을 팔지 않자 동네 사람들이 땅에 ( )를 뿌림.
• 강 노인의 땅을 염두에 두고 강 노인의 아들과 며느리에게 돈을 빌려준 뒤 받지 못한 사람들이 강 노인에게 빚을 갚으라고 함.

자신들의 ( )을 위해 다른 사람의 신념이나 가치는 존중하지 않는 각박한 세태 비판

아들은, 의사인 아들은, 마치 환자에게 치료 방법을 이르듯이, 냉정히 차근차근히 이야기를 시작하였다. 외아들인 자기가 부모님을 진작 모시지 못한 것이 잘못인 것, 한집에 모이려면 자기가 병원을 버리기보다는 부모님이 농토를 버리시고 서울로 오시는 것이 순리인 것, 병원은 나날이 환자가 늘어 가나 입원실이 부족되어 오는 환자의 삼분지 일밖에 수용 못 하는 것, 지금 시국에 큰 건물을 새로 짓기란 거의 불가능의 일인 것, 마침 교통 편한 자리에 삼층 양옥이 하나 난 것, 인쇄소였던 집인데 전체가 콘크리트여서 방화 방공으로 가치가 충분한 것, 삼층은 살림집과 직공들의 합숙실로 꾸미었던 것이라 입원실로 변장하기에 용이한 것, 각층에 수도 · 가스가 다 들어온 것, 그러면서도 가격은 염한 것, 염하기는 하나 삼만 이천 원이라, 지금의 병원을 팔면 일만 오천 원쯤은 받겠지만 그것은 새 집을 고치는 데와, 수술실의 기계를 완비하는 데 다 들어갈 것이니 집값 삼만 이천 원은 따로 있어야 할 것, 시골에 땅을 둔대야 일 년에 고작 삼천 원의 실리가 떨어질지 말지 하지만 땅을 팔아다 병원만 확장해 놓으면, 적어도 일 년에 만 원 하나씩은 이익을 뽑을 자신이 있는 것, 돈만 있으면 땅은 이담에라도, 서울 가까이라도 얼마든지 좋은 것으로 살 수 있는 것……

아버지는 아들의 의견을 끝까지 잠잠히 들었다. 그리고,

"점심이나 먹어라. 나두 좀 생각해 봐야 대답허겠다."

하고는 다시 개울로 나갔고, 떨어졌던 다릿돌을 올려놓고야 들어와 그도 점심상을 받았다.

점심을 자시면서였다.

"원, 요즘 사람들은 힘두 줄었나 봐! 그 다리 첨 놀 제 내가 어려서 봤는데 불과 여남은이서 거들던 돌인데 장정 수십 명이 한나잘을 씨름을 허다니!"

"나무다리가 있는데 건 왜 고치시나요?"

"너두 그런 소릴 허는구나. 나무가 돌만 허다든? 넌 그 다리서 고기 잡던 생각두 안 나니? 서울루 공부 갈 때 그 다리 건너서 떠나던 생각 안 나니? 시쳇사람들은 모두 인정이란 게 사람헌테만 쓰는 건 줄 알드라! 내 할아버님 산소에 상돌을 그 다리로 건네다 모셨구, 내가 천잘 끼구 그 다리루 글 읽으러 댕겼다. 네 어미두 그 다리루 가말 타구 내 집에 왔어. 나 죽건 그 다리루 건네다 묻어라……. 난 서울 갈 생각 없다."

"네?"

"천금이 쏟아진대두 난 땅은 못 팔겠다. 내 아버님께서 손수 이룩허시는 걸 내 눈으루 본 밭이구, 내 할아버님께서 손수 피땀을 흘려 모신 돈으루 장만허신 논들이야. 돈 있다고 어디가 느르지 논 같은 게 있구, 독시장 밭 같은 걸 사? 느르지 논둑에 선 느티나문 할아버님께서 심으신 거구, 저 사랑 마당의 은행나무는 아버님께서 심으신 거다. 그 나무 밑에를 설 때마다 난 그 어룬들 동상(銅像)이나 다름없이 경건한 마음이 솟아 우러러보군 헌다. 땅이란 걸 어떻게 일시 이해를 따져 사구팔구 허느냐? 땅 없어 봐라, 집이 어딨으며 나라가 어딨는 줄 아니? 땅이란 천지만물의 근거야. 돈 있다구 땅이 뭔지두 모르구 욕심만 내 문서 쪽으로 사 모기만 하는 사람들, 돈놀이처럼 변리만 생각허구 제 조상들과 그 땅과 어떤 인연이란 건 도시 생각지 않구 헌신짝 버리듯 하는 사람들, 다 내 눈엔 괴이한 사람들루밖엔 뵈지 않드라."

— 이태준, 「돌다리」 —

[정답과 해설 46쪽]

1 이 글의 아버지와 「마지막 땅」의 강 노인은 (　　　　　)에 대해 깊은 애착을 보이며 땅을 팔지 않으려고 한다.

2 이 글에서 땅에 대한 아버지와 아들의 가치관 차이는 '돌다리'와 '(　　　　　)'라는 상징적 소재를 통해서도 드러나고 있다.

자전거 도둑 | 김소진

• 기출: 2020 수능

한 평도 채 안 되는 구멍가게는 중풍으로 쓰러져 정상적 건강 상태가 아니었던 아버지의 유일한 수입원이자 **생존 이유**였다. 때문에 ㉠그 구멍가게에 대한 아버지의 몰두와 자존심은 각별했다.

한번은 내가 아버지가 가게를 잠깐 비운 사이에 겉에 허연 인공 설탕 가루를 묻힌 '미키 대장군'이라는 **캐러멜**을 하나 아무 생각 없이 널름 집어먹은 적이 있었다. 하나에 이 원, 다섯 개에 십 원이었다. 잠시 뒤에 돌아온 아버지는 단박에 그 사실을 알아채고는 불같이 화를 내며 내 목덜미에 당수를 한 대 세게 내려 꽂는 것이었다. 그 캐러멜 갑 안에 미키 대장군이 몇 개 들어 있는지조차 훤히 꿰차고 있는 아버지였다.

— 이런 민한 종간나래! 얌생이처럼 기러케 쏠라닥질을[*] 허자면 이 가게 안에 뭐이가 하나 제대로 남아나겠니, 응?

그러고 나서는 좀 머쓱했는지 입이 한 발쯤 튀어나와 뾰로통해서 서 있는 내게 미키 대장군 네 개를 집어 내미는 거였다. 어차피 짝이 맞아야 파니까니, 하면서 억지로 내 손아귀에 쥐어 주었다. ㉡나는 그 무허가 불량 식품인 캐러멜 네 개가 끈끈하게 녹아내릴 때까지 먹지 않고 쥔 채 서 있었다.

— 닐큼 털어 넣지 못하겠니, 으잉?

[A] 목덜미에 아버지의 가벼운 당수를 한 대 더 얹은 다음에야 한입에 털어 넣고 돌아서 나왔다. 아버지도 가게 일을 수월하게 보려면 잔심부름꾼인 나를 무시하고는 아쉬울 때가 많을 터였다. 워낙 짧은 밑천으로 가게를 꾸려 가자니 아버지는 물건 구색을 맞추느라 하루에도 많을 때는 세 번까지 시장통 도매상[*]으로 정부미 포대를 거머쥐고 종종걸음을 쳐야 했고, 막내인 나는 번번이 아버지의 뒤로 **팔을 늘어뜨린 채** 졸졸 따를 수밖에 없었다.

그땐 그게 죽도록 싫었다. 하마 **시장통**에서 야구 글러브를 끼거나 조립용 신형 무기 장난감 상자를 든 **반 친구**를 만나거나, 심지어 과외나 주산 학원을 가는 여자아이들을 만나는 날에는 정말 그 자리에서 혀를 **빼물고** 죽고 싶은 생각뿐이었다.

[중략]

어느 날이었다. 아버지와 나는 앞서거니 뒤서거니 하면서 그 정부미 자루를 날라 왔다. 그런데 집에 도착해 한숨을 돌린 뒤 자루를 풀고 물건을 정리해 보니 스무 병이 와야 할 소주가 두 병이 모자란 채 열여덟 병만 온 것이었다.

㉢아버지의 얼굴은 맞보기가 민망할 정도로 금세 하얗게 질렸다. 왜냐하면 그 덜 온 두 병을 빼고 나면 나머지 것들을 몽땅 팔아 봤자 결국 본전치기일 뿐이었기 때문이다. 아버지는 내 등을 떼밀어 물건을 받아 온 수도상회의 혹부리 영감한테 내려 보냈다. 아버지는 말주변도 말주변이었지만 **중풍 후유증** 때문에 약간의 **언어 장애**가 있어 일부러 나를 보냈던 것이다.

— 뭐 하러 왔네?

[*]
쏠라닥질 남의 눈을 피해 가며 좀스럽게 자주 못된 장난을 하는 짓.
도매상 물건을 낱개로 팔지 않고 여러 개를 한 단위로 하여 파는 장사.

156 · 고등 국어 현대 문학

가게 안에 북적거리는 손님들에게 셈을 치러 주느라 몇 번이고 주판알을 고르는 데 바쁜 혹부리 영감의 눈길을 잡아 두는 데 성공한 나는 더듬더듬 자초지종을 말했다. 그러나 귓등에 연필을 꽂은 채 심술이 덕지덕지 모여 이뤄진 듯한 왼쪽 이마빡의 눈깔사탕만 한 혹을 어루만지며 듣던 ⓒ혹부리 영감은 풍기* 때문에 왼쪽으로 힐끗 돌아간 두터운 입술을 떠들쳐 굵은 침방울을 내 얼굴에 마구 튀겼다. 애초 자기 눈앞에서 까 보이지 않은 것은 인정할 수 없다며 막무가내였다. 나중엔 아버지까지 함께 내려가서 하소연을 해 봤지만 돌아온 대답은 정 그렇게 우기면 거래를 끊겠다는 협박성 경고뿐이었다. 거래가 끊긴다면 아버지한테는 큰 타격이 아닐 수 없었다.

혹부리 영감은 아버지한테 무슨 큰 특혜를 내려 주듯이 거래를 터 준다고 허락을 놓았었다. 같은 함경도 동향*이기 때문이라는 말을 덧붙이면서. 하긴 혹부리 영감한테는 매번 소주 열 병 안짝에다 새우깡 열 봉지, 껌 대여섯 개, 빵 예닐곱 개 등 일반 소매 가격 구매자보다 더 많은 물건을 떼어 가지도 않으면서 부득부득 도맷값으로 해 달라고 통사정을 해 쌓는 아버지 같은 사람 하나쯤 **거래를 끊어도** 장부상 거의 표가 나지 않을 것이었다.

결국 아버지는 자신의 과오를 인정하지 않을 수 없었다. ⓜ당신의 자그마한 구멍가게로 돌아와 나머지 열여덟 병의 소주를 넋 나간 사람처럼 쓰다듬던 아버지는 기어코 아들인 내 앞에서 눈물을 보이고 말았다. 아! 아버지…….

배경지식 확장

영화 「자전거 도둑」

1948년에 제작된 이탈리아 영화이다. 가난한 살림에 간신히 구한 자전거를 타고 일터에 나간 안토니오는 자전거를 도둑맞는다. 힘들게 찾아낸 자전거 도둑은 간질 환자에 가난하며 그 자전거가 본인 것이라는 증거도 없다. 빈손으로 돌아오던 안토니오는 다른 사람의 자전거를 훔쳐 달아나지만 곧 붙잡히고, 아들인 브루노 앞에서 온갖 멸시를 당한다. 안토니오는 허탈한 모습으로 해 지는 거리를 걸어가고 브루노가 그 뒤를 따른다.

*
풍기 바람이 병의 원인으로 작용하여 생기는 병을 통틀어 이르는 말.
동향 고향이 같음. 또는 같은 고향.

기출

1 **윗글에 대한 이해로 가장 적절한 것은?**

① 혹부리 영감의 위협적인 경고 때문에, 아버지는 혹부리 영감의 주장을 따를 수밖에 없었다.

② 아버지는 소주 두 병을 덜 받아 왔기 때문에 곤란했지만, '나'에게 당황한 내색을 하지 않았다.

③ 아버지는 '나'의 잘못을 묵인했지만, 혹부리 영감과의 잘못된 거래는 바로잡으려 노력했다.

④ 혹부리 영감은 가게 일로 바빴지만, '나'의 자초지종을 듣고 마지못해 '나'의 염려를 덜어 주었다.

⑤ 아버지는 '나'의 도움이 필요했기에, 친구들의 시선을 의식하여 우울해하는 '나'를 기분 좋게 하려 노력했다.

기출

2 **윗글을 감상한 내용으로 적절하지 않은 것은?**

① '한 평도 채 안 되는 구멍가게'를 각별한 애정으로 운영하던 아버지에 대한 기억은, '나'에게 아버지의 '생존 이유'를 짐작하게 했겠어.

② '캐러멜'을 먹었다고 화를 냈다가 남은 '캐러멜'을 '나'의 손에 쥐어 준 아버지에 대한 기억은, '나'에게 아버지가 속마음을 드러내는 데 서툰 사람이라고 생각하게 했겠어.

③ '팔을 늘어뜨린 채' 아버지를 따르던 '나'가 '시장통'에서 '반 친구'를 만났던 경험은, '나'에게 궁핍으로 인한 내면의 상처로 남은 기억이겠어.

④ '중풍 후유증' 때문에 '언어 장애'가 있는 아버지 대신 혹부리 영감을 상대하게 된 경험은, '나'에게 어린 나이에 이해타산적인 어른들의 세계를 느끼게 한 기억이겠어.

⑤ '거래를 끊어도' 표가 나지 않을 사람이었던 아버지와 거래를 끊지 않은 혹부리 영감에 대한 기억은, '나'에게 형편이 어려운 사람들 간의 유대감을 느끼게 했겠어.

3 **[A]에 대한 이해로 가장 적절한 것은?**

① 예상치 못했던 상황이 벌어지며 사건이 전환되고 있다.

② 과거의 상황이 제시되며 사건의 전모가 드러나고 있다.

③ 대비되는 상황이 제시되며 인물의 심리가 부각되고 있다.

④ 다양한 감각적 표현을 통해 낭만적 분위기가 조성되고 있다.

⑤ 절망적인 상황에서 인식을 바꾸게 되는 계기가 드러나고 있다.

4 〈보기〉를 참고할 때, ㉠~㉤에 대한 반응으로 적절하지 <u>않은</u> 것은?

개념 **유년의 서술자**

이 소설에서는 유년 시절에 관한 기억을 서술하면서 유년의 서술자를 내세운다. 이는 성인인 서술자의 유년 시절 속 '나'로, 주로 과거 사건을 회상하거나 상기할 때 등장한다. 이러한 유년의 서술자 설정은 독자에게 과거의 일을 과거가 아니라 마치 현장에서 직접 보는 듯 생생하게 전달하며 인물의 당시 심리도 신뢰감 있게 느껴지게 한다.

┌ 보기 ┌

　이 소설의 서술자인 성인 '나'는 주로 세 가지 서술 방식을 활용한다. 첫째는 서술자가 등장인물의 내면 심리나 사건을 설명하는 것이다. 이 경우 독자는 서술자의 해석을 통해 사건을 이해하게 된다. 둘째는 서술자가 인물의 외양이나 행위만을 묘사하는 것이다. 이 경우 독자는 그 묘사가 갖는 의미를 스스로 해석해야 한다. 셋째는 서술자가 유년 '나'로 시선을 제한하여 유년 '나'의 눈에 보이는 다른 인물의 외양이나 행위를 묘사하는 것이다. 이 경우 독자는 사건의 현장을 직접 보는 듯한 느낌을 가질 수 있으며, 둘째 방식에서처럼 그 묘사에 대해 해석해야 한다. 셋째 방식에 유년 '나'의 심리가 함께 서술되면 독자는 인물의 심리에 쉽게 공감하게 된다.

① ㉠: 서술자가 아버지의 내면을 설명하여 독자는 서술자의 해석을 통해 상황을 이해하겠군.

② ㉡: 서술자가 유년 '나'의 행위를 묘사하여 독자는 그 행위가 갖는 의미를 스스로 해석하겠군.

③ ㉢: 유년 '나'로 시선을 제한하여 아버지의 내면이 직접적으로 서술되지 않았다고 생각한 독자라면 아버지의 내면을 스스로 해석하겠군.

④ ㉣: 유년 '나'로 시선을 제한하여 혹부리 영감의 모습과 행동을 묘사했다고 생각한 독자라면 장면을 직접 보는 듯한 느낌을 받겠군.

⑤ ㉤: 유년 '나'로 시선을 제한하여 아버지의 행위와 표정을 묘사하면서 유년 '나'의 심리를 함께 제시하여 독자는 그 심리에 공감하겠군.

플러스
자료실

김소진의 작품 세계

　김소진의 작품은 도시 서민들의 궁핍한 삶과 사회에서 낙오한 존재들에 대한 연민 어린 묘사를 통해 공동체적 삶의 현장을 현실감 있게 표현한다. 특히 오늘날 잘 사용하지 않는 어휘들을 사용하여 당시의 시대 상황과 인물들의 생각을 잘 살리고 감정의 완급 조절도 훌륭하다는 평가를 받고 있다.

〈인물의 특성〉

1 이 글에 등장하는 인물들을 다음과 같이 정리할 때 빈칸에 들어갈 말을 써 보자.

'나'	• 아버지의 구멍가게 일을 도우며 (　　　　)을 함. • 아버지의 수모를 목격하고 내면에 상처를 입음.
아버지	• 구멍가게에 의지해 가족의 생계를 꾸려 가는 가장임. • 표현이 서툴지만 아들을 사랑함. • 수모를 당하고 아들 앞에서 (　　　　)을 흘림.
혹부리 영감	• (　　　　) 없고 이기적인 장사꾼임. • 아버지에게 비참한 수모를 안김.

〈인물의 심리〉

2 이 글에 나타난 '나'의 심리를 파악해 보자.

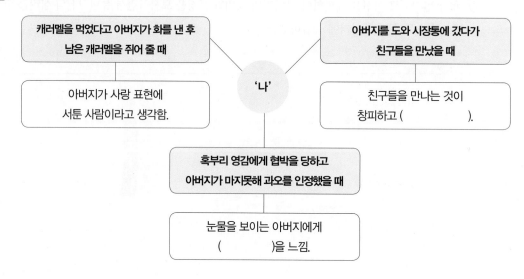

〈소재의 의미〉

3 이 글에 등장하는 소재의 의미를 파악해 보자.

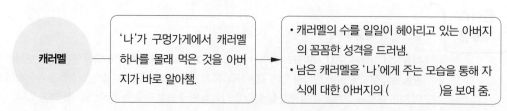

다른 작품 엮어 읽기

연계 포인트 이 소설은 주인공인 민홍이 돌아가신 아버지를 회상하면서 아버지를 이해하는 과정을 담고 있다. 아버지와 관련된 지난날의 사건을 회상하고 있다는 점에서 「자전거 도둑」과 함께 읽어 볼 수 있다.

아버지가 처음 앉았던 자리는 북으로 가는 자리였다. 머릿속이 휑뎅그렁하게 비어 버려 망창히 앉아 있던 아버지에게는 창문으로 쏟아져 들어오는 햇살이 그저 너무 좋다는 생각만 한심하게 다가왔다. 고개를 돌려 보니 수용소 안에서 가까이 지내던 사람들이 모두 이남 자리로 넘어가서는 아버지보고 그쪽에 남으면 죽으니 날래 넘어오라구 난리를 쳤다. 갑자기 겁이 더럭 올라붙은 아버지는 시적시적 이남 자리로 옮겨 갔다. 그러나 개인적 안위를 걱정할 때가 아니라는 생각이 스쳤다. 잔뼈가 굵은 고향이 있었고 거기에 살고 있을 부모처자 — 아버지는 이미 전쟁 전에 장가를 들었다 — 모습이 눈앞에 밟혔던 것이다. 그래서 이번에는 후들거리는 다리를 끌고 이북 자리로 넘어갔다. 그러나 자리에 앉고 보니 불현듯 물밑 쪽 같은 신세 이제 고향에 돌아가믄 뭘 하겠나 하는 생각이 들었다. 뭐가 뭔지 알 수가 없었다.

그만 하는 소리와 함께 호각이 삑 울렸다. 아버지는 둔기로 뒷머리를 얻어맞은 사람처럼 온몸이 굳어져 왔다. 저 복도는 이미 단순한 복도가 아니라 삼팔선 바로 그것이었다. 아 이를 어쩐단 말이냐. 그때 아버지는 자신의 두 눈을 의심했다. 차오르는 숨을 가누지 못해 고개를 쳐든 아버지의 눈동자에는 콘세트 들보 위를 살금살금 걸어가는 희끄무레한 물체가 들어왔다. 폭동의 와중에서 우연히 아버지를 깨우는 바람에 목숨을 건지게 해 준 그 흰쥐가 꼬랑지를 살랑살랑 흔들며 이남 쪽으로 걸음을 떼고 있었다. 아버지의 눈에 힘이 들어갔다. 복도 사이로는 감찰 완장들이 저벅저벅 걸어 들어오는 판국이었다. 아버지는 얼른 복도로 내려섰다. 너무 서두르는 통에 발목을 접질려 비틀거리자 지나가던 감찰 완장 하나가 이눔이 하며 엉덩이를 걷어찼다.

내이가 왜 그랬겠니? 여기 한번 나와 있으니까니 못 가갔드란 말이야. 어딜 간들 하는 생각 때문에 도루 못 가갔드란 말이야. 기거이 바로 사람이야. 웬 쥐였냐고? 글쎄 모르지. 기러다 보니 맹탕 헛것이 눈에 끼었는지두. 언젠간 돌아가갔지 하며 살다 보니…… 암만 생각해 봐두 꿈 같기두 하구…… 기리고 이젠 모르갔어…… 정짜루다 돌아가구 싶은 겐지 그럴 맘이 없는 겐지…… 늙으니까니 암만해두.

짓물러진 눈자위를 손가락으로 지그시 누르고 있는 아버지의 어깨가 가늘게 떨렸다. 민홍은 뱃속에서 울컥하는 감정 덩어리가 솟구침을 느꼈다. 비껴 앉은 아버지의 야윈 잔등을 보면서 민홍은 박물관에서 본 적이 있는 고생대의 한 화석을 떠올렸다. 그 화석에 대한 일차적 기억은 앙상함이었고 그리고 가슴 답답한 세월의 무게였다. 그 누구도 자유롭지 못한.

– 김소진, 「쥐잡기」 –

[정답과 해설 47쪽]

1 이 글의 민홍과 「자전거 도둑」의 '나'는 아버지와 관련된 지난날을 회상하며 아버지에 대한 (   )의 감정을 느끼고 있다.

2 이 글의 아버지는 남과 북 중 하나를 선택해야 하는 상황에서 이남 쪽으로 이동하는 (   )를 따라 남쪽을 선택한다.

황만근은 이렇게 말했다 | 성석제

• 수록 교과서: 문학_금성, 비상 / 국어_천재(박)
• 기출: 2021-6월 고3 모평

[앞부분의 줄거리] 황만근은 마을 사람들에게 바보 취급을 받지만, 외지 출신인 민 씨는 달리 생각한다. 어느 날, 밤늦게 집에 가던 황만근은 토끼 고개에서 거대한 토끼를 만난다.

"그기 뭔 소리라? 내가 내 집에 내 발로 가는데 니가 뭐라꼬 집에 못 간다 카나. 귀신이마 썩 물러가고 토끼마 착 엎디리라. 내가 너를 타고서라도 집에 갈란다."

거대한 토끼는 황만근이 한 번도 맡아 본 적이 없는 비린 냄새를 풍기면서 느릿하고 탁한 음성으로 다시 말했다.

"너는 ⓐ여기서 죽는다. **너는 여기서 죽는다.** 너는 여기서 죽는다. 너는 집에 못 간다."

황만근은 온몸에 소름이 돋고 털이란 털은 모두 위로 곤두섰다. 그래도 있는 힘을 다해 토끼를 밀치며 "비키라!" 하고 소리를 질렀다. 그런데 토끼를 밀친 황만근의 팔이 토끼의 털에 묻히는가 싶더니 진공청소기에 빨려 드는 파리처럼 쑤욱 안으로 빨려 들어가는 것이었다 ㉠(황만근이 한 말이 아니라 그 말을 들은 민 씨의 표현이다). 황만근은 한 팔로 옆에 있는 나무를 붙잡으면서 빨려 들어간 팔을 도로 빼려고 안간힘을 썼다. 황만근을 빨아들이려는 공간은 아무것도 잡히지 않을 정도로 넓었고 허전했고 또한 소름 끼치도록 차가웠다. 토끼는 토끼대로 쉽게 끌려 들어오지 않는 황만근을 마저 끌어들이기 위해 온몸을 떨면서 뒷발을 든 채 버티고 있었다.

그런 상태로 시간이 하염없이 흘렀다. 어느새 동쪽 하늘이 부옇게 밝아 오기 시작했다. 그러자 토끼는 황만근을 향해 "너는 이제 살았다. 너는 이제 살았다. 너는 이제 살았으니 나를 놓아라." 하고 말했다. 황만근은 오기*가 나서 "택도 없는 소리 말거라. 니를 탕으로 끓이서 어무이하고 나하고 마주 앉아서 먹어 치울끼다. 니 가죽을 빗기서 어무이 목도리를 하고 내 토시*를 하고 장갑을 할 끼다. **니는 인자 죽었다,** 자슥아." 하고 소리쳤다. 토끼는 다급하게 물었다. "그럼 어떻게 하면 네 팔을 빼겠느냐." 황만근은 팔을 안 빼는 게 아니라 못 빼고 있는데 토끼가 그렇게 물어 오자 할 말이 없었다. 그래서 되는 대로 "내 소원을 세 가지 들어주기 전에는 니까잇 거는 못 간다." 하고 말했다.

"네 소원이 뭐냐."

"우리 어무이가 팥죽 할마이걸이 오래오래 사는 거다."

㉡(팥죽 할마이란 팥죽을 파는 할머니, 혹은 늘 팥죽을 쑤고 있는 할머니 같은데 그 할머니가 누구인지, 어째서 오래 산다고 하는지 민 씨는 모른다.)

토끼는 ⓑ마을이 있는 서쪽으로 고개를 기울였다가 몸을 소스라치게 떨고 나서 힘겨운 목소리로 말했다.

"지금 들어주었다. 그다음은?"

"여우 겉은 마누라가 생기는 거다."

"송편을 세 번 먹으면 네 집으로 올 거다. 다음은 무엇이냐?"

"떡두깨(떡두꺼비) 겉은 아들이다."

오기 능력은 부족하면서도 남에게 지기 싫어하는 마음.
토시 추위를 막기 위하여 팔뚝에 끼는 것. 저고리 소매처럼 생겨 한쪽은 좁고 다른 쪽은 넓다.

"마누라가 들어오면 용왕이 와서 그렇게 해 준다. 이제 나를 놓아라."

"내가 언제 니를 잡았나. 니가 가 뿌리만 되지, **바보 자슥아.**"

그러자 토끼는 속았다는 걸 알았는지 얼굴을 무섭게 부풀리더니 황만근의 얼굴에 뜨겁고 매운 김을 내뿜었다. 황만근이 눈을 뜨지 못하고 쩔쩔매다가 간신히 떠 보니 어느새 자신의 팔이 돌아와 있는 것이었다. 황만근의 ⓒ주변에는 토끼털이 무수히 떨어져 바늘처럼 반짝이고 있었다. 황만근은 제대로 숨 쉴 겨를도 없이 집으로 달려갔다. 동네 곳곳의 닭들이 햇대[*]에서 소리쳐 울고 있었다. 황만근은 밖에서 "어무이, 어무이." 하고 소리치면서 ⓓ마당으로 뛰어 들어갔지만 방 안에서는 아무 기척[*]이 없었다. 방 안에 들어가 보니 그의 어머니는 그가 나갔을 때의 모습 그대로, 얼굴이 백지장처럼 변해 앉아 있었다.

"어무이, 어무이!"

그가 어깨를 흔들자 젊은 어머니는 모로 쓰러져 버렸다. 그러면서 "카악!" 하고는 목에서 **주먹밥 덩어리**를 토해 냈다. 황만근이 어머니를 껴안고 통곡을 하다가 손발을 주무르고 온몸을 어루만지자 어머니는 눈을 떴다.

"니 와 인자 왔노?"

"밤새도록 토깨이 귀신하고 씨름을 하다 왔다. 니는 괜않나."

"니 기다리다가 아까 해 뜰 녘에 닭이 울길래 밥 한 딩이를 입에 넣었다가 목이 맥히서 죽을 뻔했다. 움직있다가는 더 맥힐 거 같애서 손가락 하나 까딱 모하고 이래 니가 오기 기다리고 있었니라. 이 문디 겉은 놈의 자슥아, 와 밥만 해 놓고 물은 안 떠다 놨니!"

황만근은 울다가 웃다가 덩실덩실 춤을 추었다. 그러고는 어머니에게 엉덩이를 채어 물을 뜨러 동네 ⓔ우물로 달려갔다.

[A] 그날 우물가에서는 황만근의 기이한 체험이 여러 사람의 입으로 하루 종일 수십 번 되풀이되었고 종내 황만근이 우물가로 초청되어 입이 아프도록 같은 **이야기**를 늘어놓아야 했다.

[B] 송편을 세 번 빚을 만큼의 시간, 곧 세 해가 흐른 뒤에 토끼의 **말**대로 어떤 처녀가 그의 집으로 들어왔을 때 동네 사람들이 황만근을 보는 눈이 달라졌다.

배경지식 확장

1990년대 후반의 농촌 현실

1990년대 후반에 전 세계를 휩쓴 외환 위기는 한국 경제에도 영향을 미쳐 한국 정부는 1997년에 국제 통화 기금[IMF]에 구제 금융을 신청하게 된다. 이로 인해 우리 경제는 IMF의 관리를 받아야 했으며 모든 산업 분야에서 건국 이래 최대의 위기를 맞게 된다. 특히 사회적 취약 계층인 농민들이 받는 타격은 더욱 컸는데, 쌓여만 가는 농가 부채를 해결하지 못한 많은 농민들이 파산하게 된다. 이 글은 이러한 사회적 상황을 배경으로 하여, 사회적 약자들을 보호하지 못하는 농업 정책을 비판하면서 농촌 현실의 어려움을 고발하고 있다.

[*]
햇대 옷을 걸 수 있게 만든 막대. 간짓대를 잘라 두 끝에 끈을 매어 벽에 달아매어 둔다. 닭 등을 키울 때 사용하기도 한다.
기척 누가 있는 줄을 짐작하여 알 만한 소리나 기색.

개념 전기적 요소

전기적이란 '기이하여 세상에 전할 만한 것'이란 뜻으로, 전기적 요소란 고전 소설에서 자주 볼 수 있는 비현실적 요소를 의미한다. 고전 소설에서는 비현실적인 시공간, 영웅적인 능력, 기이한 사건, 신적인 존재의 등장 등을 통해 문제를 해결하거나 인물의 영웅성을 부각하는 경우가 많다. 현대 소설에서도 이러한 전기적 요소를 활용하여 소설을 전개하는 경우가 있다.

1 윗글의 서술상 특징으로 가장 적절한 것은?

① 전기적 요소를 활용하여 인물의 영웅성을 부각하고 있다.

② 과거와 현재를 오가면서 사건을 입체적으로 서술하고 있다.

③ 중심인물의 의식의 흐름을 따라가며 내용을 전개하고 있다.

④ 현재형 시제를 사용하여 생생한 현장감을 느끼게 하고 있다.

⑤ 사투리와 비속어를 사용하여 인물을 생동감 있게 표현하고 있다.

기출

2 ㉠, ㉡의 서술 효과로 가장 적절한 것은?

① ㉠을 통해 민 씨가 황만근에게 들은 말을 그대로 전하고 있음을 알 수 있다.

② ㉡을 통해 황만근의 말을 전하는 민 씨도 다른 인물들처럼 서술자의 서술 대상임을 알 수 있다.

③ ㉠과 ㉡을 삭제하면 황만근과 토끼의 대결 과정을 파악하기 어렵게 된다.

④ ㉠과 ㉡은 황만근과 토끼의 대결 과정 자체에 더 몰입하여 읽도록 도와주는 기능을 한다.

⑤ ㉠과 ㉡을 통해 황만근이 민 씨로부터 전해 들은 이야기가 다시 서술되고 있음을 알 수 있다.

기출

3 [A], [B]에 대한 설명으로 가장 적절한 것은?

① [A]는 마을 사람들이 '이야기'를 여러 차례 들었으나 여전히 흥미를 느끼지 못했음을 보여 준다.

② [A]는 직접 경험한 사건이라도 반복적으로 전달되면서 '이야기'의 내용이 점차 달라지고 있음을 보여 준다.

③ [B]는 새로운 등장인물의 '말'에 따라 '말'을 처음 전한 존재에 대한 평가가 달라졌음을 보여 준다.

④ [B]의 '말'은 [A]의 '이야기'의 일부로, '말'의 실현이 '이야기'의 신뢰성을 높이고 있음을 보여 준다.

⑤ [B]는 [A]의 '이야기'가 삼 년 동안 전해질 수 있었던 이유가 '말'의 실현에 대한 공동체의 확신 때문임을 보여 준다.

기출

4 ⓐ~ⓔ를 이해한 내용으로 적절하지 <u>않은</u> 것은?

① ⓐ: 주인공이 기이한 체험을 하는 공간

② ⓑ: 주인공이 복귀해야 할 일상적 공간

③ ⓒ: 주인공의 지난밤 체험의 흔적이 남아 있는 공간

④ ⓓ: 주인공이 어머니에 대한 불안을 감지하는 공간

⑤ ⓔ: 주인공이 어머니의 요청을 동네 사람들에게 전하러 간 공간

기출

5 〈보기〉를 참고하여 윗글을 감상한 내용으로 적절하지 <u>않은</u> 것은?

> **보기**
>
> 윗글은 민담적 요소를 적극 활용한 현대 소설이다. 바보 취급을 받는 황만근이 신이한 존재와 대면했으나 위기를 극복하며 의외의 승리를 거둔다는 비현실적 이야기는 민담적 특징을 잘 보여 준다. 또한 반복적이거나 위협적인 어구 사용, 구성진 입담 등에는 언어의 주술성과 해학성이 잘 드러난다.

개념 언어의 주술성

주술은 무속 신앙에서 많이 사용하는데, 일반적으로 특정 주문을 외거나 반복하는 것을 말한다. 즉 언어의 주술성이란 주문을 반복함으로써 화자가 원하는 특정 결과를 유도하는 언어의 비현실적 힘을 의미한다고 볼 수 있다.

① 황만근이 '거대한 토끼'와 겨루는 비현실적인 이야기 전개는 민담의 일반적 특성과 맞닿아 있는 것이겠군.

② 토끼가 '너는 여기서 죽는다.'라는 말을 세 번 반복한 것은 언어의 주술적 특성을 드러내는 것이겠군.

③ 황만근이 '니는 인자 죽었다.'라고 발언하며 위협한 것은 의외의 결과를 가져와 토끼가 황만근의 소원을 들어주기로 하였겠군.

④ '바보 자슥아'라는 말은 황만근에 대한 신이한 존재의 우위가 변했음을 보여 주는 것이겠군.

⑤ 어머니가 '주먹밥 덩어리'를 토해 내는 것은 황만근에게 속은 것을 깨달은 토끼의 주술적 복수라 할 수 있겠군.

플러스 자료실

타고난 이야기꾼 성석제

성석제는 현대 문학계의 대표적인 이야기꾼으로 꼽히는 작가이다. 그는 기존 소설의 관습에서 벗어난 개성적인 작품을 창작하였다. 고전 문학의 형식을 차용한 소설 형식, 현실과 비현실 또는 과거와 현재를 자유롭게 오가는 서사 전개, 언어유희를 활용한 재치 있는 표현, 해학적 인물형, 그리고 그 안에 담긴 현실에 대한 날카로운 풍자는 이전의 현대 문학에서는 쉽게 볼 수 없었던 새로운 유형의 소설을 만들어 냈다. 그렇기 때문에 그는 '이야기'로서 소설의 역할에 가장 충실한 작가로 평가받고 있다.

원리로 작품 독해

1

〈인물 간의 관계〉

시간의 흐름에 따라 황만근과 '거대한 토끼'의 관계가 어떻게 변하는지 정리해 보자.

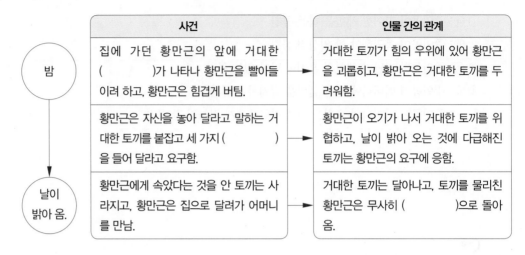

	사건	인물 간의 관계
밤	집에 가던 황만근의 앞에 거대한 (　　　　)가 나타나 황만근을 빨아들이려 하고, 황만근은 힘겹게 버팀.	거대한 토끼가 힘의 우위에 있어 황만근을 괴롭히고, 황만근은 거대한 토끼를 두려워함.
	황만근은 자신을 놓아 달라고 말하는 거대한 토끼를 붙잡고 세 가지 (　　　　)을 들어 달라고 요구함.	황만근이 오기가 나서 거대한 토끼를 위협하고, 날이 밝아 오는 것에 다급해진 토끼는 황만근의 요구에 응함.
날이 밝아 옴.	황만근에게 속았다는 것을 안 토끼는 사라지고, 황만근은 집으로 달려가 어머니를 만남.	거대한 토끼는 달아나고, 토끼를 물리친 황만근은 무사히 (　　　　)으로 돌아옴.

2

〈글의 특징〉

황만근의 세 가지 소원을 중심으로 이 글의 특징을 파악해 보자.

세 가지 소원	토끼의 응답	결과
어머니가 팥죽 할머니같이 오래오래 사는 것	지금 들어줄 것임.	(　　　　) 덩어리가 목에 걸려 죽을 뻔한 어머니가 살아남.
여우 같은 마누라가 생기는 것	(　　　　)을 세 번 먹으면 집으로 올 것임.	세 해가 흐른 뒤에 어떤 처녀가 황만근의 집으로 들어옴.
떡두꺼비 같은 (　　　　)을 얻는 것	마누라가 들어오면 용왕이 와서 그렇게 해 줄 것임.	처녀가 일곱 달이 지나지 않아 아들을 낳음.

민담적 요소를 활용한 (　　　　)인 이야기

3

〈서술상 특징〉

이 글의 서술상 특징을 파악해 보자.

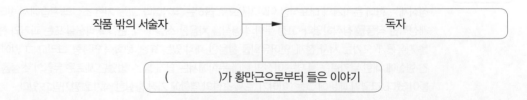

작품 밖의 서술자 → 독자

(　　　　)가 황만근으로부터 들은 이야기

비단잉어들은 화려하고 귀티 나는 맵시로 보는 사람마다 탄성을 자아내게 하였으나, 그는 처음부터 흘기눈을 떴다. 비행기를 타고 온 수입 고기라서가 아니었다. 그 회사 직원 몇 사람 치 월급을 합쳐도 못 미치는 상식 밖의 몸값 때문이었다.

"대관절 월매짜리 고기간디그려?"

내가 물어보았다.

"마리당 팔십만 원쓱 주구 가져왔댜."

그 회사 직원들의 봉급 수준을 모르기에 내 월급으로 계산을 해 보니, 자그마치 3년 4개월 동안이나 봉투째로 쌓아야 겨우 한 마리 만져 볼까 말까 한 값이었다.

"웬 늠으 잉어가 사람버덤 비싸다나?"

내가 기가 막혀 두런거렸더니,

[A] "보통 것은 아닐러먼그려. 뱉어낸밴또(베토벤)라나 뭬라나를 틀어 주면 또 그 가락대루 따라서 허구, 차에코풀구싶어(차이콥스키)라나 뭬라나를 틀어 주면 또 그 가락대루 따라서 허구, 좌우간 곡을 틀어 주는 대로 못 추는 춤이 읎는 순전 딴따라 고기닝께. 물고기두 꼬랑지 흔들어서 먹구사는 물고기가 있다는 건 이번에 그 집에서 츰 봤구먼."

그런데 이 비단잉어들이 어제 새벽에 떼죽음을 한 거였다. 자고 일어나 보니 죄다 허옇게 뒤집어진 채로 떠 있는 것이었다.

총수가 실내화를 뀈 발로 뛰어나왔지만 아무 소용없는 일이었다.

"어떻게 된 거야?"

한동안 넋 나간 듯이 서 있던 총수가 하고많은 사람 중에 하필이면 유자를 겨냥하며 물은 말이었다.

"글쎄유, 아마 밤새에 고뿔이 들었던 개비네유."

유자는 부러 딴청을 하였다.

"뭐야? 물고기가 물에서 감기 들어 죽는 물고기두 봤어?"

총수는 그가 마치 혐의자나 되는 것처럼 화풀이를 하려 드는 것이었다.

그는 비위가 상해서,

"그야 팔자가 사나서 이런 후진국에 시집와 살라니께 여러 가지루다 객고가 쌓여서 조시두 안 좋았을 테구……. 그런 디다가 부룻쓰구 지루박이구 가락을 트는 대루 디립다 춰 댔으니께 과로해서 몸살끼두 다소 있었을 테구……. 본래 받들어서 키우는 새끼덜일수록이 다다 탈이 많은 법이니께……."

그는 시멘트의 독성을 충분히 우려내지 않고 고기를 넣은 것이 탈이었으려니 하면서도 부러 배참으로 의뭉을 떨었다.

　　　　　　　　　　　　　　　　　　　　　　　　　　　　　　　　– 이문구, 「유자소전」 –

[정답과 해설 49쪽]

1 이 글과 「황만근은 이렇게 말했다」의 공통점으로 적절하지 <u>않은</u> 것은?

① 해학적인 분위기　　　　② 전통 문학의 형식 차용　　　　③ 비현실적인 사건 전개

④ 서술자와 중심인물의 불일치　　　⑤ 사투리 사용으로 생동감 부여

2 [A]에서는 발음의 유사성을 이용한 (　　　　　　)를 통해 웃음을 유발하고 있다.

III

수필·극

어떻게 출제되나?

• 수필은 단독으로 출제되기보다는 복합으로 많이 출제된다. 현대시 또는 고전 시가와 함께 출제되는 경우가 많다. 극은 희곡의 경우 단독으로, 시나리오의 경우 소설과 함께 출제되는 경우가 많다.

• 수필은 글쓴이의 태도나 관점을 파악하는 문제가, 극은 실제로 무대에서 형상화한다고 할 때 그 적절성을 묻는 문제가 자주 출제된다.

어떻게 공략해야 하나?

• 다른 작품과 연계하여 출제되는 경우가 많으므로 기출문제를 바탕으로 작품을 엮은 공통 요소, 갈래 변용 과정에서의 특징이나 변화 등을 찾는 연습을 한다.

• 작품에 나타난 인물의 상황, 갈등, 생각 등을 중심으로 글을 통해 말하고자 하는 주제를 파악한다.

수필과 극, 어떻게 읽어야 하나?

수필

수필은 일상에서 느끼고 생각한 바를 내용이나 형식의 제한 없이 자유롭게 표현한 글이다. 작품 속에 가상의 말하는 이를 내세우는 시나 소설과 달리 수필은 글쓴이가 직접 '나'로 등장해 이야기를 전달한다. 따라서 독자들은 작품을 통해 글쓴이가 전달하는 이야기에 귀 기울이는 한편, 내용이나 형식 면에서 드러나는 글쓴이의 개성을 파악하며 작품을 읽어야 한다.

1 글쓴이의 특별한 경험이나 사색을 살펴본다.

수필을 읽을 때에는 먼저 제목을 살펴보는 것이 좋다. 대부분의 제목이 사색의 대상이나 작품의 주제를 표현하기 때문에 제목에 담긴 의미를 생각하면서 작품을 감상하도록 한다.

수필에는 주로 글쓴이의 특별한 경험이나 제재에 대한 글쓴이의 사색이 나오는데, 경험이 나올 때에는 경험을 통해 나타나는 글쓴이의 생각, 글쓴이가 경험을 제시한 까닭, 특정 소재의 상징적 의미 등을 파악하며 읽도록 한다. 그리고 제재에 대한 사색이 나올 때에는 글쓴이의 가치관이나 세계관, 태도에 주목한다.

2 글쓴이가 느낀 감정을 바탕으로 주제를 생각해 본다.

글쓴이의 경험이나 사색을 통해 글쓴이가 느낀 바를 정리해 본다. 일반적으로 수필은 교훈적인 성격을 지닌다. 따라서 글쓴이가 느낀 내용이 곧 글쓴이가 전달하고자 하는 교훈이 되고, 이것이 바로 글의 주제가 된다. 수필에서 글의 주제는 글쓴이가 갖는 개성적인 생각이다. 따라서 주제를 파악할 때에는 일반적인 사람들과 다른, 글쓴이만의 독특한 해석이나 생각에 주목하는 것이 좋다. 이 과정에서 제목의 의미를 다시 한번 생각하면서 글쓴이의 의도를 파악한다.

3 서술상의 특징이나 주요 표현 방법을 살펴본다.

다음에 유의하여 서술상의 특징이나 표현 방법을 파악한다.

- 경험이 중심이 되는 글인가? 사색이 중심이 되는 글인가?
- 글의 구성 방식은 시간 순서인가? 공간 순서인가?
- 대화체의 문장이 주로 사용되었는가? 독백체의 문장이 주로 사용되었는가?
- 어조는 의지적인가? 관조적인가? 반성적인가?
- 사용한 어휘나 소재, 문장 등에서 특별한 점은 없는가?
- 인상적으로 사용한 표현 방법에는 어떤 것이 있는가?

극

극 문학은 크게 희곡과 시나리오로 구분한다. 희곡은 무대 상연을 전제로 하여 쓴 연극의 대본이고, 시나리오는 영화 상영을 전제로 하여 쓴 영화의 각본이다. 희곡과 시나리오는 인물들의 대사와 이를 뒷받침하는 각종 장치를 통해 내용이 형상화되는 문학이라는 공통점이 있기 때문에 장면을 상상하며 읽어야 한다는 점은 유사하다. 하지만 연극과 영화 각각의 특수성이 있기에 이를 고려하여 작품을 읽을 수 있도록 한다.

1 인물의 대사나 행동을 통해 내용을 이해한다.

극 문학은 서술자 없이 인물들의 말이나 행동을 통해 내용을 전달한다. 따라서 희곡이나 시나리오를 읽을 때에는 인물들의 대사와 지시문으로 표현되는 행동, 표정 등을 통해 인물의 성격이나 내용 전개 과정 등을 파악해야 한다. 특히 극 문학은 소설과 마찬가지로 갈등을 중심으로 내용이 전개되므로 다양한 갈등 양상을 파악하고, 이를 중심으로 인물 간의 관계나 사건의 흐름, 인물의 심리 등을 파악하도록 한다.

2 장면을 상상하며 읽는다.

희곡이나 시나리오는 공연과 상영을 전제로 하기에 연극이나 영화로 구체화될 때의 장면과 관련된 문제가 자주 출제된다. 따라서 희곡이나 시나리오를 감상할 때에는 구체적인 장면을 머릿속에 상상하며 읽는 것이 좋다. 이를 위해서 배경에 대한 설명이나 인물의 움직임과 관련된 지시문을 눈여겨보는 것이 좋다. 희곡의 경우에는 무대 위에서의 배우의 위치나 무대 장치 등에 주목해야 하고, 시나리오의 경우에는 카메라의 위치나 장면의 선후 관계 등에 주목해야 한다.

3 희곡의 경우 소재의 상징성에 주목한다.

시나리오에 비해 여러 가지 제약이 있는 희곡은 주제를 효과적으로 전달하기 위해 상징적인 소재를 자주 사용한다. 따라서 희곡을 읽을 때에는 주요 소재의 상징적 의미를 파악하고, 이를 바탕으로 작가의 창작 의도를 이해해야 한다.

4 시나리오의 경우 시나리오 용어를 미리 익혀 둔다.

시나리오는 영화 촬영을 전제로 하므로 특수한 촬영 용어를 많이 사용한다. 이러한 시나리오 용어는 장면을 상상하고 내용을 이해하는 데 매우 중요한 역할을 하므로 미리 익혀 두는 것이 좋다.

파초 | 이태준

• 기출: 2015 수능A

파초*는 언제 보아도 좋은 화초다. 폭염 아래서도 그의 푸르고 싱그러운 그늘은, 눈을 씻어 줌이 물보다 더 서늘한 것이며 비 오는 날 다른 화초들은 입을 다문 듯 우울할 때 파초만은 은은히 빗방울을 퉁기어 주렴(珠簾)* 안에 누웠으되 듣는 이의 마음 위에까지 비는 뿌리고도 남는다. ㉠가슴에 비가 뿌리되 옷은 젖지 않는 그 서늘함, 파초를 가꾸는 이 비를 기다림이 여기 있을 것이다.

오늘 앞집 사람이 일찍 찾아와 보자 하였다. 나가니

"거 저 큰 파초 파십시오." 한다.

"팔다니요?"

"저거 이젠 팔아 버리셔야 합니다. 저렇게 꽃이 나온 건 다 큰 표구요, 내년엔 영락없이 죽습니다. 그건 제가 많이 당해 본 걸입쇼." 한다.

"죽을 때 죽더라도 보는 날까진 봐야지 않소?"

"그까짓 인제 뭐 달 더 보자구 그냥 두세요? 지금 팔면 올엔 파초가 세가 나 저렇게 큰 건 오 원도 더 받습니다……. 누가 마침 큰 걸 하나 구한다뇨 그까짓 슬쩍 팔아 버리시죠."

생각하면 고마운 말이다. 이왕 죽을 것을 가지고 돈이라도 한 오 원 만들어 쓰라는 말이다.

그러나 나는 마음이 얼른 쏠리지 않는다.

"그까짓 거 팔아 뭘 허우."

"아, 오 원쯤 받으셔서 미닫이에 비 뿌리지 않게 챙*이나 해 다시죠."

그는 내가 서재를 짓고 챙을 해 달지 않는다고 자기 일처럼 성화*하던 사람이다.

나는, 챙을 하면 파초에 비 맞는 소리가 안 들린다고 몇 번 설명하였으나 그는 종시 객적은* 소리로밖에 안 듣는 모양이었다.

그는 오늘 오후에도 다시 한번 와서

"거 지금 좋은 작자가 있는뎁쇼……." 하고 입맛을 다시었다.

정말 파초가 꽃이 피면 열대 지방과 달라 한번 말랐다가는 다시 소생하지 못할는지도 모른다. 그러나 내 마당에서, 아니 내 방 미닫이 앞에서 나와 두 여름을 났고 이제 그 발육이 절정에 올라 꽃이 핀 것이다. 얼마나 영광스러운 일인가!

*
파초 파초과의 여러해살이풀. 높이는 2미터 정도이며, 잎은 뭉쳐 나고 긴 타원형이다.
주렴 구슬 따위를 꿰어 만든 발.
챙 햇볕을 가리거나 비가 들이치는 것을 막기 위해 처마 끝에 덧붙이는 좁은 지붕.
성화 몹시 귀찮게 구는 일.
객(客)쩍은 행동이나 말, 생각이 쓸데없고 싱거운.

1 윗글에 대한 설명으로 적절하지 <u>않은</u> 것은?

① 인물 간의 대화를 직접 인용하여 사실감을 높이고 있다.

② 영탄적인 표현을 사용하여 글쓴이의 감정을 드러내고 있다.

③ 두 사람의 서로 다른 가치관을 대비하며 주제를 전달하고 있다.

④ 앞집 사람과의 대화를 통해 글쓴이의 가치관을 드러내고 있다.

⑤ 구체적인 일화를 제시하여 글쓴이의 태도가 변하는 과정을 보여 주고 있다.

기출 변형

2 〈보기〉를 바탕으로 윗글을 감상한 내용으로 적절하지 <u>않은</u> 것은?

> **보기**
>
> 이태준은 「파초」 같은 수필에서 자연물과의 교감을 시도한다. 그에게 자연물은 속물적인 현실과 거리를 두게 하는 대상이며, 그는 그것들에 대해 심미적 감상의 태도를 드러낸다.

개념 심미적 감상

심미적이란 '아름다움을 살펴 찾으려는 것'을 의미하므로 심미적 감상은 대상의 아름다움을 찾고 느끼며 감상하는 것이라고 볼 수 있다.

① '챙'은 '나'에게 속물적인 현실에서 벗어날 수 있는 여유를 제공하는 대상이군.

② '나'는 파초를 자신과 함께 살아가는 존재로 여김으로써 자연물과의 교감을 드러내고 있군.

③ 파초가 비 맞는 장면에 대한 감각적 서술은 자연물에 대한 '나'의 심미적 감상의 태도를 보여 주고 있군.

④ 앞집 사람이 '나'에게 파초를 팔면 받을 수 있다고 제시한 '오 원'은 속물적인 현실을 의미하는 소재이겠군.

⑤ '나'가 앞집 사람의 제안을 거절하는 까닭은 '나'가 파초를 통해 얻는 경제적 이득보다 파초 자체를 감상하는 데 더 큰 가치를 부여하고 있기 때문이겠군.

기출 변형

3 ㉠에 대한 설명으로 가장 적절한 것은?

① 파초와 다른 화초의 공통점을 드러내고 있다.

② '나'가 폭염을 기다리는 까닭을 나타내고 있다.

③ '나'의 감각적 경험이 정서를 자극하는 양상을 표현하고 있다.

④ '나'가 고통에서 벗어날 수 있는 미래를 기다리는 근거로 제시되고 있다.

⑤ 촉각을 시각으로 전이시키며 대상에 대한 느낌을 참신하게 표현하고 있다.

1 〈글의 주제〉

글쓴이가 사색한 내용과 경험한 일을 바탕으로 글쓴이가 말하고자 하는 바를 파악해 보자.

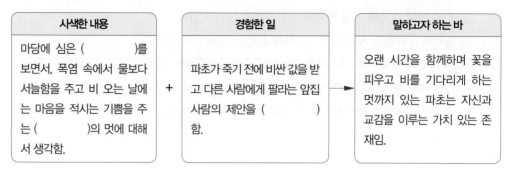

사색한 내용		경험한 일		말하고자 하는 바
마당에 심은 ( )를 보면서, 폭염 속에서 물보다 서늘함을 주고 비 오는 날에는 마음을 적시는 기쁨을 주는 ( )의 멋에 대해서 생각함.	+	파초가 죽기 전에 비싼 값을 받고 다른 사람에게 팔라는 앞집 사람의 제안을 ( ) 함.	→	오랜 시간을 함께하며 꽃을 피우고 비를 기다리게 하는 멋까지 있는 파초는 자신과 교감을 이루는 가치 있는 존재임.

2 〈인물의 관점〉

대상을 바라보는 인물의 관점 차이를 다음과 같이 정리해 보자.

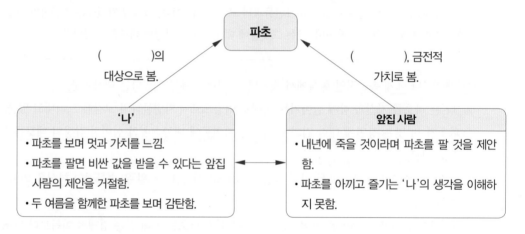

파초

(   )의
대상으로 봄.

(   ), 금전적
가치로 봄.

'나'	앞집 사람
• 파초를 보며 멋과 가치를 느낌. • 파초를 팔면 비싼 값을 받을 수 있다는 앞집 사람의 제안을 거절함. • 두 여름을 함께한 파초를 보며 감탄함.	• 내년에 죽을 것이라며 파초를 팔 것을 제안함. • 파초를 아끼고 즐기는 '나'의 생각을 이해하지 못함.

3 〈글쓴이의 개성〉

이 글에 나타난 글쓴이의 개성을 파악해 보자.

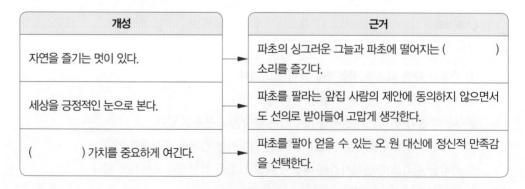

개성	근거
자연을 즐기는 멋이 있다.	파초의 싱그러운 그늘과 파초에 떨어지는 ( ) 소리를 즐긴다.
세상을 긍정적인 눈으로 본다.	파초를 팔라는 앞집 사람의 제안에 동의하지 않으면서도 선의로 받아들여 고맙게 생각한다.
( ) 가치를 중요하게 여긴다.	파초를 팔아 얻을 수 있는 오 원 대신에 정신적 만족감을 선택한다.

특급품 | 김소운

• 기출: 2015-6월 고2 학평A

비자는 연하고 탄력이 있어 두세 판국을 두고 나면 반면(盤面)*이 얽어서 곰보같이 된다. 얼마 동안을 그냥 내버려 두면 반면은 다시 본디대로 평평해진다. 이것이 비자반의 특징이다.

비자를 반재(盤材)*로 진중(珍重)하는 소이(所以)는, 오로지 이 유연성(柔軟性)을 취함이다. 반면에 돌이 닿을 때의 연한 감촉—, 비자반이면 여느 바둑판보다 어깨가 마치지 않는다는 것이다. 아무리 흑단(黑檀)이나 자단(紫檀)이 귀목(貴木)이라고 해도 이런 것으로 바둑판을 만들지는 않는다.

비자반 일등품 위에 또 한층 뛰어 특급품이란 것이 있다. 반재며, 치수며, 연륜이며 어느 점이 일급과 다르다는 것은 아니나, 반면에 머리카락 같은 가느다란 흉터가 보이면 이게 특급품이다. 알기 쉽게 값으로 따지자면, 전전(戰前)* 시세로 일급이 2천 원 전후인데, 특급은 2천 4, 5백 원—, 상처가 있어서 값이 내리는 게 아니라 되레 비싸진다는 데 진진(津津)한* 묘미가 있다.

반면이 갈라진다는 것은 기약치 않은 불측(不測)*의 사고이다. 사고란 어느 때 어느 경우에도 별로 환영할 것이 못 된다. 그 균열(龜裂)의 성질 여하에 따라서는 일급품 바둑판이 목침(木枕)감으로 전락해 버릴 수도 있다. 그러나 그렇게 큰 균열이 아니고 회생할 여지가 있을 정도라면 헝겊으로 싸고 뚜껑을 덮어서 조심스럽게 간수해 둔다. 갈라진 균열 사이로 먼지나 티가 들어가지 않도록 하는 단속이다.

1년, 이태, 때로는 3년까지 그냥 내버려 둔다. 계절이 바뀌고 추위, 더위가 여러 차례 순환한다. 그동안에 상처 났던 바둑판은 제힘으로 제 상처를 고쳐서 본디대로 유착(癒着)해 버리고, 균열진 자리에 머리카락 같은 희미한 흔적만이 남는다.

비자의 생명은 유연성이란 특질에 있다. 한번 균열이 생겼다가 제힘으로 도로 유착·결합했다는 것은 그 유연성이란 특질을 실지로 증명해 보인, 이를테면 졸업 증서이다. 하마터면 목침감이 될 뻔했던 것이, 그 치명적인 시련을 이겨 내면 되레 한 급(級)이 올라 특급품이 되어 버린다. 재미가 깨를 볶는 이야기다.

더 부연할 필요도 없거니와, 나는 ⓐ이것을 인생의 과실(過失)과 결부시켜서 생각해 본다. 언제나, 어디서나 과실을 범할 수 있다는 가능성—, 그 가능성을 매양 꽁무니에 달고 다니는 것이, 그것이 인간이다.

[중략]

과실은 예찬할 것이 아니요, 장려할 노릇도 못 된다. 그러나 그와 동시에 과실이 인생의 '올 마이너스'일 까닭도 없다.

과실로 해서 더 커 가고 깊어 가는 인격이 있다.

과실로 해서 더 정화(淨化)되고 향기로워지는 사랑이 있다. 생활이 있다.

누구나 할 수 있는 노릇은 아니다. 어느 과실에도 적용된다는 것은 아니다. 제 과실, 제 상처를 제힘으로 다스릴 수 있는 비자반의 탄력—, 그 탄력만이 과실을 효용한다.

인생이 바둑판만도 못하다고 해서야 될 말인가.

*
반면 바둑판의 겉면.
반재 바둑판을 만드는 재료.
비자반 윗면을 비자나무 판자로 대어 만든 바둑판.
전전 전쟁이 일어나기 전. 여기서는 '태평양 전쟁 전'을 뜻함.
진진한 재미 따위가 매우 있는.
불측 미루어 헤아릴 수 없음.

개념 객관적

객관적이란 대상에 대해 긍정적이거나 비판적인 평가를 내리지 않고 제삼자의 입장에서 보거나 생각하는 것을 말한다. 반면 주관적이란 자신의 견해나 관점을 바탕으로 대상을 평가하고 판단하는 것을 말한다.

기출

1 윗글에 대한 설명으로 가장 적절한 것은?

① 사물의 성질에서 인생의 교훈을 이끌어 내고 있다.

② 현실의 세태에 대해 비판적 태도를 드러내고 있다.

③ 과거의 삶을 되돌아보며 삶의 의지를 다지고 있다.

④ 다른 사람에게 들은 이야기를 객관적으로 전달하고 있다.

⑤ 대상을 다각적으로 관찰하여 다양한 의미를 이끌어 내고 있다.

기출

2 윗글을 바탕으로 〈보기〉를 이해한 내용으로 적절하지 <u>않은</u> 것은?

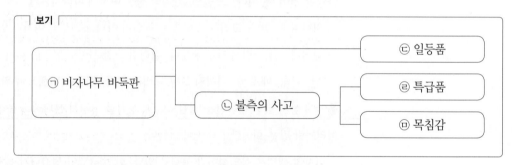

보기

㉠ 비자나무 바둑판 — ㉢ 일등품, ㉣ 특급품, ㉤ 목침감 / ㉡ 불측의 사고

① ㉠은 연하고 탄력이 있어 바둑판으로서의 가치가 높다.

② ㉡은 반면이 갈라지는 것으로 환영할 것이 못 되는 사건이다.

③ ㉢은 균열이 없는 비자나무 바둑판으로 치수와 연륜 등은 특급품과 같다.

④ ㉣은 비자반이 상처를 스스로 유착·결합하여 균열의 흔적이 사라진 상태이다.

⑤ ㉤은 비자반이 바둑판으로는 쓸모없게 되었음을 드러내는 것이다.

3 ⓐ와 관련하여 파악한, '과실'에 대한 글쓴이의 생각으로 가장 적절한 것은?

① 과실은 사람들의 삶에 아무런 도움이 되지 않는다.

② 유연한 태도로 과실을 극복할 때 더욱 성장할 수 있다.

③ 과실을 범하는 삶이 과실이 없는 삶보다 가치가 있다.

④ 과실을 극복하기 위해서는 주변 사람들의 도움이 필요하다.

⑤ 모든 사람에게는 자신의 과실을 다스릴 수 있는 능력이 있다.

1 〈글의 주제〉
글쓴이가 서술한 사물의 특성을 바탕으로 글쓴이가 말하고자 하는 바를 파악해 보자.

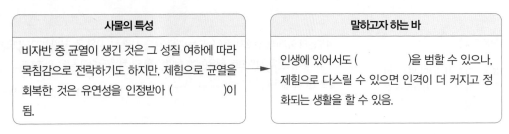

사물의 특성	말하고자 하는 바
비자반 중 균열이 생긴 것은 그 성질 여하에 따라 목침감으로 전락하기도 하지만, 제힘으로 균열을 회복한 것은 유연성을 인정받아 ( )이 됨.	인생에 있어서도 ( )을 범할 수 있으나, 제힘으로 다스릴 수 있으면 인격이 더 커지고 정화되는 생활을 할 수 있음.

2 〈내용 전개 방식〉
이 글의 내용 전개 과정을 다음과 같이 정리해 보자.

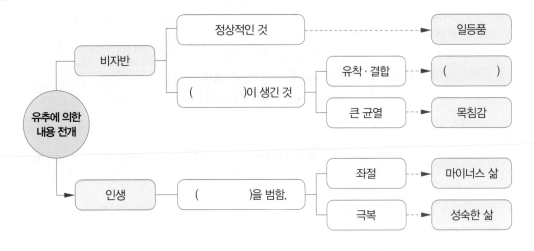

유추에 의한 내용 전개

비자반 ─ 정상적인 것 ┈┈▶ 일등품
비자반 ─ (   )이 생긴 것 ─ 유착·결합 ┈▶ (   )
비자반 ─ (   )이 생긴 것 ─ 큰 균열 ┈▶ 목침감

인생 ─ (   )을 범함. ─ 좌절 ┈▶ 마이너스 삶
인생 ─ (   )을 범함. ─ 극복 ┈▶ 성숙한 삶

3 〈글쓴이의 개성〉
이 글에 나타난 글쓴이의 개성을 파악해 보자.

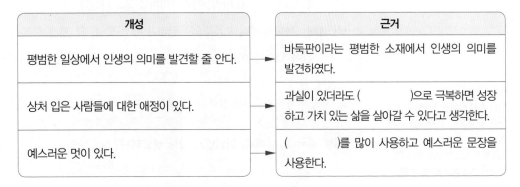

개성	근거
평범한 일상에서 인생의 의미를 발견할 줄 안다.	바둑판이라는 평범한 소재에서 인생의 의미를 발견하였다.
상처 입은 사람들에 대한 애정이 있다.	과실이 있더라도 ( )으로 극복하면 성장하고 가치 있는 삶을 살아갈 수 있다고 생각한다.
예스러운 멋이 있다.	( )를 많이 사용하고 예스러운 문장을 사용한다.

정직한 사기한 | 오영진

• 기출: 2016-9월 고2 학평

[앞부분의 줄거리] 위조지폐를 만드는 가족(사장, 사원 갑, 사원 을, 사원 병)이 빌딩에 유령 회사*를 차려 놓고, 누명을 써서 전과자가 된 청년을 사원으로 채용한다. 청년은 한 달 치 월급으로 받은 위조지폐로 양복을 구입하다 사복형사에게 잡혀 사무실로 끌려오게 된다.

청년 오! 사장님!

사복 선생이 간편무역 사장이십니까?

청년 그렇습니다. 이분이 바로…….

사장 잘못 아시고 오신 모양이군.

사원 갑 용산서에서 오셨어요.

사장 나한테? 무슨 일로?

사복 이 남자가 선생 회사에 취직했다는뎁쇼.

사장 천만에! 대체 누구입니까? 이 남자는 난 생면부지*올시다.

[A]
┌ **청년** 아닙니다. 사장님, 그런 말씀이 어디 있습니까? 금방 제가 눈물을 흘리며 고마워하지 않았어요? 전 여기 사원이에요, 사장님.
└ **사복** (빰을 갈기며) 인마, 아직도 거짓말이야, 응?

[B]
┌ **청년** 아녜요. 나으리는 몰라요, 나으린. 아씨, 아씨! 아씨가 아십니다. 회계 과장이 한 달 월급을 선불해 주시고, 양복을 사 입으라고 달러 지폐를 주셨어요.
│ **사복** 인마, 떠들지 마라. 글쎄 이 미련한 친구가 누굴 속여 보겠다고 백 불짜리 지폐를 위조해 가지고 백주에 서울 네거리를 횡행합니다그려. 헛헛……. 그래서 월급을 받았다? (머리를 갈기며) 인마, 뭐 양복을 짓겠다고? 가짜 돈을 찍으려면 남이 봐도 그럴듯하게 만들어. 진짜 백 불짜린 구경도 못했을 자식이. 가자, 인마. 실례 많았습니다.
└

사장 원 천만에요.

청년 사장님, 나으리! 제겐 아무 죄도 없어요. 제발, 미련은 하지만 나쁜 짓을 한 적은 한 번도 없어요. 하나님이 아십니다, 하나님이! 어이구 그 지긋지긋한 감옥살일 어떻게 하라고 이러십니까, 이러시길. 사장님! 구두도 사서 신구 양복도 새로 맞추고 추천서도 일없고 신원 보증도 일없다고 그러시지 않았어요. 사장님! 아씨를 만나게 해 주세요, 아씨를. 아씨는 거짓말을 안 하실 겁니다. 아씨! 아씨!

[C]
┌ **사복** 인마, 떠들지 마라, 가자! (억지로 끌고 나간다.)
│ **청년** (복도로 해서 오른쪽으로 끌려가며) 사장님! 왜 제게 취직자리를 줬어요? 취직만 안 했더라면 감옥에도 안 가고…… 감옥엘, 감옥엘…… 저 사장님…… 너무합니다. 사장님!
└

사장과 사원 갑은 사장실로, 사원 정은 복도로 가서 청년이 간 뒤를 물끄러미 바라본다.

사장 결국 또 실패지. 이번엔 얼마나 찍었더냐?

*
유령 회사 실체는 존재하지 않고 서류 형태로만 존재하는 가짜 회사.
생면부지 서로 한 번도 만난 적이 없어서 전혀 알지 못하는 사람.

사원 갑 시험 삼아 3백 장만 찍었어요.

[D]
사장 흥, 3만 불이로구나. (지갑에서 진짜를 꺼내 대조하며) 어디가 다른가 좀 자세히 보아라.

사원 갑 도안*이 좀 이상하다 했더니만.

사원 병 도안이 아녜요, 형님. 인쇄 잉크가 달라요.

사원 을 잉크가 어떻다고 그래, 종이가 틀리는걸 뭐.

사원 갑 종이야 할 수 없지. 미국을 간다고 같은 종이를 사겠니.

사원 병 아녜요, 잉크예요.

[E]
사원 을 종이야.

사원 갑 도안이 틀렸어.

사원 병 잉크가 아니라니깐.

사원 을 잉크가 어쨌단 말야. 네가 도안을 잘못 그려놓곤.

사원 병 도안이 어디가 틀렸어!

사장 얘들아, 떠들지 마라. 그 미련한 녀석 때문에 단단히 손해 봤다.

㉠ **사원 병** 참 그 자식 때문이야.

사원 갑 첫눈에도 자식이 좀 모자라는 것 같더니만.

*
도안 미술 작품을 만들 때의 형상, 모양, 색채, 배치, 조명 따위에 관하여 생각하고 연구하여 그것을 그림으로 설계하여 나타낸 것.

(기출

1 윗글에 대한 이해로 적절하지 <u>않은</u> 것은?

① 사복은 청년보다는 사장의 말을 신뢰한다.

② 청년은 자신의 결백함을 아씨가 밝혀 줄 수 있다고 믿고 있다.

③ 사장은 위기를 모면하기 위해 사복 앞에서 청년을 모른 체한다.

④ 사장은 잡혀 온 청년을 통해 지폐를 위조하는 데 실패했음을 확인한다.

⑤ 사원 갑과 사원 병은 위조지폐를 사용하다 사복에게 붙잡힌 청년을 동정한다.

2 〈보기〉를 참고하여 윗글을 이해한 내용으로 적절하지 <u>않은</u> 것은?

> 보기
>
> 민족 지도자 오윤선의 아들로 태어난 오영진은 일제 강점기에 조선어문학(국문학)을 전공할 정도로 민족의식이 높았다. 이런 그의 특징은 작품에서 향토적 정서의 표현과 부조리한 현실에 대한 우회적 비판이라는 두 가지 형태로 드러난다. 오영진의 두 번째 희곡 작품인 「정직한 사기한」은 1949년에 발표된 작품으로, 광복 이후의 혼란스러운 사회에 대한 작가의 의식이 풍자적으로 드러난 작품이다.

① 작품의 제목인 '정직한 사기한'은 모순된 표현으로 부조리한 현실에 대한 비판이 드러난다.

② '유령 회사'는 향토적인 정서를 드러내는 배경으로 작가의 민족의식이 우회적으로 드러난다.

③ 청년에게 욕을 하며 뺨을 때리는 사복은 광복 직후의 폭력적인 권력을 상징적으로 보여 준다.

④ 선량한 청년이 감옥에 가게 되는 모습에서 부도덕하고 부정직한 사회에 대한 비판이 드러난다.

⑤ 사장 가족들의 모습에서 타락한 가치관과 광복 직후의 혼란스러운 사회상이 비판적으로 드러난다.

개념 **단막극**

희곡을 구성하는 기본 단위는 '막'과 '장'이다. '막'은 희곡의 내용을 크게 구분하는 단위로 커튼이 올랐다가 다시 내릴 때까지를 말한다. '장'은 희곡을 작게 구분하는 단위로 무대 조명이 꺼졌다 켜지는 것이나 등장인물의 퇴장과 등장으로 구분한다. 단막극은 하나의 막으로만 구성된 짧은 희곡으로 '일막극'이라고도 한다.

기출

3 [A]~[E] 중, 〈보기〉의 밑줄 친 부분에 해당하는 것은?

> 보기
>
> 단막극인 이 작품은 무대 공간이 회사 안으로 제한된다. 무대 공간에서 이루어지는 인물들의 행동과 대화로 이야기가 형상화되기도 하지만, 무대 공간의 제약으로 인해 <u>무대 밖에서 일어난 사건이 오직 인물의 언어적 표현으로 전달되기도</u> 한다.

① [A]: 사복이 청년의 뺨을 때리고 의견을 묵살하는 일

② [B]: 청년이 백 불짜리 위조지폐로 양복을 구매하려는 일

③ [C]: 사복이 청년을 끌고 사무실 밖으로 나가는 일

④ [D]: 사장이 진짜 지폐를 꺼내 사원들에게 대조시키는 일

⑤ [E]: 사원들이 위조지폐의 조잡함에 대해서 이야기하는 일

---

4 ㉠에 나타난 인물들의 행태를 비판하기에 가장 적절한 한자 성어는?

① 조삼모사(朝三暮四)　　② 지록위마(指鹿爲馬)　　③ 적반하장(賊反荷杖)

④ 유구무언(有口無言)　　⑤ 소탐대실(小貪大失)

〈인물 간의 관계〉

1 이 글에 등장하는 인물들의 특징과 관계를 다음과 같이 정리해 보자.

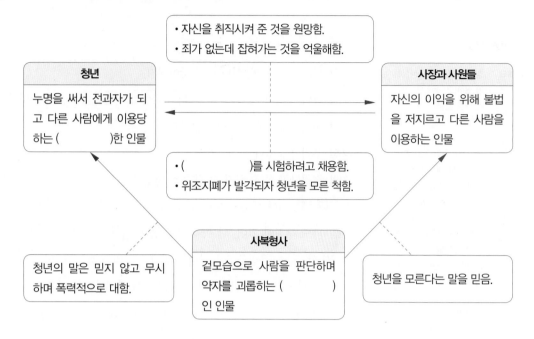

・자신을 취직시켜 준 것을 원망함.
・죄가 없는데 잡혀가는 것을 억울해함.

청년
누명을 써서 전과자가 되고 다른 사람에게 이용당하는 (　　　)한 인물

사장과 사원들
자신의 이익을 위해 불법을 저지르고 다른 사람을 이용하는 인물

・(　　　　)를 시험하려고 채용함.
・위조지폐가 발각되자 청년을 모른 척함.

사복형사
겉모습으로 사람을 판단하며 약자를 괴롭히는 (　　　)인 인물

청년의 말은 믿지 않고 무시하며 폭력적으로 대함.

청년을 모른다는 말을 믿음.

〈인물의 태도〉

2 사복형사와 청년이 나간 뒤에 사장과 사원들의 태도가 어떻게 변하는지 정리해 보자.

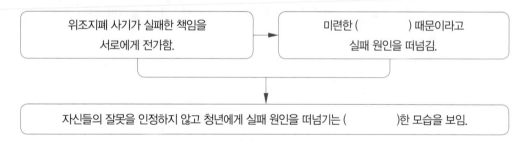

위조지폐 사기가 실패한 책임을 서로에게 전가함.	→	미련한 (　　　) 때문이라고 실패 원인을 떠넘김.

자신들의 잘못을 인정하지 않고 청년에게 실패 원인을 떠넘기는 (　　　)한 모습을 보임.

〈제목의 의미〉

3 이 글의 제목에 사용된 표현 방법과 이에 담긴 작가의 의도를 파악해 보자.

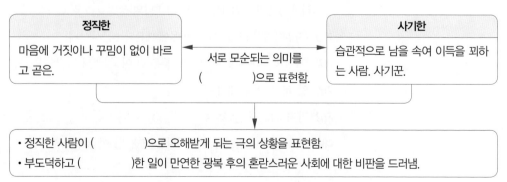

정직한	서로 모순되는 의미를 (　　　)으로 표현함.	사기한
마음에 거짓이나 꾸밈이 없이 바르고 곧은.		습관적으로 남을 속여 이득을 꾀하는 사람. 사기꾼.

・정직한 사람이 (　　　)으로 오해받게 되는 극의 상황을 표현함.
・부도덕하고 (　　　)한 일이 만연한 광복 후의 혼란스러운 사회에 대한 비판을 드러냄.

북어 대가리 |이강백

• 수록 교과서: 문학_신사고, 창비, 천재(김)
• 기출: 2014–11월 고2 학평 A, B

기임 너 요즘 잔소리가 부쩍 심해졌어!

자앙 나도 그걸 느껴. 아마 나이 탓이겠지.

기임 나이 탓이라구? 천만에! 난 너와 나이가 비슷한데 잔소리가 없잖아.

자앙 어쨌든 늙으면 잔소리가 많아져.

기임 우리가 늙었다는 거야?

자앙 젊었다곤 할 수 없지. 인정할 건 인정하자구. 너와 나는 이젠 젊진 않아. 여자 뒤를 쫓아다니는 건 젊은 애들이나 하는 짓이야. 이젠 조용히 자기 자신을 생각해야지.

기임 나도 생각이 있어. 난 아무 까닭 없이 여자를 쫓아다니는게 아냐. 빌어먹을, 이 창고 속을 보라구! 상자들을 운반하고 보관하는 일이 지겨워 죽겠는데, 먹고 자는 생활도 이 창고 속에서 하고 있잖아! 난 늙기 전에 결혼해서 이 창고 속을 빠져나가고 싶은 거야!

자앙 일하는 것과 사는 것은 같은 거야. 그게 서로 다르면, 사람은 불행해져.

기임 ㉠정말 고리타분한 소릴 하고 있군!

자앙 그리고 말야, 이 창고를 빠져나가면 또 뭐가 있을 것 같아? 저 하늘의 해와 달, 별들이 빛나는 우주는 거대한 창고지. 세상은 그 거대한 창고 속에 들어 있는 조그만 창고이고, 우리의 이 창고는 그 조그만 창고 속에 들어 있는 수많은 창고 중에 하나의 아주 작은 창고거든. 결국은 창고를 빠져나가도 또다시 창고에 지나지 않으니깐, 그 누구든지 완전하게 창고 밖으로 빠져나간다는 건 불가능해. 만약 우리가 이 창고 속에서 행복할 수 없다면, 다른 창고에 들어가 본들 행복할 수는 없어. 그래서 바로 이 창고, 이 창고 속에서 열심히 일하고 성실하게 사는 것이 중요한 거라구.

[중간 줄거리] 기임은 다링과 사귀면서 종종 술에 취해 돌아오고, 자앙은 그를 위해 북어 대가리로 해장국을 끓여 준다. 창고지기 생활에 싫증을 느꼈던 기임은 창고를 떠나기로 마음먹고 다링과 함께 짐을 챙긴다.

다링 (놋쇠 국자로 소리나게 두드리며) 그만하고, 서로 자기 물건들이나 골라 봐요.

기임 (자앙의 포옹을 풀며) 난 내 물건을 잘 모르겠어. 굼벵아, 네가 골라 줘.

자앙 아냐, 쓸 만한 게 있거든 모두 네가 가져.

기임 너는 이 창고 속에서 혼자 살 텐데……

자앙 ㉡내 걱정은 말고 어서 먼저 골라 봐. 그리고 내가 너한테 줄 게 있어. (침대 밑의 상자들 중에서 화려한 색깔의 스웨터를 찾아낸다.) 너의 생일날 주려고 두었던 건데, 헤어지는 날 선물이 됐군.

기임 (자앙에게서 스웨터를 받아 몸에 대본다.) 근사한데!

다링 (자앙의 침대 밑을 바라보며) 좋은 건 이 속에 다 있잖아요! 이걸 가져가도 돼요?

기임 안 돼, 그건 손대지 마.

자앙 가져가요.

다링 (자앙의 침대 밑에서 상자 하나를 꺼낸다.) 이건 뭐죠?

자앙 북어 대가리죠. 그건 가져가세요. 꼭 필요할 겁니다.

다링 ⓒ북어 대가리……?

기임 이게 왜 필요한지는 두고 보면 알게 될 거야. (상자를 열어서 북어 대가리를 하나 꺼내 자앙에게 준다.) 난 너한테 이것밖에 줄 게 없군. 내 생각이 날 거야, 항상 곁에 두고 보라구.

자앙 (북어 대가리를 받으며) 그래, 언제나 내 곁에 두고 볼게.

창고 밖에서 트럭의 재촉하는 경음기가 울린다. 미스 다링은 서둘러서 물건들을 담요에 담는다.

다링 아버지가 재촉해요. (상자와 담요를 들며) ②어서 들고 나가요.

기임 (트렁크를 들고, 자앙에게) 그럼 잘 있어.

자앙 (마지못해 대답한다.) 잘 가……, 가서 행복해.

기임과 미스 다링, 창고 밖으로 나간다. 자앙은 북어 대가리를 식탁 위에 놓고, 떠나는 기임을 바라본다. 창고 문 앞에서 자앙과 기임의 외치는 소리가 들린다.

기임 ⓜ(소리) 이 창고 앞의 상자들은 어쩔 거야? 내가 좀 창고 안에 옮겨 주고 갈까?

자앙 괜찮아! 나 혼자서도 할 수 있어!

창고 밖으로 떠나는 것이 즐겁다는 기임의 환호성이 들린다. 트럭 운전수와 다링의 웃음소리도 들린다. 잠시 후, 트럭이 경음기를 울리며 떠나는 소리가 들린다. 창고는 조용해진다. 자앙, 식탁 앞에 힘없이 주저앉는다. 늙고 허약해진 모습이다. 그는 식탁 위에 놓여 있는 북어 대가리를 물끄러미 바라본다.

자앙 그래, 나도 너처럼 머리만 남았군, 그저 쓸쓸하고…… 허무한 생으로 가득찬…… 머리만…… 덜렁…… 남은 거야. (두 손으로 북어 대가리를 집어서 얼굴 가까이 마주 바라보며) 말해 보렴, 네 눈엔 내가 어떻게 보이는지? 그토록 오랜 나날…… 나는 이 어둡고 조그만 창고 속에서…… 행복했다. 상자들을 옮겨 오고…… 내보내며…… 내가 맡고 있는 일을 성실하게 잘하고 있다는 뿌듯한…… 그게 내 삶을 지탱해 왔었는데…… 그러나 만약에…… 세상이 엉뚱하게 잘못되고 있는 것이라면…… 이 창고 속에서의 성실함이…… 무슨 소용 있는 거지? (사이) 북어 대가리야, 왜 말이 없냐? 멀뚱멀뚱 바라만 볼 뿐 왜 대답이 없어? (북어 대가리를 식탁 위에 내려놓는다.) 아냐, 내 의심은 틀린 거야. 덜렁 남은 머릿속의 생각만으로 세상을 잘못됐다구 판단해선 안 돼. (핸들 카에 실린 상자를 서류와 대조하며) 정확하게 쌓아! 틀리면 안 돼! 단 하나의 착오도 없게, 절대로 틀려서는 안 된다!

자앙, ②느릿느릿 정성을 다해 상자들을 쌓는다. 무대 조명, 서서히 자앙에게 압축되면서 암전*한다.

— 막 —

수필·극 | 04 북어 대가리 • 183

배경지식 확장

등장인물들 이름의 의미

이 글에 나오는 사람들은 이름으로 불리지 않는다. '딸기코, 외눈깔, 노름꾼' 등의 별명만 있을 뿐 이름이 없다. 주인공인 자앙과 기임, 다링 역시 이름이라고 말할 수 없는 호칭으로 불린다. 자앙과 기임은 '장'과 '김'이라는 성씨만으로 이름을 대신하며, 다링은 연인을 의미하는 외국어에서 나온 말이다. 즉 이 희곡에 나오는 인물들은 고유의 이름이 없다. 이는 개성을 상실하고 획일화되어 가는 현대인의 특징을 상징적으로 보여 주려는 작가의 의도로 보인다.

*
암전 연극에서, 무대를 어둡게 한 상태에서 무대 장치나 장면을 바꾸거나 극이 끝났음을 알리는 일.

기출

1 연출자가 ㉠~㉤에 대해 연기를 지시할 때, 그 내용으로 적절하지 <u>않은</u> 것은?

① '기임'은 ㉠을 말할 때 상대의 말이 못마땅하다는 듯한 표정을 지어야 합니다.

② '자앙'은 비꼬는 듯한 말투로 ㉡을 말해야 합니다.

③ '다링'은 ㉢을 말할 때 북어 대가리를 이리저리 보면서 어리둥절한 표정을 지어야 합니다.

④ '다링'은 '기임'을 보면서 보채는 듯한 말투로 ㉣을 말해야 합니다.

⑤ '기임'은 무대 밖에서 무대 안의 '자앙'에게 들릴 수 있도록 ㉤을 큰소리로 말해야 합니다.

개념 우회적

우회적이란 '어떤 일이나 말 따위를 곧바로 하지 않고 간접적으로 돌려서 하는 것'을 의미한다.

2 ⓐ에 드러난 '자앙'의 태도에 대한 설명으로 가장 적절한 것은?

① 현실에의 순응　　　　　② 삶의 태도 변화

③ 자아 분열의 지속　　　　④ 세계와의 대결 의지

⑤ 불만의 우회적 표출

개념 대화, 독백, 방백

희곡에서 인물의 대사는 크게 대화와 독백, 방백으로 구분한다. 대화는 인물들끼리 주고받는 대사로, 희곡의 대부분을 차지한다. 독백은 인물이 상대 없이 혼자서 하는 말로, 주로 인물의 내면을 드러낼 때 사용한다. 방백은 무대 위의 다른 인물에게는 들리지 않는다고 가정하고 관객에게만 들리는 말이다.

기출

3 〈보기〉를 바탕으로 윗글을 감상한 내용으로 적절하지 <u>않은</u> 것은?

┌─ **보기** ─────────────────────────────
│　　이 작품은 한 인간의 정신과 육체를 두 명의 인물로 형상화하였다. 인간의 정신은 육체를 통제
│　하려 한다. 하지만 육체를 상실하게 되면 자신의 존재감을 상실한 채 무기력한 존재로 남게 된
│　다. 작가는 한 인간의 내면으로 상징된 공간에서 이성적 자아를 상징하는 '자앙'과 육체적 자아
│　를 상징하는 '기임'을 통해 개인의 내면 의식의 붕괴를 무대화하여 관객들에게 제시하고 있다.
└──────────────────────────────────────

① '잔소리'에 대해서 '기임'과 '자앙'이 대화하는 장면은 무기력한 정신을 일깨우려는 시도를 보여 준다.

② '기임'이 떠난 후 혼자 남은 '자앙'의 독백은 기존의 삶의 방식을 확신하지 못하는 내면 의식의 붕괴를 보여 준다.

③ '자앙'이 머무는 창고를 '기임'이 떠나는 행위는 한 인간이 정신만 남겨 두고 육체를 상실한다는 것을 나타낸다.

④ '자앙'이 식탁에서 마주하고 있는 '북어 대가리'라는 소품은 육체를 상실해 불완전한 자아로 남겨진 내면의 문제를 상징한다고 할 수 있다.

⑤ '기임'과 '자앙'이 먹고 자는 생활마저도 함께하는 '창고'라는 무대 공간은 인간에게는 이성적인 면과 육체적인 면이 공존하고 있다는 것을 나타낸다.

〈인물 간의 관계〉

1 이 글에 등장하는 인물들의 특징과 관계를 다음과 같이 정리해 보자.

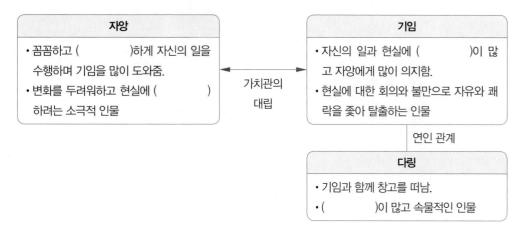

자양
• 꼼꼼하고 (　　　　)하게 자신의 일을 수행하며 기임을 많이 도와줌. • 변화를 두려워하고 현실에 (　　　)하려는 소극적 인물

가치관의 대립

기임
• 자신의 일과 현실에 (　　　)이 많고 자양에게 많이 의지함. • 현실에 대한 회의와 불만으로 자유와 쾌락을 좇아 탈출하는 인물

연인 관계

다링
• 기임과 함께 창고를 떠남. • (　　　　)이 많고 속물적인 인물

〈인물의 가치관〉

2 창고 안과 밖의 세상에 대한 자양과 기임의 생각을 비교해 보자.

자양		기임
열심히 일하고 성실히 살아야 할 공간	창고 (　　)	똑같은 일이 반복되는 지겨운 공간
빠져나가도 또 다른 창고가 있어서 완전하게 빠져나갈 수 없는 공간	창고 (　　)	창고 안과 달리 즐거움이 있는 공간

〈소재의 의미〉

3 이 글에 제시된 주요 소재의 상징적 의미를 파악해 보자.

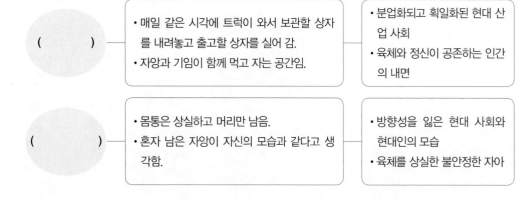

(　　　)	• 매일 같은 시각에 트럭이 와서 보관할 상자를 내려놓고 출고할 상자를 실어 감. • 자양과 기임이 함께 먹고 자는 공간임.	• 분업화되고 획일화된 현대 산업 사회 • 육체와 정신이 공존하는 인간의 내면
(　　　)	• 몸통은 상실하고 머리만 남음. • 혼자 남은 자양이 자신의 모습과 같다고 생각함.	• 방향성을 잃은 현대 사회와 현대인의 모습 • 육체를 상실한 불안정한 자아

실전 독해

[1~3] 다음 글을 읽고 물음에 답하시오.

• 2019–6월 고2 학평

(가)

[A] 이 길을 만든 이들이 누구인지를 나는 안다

[B]
이렇게 길을 따라 나를 걷게 하는 그이들이
지금 조릿대밭 눕히며 소리치는 바람이거나
이름 모를 풀꽃들 문득 나를 쳐다보는 수줍음으로 와서
내 가슴 벅차게 하는 까닭을 나는 안다

[C]
그러기에 짐승처럼 그이들 옛 내음이라도 맡고 싶어
나는 자꾸 집을 떠나고
그때마다 서울을 버리는 일에 신명나지 않았더냐

[D]
무엇에 쫓기듯 살아가는 이들도
힘을 다하여 비칠거리는 발걸음들도
무엇 하나씩 저마다 다져 놓고 사라진다는 것을
뒤늦게나마 나는 배웠다

[E]
그것이 부질없는 되풀이라 하더라도
그 부질없음 쌓이고 쌓여져서 마침내 길을 만들고
길 따라 그이들을 따라 오르는 일
이리 힘들고 어려워도
왜 내가 지금 주저앉아서는 안 되는지를 나는 안다

– 이성부, 「산길에서」 –

(나)

잃어버렸습니다.
무얼 어디다 잃었는지 몰라
두 손이 주머니를 더듬어
길에 나아갑니다.

돌과 돌과 돌이 끝없이 연달아
길은 돌담을 끼고 갑니다.

담은 쇠문을 굳게 닫아
길 위에 긴 그림자를 드리우고

길은 아침에서 저녁으로
저녁에서 아침으로 통했습니다.

돌담을 더듬어 눈물짓다
쳐다보면 하늘은 부끄럽게 푸릅니다.

풀 한 포기 없는 이 길을 걷는 것은
담 저쪽에 내가 남아 있는 까닭이고,

내가 사는 것은, 다만,
잃은 것을 찾는 까닭입니다.

– 윤동주, 「길」 –

---

1 (가)와 (나)에 대한 설명으로 가장 적절한 것은?

① (가)는 (나)와 달리 자연물에 인격을 부여하여 대상과의 교감을 드러내고 있다.

② (나)는 (가)와 달리 동일한 종결 어미를 반복하여 운율감을 높이고 있다.

③ (가)와 (나)는 모두 색채어를 활용하여 공간에 대한 인식을 드러내고 있다.

④ (가)와 (나)는 모두 공감각적 심상을 제시하여 대상에 입체감을 부여하고 있다.

⑤ (가)는 계절의 변화를 통해, (나)는 공간의 이동을 통해 시상을 구체화하고 있다.

2 (가)의 화자에 대한 이해로 적절하지 않은 것은?

① [A]: 길을 만든 이들이 누구인지 지각하고 있다.

② [B]: 삶의 고달픔이 어디에서 비롯되는지를 깨닫고 있다.

③ [C]: 집을 버리고 산길을 찾는 것에 즐거움을 느끼고 있다.

④ [D]: 사람은 누구나 삶의 자취를 남긴다는 사실을 알게 되었다.

⑤ [E]: 산길을 걷는 과정에서 포기하지 않는 삶의 태도를 다짐하고 있다.

3 〈보기〉를 참고하여 (나)를 감상한 내용으로 적절하지 <u>않은</u> 것은?

> **보기**
>
> 　이 시는 '길'이라는 상징적 소재를 통해 '잃어버린 나'를 되찾으려는 화자의 모습을 잘 보여 주는 작품이다. 이 시의 화자는 부정적 상황 속에서 자기 탐색과 성찰을 통해, '잃어버린 나'를 회복하려고 끊임없이 노력하는 모습을 보인다.

① 굳게 닫힌 '쇠문'을 통해 화자가 처한 부정적 상황을 드러낸다고 할 수 있군.

② 길이 '저녁에서 아침으로 통했다'는 것은 자기 탐색의 과정이 끊임없이 이어짐을 의미하겠군.

③ '눈물짓'는 행위는 절망적 상황을 극복하려는 화자의 노력을 나타낸 것이겠군.

④ '부끄럽게'를 통해 화자가 하늘을 보며 자기 성찰을 하고 있음을 짐작할 수 있군.

⑤ 화자가 길을 걷는 이유는 '담 저쪽'의 '나'를 회복하기 위해서이겠군.

[4~7] 다음 글을 읽고 물음에 답하시오.

• 2020-3월 고1 학평

[이전 줄거리] 나는 삼촌의 연락을 받고 멧돼지 사냥에 동참하게 된다. 물망초 카페 윤 마담과의 사랑을 이루지 못하고 방황하던 삼촌은 사냥에 취미를 붙이고 살아간다. 나와 삼촌, 도라꾸 아저씨는 새끼를 거느린 어미 멧돼지와 리기다소나무 숲에서 마주치나 사냥에 실패한다. 도라꾸 아저씨는 부상당한 삼촌을 업고 숲길을 걷는다.

　숲속은 서늘했다. 묘한 침묵이 숲을 가득 메우고 있었다. 밟고 올라온 눈길을 되밟으며 우리는 조금씩 걸음을 옮겼다. 두 번째 리기다소나무 숲을 지나는 동안, 내 마음속에는 궁금증이 일었다. 감정 정리를 하는지 삼촌의 만담도 더 이상 이어지지 않았으므로 나는 궁금증을 참지 못하고 말했다.

　"그란데 도라꾸 아저씨는 아까 왜 멧돼지를 안 죽였어여? 아저씨도 쏠 수 있었잖아여?"

　내 물음에 도라꾸 아저씨는 ㉠영 딴소리였다.

　"호식이가 새끼 관절 물고 늘어진 모양이라. 그라만 어미가 도망 못 가거든. 엽견*중에는 그런 짓 하는 놈들 참 많아여."

　"저게 원체 영물이라 캉께."

　코맹맹이 소리로 훌쩍거리며 삼촌이 말했다. 조금 전까지 사랑이 어쩌네 수면제가 어쩌네 징징거리던 삼촌이 주인을 닮아 어디가 부러졌는지 오른쪽 뒷발을 들고 껑충껑충 뛰어가는 놈을 가리켜 영물 운운했다. 호식이 얘기가 나오니까 또 만담을 시작할 모양이었다. 삼촌 가슴속은 암만해도 푸른색인가 보다.

　"하지만 그건 암수(暗數)*라. 그런 암수를 쓰만 안 되는 거라. 나도 한때 그 이름도 아름다운 물망초 윤 마담까지는 못 되더라도 헛된 공명심에 눈이 먼 적이 있어여. 불질 잘한다고 알려지만 여기저기서 해수구제*해 달라고 부르는 일이 많다 캉께. 가서 잡아 주만 영웅 되고 참 재미나지. 근데 한번은 을매나 대단하던지 새끼를 몰고 다니민서도 손아귀 사이로 모래알 빠지듯 몰이꾼들 사이로 잘도 피해 다니는 놈을 만난 적이 있어여. 삼백 근도 넘을까. 엄청시리 대형 멧돼지였는 거라. 그런 놈 어데 다시 만나겠나. 무려 육박 칠일 동안 그놈을 쫓아댕겼응께 말 다한 거지. 그라고 봉께 안 되겠더라. 어느 순간부터 요놈이 나 갖꼬 노나, 그런 생각이 들데. 지금 생각하만 틀린 생각이지. 살겠다고 도망가는 멧돼지 신세에 어데 사냥꾼을 갖꼬 놀겠나? 사람이든 짐승이든 숨탄것 목숨이 그래 우스운 게 아인데 말이라. 그란데 그런 생각이 한번 드니까 눈에 보이는 게 없는 거라. 우쨌든 잡아 죽이겠다는 생각뿐이지. 그래서 다음부터는 어미가 아이라, 새끼를 죽였어. 보이는 족족 쏴 죽였어여. 그래, 암수지 암수. 한 다섯 마리쯤 죽였을 끼라. 그때가 초가을잉께 아직도 새끼들 등에 줄이 쫙쫙 그어져 있을 때였어여. 한 두어 방 쏘만 새끼들은 꿈틀꿈틀하다가 죽어 버리여. 멀리 있어도 호수 작은 산탄으로 쏘만 되니까. 어미는 산탄이 박혀도 괜찮다 캐도 새끼들은 어미 보는 눈앞에서 픽픽 쓰러지지."

새끼만 노리고 다섯 마리쯤 죽인 뒤에 도라꾸 아저씨는 일행에게 다시 돌아가자고 말했다고 한다. 그때는 이미 능선을 따라 북쪽으로 삼십 킬로미터 정도는 올라간 뒤였다. 도라꾸 아저씨는 며칠간의 사냥으로 거지꼴이 된 채 그냥 돌아갈 수 없다고 불평하는 일행을 이끌고 다시 능선을 따라 돌아오기 시작했다.

"사람들이야 몰랐지만 나는 알고 있었다. 필시 쫓아온다는 거를 말이라. 뭐긴 뭐라, 어미 멧돼지지. 우리가 새끼들을 들쳐 메고 가니까 어미가 계속 그래 일정한 간격을 두고 쫓아왔어여. 죽을 줄 알민서도 계속 그래 쫓아오더라. 그래, 한 여섯 시간을 걸어가다가 새끼들 내리 놓고 다시 몰이를 시작했어여. 그래갖꼬? 잡았지. 죽을라고 쫓아온 놈이니까. 그란데 봐라, 잡는 그 순간에 나도 너맨치로 그놈하고 눈이 딱 마주쳤다. 그 눈에 뭐가 보였는가 아나? 아무것도 안 보이더라. 텅 비었더라. 결국 너는 못 쐈지? 나도 한참을 못 쐈다. 그래 벌써 죽은 놈이라 카는 거를 아는 이상은 못 쏘는 거라. 쏘만 안 되는 거라. 하지만 일행이 지켜보는데다가 공명심도 있응께 안 쏠 수가 없었다. 살아생전 총 한 번 제대로 안 쏘고 잡은 멧돼지는 그게 처음이자 마지막이라."

녹아내리는지 멀리 가지에 쌓였던 눈무지가 쏟아지는 소리가 들렸다.

"그래 총 쏘기 전에 벌써 죽은 놈이라 카만 나는 도대체 뭘 쏴 죽인 거겠나? 마을에서 영웅 대접 받고 집에 놀아와 며칠을 끙끙 앓다가 깨달았다. 잘못했다, 잘못했다, 아무래도 총을 쏘만 안 되는 거였다, 이런 생각이 머릿속에서 떠나지 않더라. 그리고 보만 그날 내가 잡은 거는 정녕 멧돼지가 아니었던 거지. 이래 산에 오만 쓸모 적은 나무나마 리기다소나무도 살아가고 청솔모도 살아가고 바람도 쉼 없이 움직이지만, 정작 그 멧돼지는 이미 죽은 거였응께 말이라."

"그라만 아저씨가 그때 쏴 죽인 거는 뭐라여?"

우리는 리기다소나무 숲을 빠져나왔다. 하얀빛과 성긴 겨울 햇살이 투명하게 서로 뒤엉키고 있었다. 도라꾸 아저씨는 코를 한 번 훌쩍였다. 눈 밟는 소리와 사냥개들이 끙끙거리는 소리만 사이를 두고 들릴 뿐이었다.

"그래 나는 한 번 죽었다."

도라꾸 아저씨는 ⓒ또 딴소리였다.

[중략]

"저 봐라, 리기다소나무도 있고 직박구리도 있다. 저래 다 살아가고 있는 거라. 산 것들 저래 살아가게 하는 일이 을매나 용기 있는 일인가 나는 그때 다 깨달았던 기라. 내가 해수구제 한다꼬 싸돌아다니민서 짐승들 쏴 죽인 것도 용기 있어서가 아이라 나하고 마누라하고 애새끼들하고 먹고살아 갈라고 그런 거라는 걸 그때야 알게 된 거다. 그것도 모르고 나는 영동군 상촌면 흥덕리 도라꾸가 세상에서 제일 용감한 사냥꾼인 줄 알았던 거라. 그라고 나니까 어데 약실에 돌멩이 하나도 못 집어넣겠더라."

삼촌을 등에 업은 도라꾸 아저씨는 지친 기색도 없이 눈 쌓인 산길을 터벅터벅 걸어 내려갔다. 아저씨의 말은 알 듯 말 듯했다.

"내가 니 삼촌을 왜 좋아하는가 아나?"

"좋은 말 상대니까 그런 거 아이라여?"

"멧돼지 눈 보고 옛날 애인 생각나서 총 못 쏜다 카는 사람 아이라. 그래 내가 니 삼촌 좋아하는 거라. 내가 뭔 소리 하는가 알겠나?"

"지금 뭔 소리 합니까? 이것도 만담입니까?"

내가 진심으로 되물었다.

— 김연수, 「리기다소나무 숲에 갔다가」—

＊ 엽견 사냥개.
＊ 암수 속임수.
＊ 해수구제 해로운 짐승을 몰아내어 없앰.

4 윗글의 서술상 특징으로 가장 적절한 것은?

① 빈번하게 장면을 전환하여 사건을 속도감 있게 전개하고 있다.

② 인물의 회상을 통해 과거와 현재를 매개하는 경험을 전달하고 있다.

③ 공간의 이동에 따라 인물 간의 갈등이 해소되는 과정을 보여 주고 있다.

④ 요약적 서술과 대화를 교차하여 사건이 반전되는 양상을 부각하고 있다.

⑤ 인물의 내면 심리 묘사를 통해 현실에 대한 부정적 인식을 보여 주고 있다.

5 윗글에서 알 수 있는 내용으로 적절하지 않은 것은?

① 삼촌은 '나'에게 사랑에 관한 자신의 이야기를 들려주었다.

② 삼촌은 사냥에 동행한 엽견 호식이가 자신을 닮았다는 점에서 영물이라 불렀다.

③ 도라꾸 아저씨는 사람들에게 능력을 인정받았던 뛰어난 사냥꾼이었다.

④ 도라꾸 아저씨는 부상당한 삼촌을 등에 업고 리기다소나무 숲을 빠져나왔다.

⑤ 도라꾸 아저씨는 삼촌이 옛 애인 생각이 나서 멧돼지에게 총을 쏘지 못한 심정을 이해했다.

6 '나'와 '도라꾸 아저씨'의 대화 양상을 고려하여, ㉠, ㉡을 이해한 내용으로 가장 적절한 것은?

① ㉠은 도라꾸 아저씨의 말에 대한 나의 놀라움을, ㉡은 불신감을 나타낸다.

② ㉠과 ㉡은 나의 질문을 가로막는 도라꾸 아저씨의 태도에 대한 반감을 드러낸다.

③ ㉠과 ㉡을 통해서 '나'가 도라꾸 아저씨의 의중을 이해하지 못하는 상황이 지속되고 있음을 알 수 있다.

④ ㉠이 ㉡으로 연결되면서 계속 만담을 이어가려는 도라꾸 아저씨에 대한 '나'의 냉소적 태도가 약화되고 있다.

⑤ ㉡은 ㉠에 담긴 의구심을 해소할 수 있는 실마리를 얻을 수 있으리라는 바람이 이루어진 데에 따른 성취감을 반영한다.

7 〈보기〉를 참고하여 윗글을 감상한 내용으로 적절하지 않은 것은?

> **보기**
>
> 이 작품은 '도라꾸 아저씨'의 인식 변화를 중심으로 이야기가 전개되고 있다. 도라꾸 아저씨는 인간과 자연을 분리된 것으로 보고 자연보다 우월한 위치에서 자연을 도구로서의 가치만 지닌 타자로 대했었다. 그런데 사냥 중 이러한 인식에 변화가 시작된다. 그는 하나의 생명을 빼앗기 위해 또 다른 생명을 수단으로 삼은 행동이 잘못이었다는 것을 깨닫게 된 것이다. 그리고 인간과 마찬가지로 자연 역시 동등한 가치를 지닌 존재라는 생태주의적 인식을 하게 된다.

① 도라꾸 아저씨의 자연에 대한 인식이 변화된 것은 죽은 새끼들을 쫓아온 어미 멧돼지와 시선을 마주한 것이 계기가 되었겠군.

② 도라꾸 아저씨가 한때 멧돼지의 생명을 우습게 여겼던 이유는 멧돼지를 자신의 공명심을 드러내는 도구로서의 가치로 판단했기 때문이겠군.

③ 도라꾸 아저씨가 자신이 한 번 죽었다고 말한 것은 멧돼지들을 거침없이 죽였던 것이 잘못된 행동이었음을 깨달았다는 것을 의미하는 것이겠군.

④ 도라꾸 아저씨가 세 사람과 마주친 멧돼지를 죽이지 않은 것은 자연 속에서 살아가는 모든 생명은 소중하다는 생태주의적 인식에서 기인한 것이겠군.

⑤ 도라꾸 아저씨가 새끼의 생명을 빼앗아 어미 멧돼지를 잡는 사냥법을 암수라고 한 삼촌의 말에 동의한 것은 멧돼지도 인간과 동등한 가치를 지닌 생명체임을 인정한 것이겠군.

[1~3] 다음 글을 읽고 물음에 답하시오.

• 2015–6월 고2 학평A

(가)

[A]
새벽 시내버스는
차창에 웬 찬란한 치장을 하고 달린다
엄동 혹한일수록
선연히 피는 성에꽃

[B]
어제 이 버스를 탔던
처녀 총각 아이 어른
미용사 외판원 파출부 실업자의
입김과 숨결이
간밤에 은밀히 만나 피워 낸
번뜩이는 기막힌 아름다움

[C]
나는 무슨 전람회에 온 듯
자리를 옮겨 다니며 보고
다시 꽃 이파리 하나, 섬세하고도
차가운 아름다움에 취한다
어느 누구의 막막한 한숨이던가
어떤 더운 가슴이 토해 낸 정열의 숨결이던가

[D]
일없이 정성스레 입김으로 손가락으로
성에꽃 한 잎 지우고
이마를 대고 본다

[E]
덜컹거리는 창에 어리는 푸석한 얼굴
오랫동안 함께 길을 걸었으나
지금은 면회마저 금지된 친구여.

– 최두석, 「성에꽃」 –

(나)

흔들리는 나뭇가지에 꽃 한번 피우려고
눈은 얼마나 많은 도전을 멈추지 않았으랴

싸그락 싸그락 두드려 보았겠지
난분분 난분분 춤추었겠지
미끄러지고 미끄러지길 수백 번.

바람 한 자락 불면 휙 날아갈 사랑을 위하여
햇솜 같은 마음을 **다 퍼부어 준 다음에야**
마침내 피워 낸 저 황홀 보아라

봄이면 가지는 그 **한 번 덴 자리**에
세상에서 가장 **아름다운 상처**를 터뜨린다

– 고재종, 「첫사랑」 –

---

1 (가)와 (나)의 공통점으로 적절한 것은?

① 영탄적 어조를 통하여 화자의 고조된 감정을 드러내고 있다.
② 공감각적 심상을 활용하여 대상을 참신하게 표현하고 있다.
③ 음성 상징어를 반복하여 대상에 생동감을 부여하고 있다.
④ 반어적 표현을 활용하여 시어의 의미를 부각하고 있다.
⑤ 명령형 표현을 사용하여 화자의 의지를 강조하고 있다.

2 [A]~[E]를 이해한 내용으로 적절하지 않은 것은?

① [A]: 계절적 배경과 관련지어 차창에 핀 성에꽃의 속성을 드러내고 있다.
② [B]: 서민들의 입김과 숨결이 만나 이루어진 성에꽃에서 아름다움을 느끼고 있다.
③ [C]: 서민들의 삶에 대한 따뜻한 시선을 바탕으로 성에꽃의 아름다움에 심취하고 있다.
④ [D]: 현실의 벽에 부딪혀 성에꽃을 지우는 태도를 통해 무력감을 드러내고 있다.
⑤ [E]: 오랫동안 함께했던 친구를 떠올리며 안타까움을 느끼고 있다.

3 〈보기〉를 바탕으로 (나)를 이해한 내용으로 적절하지 <u>않은</u> 것은?

> **보기**
>
> 이 작품은 눈과 나뭇가지의 사랑을 그리고 있다. 눈은 바람이 불면 날아가 버릴지라도 나뭇가지에 눈꽃을 피우기 위해 인내하고 헌신하는 존재이다. 이러한 노력으로 첫사랑인 눈꽃을 피워 내고, 봄이 되면 나뭇가지는 아름다운 꽃을 피워 낸다. 이를 통해 인내와 헌신으로 피워 낸 사랑의 고귀함을 전달하고 있다.

① '미끄러지고 미끄러지길 수백 번'은 눈이 눈꽃을 피우기 위해 겪는 시련으로 볼 수 있다.

② '다 퍼부어 준 다음에야'는 나뭇가지에 대한 눈의 헌신적 태도로 볼 수 있다.

③ '마침내 피워 낸 저 황홀'은 나뭇가지의 노력을 통해 피어난 봄꽃의 기쁨으로 볼 수 있다.

④ '한 번 덴 자리'는 눈이 녹은 자리이자 봄꽃이 피는 자리라는 점에서 고귀한 사랑의 바탕으로 볼 수 있다.

⑤ '아름다운 상처'는 끝없는 인내와 헌신 끝에 얻은 사랑의 결실인 봄꽃으로 볼 수 있다.

[4~7] 다음 글을 읽고 물음에 답하시오.

• 2017-3월 고1 학평

[앞부분의 줄거리] 윤창권은 가족과 함께 일제 치하의 고향을 떠나 만주 장자워푸에서 황무지를 개간하는 조선 이주민 집단에 합류한다.

깊은 겨울엔 땅속이 한 길씩 언다. 얼기 전에 삼십 리 대간선*은 째어 놓아야 내년 봄엔 물이 온다. ⓐ이것을 실패하면 황무지엔 잡곡이나 뿌릴 수밖에 없고, 그 면적에 잡곡이나 뿌려 가지고는 그 다음해 먹을 수가 없다.

창권이넨 새로 와서 지리도 어둡고, 가역(家役)*도 끝나기 전이라 동네에서 제일 가까운 구역을 맡았다. ⓑ한 삼 마장 길이 되는 대간선의 끝 구역이었다. 그것을 쿨리* 다섯 명을 데리고, 넓이 열두 자, 깊이 다섯 자로, 얼기 전에 뚫어 놔야 한다. 여간 대규모의 수리 공사가 아니다. 창권은 가역 때문에 처음 얼마는 쿨리들만 시키었으나, 날이 자꾸 추워지는 것이 겁나 집일 웬만한 것은 어머니와 아내에게 맡기고 봇도랑 내는 데만 전력하였다.

ⓒ쿨리들은 눈만 피하면 꾀를 피웠다. 우묵한 양지쪽에 앉아 이를 잡지 않으면 졸고 있었다. 빨리 하라고 소리를 치면 그들도 알아들을 수 없는 말로 마주 투덜대었다. 다행히 돌은 없으나 흙일은 변화가 없어 타박타박해 힘들고 지리했다.

이런 일이 반이나 진행되었을까 한 때다. 땅도 자꾸 얼어들어 일도 힘들어졌거니와 더 큰 문제가 일어났다. 이날도 역시 모두 제 구역에서 제가 맡은 쿨리들을 데리고 일을 하는데 쿨리들이 먼저 보고 둔덕으로 뛰어올라가며 뭐라고 떠들어 댔다. 창권이도 둔덕으로 올라서 보았다. 한편 쪽에서 갈가마귀 떼처럼 이곳 토민들이 수십 명씩 무더기가 져서 새까맣게 몰려오는 것이다.

'마적 떼 아닌가!'

그러나 말을 탄 사람은 하나도 없다. 그들은 더러는 이쪽으로 몰려 오고 더러는 동네로 들어간다. 창권은 집안 식구들이 걱정된다. 삽을 든 채 집으로 뛰어들어가다가 그들 한패와 부딪쳤다. 앞을 턱 막아서더니 쭉 에워싼다. 까울리, 까울리방즈* 어쩌구 한다. 조선 사람이냐고 묻는 눈치다. 그렇다고 고개를 끄덕이니까 한 자가 버럭 나서며 창권이가 잡은 삽을 낚아 챈다. 창권은 기운이 부쳐서가 아니라 얼떨결에 삽자루를 놓쳤다. 삽을 빼앗은 자는 삽을 번쩍 쳐들고 창권을 내려치려 한다. 창권은 얼굴이 퍼렇게 질려 뒤로 물러났다. 창권에게 발등을 밟힌 자가 창권의 등덜미를 갈긴다. 그러고는 일제 깔깔 웃어 댄다. 삽을 들었던 자도 삽을 휘휘 두르더니 밭 가운데로

실전 2회 • 193

팽개쳐 버린다. 그리고는 창권의 멱살을 잡고 봇도랑 내는 데로 끄는 것이다.

창권은 꼼짝 못 하고 끌렸다. 뭐라고 각기 제대로 떠들고 삿대질이더니 창권을 봇도랑 바닥에 고꾸라뜨린다. 창권이뿐 아니라 봇도랑 일을 하던 쿨리들도 붙들어 가지고 힐난이다. 봇도랑을 못 내게 하는 모양이다. ⓔ그러자 윗구역에서, 또 그 윗구역에서 여깃말 할 줄 아는 조선 사람들이 내려왔다. 동리에서도 조선 사람들이 소리를 지르며 나타났다. 창권은 눈이 째지게 놀랐다. 윗구역에서 내려오는 조선 사람 하나가 괭이를 둘러메고 여기 토민들 몰켜선 데로 뭐라고 여깃말로 호통을 치면서 그냥 닥치는 대로 찍으려 덤벼드는 것이다. 몰켜 섰던 토민들은 와 흩어져 버린다. 창권을 둘러쌌던 패들도 슬금슬금 물러선다. 동리에서는 조선 부인네들 몇은 식칼을 들고, 낫을 들고 달려들 나오는 것이다. 낫과 식칼을 보더니 토민들은 제각기 사방으로 흩어져 달아난다. 창권은 사지가 부르르 떨렸다.

'여기선 저력해야 사나 부다! 아니, 이 봇도랑은 우리 목줄이 아니고 뭐냐!'

아까 등덜미를 맞고, 멱살을 잡히고 한 분통이 와락 터진다. ⓜ다리 오금이 날갯죽지처럼 뻗는다.

"덤벼라! 우린 여기서 못 살면 죽긴 마찬가지다!"

달아나는 녀석 하나를 다우쳤다. 뒷덜미를 낚아챘다. 공중걸이로 나가떨어진다. 또 하나 쫓아가는데 뒤에서 어머니의 목소리가 난다. 어머니가 달려오며 붙든다.

이 장쟈워푸를 수십 리 둘러 사는 토민들이 한 덩어리가 되어 조선 사람들이 보동*내는 것을 반대하는 것이었다.

[A]
반대하는 이유는 극히 단순한 것이었다. 보동을 내어 논을 풀면 그 논에서들 나오는 물이 어디로 가느냐?였다. 방바닥 같은 들이라 자기네 밭에 모두 침수가 될 것이니 자기네는 조선 사람들 때문에 농사도 못 짓고 떠나야 옳으냐는 것이다. 너희들도 그 물을 끌어다 벼농사를 지으면 도리어 이익이 아니냐 해도 막무가내였다. 자기넨 벼농사를 지을 줄도 모르거니와 이밥을 못 먹는다는 것이다. 고소하지도 않을 뿐더러 배가 아파진다는 것이다. 그럼 먹지는 못하더라도 벼를 장춘으로 가지고 가 팔면 잡곡을 몇 배 살 돈이 나오지 않느냐? 또 벼농사를 지을 줄 모르면 우리가 가르쳐 줄 터이니 그대로 해 보라고 하여도 완강히 반대로만 나가는 것이었다. 그리고 조선 사람이 칼이나 낫으로 덤비면 저희에게도 도끼도 몽둥이도 있다는 투로 맞서는 것이다.

조선 사람들은 일을 계속하기가 틀렸다. 쿨리들이 다 달

아났다. 땅이 자꾸 얼었다. 삼동 동안은 그냥 해토*되기만 기다리는 수밖에 없고, 해토가 된다 하여도 조선 사람들의 힘만으로는, 못자리는 우물물로 만든다 치더라도, 모낼 때까지 봇물을 끌어오게 될지 의문이다.

그러나 이 보동 이외에 달리 살 길은 없다. 겨울 동안에 황채심과 몇몇 이곳 말 잘하는 사람들은 나서 이웃 동네들을 가가호호 방문하였다. 보동을 낸다고 해서 물을 무제한으로 끌어오는 것이 아니요, 완전한 장치로 조절한다는 것과 조선서는 봇물이 오면 수세를 내면서까지 밭을 논으로 만든다는 것과 여기서도 한 해만 지어 보면 나도 나도 하고 물이 세가 나게 될 것과 우리가 벼농사 짓는 법도 가르쳐 주고, 벼만 지어 놓으면 팔기는 우리가 나서 주선해 줄 것이니 그것은 서로 계약을 해도 좋다고까지 역설하였으나 하나같이 쇠귀에 경 읽기였다. 뿐만 아니라 어떤 동네에선 사나운 개를 내세워 가까이 오지도 못하게 하였다.

조선 사람들은 지칠 대로 지치고 악만 남았다.

추위는 하루같이 극성스럽다. 더구나 늦게 지은 창권이네 집은 벽이 모두 얼음장이 되었다. 그냥 견딜 수가 없어 방 안에다 조짚을 엮어 둘러쳤다. 석유도 귀하거니와 불이 날까 보아 등잔도 별로 켜지 못했다. 불 안 켜는 밤이면 바람 소리는 더 크게 일어났다.

– 이태준, 「농군」 –

* 대간선 수로나 도로 등의 시설에서 중심이 되는 큰 줄기의 선.
* 가역 집을 짓거나 고치는 일.
* 쿨리 육체노동에 종사하는 현지인 노동자.
* 까울리, 까울리방즈 중국인이 한국인을 낮추어 부르는 말.
* 보동 보를 둘러쌓은 둑.
* 해토 얼었던 땅이 풀림.

4 윗글에 대한 설명으로 가장 적절한 것은?

① 인물의 대화를 직접적으로 인용하여 사건의 진행을 더디게 하고 있다.

② 심리적 갈등을 드러내기 위해 인물의 내면을 위주로 서술하고 있다.

③ 서술자가 주인공으로 등장하여 자신의 체험을 이야기하고 있다.

④ 상황의 현장감을 부각하기 위해 현재 시제를 활용하고 있다.

⑤ 시점의 변화를 통해 사건을 다각적으로 제시하고 있다.

5 ㉠~㉤에 대한 설명으로 적절하지 <u>않은</u> 것은?

① ㉠: 가정과 예상되는 결과를 연쇄적으로 제시하여 상황의 시급함을 강조하고 있다.

② ㉡: 작업의 규모와 기한을 밝혀 '창권'의 부담을 구체화하고 있다.

③ ㉢: 행동 묘사를 통해 '쿨리들'의 불성실한 면모를 구체적으로 드러내고 있다.

④ ㉣: 유사한 문장을 반복하여 상황의 반전이 시작되는 지점을 부각하고 있다.

⑤ ㉤: 비유를 통해 '창권'이 느낀 두려움을 생생하게 표현하고 있다.

6 〈보기〉를 참고하여 윗글을 감상한 내용으로 적절하지 <u>않은</u> 것은?

┌─ **보기** ┐

　이 작품의 등장인물들은 하나의 공간에서 각기 자신들에게 익숙한 생활 방식을 고수하려는 과정에서 충돌한다. 한 편은 이 공간을 변화시킴으로써 기존의 생활 방식을 지속하고 공간의 이질성을 극복하려 한다. 하지만 다른 편의 입장에서 이러한 행위는 자신들에게 익숙한 생활 방식에 대한 침해이자, 익숙한 공간을 낯설게 만들려는 시도로 인식된다. 이들 간의 충돌은 생존의 문제와 직결되면서 한층 더 절박한 양상을 띠게 된다.

└─────────────────────┘

① '장쟈워푸'의 혹독한 기후와 낯선 언어는, 조선인 집단에 갓 합류한 창권으로 하여금 공간에 대해 이질감을 느끼게 하는 요인으로 볼 수 있군.

② 조선인들이 봇도랑을 내는 것은 '장쟈워푸'라는 낯선 공간을 벼농사가 가능한 땅으로 만들어 자신들에게 익숙한 생활 방식을 지속하려는 시도라 할 수 있군.

③ 조선인들이 일하는 구역에 '토민들'이 몰려와 방해하는 이유는 자신들이 유지해 오던 기존의 생활 방식을 조선인들이 침해하고 있다고 생각했기 때문이겠군.

④ 창권이 봇도랑을 '우리 목줄'로 인식하는 것은 공간의 변화 여부가 생존과 직결되어 있음을 깨닫게 된 것으로 볼 수 있군.

⑤ 조선인들과 '토민들'이 대립하는 것은 양측 모두 '장쟈워푸'라는 공간을 변화시키고자 하지만 그 방식을 놓고 의견이 엇갈리기 때문인 것으로 파악할 수 있군.

7 [A]에 대한 이해로 가장 적절한 것은?

① 문제 제기에 대해 다양한 대안을 열거하면서 최선의 해결책을 이끌어 내고 있다.

② 주장과 반론이 교차되는 과정에서 입장의 차이를 좁혀나가는 모습을 그려 내고 있다.

③ 역사적 배경을 서술하면서 사건의 근본적 원인을 과거의 시대 상황에서 탐색하고 있다.

④ 설득이 실패하는 상황을 반복적으로 제시하여 문제의 해결이 쉽지 않을 것임을 강조하고 있다.

⑤ 공동체가 난관에 대처하는 방식을 서술하여 개인의 문제를 집단의 것으로 수용하는 과정을 구체화하고 있다.

[1~3] 다음 글을 읽고 물음에 답하시오.

• 2019–11월 고1 학평

(가)

봄은 푸른 수레를 타고 바다 건너 머언 산맥을 넘어서
어느 삼림에 투숙(投宿)을 했다가는 기어코 언덕길을 돌아
오리라고 한다

아침에도 나리꽃같이 흰 안개가 걷기 전부터 **사람들**은
언덕길에서 만날 때마다 푸른 **봄**이 오리라는 **즐거운 이야
기**를 했건만 헤어질 때마다 전설같이 믿을 수 없는 제 자
신들의 슬픈 이야기에 목메어 울었다

그중 어떤 젊은 친구는 말하기를 봄은 지구에서 아주 자
취를 감추었으리라고 단념을 하기도 하였다

또 **어떤 친구**는 말하기를 **봄**은 어느 아득한 성좌로 **멀리
떠나버렸다**고도 하였다

그러면서도 **그들**은 봄은 어느 성좌에서 **다시 오지 않나**
하고 모조리 전설 같은 이야기를 **부질없이 소곤대기도** 하
였다 그러나 아무리 **옥같이 흰 백매(白梅)**가 핀다기로서니
이미 **계절이 떠나간** 이 **빈 지구**에 봄이 온다는 이야기를
믿을 수야 있겠느냐고 제각기 만나는 대로 심장을 앓았다

푸른 계절을 잃어버린
이 몹쓸 지구에 서서
도시 봄을 부르는 자는 누구냐?

                – 신석정, 「봄을 부르는 자는 누구냐」 –

(나)

      백두산에 도착하자 눈이 내리기 시작했다
      흰 자작나무 사이로
[A] 외롭게 걸려 있던 낮달은 어느새 사라지고
      잣까마귀들이 떼 지어 날던 하늘 사이로
      서서히 함박눈은 퍼붓기 시작했다
      바람은 점점 어두워지고
[B] 멀리 백두폭포를 뒤로 하고
      우리들은 말없이 천지를 향해 길을 떠났다

      눈 속에 핀 흰 두견화를 만날 때마다
[C] 사랑한다 사랑한다고 속삭이며
      우리들은 저마다 하나씩 백두산이 되어 갔다
      눈보라가 장백송 나뭇가지를 후려 꺾는 풍구(風口)에서
[D] 마침내 운명을 사랑하는 사람이 되는 일은 어려운 일
      이었다
      올라갈수록 더 이상 올라갈 수 없는
      내려갈수록 더 이상 내려갈 수 없는
[E] 눈보라치는 백두산을 오르며
      우리들은 다시 천지처럼
      함께 살아가야 할 날들을 생각했다

                – 정호승, 「백두산을 오르며」 –

1 (가)와 (나)의 공통점으로 가장 적절한 것은?

① 의문형 어미를 통해 시적 긴장감을 유발하고 있다.
② 색채어를 활용하여 대상을 감각적으로 제시하고 있다.
③ 의성어를 활용하여 상황을 생동감 있게 묘사하고 있다.
④ 수미 상관의 방식을 통해 구조적 안정감을 부여하고 있다.
⑤ 말을 건네는 방식을 통해 대상과의 친밀감을 드러내고 있다.

2 〈보기〉를 참고하여 (가)를 감상한 내용으로 적절하지 <u>않은</u> 것은?

> ┌ **보기** ┐
>
> 　이 작품은 일제 강점기의 부정적인 시대 상황 속에서 민족의 운명을 자연의 순환을 바탕으로 이야기하며 해방에 대한 소망을 드러내고 있다. 화자에게 해방은 절망적 상황에서 벗어난 이상적 공간의 회복을 의미한다. 또한 화자는, 민족 공동체 구성원들이 현실에 대해 체념하거나 실천적 노력 없이 소망을 이야기하는 것만으로는 절망적인 현실에서 벗어날 수 없다고 인식하고 있다.

① '봄'에 대해 '즐거운 이야기'를 하는 '사람들'은 해방을 소망하는 민족 공동체 구성원이라고 할 수 있겠군.

② '어떤 친구'가 '봄'은 '멀리 떠나버렸다'라고 말한 것에서 현실에 체념하는 모습이 드러난다고 할 수 있겠군.

③ '봄'은 '다시 오지 않나'하고 '부질없이 소곤대'는 것에서 실천적 노력 없이 소망을 이야기하기만 하는 모습이 드러난다고 할 수 있겠군.

④ '옥같이 흰 백매'는 자연이 순환하듯 민족의 운명이 회복될 것이라는 '그들'의 믿음을 보여 준다고 할 수 있겠군.

⑤ '계절이 떠나간' '빈 지구'는 이상적 공간의 회복을 이루지 못한 절망적 현실을 보여 준다고 할 수 있겠군.

3 (나)의 [A]～[E]에 대한 이해로 적절하지 <u>않은</u> 것은?

① [A]: 화자를 둘러싼 상황이 악화되고 있음이 드러나 있다.

② [B]: 묵묵히 목표를 향해 나아가는 화자의 모습이 드러나 있다.

③ [C]: 화자가 대상과 동화되어 가는 모습이 드러나 있다.

④ [D]: 억압적 현실에 저항하고 있는 화자의 행동이 드러나 있다.

⑤ [E]: 공동체적 삶에 대한 화자의 바람이 드러나 있다.

[4～6] 다음 글을 읽고 물음에 답하시오.

• 2018–3월 고1 학평

　우리 집안은 일찍부터 논이나 밭뙈기 한 두렁도 가져 본 적 없었으므로, 아버지는 낫이나 호미 자루 한번 잡아 보지 않았다. 그렇다고 일정한 직업을 가져 본 적도 없었다. 일 년을 따져 평균 아홉 달은 집을 떠나 어디론가 떠돌아 다녔고, 집에 붙어 있는 나머지 달은 낚시로 소일했다. 이태 전 봄까지만도 우리는 읍내 거리 장마당 부근에 살았다. 그때 역시 엄마는 근동 **장터를 떠돌며 어물 장사**를 했고, 아버지는 읍내에서 사 킬로 정도 떨어진 지금 우리가 사는 주남 저수지에 낚시를 다니며, 늘 집 떠날 궁리만 하고 지냈다. 새마을 도로가 확장되는 통에 우리가 세 든 읍내 장터 집이 헐리게 되자, 아버지는 엄마를 졸라 주남 저수지 옆 민 씨 별채로 이사를 오게 되었다.

　"주남 저수지는 우리나라에서 알아주는 철새 도래지 아인가. 내가 새를 무척 좋아하거덩."

　아버지가 말했다.

　㉠"당신이사 땅으로 걸어 댕기는 철새인께 날아댕기는 철새가 좋겠지예. 그런데 새 구경하는 거도 좋지만 그 구경 댕기모 밥이 생기요 떡이 생기요?"

　엄마는 말도 되잖은 소리란 듯 한숨을 내쉬며 돌아앉고 말았다.

　"그거 말고도, 관리인 민 씨 말이 타지에서 오는 낚시꾼들 뒷바라지나 해 주모 찬값 정도는 번다 안카나……."

　엄마는 그쪽으로 이사하면 당장 장사 다니는 길이 먼 줄을 알면서도, 어떻게 아버지가 집에 눌러 있을까 싶었던지 그 말에 선선히 동의했다. 그러나 주남 저수지 쪽으로 이사 와서 보름을 채 못 넘겨 아버지는 슬그머니 집을 떠나고 말았다. 부산과 마산의 낚시꾼들이 떡밥은 물론 술이며 안주 접시까지 심부름시키는 데 아버지는 더 참아 낼 수 없었던 것이다. 더러운 세상, 나쁜 놈들이라며 전에는 입에 담지 않던 욕설을 술김에 종종 뱉더니, 기어코 그 떠돌이 병에 발동이 걸렸다. 늘 궁금한 일이지만, 아버지는 집을 떠나 떠돌 동안 숙식을 어떻게 해결하고 다니는지 알 수 없었다. 그로부터 두 달 뒤, 여름이 끝날 무렵에서야 아버지는 돌아왔다. 그 행려 끝에 무슨 결심을 굳혔는지 돌배산 자락을 덮은 민 씨네 대나무 밭의 굵은 대 몇 그루를 쪄 와 방패연을 만들기 시작했다. 내가 어릴 때 아버지는 더러 방패연을 만들어 주기도 했지만, 근래에는 한 번도 없던 짓거리였다. 대나무를 가늘게 쪼개어 햇빛에 말려선, 장두 칼로 다듬고, 한지에 바람 구멍을 뚫어, 거기에 다섯 개 맷 개 비를 붙여 방패연을 만드는 솜씨는 아버지가 지닌 유일한 기술 같아 보였다. 천장 가운데 태극무늬나 붉은 원을 오려 붙여 만든 연이 큰 놈은 두 번 접은 신문지만 했고 작은 놈은 교과서만 한 크기도 있었다.

ⓒ"겨울도 아인데 그 많은 연을 어데다 팔라 캅니꺼?"

내가 물었다.

"머 꼭 돈이 목적이라서 맹그나. 쓸모읎어도 맹글고 싶으이 게 맹들제. 참새가 날라 카모 기러기만큼 와 하늘 높이 몬 날겠노. 먼 데꺼정 갈 필요가 읎으이게 지 오를 만큼 오르고 말지러."

아버지가 쓸데없이 비유까지 곁들여 말했다.

"옛적에 연 맹글어 줬다는 돌아가신 할아부지 생각이 나서 맹글어예?"

"사람은 어데 갈 **목적이 읎어도 어떤 때는 연맹크로 그냥 멀리로 떠나 댕기고** 싶은 꿈이 있는 기라. ⓒ그런 꿈 읎이 일만 하는 사람은 꼭 개미 같아. 사람은 개미가 아이잖나. 돈 벌라고 밤낮으로 일만 하는 사람을 보모 사람 사는 목적이 저런가 싶을 때가 있지러. 그 사람들이 보모 **내 같은 사람이 쓸모읎이 보일란지 몰라도**……."

아버지가 어설픈 미소를 띠어 보였다.

"묵고살기 바쁘모 그래 산천 구경하고 싶어도 몬 떠나는 거 아입니꺼."

하며, 나는 엄마를 생각했다.

"그렇기사 하겠제. 그라고 보모 나는 아매 떠돌아댕기는 팔 자를 타고났나 보제."

아버지가 시무룩이 말했다.

[중략 부분 줄거리] 나와 아버지는 낚시꾼들에게 방패연을 팔러 가지만 연은 거의 팔리지 않는다. 그 무렵 아버지는 훌쩍 또 집을 떠나고, 장마가 시작된 여름밤에 다시 돌아온다. 나는 장사 가신 어머니를 마중 나가기 위해 자전거를 끌고 장터로 간다.

뇌성이 다시 한차례 하늘 복판에서 쪼개졌다. 엄마는 흠칫 어깨를 떨었고, 나는 몸이 오그라드는 듯한 놀람으로 무심결에 자전거 핸들을 눌러 잡았다.

"짝대기라 캤나? 그라몬 어데 다쳤단 말인가?"

"그렇지는 않은 거 같고……."

"늘 배창자가 아푸다더니 속병이 생긴 게로구나. 객지로 돌아댕기며 굶기도 오지게 굶었을끼고."

그럴 줄 알았다는 듯 엄마는 아무렇지 않게 말했다.

ⓔ"참, 양석 떨어졌을 낀데 너그들 저녁밥은 우쨌노?"

"장 씨 집에서 라면 두 봉지 꿔다 묵었지예."

"아부지는?"

"읍내서 묵고 왔다 캅디더."

자전거 짐받이에 얹힌 함지박을 고무줄로 묶고, 나는 천천히 자전거를 몰았다. 함지박 쪽에서 쿰쿰한 비린내가 코끝을 따라왔다. 그 냄새는 이미 후각에 익은 엄마의 냄새이기도 했다.

ⓜ"엄마, 자전거에 타예. 그라몬 퍼뜩 갈 수 있을 낀데."

다른 때 같으면 사양했을 엄마가 오늘따라 아무 말없이 안장 앞쪽 파이프에 머릿수건을 깔고 올라앉았다. 내색은 않았지만 엄마 역시 아버지를 빨리 만나고 싶은 모양이었다. 힘주어 페달을 밟자 엄마 온몸에서 풍겨 나는 비린내가 내 쪽으로 옮아왔다.

"쯧쯧, 그래도 숨질이 붙었으모 **더러 처자슥은 보고 싶은지 집구석이라고 찾아드니**……. 원쑤도, 그런 원쑤가 어딨노. 그런 남정네가 이 시상에 몇이나 될꼬. 그래 굶으미 맥 놓고 떠돌아댕기도 우째 안죽 객사를 안 하는공 모리겠데이."

엄마는 한숨 끝에 아버지를 두고 혼잣말을 중얼거렸다.

뙤약볕 아래 장터마다 싸다니느라 까맣게 그을린 엄마 얼굴을 떠올리자, 나는 공연히 코허리가 찡하게 쓰렸다. 엄마는 키가 작고 몸매가 깡마른데다 살결이 검어, 볼 때마다 안쓰럽고 측은한 마음이 마음 귀퉁이에 그늘을 만들었다. 그럴 적마다 아버지에 대한 원망 또한 반사적으로 감정을 자극했다. 아버지에 대한 원망 섞인 감정은 증오라기보다 썰물이 되어 당신을 내 옆에서 멀리로 밀어내는 작용을 했다. 아버지에 대한 그런 마음은 엄마의 경우도 비슷하리라 여겨졌다. 다만 **순환의 법칙을 좇아** 한때의 미움도 시간이 흐르면 연민으로 녹아, 끝내 **밀물**이 되어 엄마 여윈 마음을 다시 채워 주리란 점만이 다를 뿐이었다.

– 김원일, 「연(鳶)」 –

4 윗글의 서술상 특징에 대한 설명으로 적절한 것은?

① 장면마다 다른 서술자를 설정하여 사건을 다각도로 제시하고 있다.

② 사건을 체험한 서술자가 중심인물과 관련된 자신의 생각을 드러내고 있다.

③ 외부 이야기에서 내부 이야기로 장면을 전환하면서 사건을 전개하고 있다.

④ 작품 밖의 서술자가 중심인물의 내적 갈등이 해소되는 과정을 서술하고 있다.

⑤ 동시에 일어나는 두 개의 사건을 병렬적으로 배치하여 긴장감을 조성하고 있다.

6 〈보기〉를 참고하여 윗글을 감상한 내용으로 적절하지 <u>않은</u> 것은?

> ┌ 보기 ┐
> 이 작품은 역마살을 타고나 여기저기 떠돌아다니는 아버지의 삶과, 생계를 책임진 채 아버지에 대한 원망과 애정을 안고 살아가는 어머니의 삶을 그리고 있다. 작품의 주요 소재인 '연'은 바람이 부는 대로 하늘을 날아다니지만 연줄로 '얼레'에 매여 있어 지상으로 돌아올 수밖에 없다. '연'과 '얼레'의 이러한 속성은 이리저리 떠돌다 가족들이 있는 집으로 돌아오는 아버지의 삶을 형상화하는 데 기여하고 있다.

① '장터를 떠돌며 어물 장사를' 하는 것에서, 가족의 생계를 떠안고 사는 어머니의 삶을 엿볼 수 있어.

② '목적이 읎어도 어떤 때는 연맨크로 그냥 멀리로 떠나 댕기'는 삶에 대해 말한 부분에서, 아버지가 하늘을 나는 연처럼 자유롭게 떠돌며 살기를 원한다는 것을 알 수 있어.

③ '내 같은 사람이 쓸모읎이 보일란지 몰라도'라고 말한 부분에서, 아버지가 역마살로 인해 무능할 수밖에 없었던 자신의 삶을 후회하고 있음을 엿볼 수 있어.

④ '더러 처자슥은 보고 싶은지 집구석이라고 찾아'든다는 말에서, 어머니는 아버지에게 가족들이 얼레와 같은 역할을 하고 있다고 생각하고 있음을 알 수 있어.

⑤ '순환의 법칙을 좇아' 미움도 시간이 흐르면 연민이 되어 '밀물'처럼 마음을 채워 준다는 부분에서, 아버지에 대한 원망과 애정을 안고 사는 어머니에 대한 나의 인식을 엿볼 수 있어.

5 ㉠~㉤에 대한 이해로 적절하지 <u>않은</u> 것은?

① ㉠: 저수지 근처로 이사를 가자는 아버지의 제안을 못마땅해하는 어머니의 푸념이 담겨 있다.

② ㉡: 뜬금없이 많은 연을 만드는 아버지의 행동에 대해 의아해하는 '나'의 심리가 담겨 있다.

③ ㉢: 생계를 위한 경제적 활동에 얽매이고 싶지 않은 아버지의 삶의 태도가 담겨 있다.

④ ㉣: 어려운 가정 형편 속에서 자식들을 걱정하는 어머니의 애정이 담겨 있다.

⑤ ㉤: 아버지의 끼니를 염려하는 마음에 어머니를 빨리 모셔 가려는 '나'의 의도가 담겨 있다.

[1~4] 다음 글을 읽고 물음에 답하시오.

• 2021-9월 고2 학평

(가)

　　비탈진 공터 언덕 위 푸른 풀이 덮이고 그 아래 웅덩
이 옆 미루나무 세 그루 **갈라진 밑동**에도 **푸른 싹**이 돋
았다 때로 늙은 나무도 젊고 싶은가 보다

[A]　기다리던 것이 오지 않는다는 것은 누구나 안다 누가
　　누구를 사랑하고 누가 누구의 목을 껴안듯이 비틀었는
　　가 나도 안다 돼지 목 따는 동네의 더디고 나른한 세월

[B]　때로 우리는 묻는다 **우리의 굽은 등**에 푸른 싹이 돋을
　　까 묻고 또 묻지만 비계처럼 씹히는 달착지근한 혀, 항
　　시 우리들 삶은 낡은 유리창에 흔들리는 **먼지 낀 풍경**
　　같은 것이었다

[C]　흔들리며 보채며 얼핏 잠들기도 하고 그 잠에서 깨일
　　땐 솟아오르고 싶었다 세차장 고무호스의 **길길이 날뛰
　　는 물줄기**처럼 갈기갈기 찢어지며 아우성치며 울고불고
　　머리칼 쥐어뜯고 몸부림치면서……

　　그런 일은 없었다 돼지 목 따는 동네의 더디고 나른한
세월, 풀잎 아래 엎드려 숨죽이면 가슴엔 **윤기나는 석탄
층***이 깊었다

– 이성복, 「다시 봄이 왔다」 –

* 석탄층 식물이 땅속에 층을 이루어 퇴적되면서 생긴 층.

(나)

옆구리에서 아까부터
무언가 꼼지락거리고 있었다.
내려다보니 **작은 할머니**였다.
만원 전동차에서 내리려고
혼자 ㉠**헛되이** 허우적거리고 있었다.
승객들은 빈틈없이 할머니를 에워싸고
높고 ㉡**튼튼한 벽**이 되어 있었다.
할머니가 아무리 중얼거리며 떠밀어도
벽은 꿈쩍도 하지 않았다.
할머니는 있는 힘을 다하였으나
태아의 발가락처럼 꿈틀거릴 뿐이었다.
전동차가 멈추고 문이 열리고 닫혔지만
벽은 ㉢**조금도** 흔들림이 없었다.

할머니가 필사적으로 **꿈틀거리는** 동안
꿈틀거릴수록 점점 작아지는 동안
승객들은 빈틈을 ㉣**더** 세게 조이며
더욱 ㉤**견고한** 벽이 되고 있었다.

– 김기택, 「벽」 –

1 (가)와 (나)의 공통점으로 가장 적절한 것은?

① 단정적 진술을 활용하여 주제 의식을 드러내고 있다.

② 도치의 방식을 활용하여 시적 의미를 부각하고 있다.

③ 점층적 표현을 활용하여 시적 분위기를 고조하고 있다.

④ 반복과 열거를 활용하여 화자의 의지를 강조하고 있다.

⑤ 색채의 상징적 의미를 활용하여 시적 상황을 드러내고 있다.

2 [A]~[C]에 대한 설명으로 적절하지 않은 것은?

① [A]: 변화 가능성이 없는 상황에서 오는 권태로운 삶을 드
러내고 있다.

② [B]: 자신이 처해 있는 현실에 대한 회의적인 태도를 드러
내고 있다.

③ [B]: 생기 있는 삶을 기대할 수 없는 비관적 현실 인식을 드
러내고 있다.

④ [C]: 치열하고 역동적으로 살기 위해 과거의 삶을 반성하는
모습을 드러내고 있다.

⑤ [C]: 무기력한 삶에서 벗어나 자유롭고 활기 있는 삶을 살
고자 하는 욕망을 드러내고 있다.

3 ⊙~⑩의 의미를 고려하여 (나)를 이해한 내용으로 적절하지 않은 것은?

① ⊙을 활용하여 혼자의 힘으로는 문제를 해결할 수 없는 할머니의 상황을 부각하고 있군.

② ⓛ을 활용하여 할머니의 어려움을 심화시키는 대상을 강조하고 있군.

③ ⓒ을 활용하여 할머니의 고통에 반응하지 않는 승객들의 모습을 강조하고 있군.

④ ⓔ을 활용하여 속박된 상황을 벗어나려는 할머니의 모습을 부각하고 있군.

⑤ ⑩을 활용하여 할머니의 처지에 관계없이 자신의 상황을 고수하고 있는 승객들의 모습을 부각하고 있군.

4 〈보기〉를 바탕으로 (가)와 (나)를 감상한 내용으로 적절하지 않은 것은?

> ┌─ **보기** ┐
> 　시는 언어를 통해 이미지를 발현하고 영화는 영상을 통해 이미지를 표출한다. 시는 시어와 행과 연으로, 영화에서는 쇼트와 쇼트의 조합을 통해 이미지를 구성해 간다. 영화 기법은 영상의 이미지를 다루는 방법으로 시의 이미지를 분석하는 데 중요한 틀을 제공한다.
> 　먼저 촬영 기법인 클로즈업은 주관적 의도에 의해 선택된 대상을 확대하여 대상에 집중하게 하고 관련된 상황과 심리를 강조한다. 한편 편집 기법인 몽타주는 이질적인 장면이나, 시공간이 다른 장면들을 연결하여 그들 사이의 대조나 유사성에 의한 연상적 비교를 일으켜 정서적 반응을 유발한다.

① (가)의 '갈라진 밑동'에 돋은 '푸른 싹'이 클로즈업처럼 확대되어 화자가 바라는 삶의 모습이 강조되겠군.

② (가)의 '우리의 굽은 등'과 '먼지 낀 풍경'은 몽타주 기법처럼 연결되어 화자가 처한 부정적 상황에 대한 정서가 유발되겠군.

③ (가)의 '길길이 날뛰는 물줄기'와 '윤기나는 석탄층'은 몽타주 기법처럼 연결되어 현실에 맞서는 화자에 대한 정서가 유발되겠군.

④ (나)의 '작은 할머니'와 높은 '벽'은 몽타주 기법처럼 연결되어 괴로움을 느끼는 할머니에 대한 정서가 유발되겠군.

⑤ (나)의 '꿈틀거리'는 '할머니'의 모습이 클로즈업처럼 확대되어 할머니가 애쓰는 상황이 강조되겠군.

[5~8] 다음 글을 읽고 물음에 답하시오.

• 2018–9월 고3 모평

최 노인 (화단 쪽을 가리키며) 저기 심어 놓은 화초며 고추 모가 도무지 자라질 않는단 말이야! 아까도 들여다보니까 고추 모에서 꽃이 핀 지는 벌써 오래전인데 열매가 열리지 않잖아! 이상하다 하고 생각을 해 봤더니 저 멋없는 것이 좌우로 탁 들어 막아서 햇볕을 가렸으니 어디 자라날 재간이 있어야지! 이러다간 땅에서 풀도 안 나는 세상이 될 게다! ⊙말세야 말세!

이때 경재 제복을 차려 입고 책을 들고 나와서 신을 신다가 아버지의 이야기를 듣고는 깔깔대고 웃는다.

경재 원 아버지두……

최 노인 이눔아 뭐가 우스워?

경재 지금 세상에 남의 집 고추 밭을 넘어다보며 집을 짓는 사람이 어디 있어요?

최 노인 ⓐ옛날엔 그렇지 않았어!

경재 옛날 일이 오늘에 와서 무슨 소용이 있어요? 오늘은 오늘이지. ⓛ(웅변 연사의 흉을 내며) 역사는 강처럼 쉴 새 없이 흐르고 인생은 뜬구름처럼 변화무쌍하다는 이 엄연한 사실을, 이 역사적인 사실을 똑바로 볼 줄 아는 사람만이 자신의 운명을 개척할 수 있다는 사실을 최소한도로 아셔야 할 것입니다! 에헴!

[중략]

경수 여보 영감님! 여긴 종로 한복판입니다. 게다가 가게와 살림집이 붙었는데 그래 겨우 이백오십만 환이라구요? ⓑ그런 당치도 않은 거짓말은 공동묘지에서나 하시오.

복덕방 뭐 뭐요? 공동묘지에서라고? 예끼 버릇없는 놈 같으니라구!

경수 아니 이 영감님이……

복덕방 그래 이눔아 너는 애비도 에미도 없는 놈이기에 나이 먹은 늙은이더러 공동묘지에 가라구? 이 천하에.

최 노인 여보 김 첨지. 젊은 애들이 말버릇이 나빠서 그런 걸 가지고 탓할 게 뭐요?

복덕방 그래 내가 집 거간이나 놓고 다니니까 뭐 사고무친한 외도토린 줄 아느냐? 이눔아! 나도 장성 같은 아들에다 딸이 육 남매여!

경수 아니 제가 뭐라고 했길래……

어머니 넌 잠자코 있어! 용서하시우. 요즘 젊은 놈들이란 아무 생각 없이 말을 하니까요…… 게다가 술을 마셨다우.

복덕방 음 이놈이 한낮부터 술 처먹고 어른에게 행패구나! 이놈아! 내가 그렇게 만만하니?

최 노인 김 첨지! 글쎄 진정하시라니까…… 내가 대신 이렇게 사죄하겠소 원!

복덕방 그리고 이백오십만 환이 터무니없는 값이라고? 이놈아 누군 돈이 바람 맞은 대추알이라던? 응? 그것도 잘 생각해서야! 음! 이런 분한 일이 있나!

최 노인 글쎄 참으시고 이리 앉으세요.

복덕방 난 그만 가 보겠소이다. 이런 일도 기분 문제니까요! 다른 사람 골라서 공동묘지로 보내구려! 에잇.

최 노인 아 ⓒ김 첨지! 김 선생! (하며 뒤를 쫓아 나간다.)

경수 제길 무슨 놈의 영감이 저래?

어머니 네가 잘못이지 뭐니……

경수 집을 팔지 말라고 했는데……

이때 최 노인 씨근거리면서 등장하자 이 말을 듣고는 성을 더 낸다.

최 노인 이놈아! ⓒ누가 이 집을 판다고 했어? 응?

경수 아니 그럼 이 집을 파시는 게 아니면 뭣 하러 복덕방은……

최 노인 저런 쓸개 빠진 녀석 봤나! 아니 내가 뭣 때문에 이 집을 팔아? 응? 옳아 네놈 취직 자본을 대기 위해서? 응?

어머니 아니 그럼 이백오십만 환이란 무슨 얘깁니까?

최 노인 네 따위 놈을 위해서 하나 남은 집마저 팔아야만 속이 시원하겠니? 전세로 육 개월만 내놓겠다는 거야!

경수 예? 전세라구요?

ⓓ(어머니와 경운은 서로 얼굴을 바라본다.)

최 노인 왜 아주 안 파는 게 양에 안 차지? 이놈아! 이 애비가 집도 절도 없는 거지가 되어서 죽는 꼴이 그렇게도 보고프냐?

경수 (당황하며) 아버지 아니에요! 저는……

최 노인 아니면 껍질이냐?

어머니 ⓐ여보 그럼 집을 전세로 줘서 뭣 하시게요?

최 노인 글쎄 아까 어떤 친구 얘기가 요즘 그 실내에서 하는 그 뭐드라 '샤플이뽈'이라든가……

경운 '샤뿔뽀오드*' 말씀이에요?

최 노인 그래 '샤뿔뽀오드' 말이다! 그건 차리는 데 돈도 안 들고 수입이 괜찮다고 하면서 4가에 적당한 집이 있다기에 그걸 해 볼까 하고 이 집을 보였지. 그래 얘기가 거의 익어 가는 판인데 글쎄 다 되어 간 음식에 코 빠치기로 저 녀석이……

어머니 아니 그럼 전세로 이백오십만 환이란 말인가요?

최 노인 그렇지! 저 가게만 해도 백만 환은 받을 수 있어!

어머니 그런 걸 가지고 나는 괜히……

최 노인 뭐가 괜히야?

경운 ⓔ아버지께서 이 집을 팔으실 줄만 알았어요.

최 노인 흥! 너희들은 모두 한속이 되어서 어쩌든지 내 일을 안 되게 하고 이 집을 날려 버릴 궁리들만 하고 있구나! 이 천하에 못된 것들! (하며 불쑥 일어선다.)

어머니 그럴 리가 있겠어요! 다만……

최 노인 듣기 싫어! (화초밭으로 나오며) 이 집안에서는 되는 거라곤 하나도 없어! 흔한 햇볕도 안 드는 집이 뭣이 된단 말이야! 뭣이 돼! (하며 화초밭을 함부로 작신작신 짓밟고 뽑아 헤친다.)

어머니 ⓜ(맨발로 뛰어내리며) 여보! 이게 무슨 짓이오! 그렇게 정성을 들여서 가꾼 것들을…… 원…… 당신도……

최 노인 내가 정성을 안 들인 게 뭐가 있어…… 나는 모든 일에 정성을 들였지만 안 되지 않아! 하나도 씨도 말야!

– 차범석, 「불모지」 –

＊ 샤뿔뽀오드(shuffleboard) 오락의 한 종류.

5 윗글에 대한 이해로 가장 적절한 것은?

① 언어유희를 통해 인물 간의 긴장을 고조시키고 있다.

② 장면의 전환을 통해 각 인물의 내면이 부각되고 있다.

③ 인물들의 복장을 통해 인물들의 심리를 드러내고 있다.

④ 인물의 등퇴장을 통해 인물의 성격 변화를 드러내고 있다.

⑤ 실제 지명의 노출을 통해 극중 상황에 사실감을 부여하고 있다.

7 〈보기〉와 ⓐ~ⓔ를 관련지어 윗글을 감상한 내용으로 적절하지 <u>않은</u> 것은?

> ┌ 보기 ┐
> '발견'이란 인물이 극의 전개 과정에서 사건의 숨겨진 측면을 알아차리는 계기를 드러내는 기법이다. '발견'의 대상은 중요한 의미를 지닌 물건이 될 수도 있고 몰랐던 사실이나 새로운 가치, 인물의 다른 면 등이 될 수도 있다. 이러한 '발견'을 통해 사건은 새로운 국면으로 바뀌기도 하고 인물들의 갈등 양상이 변모되기도 한다.

① '경재'는 ⓐ를 통해 '최 노인'이 예전과 달라진 현실을 부정적으로 인식한다는 것을 발견함으로써, '최 노인'에게 변화를 수용하는 태도가 필요함을 드러내는군.

② '복덕방'은 ⓑ를 통해 '경수'가 자신을 무시한다는 것을 발견함으로써, '최 노인'과의 흥정을 중지하게 되는군.

③ '경수'는 ⓒ를 통해 '최 노인'이 집을 팔 의도가 없다는 것을 발견함으로써, '최 노인'에 대한 오해가 풀리게 되는군.

④ '최 노인'은 ⓓ를 통해 자신의 계획을 '어머니'가 못마땅해한다는 것을 발견함으로써, 자신의 계획을 변경하게 되는군.

⑤ '최 노인'은 ⓔ를 통해 집 문제에 대한 자신의 의도를 '경운'이 잘 모르고 있었다는 것을 발견함으로써, 가족들에 대한 불만을 드러내는군.

6 ㉠~㉤에 대한 설명으로 적절하지 <u>않은</u> 것은?

① ㉠: 주변 환경의 변화에 대한 '최 노인'의 부정적 인식이 드러나 있다.

② ㉡: '경재'의 말에 주목하게 하는 효과를 드러내고 있다.

③ ㉢: 호칭을 달리하면서 상대방의 마음을 돌리기 위한 '최 노인'의 노력이 드러나 있다.

④ ㉣: 두 인물이 '경수'와는 다른 생각을 가지고 있음을 동시에 확인하고 있다.

⑤ ㉤: '어머니'의 다급한 심리를 행동을 통해 제시하고 있다.

8 화초밭 에 대한 이해로 가장 적절한 것은?

① 경제적 안정에 대한 가족들의 희망이 드러나는 장소이다.

② 중심인물이 집을 지키기 위해 자신의 꿈을 포기하는 장소이다.

③ 두 인물의 상반된 행동을 통해 인물 간의 갈등이 해소되는 장소이다.

④ 중심인물이 현재의 고통이 자신에게서 비롯되었음을 자책하는 장소이다.

⑤ 자신의 노력이 결실을 맺지 못하여 허망해하는 중심인물의 감정이 드러나는 장소이다.

[1~3] 다음 글을 읽고 물음에 답하시오.

• 2013–11월 고2 학평B

(가)

낙엽은 폴-란드 망명 정부의 지폐
포화에 이즈러진
도룬시의 가을 하늘을 생각케 한다
길은 한 줄기 구겨진 넥타이처럼 풀어져
일광의 폭포 속으로 사라지고
조그만 담배 연기를 내뿜으며
새로 두 시의 급행열차가 들을 달린다
포푸라 나무의 근골(筋骨) 사이로
공장의 지붕은 흰 이빨을 드러내인 채
한 가닥 꾸부러진 철책이 바람에 나부끼고
그 위에 셀로판지(紙)로 만든 구름이 하나
자욱-한 풀벌레 소리 발길로 차며
호올로 황량한 생각 버릴 곳 없어
허공에 띄우는 돌팔매 하나
기울어진 풍경의 장막 저쪽에
고독한 반원을 긋고 잠기어 간다

— 김광균, 「추일서정(秋日抒情)」 —

(나)

아마존 수족관집의 열대어들이
유리벽에 끼어 헤엄치는 여름밤
세검정 길
장어구이집 창문에서 연기가 나고
㉠아스팔트에서 고무 탄내가 난다
열난 기계들이 길을 끓이면서
질주하는 여름밤
상품들은 덩굴져 자라나며 색색이 종이꽃을 피우고 있고
㉡철근은 밀림, 간판은 열대지만
아마존강은 여기서 아득히 멀어
㉢열대어들은 수족관 속에서 목마르다
변기 같은 귓바퀴에 소음 부글거리는
여름밤
열대어들에게 ㉣시를 선물하니

노란 달이 아마존 강물 속에 향기롭게 출렁이고
아마존 강변에 ㉤후리지아꽃들이 만발했다

— 최승호, 「아마존 수족관」 —

1 (가), (나)의 공통점으로 가장 적절한 것은?

① 역설적 표현을 통해 시적 의미를 강조하고 있다.
② 시어의 반복과 변형을 통해 주제를 강화하고 있다.
③ 계절적 배경을 통해 시적 분위기를 환기하고 있다.
④ 시상의 반전을 통해 화자의 정서를 심화하고 있다.
⑤ 공간의 대비를 통해 지향하는 가치를 드러내고 있다.

2 〈보기〉를 바탕으로 (가)를 감상할 때, 적절하지 않은 것은?

┌─ 보기 ─
「추일서정」은 시각적 이미지와 원근법을 사용하여 도시의 풍경을 묘사한 작품이다. 그리고 이러한 회화적 구성을 통해 화자의 정서를 표출하고 있다. 작가는 역사적 사실을 작품의 소재로 사용하기도 하였는데, 이는 당대의 역사적 사건에 대한 비판적 인식을 드러내기보다는 대상의 이미지나 그에 대한 정서를 효과적으로 나타내기 위한 것이었다. 또한 물질문명적 소재를 비유의 아름다움을 실현하기 위한 수단으로 삼기도 했다.
└─

① '낙엽'과 '포푸라 나무'는 근경, '급행열차'와 '구름'은 원경을 이루면서 시 전체가 하나의 풍경화처럼 구성되는군.
② '폴-란드 망명 정부'라는 소재를 사용하여 당대의 역사적 사건에 대한 화자의 부정적 정서를 형상화하고 있군.
③ '흰 이빨'을 드러낸 '공장의 지붕'과 '돌팔매'가 잠기어 가는 도시 풍경을 통해 황량하고 고독한 정서를 드러내고 있군.
④ '셀로판지'는 물질문명과 관련된 소재로, 구름을 표현하는 보조 관념으로 쓰여 비유의 아름다움을 실현하고 있군.
⑤ '자욱-한 풀벌레 소리'는 소리까지도 시각화한 표현으로서 작품의 회화성을 형성하는군.

3 (나)를 다음과 같이 정리한다고 할 때, ㉠~㉤에 대한 이해로 적절하지 <u>않은</u> 것은?

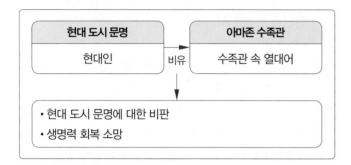

① ㉠: 현대 도시의 부정적 이미지를 형상화한 것이다.

② ㉡: 도시 건물의 철근과 간판에서 열대 아마존의 모습을 연상하고 있음을 나타낸다.

③ ㉢: 물질에 대한 욕망을 추구하는 현대인에 대한 비판이 담겨 있다.

④ ㉣: 현대인의 생명력을 회복시킬 수 있는 정신적 가치로 볼 수 있다.

⑤ ㉤: 화자가 추구하는 생명력이 넘치는 세계의 모습으로 볼 수 있다.

[4~7] 다음 글을 읽고 물음에 답하시오.

• 2017-4월 고3 학평

(가)

　"마님, 나으리께서 드십니다."

　문밖에서 삼월이 아뢰었다. 윤씨 부인은 순인(順人) 차렵이불을 걷고 일어나 앉는다. 차렵이불의 갈매빛은 윤씨 부인의 병색과 더불어 우울하고 퇴색된 느낌을 준다.

　최치수는 양 무릎을 모으고 앉았다.

　"많이 편찮으신지요?"

　눈빛을 감추며 시선을 방바닥에 떨어뜨린다.

　"몸살인가 보다."

　윤씨 부인 역시 문갑 쪽으로 눈길을 보내며 대꾸했다.

　"문 의원을 불러오는 게 어떻겠습니까?"

[A]　"그럴 것 없다."

　"하오나,"

　치수는 천천히 눈을 들어 윤씨 부인을 바라본다. 시선을 느낀 윤씨 부인도 아들의 눈을 마주 대한다. **검은 점이 무수히 드러난 얼굴**이었다. 잠 못 이룬 탓인지 눈 가장자리에 달무리 같은 푸른 빛깔이 드리워져 있었다. 처연한 모습이다.

　'많이 늙으셨다.'

　긴 눈매, 눈매 속의 눈동자만은 여전히 빛나고 있다. 의지와 힘이 사무친 듯 남아 있다. 머리 모양 옷매무새는 방금 자리에서 일어난 것 같지 않게 단정하여 변함이 없다.

　치수는 어머니의 흐트러진 모습을 본 일이 없었다.

　'여전하시다! 언제나 저 모습, 저 눈빛, 대장간에서 수천 번을 뚜드려 만든 쇠붙이 같으다.'

　치수는 자신의 마음도 싸늘하게 식어가는 것을 느낀다. 많이 늙었다고 생각하는 순간 전신을 맴돌았던 뜨거움은 싸아소리 내며 가시는 것 같았다. 단련된 쇠붙이와 쇠붙이였다. 싸움터에서 적과 적의 칼이 맞닥뜨린 순간이었다. 쌍방이 혼신의 힘으로 겨루는, **숨결조차 내기 어려운 침묵**, 긴장은 두 모자 사이의 공간을 팽팽하게 메운다. 치수는 **어머니의 뻗치는 힘이 전보다 가늘어진** 것을 느낀다. 대신, 보다 날카로워진 것을 피부로 심장으로 감득한다.

　"요즘도 당산에 철포를 쏘러 다니느냐?"

　"네."

　"힘을 과하게 써서 되겠느냐."

　"아니옵니다. 도리어 몸이 쾌적해지는 듯합니다."

　"……"

　윤씨 부인은 아들로부터 눈길을 거두었다. 치수는 햇빛이 부신 것처럼 눈 언저리를 좁힌다.

"뵈온 김에 한 가지 말씀드리겠습니다."

"······"

⑦

"앞으로 혼자 있을 수 없는 일이며 남의 이목도 그러하거니와 서희에게 어미가 있어야 할 것 같습니다."

거두어졌던 윤씨의 눈이 치수에게 쏠린다. 치수는 왜 자신이 그런 말을 했는가, 한 번도 생각해 본 일이 없는 결혼 문제를 어째 입 밖에 냈는가. 치수는 그 까닭을 알지 못하였다.

"너 생각이 그렇다면 규수를 구해야겠지."

'왜 반대하시지 않으십니까, 어머님.'

"그렇지, 서희에게도 어미는 있어야겠구나."

'그럴 리 있겠습니까. 서희에게 당치 않는 혹이 하나 생길 뿐이지요. 서희에게는 유순하고 글이나 읽으며 소일할 신랑감이 필요할 뿐이지요.'

서울 가서 병을 얻어온 후 어머니에게 조석으로 문안드리는 치수의 관습은 생략되어 왔다. 지극히 **자연스러운 회피**였고 피차 부담을 덜어 준 일이기도 했었다. 치수는 아직 자신이 소유한 토지가 얼마만큼 되는지, 일 년에 거두어들이는 곡식이 몇 석이나 되는지 정확히는 알지 못하고 있었다. 속박당하지 않기 위해 그는 의식적으로 그런 일에 무관하려 했고 그만큼 윤씨로서는 보다 **무거운 굴레를 둘러쓴** 셈이요, **고통스런 세월을 보내기 위해** 그 굴레는 무거울수록 윤씨 부인이 원한 바였었는지 모른다.

무당 월선네는 칼을 들고 미친 듯이 춤을 추었다. 꽃갓과 무복이 펄럭거렸다. 징소리 북소리가 요란했다. 월선네 얼굴에서는 땀방울이 뚝뚝 떨어졌다. 며칠 몇 밤이었다. 별안간 월선네는 칼을 집어던지고 할머니에게 달려가 무릎을 꿇었다.

"마님!"

할머니는 당혹했다. 눈을 깜박거리며 월선네를 내려다보았다.

"아씬 절로 가시야겠습니다."

[중략 줄거리] 윤씨 부인은 의도치 않은 혼외 자식을 비밀리에 출산하러 절에 가게 된다. 어린 치수는 어머니를 그리워하다가 어머니가 돌아오는 날을 맞이한다.

[B]

이듬해 이월달 꽃바람이 부는데 어머니는 가마를 타고 돌아왔다. 치수는 미친 듯이 마을길까지 쫓아가서 가마를 따라왔다.

"어머님!"

마음이 급하여 가마를 따르며 불렀으나 가마 안에서는 아무 대답이 없었다. 가마가 내려지고 어머니가 뜰에 나섰

을 때, 치수는 그 얼굴을 지금도 잊지 못한다. 백랍(白蠟)으로 빚은 사람 같았다. 모습은 그렇다 치고 어머니가 자기를 보는 순간 한발 뒤로 물러서며 도망갈 곳을 찾듯이 이리저리 뒤돌아보는 게 아닌가.

"어머님!"

불렀을 때 어머니의 눈은 불꽃이 튀는 듯 험악했다.

그토록 **오랜 시일 이별**하여 꿈에 그리던 어머니가, 그동안 잘 있었느냐? 하며 부드러운 손길로 등을 어루만져줄 줄 알았던 어머니가 저럴 수 있는지 치수는 **눈앞이 캄캄**했다. 어머니는 할머니에게 인사를 올린 뒤 별당에 들었고 별당 문은 꼭 닫혀진 채 해는 저물고 말았다. 이때부터 **모자 사이에는 보이지 않는 강물이 흐르기 시작했다.** 이유를 알 수 없는 거부였다. 무슨 까닭으로 **자애스럽던 어머니**는 **남보다 먼 사람**이 되어버렸는지 모를 일이었다. 치수의 소년 시절은 어둡고 고독했다. 허약하여 본시부터 신경질적인 성격은 차츰 잔인하게 변하였으며 방약무인의 젊은이로 성장했다.

– 박경리, 「토지」 –

(나)

S#58. 안방(낮)

병색이 완연한 윤씨가 ⓐ차렵이불을 덮고 누워 있다.

소 리 ⓑ마님, 나으리께서 드십니다.

ⓒ윤씨 이불을 걷고 일어나 앉는다. 들어오는 치수 양 무릎을 모으고 앉는다.

치수 ⓓ많이 편찮으신지요?

윤 씨 몸살인가 보다.

치수 문 의원을 불러오는 게 어떻겠습니까?

윤 씨 그럴 것 없다.

치수 하오나······.

윤 씨 장암 선생께서는 요즘 차도가 있으시더냐?

치수 어려우실 모양입니다.

윤 씨 근자에 가 뵈었더냐?

치수 못 가 뵈었습니다.

윤 씨 그래서야 쓰겠느냐?

치수 사냥을 떠나기 전에 가 뵈어 문안 올리고 오겠습니다.

윤 씨 산으로?

치수 예.

모자의 눈이 부딪친다. 열을 뿜다 서로의 눈이 싸늘히 굳어진다. 치수의 두 눈에서 O.L*

S#59. 마당(회상)

김 서방 사랑채로 뛰어오며,

김 서방 도련님. 마님이 오십니다.

치수 어머님이!

어린 치수 버선발로 토방을 건너 뛰어 마당에 내려선다.

치수 ⓔ어머님!

대문께로 뛰어간다.

S#60. 대문 앞(동. 회상)

당도한 가마에서 내려선 윤씨. 얼굴빛이 밀랍처럼 창백하다. 치수를 보는 순간 한걸음 뒤로 물러서는 윤씨.

치수 (놀라서) 어머님.

불꽃이 이는 듯한 윤씨의 두 눈.

– 박경리 원작, 이형우 각색, 「토지」 –

＊O.L 하나의 화면이 끝나기 전에 다음 화면이 겹치면서 먼저 화면이 차차 사라지게 하는 기법.

---

4 (가)를 이해한 내용으로 적절하지 <u>않은</u> 것은?

① 윤씨 부인의 '검은 점이 무수히 드러난 얼굴'을 통해 치수가 '어머니의 뻗치는 힘이 전보다 가늘어'졌다고 느낀 이유 중 일부를 짐작할 수 있겠군.

② 치수가 윤씨 부인과 '오랜 시일 이별'했다는 사실을 통해 현재의 치수가 '고통스런 세월을 보내기 위해' '무거운 굴레를 둘러쓴' 이유를 짐작할 수 있겠군.

③ '모자 사이에는 보이지 않는 강물이 흐르기 시작했다'는 것을 통해 현재의 치수가 윤씨 부인을 '회피'하는 행위가 '자연스러운' 이유를 짐작할 수 있겠군.

④ '자애스럽던 어머니'라는 치수의 기억을 통해 어린 치수가 윤씨 부인과 재회한 후 '눈앞이 캄캄'할 정도로 충격을 받게 된 이유를 짐작할 수 있겠군.

⑤ 어린 치수가 윤씨 부인을 '남보다 먼 사람'이라고 여긴 것을 통해 쌍방의 '숨결조차 내기 어려운 침묵'의 이유를 짐작할 수 있겠군.

5 (가)의 서술상의 특징에 대한 설명으로 가장 적절한 것은?

① 풍자적 서술을 통해 인물의 부정적 행위를 비판하고 있다.

② 작품 밖 서술자를 통해 인물의 내면 심리를 제시하고 있다.

③ 시대적 배경을 제시하여 사회 현실의 문제를 드러내고 있다.

④ 의식의 흐름 기법을 활용하여 인물의 내적 욕망을 드러내고 있다.

⑤ 인물의 과장된 행동을 통해 비극적 분위기의 반전을 꾀하고 있다.

6 [A]와 [B]를 고려하여 (나)의 촬영 대본을 작성할 때, 〈보기〉를 바탕으로 ⓐ～ⓔ에 대해 감독이 메모한 내용으로 적절하지 <u>않은</u> 것은?

> **보기**
>
> 시나리오에 언급된 내용을 영상으로 구현하기 위해 영화감독은 촬영 대본을 작성하는데, 여기에는 연기, 의상, 소품, 녹음, 촬영 등에 대한 세부 사항이 기록된다. 이때 원작을 훼손하지 않기 위해 원작의 구체적인 내용을 참고하여 촬영 대본을 작성하기도 한다.

① ⓐ: 시나리오에는 차렵이불의 색깔이 언급되어 있지 않으므로 원작을 고려하여 갈매빛 이불을 소품으로 준비할 것.

② ⓑ: 시나리오에 누가 대사를 할지 언급되어 있지 않으므로 원작을 고려하여 삼월을 연기하는 배우의 목소리를 녹음할 것.

③ ⓒ: 윤씨를 연기하는 배우는 원작의 윤씨 부인의 모습을 잘 드러내기 위해 옷매무새가 흐트러지지 않도록 주의할 것.

④ ⓓ: 치수를 연기하는 배우는 원작을 고려하여 대사를 마친 후에 윤씨를 연기하는 배우와 시선을 마주치도록 할 것.

⑤ ⓔ: 치수를 연기하는 배우는 원작과 같이 윤씨 부인을 향한 어린 치수의 마음이 잘 드러나도록 다급한 어투로 말할 것.

7 ㉮에 나타난 '치수'의 태도에 해당하는 한자 성어로 가장 적절한 것은?

① 중언부언(重言復言)　　② 후안무치(厚顔無恥)

③ 두문불출(杜門不出)　　④ 부화뇌동(附和雷同)

⑤ 표리부동(表裏不同)

메모

고등 국어 현대 문학

빠작으로 내신과 수능을
한발 앞서 준비하세요.

빠_{른시작}
빠짝

고등
국어
현대 문학

**정답과
해설**

동아출판

현대시

01 접동새 | 김소월

독해 포인트

이 시는 서북 지방에 내려오는 비극적 설화의 내용을 전통적인 율격으로 표현하여 우리 민족의 전통적 정한을 형상화한 작품이다. 시의 정서와 분위기를 형성하는 다양한 시적 장치에 주목하여 읽는다.

작품 해제

이 시는 작가의 고향인 평안도 지역에 전해 내려오는 접동새 설화를 현대시의 형식으로 재창조한 작품이다. 먼저 1연에서 접동새 울음소리를 '접동 / 접동 / 아우래비 접동'이라고 표현하면서 무언가 사연이 있는 울음임을 짐작하게 한다. 그리고 2연에서 설화의 내용을 요약해서 제시한 후, 3~5연에 걸쳐 그 내용을 자세히 풀어서 전달한다. 2연에서 담담하게 이야기를 시작한 화자는 4연에 와서 '오오 불설워'라는 감정을 직접적으로 드러낸다. 또한 '누나'로만 표현되던 시적 대상이 4연에 와서 '우리 누나'로 바뀌면서 대상에 대한 공감대가 형성된다. 이때 정서의 확대가 이루어지면서 서럽고 슬픈 감정은 설화 속의 누나에서 우리 민족 전체의 정서로 확대된다. 이러한 정서의 심화는 1연에서 1회만 사용되던 3음보 율격이 2연에서는 2회, 3연과 4연에서는 3회, 그리고 마지막 연에서는 4회 반복되는 점층적 구성으로 더욱 두드러지게 드러난다. 소재, 운율, 어조, 주제 등 다양한 요소에서 전통적 정서를 느낄 수 있는 작품이다.

주제

애절한 혈육 간의 정

접동
접동새 울음소리(의성어) a   ① aaba 형식 – 민요적 리듬감 형성
접동
  a   ② 애상적 분위기 조성
아우래비 접동
  b   a
▶1연: 접동새의 슬픈 울음소리

      강   설화 속의 인물
진두강 가람 가에 살던 누나는
서북 지방 강 이름-구체적인 지명 사용
진두강 앞마을에
와서 웁니다.
    : '-ㅂ니다'의 종결 어미 반복
▶2연: 마을을 떠나지 못하고 우는 누나

옛날, 우리나라
설화의 배경(민족적 보편성 강조)
먼 뒤쪽의
진두강 가람 가에 살던 누나는
의붓어미 시샘에 죽었습니다.
   누나의 비극적 죽음('한'의 원인)
▶3연: 의붓어미 시샘에 죽은 누나

설화 속의 '누나'가 '우리 누나'로 바뀌면서 대상에 대한 공감대가 형성되는 한편, 설화 속의 이야기가 우리 민족 전체의 보편적 이야기로 확대됨.

누나라고 불러 보랴
오오 불설워
시새움에 몸이 죽은 우리 누나는
   몸은 죽었지만 영혼은 떠나지 못함
죽어서 접동새가 되었습니다.
   죽은 누이의 화신('한'의 상징)
▶4연: 죽어서 접동새가 된 누나

아홉이나 남아 되던 오랩동생을
   누나가 마을을 떠나지 못하는 이유
죽어서도 못 잊어 차마 못 잊어
   반복을 통한 강조
「야삼경(夜三更) 남 다 자는 밤이 깊으면-계모의 눈을 피하기 위해서
매우 깊은 밤(밤 11시~새벽 1시)
이 산 저 산 옮아가며 슬피 웁니다.」
「 」: 죽어서도 동생들을 잊지 못하는 누나의 '한'
▶5연: 동생들에 대한 누나의 애절한 정

13쪽

1 ③   **2** ⑤   **3** ⑤

원리로 작품 독해
14쪽

1 서러움, 접동새
2 울음소리, 누나
3 3, 방언, 전통적

---

1 표현상 특징 파악
답 ③

이 시에서는 구체적인 지명인 '진두강'과 평안도 방언인 '불설워' 등을 사용하여 향토적이고 토속적인 분위기를 형성하고 있다. 이 외에도 운율이나 어조, 배경 등을 통해 전통적인 정서를 뒷받침하고 있다.

[오답 확인]
① 이 시는 접동새 설화의 내용에 따라 시상이 전개된다. 2연의 '진두강 앞마을'에서 5연의 '이 산 저 산'으로 공간을 이동한다고 볼 수 있지만, 그에 따라 화자의 다양한 정서가 드러나지는 않는다.
② 4연의 '불설워'는 화자의 주관적 감정을 직설적으로 드러낸 것이다. 화자는 객관적인 태도로 시적 상황을 관조하는 것이 아니라 시적 대상의 감정에 공감하면서 자신의 감정을 드러내고 있다.
④ 이 시는 화자의 독백조로 시상이 전개된다. 말을 주고받는 대화체가 사용되지는 않았다.
⑤ 말하고자 하는 내용과 반대로 표현하는 반어적 표현은 사용되지 않았다.

2 외적 준거에 따른 작품 감상
답 ⑤

〈보기〉는 이 시가 접동새 설화를 어떻게 수용하고 있는지에 대한 정보를 주는 글이다. '야삼경 남 다 자는 밤'에 잠들지 못하는 것은 '오랩동생'이 아니라 죽어서 접동새가 된 '누나'이다. 이 시에는 '오랩동생'의 태도가 드러나지 않기 때문에 오랩동생의 태도를 민족의 현실과 연결하는 진술은 적절하지 않다.

[오답 확인]
① 1연에서는 접동새의 울음소리를 표현하며 시의 분위기를 형성하고 있다. 특히 시행을 3음보의 율격에 맞춰 배열함으로써 리듬감을 살리는 효과를 주고 있다.
② 1연에서 접동새 울음소리를 표현하고, 2연에서는 누나가 진두강 앞마을에 와서 운다고 하였다. 이로써 1연에서 우는 접동새가 누나와 동일시되고 있다. 이는 접동새 설화의 내용을 적극적으로 수용한 것이다.
③ 2연과 3연의 '누나'는 4연에서 '우리 누나'로 확장되어 변주되고 있다. 이로써 설화 속 개인의 슬픔과 한이 우리 민족의 슬픔과 한으로 확장되고 있다.
④ 3음보의 율격은 우리 전통 시가에서 자주 볼 수 있는 전통적인 민요조의 율격이다. 이 시에서는 이를 통해 전통적 정서를 부각하고 있다.

3 시상 전개 과정 파악
답 ⑤

화자는 [B]와 [C]에서 객관적인 태도로 접동새 설화를 전달하다가 [D]에서 '오오 불설워'라며 주관적인 감정을 직접적으로 드러낸다. 따라서 화자의 태도가 주관적 감정을 드러내다가 객관적으로 바뀌었다는 진술은 적절하지 않다.

정답과 해설 • 1

① [A]에서는 접동새 울음소리를 '접동'이라고 표현한 의성어를 사용하여 시적 분위기를 형성하고 있다.

② 2연부터 5연까지는 '-ㅂ니다'의 종결 어미를 반복하고 있다. 이와 같은 종결 어미의 반복은 운율을 형성하면서 시에 통일성을 부여하는 효과를 준다.

③ 3음보의 율격이 1회(1연) → 2회(2연) → 3회(3, 4연) → 4회(5연)와 같이 점층적으로 확대되면서 시의 정서가 심화되고 있다.

④ [B]에서 요약적으로 제시된 접동새 설화는 3연~5연에 걸쳐 구체적으로 진술된다.

1 「접동새」는 서북 지방에 내려오는 '접동새 설화'를 모티프로 한 작품이며, 이 시는 고전 소설 「흥부전」을 모티프로 한 작품이다. 둘 다 다른 갈래의 이야기를 바탕으로 창작되었다는 공통점이 있다.

2 ⓒ의 '구슬'은 '눈물'의 비유적 표현이다. 흥부 부부가 서로를 보며 눈물을 흘리는 것은 '웃다가 서로 불쌍해'서이다. 즉 서로에 대한 연민의 감정으로 흘리는 눈물이다. 이는 상대방의 가난에 가슴 아파하는 애정과 위로의 감정으로, 서로를 진심으로 위하는 사랑의 표현이다. 화자는 물질적 풍요보다 서로를 사랑하는 마음이 훨씬 가치 있음을 이야기하고 있다.

다른 작품 엮어 읽기 흥부 부부상 | 박재삼 15쪽

작품 해제

이 시는 고전 소설 「흥부전」에서 모티프를 얻어 창작한 작품이다. 화자가 주목하는 장면은 흥부 부부가 박을 타기 직전의 상황이다. 소설에서는 그 박에서 금은보화가 나와 흥부 부부의 삶을 바꿨지만 시에서는 흥부 부부의 미래를 알지 못한다. 흥부 부부는 그저 소박한 박이라도 함께 자를 수 있고 그것으로 가족들의 끼니를 때울 수 있음에 만족한다. 서로에 대한 이해와 사랑이 있기 때문에 박을 타며 그들이 느끼는 행복은 '금'이나 '황금 벼 이삭' 같은 물질적인 풍요로움으로 대신할 수 없다. 때로는 가난으로 서로 눈물을 보이기도 하지만, 그 눈물마저도 상대방에게 상처가 될까 봐 부끄러워하는 마음을 갖는다. 화자는 이를 통해 서로에 대한 사랑과 이해가 물질적인 풍요보다 가치가 있음을 이야기하고 있다. 소재와 어조, 정서 등에서 시인 특유의 전통적인 분위기를 느낄 수 있는 작품이다.

주제

가난한 삶의 애환과 극복

화자가 생각하는 긍정적인 삶

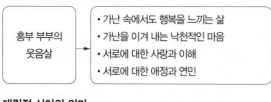

| 흥부 부부의 웃음살 | → | • 가난 속에서도 행복을 느끼는 삶
• 가난을 이겨 내는 낙천적인 마음
• 서로에 대한 사랑과 이해
• 서로에 대한 애정과 연민 |

대립적 시어의 의미

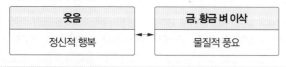

웃음		금, 황금 벼 이삭
정신적 행복	↔	물질적 풍요

---

1 고전 소설   2 ⑤

02 수(繡)의 비밀 | 한용운

독해 포인트

이 시는 옷에 수를 놓는 행위를 통해 임에 대한 화자의 변함없는 사랑을 드러낸 작품이다. 화자의 행위에 담긴 태도와 심리에 주목하여 읽는다.

작품 해제

이 시는 '임에 대한 사랑'이라는 추상적인 관념을 옷을 짓고 주머니에 수를 놓는 구체적인 행위를 통해 형상화한 작품이다. 화자에게 있어서 '당신'의 옷을 짓는 행위는 '당신'에 대한 사랑을 표현하는 행위이다. 그래서 정성껏 심의와 도포와 자리옷을 지었지만, 주머니에 수를 놓는 마지막 작업만은 미루고 있다. 이는 '당신'의 부재 때문이다. 화자는 '당신'이 부재하는 현실을 인식하고, 주머니에 수를 놓는 행위를 반복하며 '당신'의 부재로 인한 아프고 쓰린 마음을 위안받고 정화한다. 하지만 수를 놓아 옷을 짓는 행위를 완성하면 '당신'의 부재가 환기된다. 이에 화자는 수놓기를 끝내지 않으며 '당신'에 대한 사랑과 기다림을 지속하고 있다. 즉 '당신'의 부재를 인정하고 싶지 않은 화자의 마음이 수를 놓는 행위의 지연으로 나타나는 것이다. 이는 동시에 '당신'에 대한 화자의 변함없는 사랑과 그리움을 드러낸다. 시인 특유의 경어체 말투와 역설적 표현으로 '당신'에 대한 변함없는 사랑과 간절한 기다림의 마음을 효과적으로 표현한 작품이다.

주제

임에 대한 변함없는 사랑

▨ : 경어체의 종결형 반복 – '당신'에 대한 존중과 정성을 드러냄.

나는 당신의 옷을 다 지어 놓았습니다.
  화자가 사랑하는 대상 – 임, 조국 등
심의도 짓고 도포도 짓고 자리옷도 지었습니다.
  1행의 내용 구체화(열거) – '당신'에 대한 사랑
짓지 아니한 것은 작은 주머니에 수놓는 것뿐입니다.
  '옷 짓기'를 완성하는 행위
  ▶1연: '당신'의 옷을 다 짓고, 주머니에 수놓는 일만 남김.

그 주머니는 나의 손때가 많이 묻었습니다.
  오래전부터 수놓는 일을 자주 반복함.
짓다가 놓아두고 짓다가 놓아두고 한 까닭입니다.
  옷을 완성하면 '당신'의 부재가 환기됨. → 상황을 지연시키려는 태도
다른 사람들은 나의 바느질 솜씨가 없는 줄로 알지마는
그러한 비밀은 나밖에는 아는 사람이 없습니다.
  '나'가 수놓기를 마무리하지 않는 이유
나의 마음이 아프고 쓰린 때에 주머니에 수를 놓으려면
  부정적 상황 – '당신'의 부재 인식
나의 마음은 수놓는 금실을 따라서 바늘구멍으로 들어가고
  수를 놓으면서 마음이 진정되고 정화됨.
주머니 속에서 맑은 노래가 나와서 나의 마음이 됩니다.
그리고 아직 이 세상에는 그 주머니에 넣을 만한 무슨 보물
이 없습니다.
  부정적 공간
이 작은 주머니는 짓기 싫어서 짓지 못하는 것이 아니라 짓
고 싶어서 다 짓지 않는 것입니다. ▶2연: 주머니의 수를 완성하지 않는 이유
  역설적 표현: '당신'이 부재하는 현실 속에서도 재회를 기다리는 화자의 마음
  → '당신'에 대한 변함없는 사랑

문제 17쪽

1 ⑤ **2** ③ **3** ③

원리로 작품 독해 18쪽

1 옷, 수놓기
2 당신, 정화
3 사랑, 역설적

---

1 표현상 특징 파악 답 ⑤

이 시의 각 행은 '–ㅂ니다.' 형태의 종결형이 반복되고 있다. 이와 같은 경어체의 종결형을 반복적으로 사용하여 '당신'을 존중하는 태도와 '당신'을 그리워하는 간절한 마음을 드러내고 있다.

[오답 확인]

① 이 시에는 설의적 표현이 사용되지 않았다.
② 이 시에는 후각적 이미지가 사용되지 않았다.
③ 이 시의 화자는 '나'로 작품에 직접 드러나 있다. 또한 화자는 '당신'에 대한 그리움과 사랑을 드러내고 있을 뿐, '당신'을 관찰하고 있지는 않다.
④ 이 시에는 시간의 흐름이 드러나지 않으며, '당신'에 대한 화자의 태도에도 변화가 없다.

2 시어의 의미 파악 답 ③

이 시의 화자는 '당신'을 그리워하며 재회를 간절히 바라고 있지만, '당신'의 부재로 그러한 바람이 실현되지 못하고 있다. 따라서 ㉠은 화자의 소망이 실현되지 못하고 있는 공간으로 볼 수 있다.

[오답 확인]

① 화자가 추구하는 이상적 삶은 '당신'과 함께하는 삶이다. 그런데 ㉠은 '당신'이 부재하는 공간이므로 화자가 추구하는 이상적 공간으로 볼 수 없다.
② ㉠은 '당신'이 부재하는 공간이므로 화자와 대상이 소통하고 있는 공간으로 볼 수 없다.
④ 화자는 '당신'이 부재하는 현실에 대해 마음 아파할 뿐, 자신의 과거를 후회하고 있지는 않다.
⑤ ㉠은 화자가 수를 놓으며 '당신'을 기다리는 공간으로, 화자의 일상적 삶이 이루어지는 공간으로 볼 수 있다.

3 외적 준거에 따른 작품 감상 답 ③

'나의 마음이 아프고 쓰린'은 화자가 '당신'의 부재라는 현실을 인식한 것으로 볼 수 있다. 따라서 이를 화자의 주체적 선택과 극복 의지가 드러나는 것이라고 보기는 어렵다.

[오답 확인]

① '나의 손때가 많이 묻었습니다'는 수를 놓는 화자의 행위가 이전부터 계속 반복되었음을 드러내는 표현이다. 이를 통해 화자의 일상적 행위가 오랫동안 지속되었음을 짐작할 수 있다.
② 화자가 주머니에 수를 놓는 일상적 행위를 반복하면서도 종결짓지 않는 것은 '당신'의 부재가 환기되는 상황을 지연시키기 위해서이다. 따라서 '짓다가 놓아두고 짓다가 놓아두'는 행위에는 '당신'의 부재를 인정하고 싶지 않은 화자의 심리가 담겨 있다고 볼 수 있다.

④ 화자는 '마음이 아프고 쓰린 때'에 수를 놓으면서 '맑은 노래'가 '나의 마음'이 된다고 했다. 이는 마음의 위안을 얻고 자기 정화가 이루어진 것이기에 '맑은 노래가 나와서 나의 마음이 됩니다'는 화자의 자기 정화로 이해할 수 있다.

⑤ '짓고 싶어서 다 짓지 않는 것입니다'에는 의도적으로 행위를 종결짓지 않으려는 화자의 태도가 드러난다. 이는 '당신'의 부재가 환기되는 상황을 지연시키려는 마음이 담겨 있다고 볼 수 있다.

다른 작품 엮어 읽기 **자수** | 허영자 19쪽

작품 해제

이 시는 수를 놓는 일상적 행위를 통해 슬픔과 번뇌를 이겨 내고 마음의 평화를 얻고자 하는 소망을 노래한 작품이다. '마음이 어지러운 날', 화자는 수를 놓으면서 마음의 번뇌를 가라앉힌다. 평화로운 마음 상태는 '정갈한 자갈돌의 / 강변'이라는 감각적인 이미지로 구체화된다. 화자가 번뇌하는 이유는 5연에서 드러난다. '세사 번뇌', 그리고 '사랑의 슬픔' 때문이다. 화자는 수놓기를 통해 마음의 평화를 경험하면서 '극락정토 가는 길도 / 보일 성싶다'며 온갖 번뇌에서 벗어나는 상태에 이를 것 같다고 이야기한다.

주제
수놓기를 통한 번뇌의 극복

화자의 정서와 태도

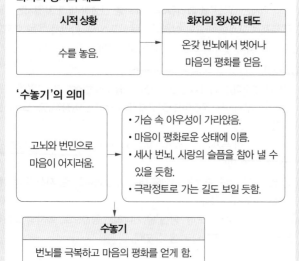

시적 상황	화자의 정서와 태도
수를 놓음.	온갖 번뇌에서 벗어나 마음의 평화를 얻음.

'수놓기'의 의미

고뇌와 번민으로 마음이 어지러움.	• 가슴 속 아우성이 가라앉음. • 마음이 평화로운 상태에 이름. • 세사 번뇌, 사랑의 슬픔을 참아 낼 수 있을 듯함. • 극락정토로 가는 길도 보일 듯함.

수놓기
번뇌를 극복하고 마음의 평화를 얻게 함.

---

1 수놓기 **2** ③

1 이 시의 화자는 '마음이 어지러운 날'에 수를 놓음으로써 마음의 평화를 얻고 있다. 「수의 비밀」의 화자 역시 주머니에 수를 놓으면서 '주머니 속'의 '맑은 노래'가 자신의 마음이 되는 정화의 과정을 경험한다.

2 '정갈한 자갈돌의 / 강변'은 일상적인 공간을 사실적으로 묘사한 것이 아니라, 어지러운 마음을 가라앉힌 화자의 평화로운 심리 상태를 비유적으로 표현한 것이다.

---

03 유리창 1 | 정지용

20~23쪽

독해 포인트

이 시는 어린 자식을 잃은 아버지의 슬픔과 그리움을 감정을 절제하여 표현한 작품이다. '유리창'이라는 제재의 속성과 대상을 표현하는 다양한 감각적 이미지에 주목하여 읽는다.

작품 해제

이 시는 어린 자식을 잃은 아버지의 상실감과 슬픔을 감정을 절제하여 표현한 작품이다. 화자는 유리에 어린 '차고 슬픈 것'을 보고 있다. 그 대상을 자세히 보기 위해 반복해서 입김을 흐리우지만 결국 눈물 맺힌 화자의 눈에 박히는 것은 하늘에서 반짝이는 별뿐이다. 이 '차고 슬픈 것', '물 먹은 별'의 정체는 마지막 부분에서 드러난다. 그 대상은 폐에 병을 얻어 산새처럼 날아간 '너'이다. 이로써 화자가 유리창을 닦는 이유가 밝혀지는데, 화자는 이런 자신의 감정을 '외로운 황홀한 심사'라고 역설적으로 표현하고 있다. 이 시는 유리가 갖는 투명성과 차단성의 이중적 속성을 이용하여 정서를 표현한 것이 매우 인상적이다. 투명하기에 '너'를 볼 수 있지만, 차단되어 있기에 '너'를 더 가까이할 수 없는 유리의 속성을 통해 소통과 단절의 이미지를 형성하며 죽은 아이에 대한 슬픔과 그리움의 감정을 잘 드러낸다. 슬픔의 정서를 직접적으로 드러내기보다 사물이나 행위를 통해 간접적, 암시적으로 드러냄으로써 감정을 절제하여 표현한 작품이다.

주제
어린 자식을 잃은 아버지의 슬픔과 그리움

▓▓▓ : '너'(죽은 아이)를 형상화한 표현

유리(琉璃)에 차고 슬픈 것이 어린거린다.

열없이 붙어 서서 입김을 흐리우니

길들은 양 언 날개를 파다거린다. ▶1~3행: 유리에 어린 '너'의 형상
입김 자국이 생겼다 사라지는 모습을 새가 날갯짓하는 것으로 표현함.
지우고 보고 지우고 보아도
죽은 아이에 대한 화자의 안타까움과 그리움
새까만 밤이 밀려 나가고 밀려와 부딪히고,

물 먹은 별이, 반짝, 보석(寶石)처럼 백힌다.
눈물 고인 화자의 눈에 비친 별 ▶4~6행: 유리창 밖으로 보이는 밤의 풍경
밤에 홀로 유리를 닦는 것은

외로운 황홀한 심사이어니
역설법 ▶7~8행: 유리를 닦으며 느끼는 외롭고 황홀한 마음
고흔 폐혈관(肺血管)이 찢어진 채로
'너'의 죽음의 원인 → 화자의 비애감
아아, 너는 산(山)ㅅ새처럼 날러갔구나!
영탄법 '너'의 죽음을 비유적으로 표현함.
▶9~10행: 산새처럼 날아간 '너'로 인해 느끼는 안타까움

문제
21쪽
1 ① **2** ③ **3** ③

원리로 작품 독해
22쪽
1 유리(창), 외로움, 산새(산ㅅ새)
2 유리(창), 절제, 역설적
3 소통, 단절

1 표현상 특징 파악 답 ①

이 시는 '어린거린다', '파다거린다', '부딪히고', '날러갔구나'와 같은 동적 심상의 시어를 활용하여 시상을 전개하고 있다.

[오답 확인]

② 이 시에 '별', '산새'와 같은 자연물이 소재로 사용되었지만, 인간과 대비하기 위해 사용된 것은 아니다.

③ 이 시에는 당연한 내용을 의문의 형식으로 표현하여 의미를 강조하는 설의적 표현이 사용되지 않았다. 시의 마지막 부분에서 영탄적 표현이 사용되었다.

④ 이 시에는 시간의 대비가 드러나지 않는다.

⑤ 이 시는 주로 독백조로 전개되고 있으며 대상에 대한 비판적 태도도 드러나지 않는다.

2 외적 준거에 따른 작품 감상 답 ③

화자가 '너'로 인해 느끼는 슬픔은 '너'의 죽음에서 비롯된 것이다. 화자가 유리를 통해 '너'를 볼 수 있는 것이 화자가 느끼는 슬픔의 근본 원인이라고 볼 수는 없다.

[오답 확인]

① 유리는 '너'가 있는 공간과 화자가 있는 공간을 단절시키기도 하지만, 유리에 어린 입김을 통해 화자와 '너'와의 만남을 매개하기도 하는 이중적인 기능을 한다.

② 화자가 '너'와 접촉하고 싶지만 그럴 수 없는 것은 유리가 공간을 단절시키는 차단성을 지니고 있기 때문이다.

④ 화자는 죽어서 다른 공간에 있는 '너'를 다시 만날 수 없음에 외로움을 느끼지만, 동시에 유리를 통해 '너'를 볼 수 있어서 황홀한 감정도 느낀다.

⑤ 화자가 '너'와의 소통을 위해 밤에 홀로 유리를 닦는 것은 유리를 통해 '너'를 잘 보기 위해서이다. 이는 유리의 투명성으로 가능한 것이다.

3 시구의 의미 파악 답 ③

ⓒ는 눈물이 고인 화자의 모습을 쉼표를 통해 호흡을 조절하며 표현한 부분이다. 이 부분에서 시적 상황의 변화나 화자의 정서 변화는 나타나지 않는다.

[오답 확인]

① 입김 자국이 창에 어렸다 사라지는 모습을 날개를 파닥거리는 새의 몸짓에 비유하고 있다.

② 입김을 불었다가 지우기를 반복하는 것은 그만큼 '너'를 보고자 하는 마음이 간절하기 때문이다.

④ 화자는 자신의 마음을 외롭고 황홀하다고 표현하고 있는데, 이는 '너'의 부재로 인한 외로움과 유리를 통해 '너'를 만날 수 있는 황홀함을 동시에 느끼고 있음을 드러내기 위한 역설적 표현이다.

⑤ 화자는 '너'를 '산새'에 비유하고 있다. 새는 작고 연약한 존재로, 이를 통해 떠나간 '너'로 인한 화자의 상실감을 드러내고 있다.

23쪽

다른 작품 엮어 읽기 **풀벌레 소리 가득 차 있었다** | 이용악

작품 해제

이 시는 이국땅에서 유랑 생활을 하던 아버지의 죽음을 통해 일제 강점기에 조국을 떠나 힘들게 생활한 유랑민들의 고된 삶을 형상화한 작품이다. 화자는 1연에서 아버지의 죽음을 이야기하고 있다. 어조는 담담하지만 '우리 집도 아니고 / 일가 집도 아닌 집 / 고향은 더욱 아닌 곳'에서 점층법을 사용해 객지에서 임종을 맞이한 아버지의 처지를 부각하고 있다. 2연에서는 아버지의 고단한 삶이 드러난다. '아무을만'이나 '니코리스크'는 아버지가 자식들을 키우기 위해 거쳐 간 러시아 지역이다. 그리고 3연에서는 아버지의 죽음을 담담하게 묘사하여 오히려 상황의 비극성을 심화한다. 마지막 연에서는 아버지의 죽음을 슬퍼하는 가족들의 모습을 표현하였다. 특히 1연과 4연에서 '아버지의 침상 없는 최후 최후의 밤은 / 풀벌레 소리 가득 차 있었다'라는 시구를 반복하여 아버지의 죽음으로 인한 슬픈 심정을 풀벌레 소리를 통해 서정적으로 표현하여 비극성을 고조하고 있다. 한 아버지의 죽음을 통해 일제 강점기에 생계를 위해 타지로 떠돌아다닌 수많은 유랑민들의 비극적 삶을 보여 주는 작품이다.

주제

아버지의 비참한 죽음과 일제 강점기 유랑민들의 비애

시구의 역할

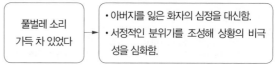

시인의 의도

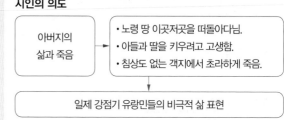

---

1 죽음   **2** ③

1 이 시의 화자는 이국땅에서 초라한 임종을 맞은 아버지의 죽음을 담담한 어조와 절제된 표현으로 이야기하고 있다. 「유리창 1」에서도 어린 자식의 죽음을 감정을 절제하여 표현하고 있다.

2 이 시에는 모순되어 보이지만 그 속에 진실을 담고 있는 역설적 표현이 사용되지 않았다. ① 4연의 '다아'에서 시적 허용이 사용되었다. ② 1연에서 '우리 집도 아니고 / 일가 집도 아닌 집 / 고향은 더욱 아닌 곳에서'를 통해 이국땅에서 임종을 맞이한 아버지의 처지를 점층적 구조로 드러냄으로써 비극성을 강화하고 있다. ④ 1연과 4연에서 '아버지의 침상 없는 ～ 가득 차 있었다'가 반복되고 있다. ⑤ 1연과 4연의 '풀벌레 소리'는 화자의 감정이 이입된 청각적 이미지로, 비극성을 고조하고 있다.

04 모란이 피기까지는 | 김영랑

독해 포인트
이 시는 모란이 피고 지는 순환 구조에 기다림과 서러움의 정서를 담아 '모란'으로 상징되는 소망이 이루어지기를 간절히 기다리는 마음을 표현한 작품이다. 소재의 의미와 화자의 정서에 주목하여 읽는다.

작품 해제
이 시에서 화자가 간절히 기다리는 '모란'은 단순한 꽃이 아니라 화자가 추구하는 절대적 가치이자 아름다움이다. 시의 1, 2행에서 화자는 모란이 필 때까지 자신의 봄을 기다린다고 하면서 모란을 기다리는 마음을 표현하고 있다. 그리고 3, 4행에서는 모란이 질 때의 설움을 이야기하고 있다. 5행부터 화자는 어느 무더운 날 모란이 지고 난 뒤 느꼈던 슬픔과 상실감을 이야기한다. 그에게 있어서 모란은 삶의 전부이기에 모란이 지는 것은 인생 전체를 잃어버리는 것이다. 그리고 시의 마지막 11, 12행에서는 1, 2행을 유사하게 반복하면서 다시 모란을 기다리는 간절한 마음을 이야기한다. 이러한 수미 상관의 구조는 화자의 정서와 주제를 강조하는 효과를 준다. 감정을 감각적으로 드러내는 부사어, 역설법이나 도치법 같은 표현 방법 등을 사용하여 시적 아름다움을 극대화한 작품이다.

주제
모란의 개화에 대한 소망과 기다림

모란이 피기까지는
<u>화자가 추구하는 아름다움, 소망</u>   <u>기다림을 포기하지 않음.</u>
나는 아직 나의 봄을 기다리고 있을 테요
<u>모란이 피는 계절, 소망이 이루어지는 시기</u>   ▶1~2행: 모란이 피기를 기다림.
모란이 뚝뚝 떨어져 버린 날
<u>음성 상징어를 사용하여 모란이 떨어지는 모습과 화자의 안타까움을 감각적으로 표현함.</u>
나는 비로소 봄을 여읜 설움에 잠길 테요

오월 어느 날 그 하루 무덥던 날
                <u>봄의 막바지 – 봄의 상실</u>
떨어져 누운 꽃잎마저 시들어 버리고는

천지에 모란은 자취도 없어지고
        <u>과장법</u>
뻗쳐오르던 내 보람 서운케 무너졌느니
        <u>모란이 지면서 보람을 잃어버림.</u>
모란이 지고 말면 그뿐 내 한 해는 다 가고 말아
<u>모란이 인생의 전부임.(유미주의적 태도, 과장법)</u>
삼백예순 날 하냥 섭섭해 우옵네다   ▶3~10행: 모란이 지고 난 뒤의
<u>다시 모란이 피까지의 시간   과장된 표현으로 서운함을 표현함.</u>   슬픔과 상실감

모란이 피기까지는

나는 아직 기다리고 있을 테요 찬란한 슬픔의 봄을
        <u>화자의 숙명적 기다림</u>   <u>역설법</u>
시의 처음과 끝을 유사하게 반복 – 수미 상관   ▶11~12행: 모란이 다시 피기를 기다림.

문제
25쪽

1 ①   2 ④   3 ③

원리로 작품 독해
26쪽

1 모란, 봄, 보람

2 기다림

3 상실감, 역설법

---

1 표현상 특징 파악
답 ①

'찬란한 슬픔의 봄'에 '찬란한'과 '슬픔'이 의미상 모순 관계에 있는 역설적 표현이 사용되었다. 모란이 질 때의 슬픔을 알면서도 모란이 피는 기쁨이 있기에 모란이 피는 봄을 기다리겠다는 화자의 복합적인 마음을 '나는 아직 ~ 슬픔의 봄을'에서 어순을 도치하여 표현함으로써 모란에 대한 간절한 기다림을 효과적으로 드러내고 있다.

[오답 확인]
② 이 시에서 '우옵네다'에 현재형 시제가 사용되었지만 생동감을 표현하고 있지는 않다.
③ 이 시에서 모란이 피고 지는 자연 현상을 표현하고 있지만 인간과 자연을 대비하고 있지는 않다.
④ 경어체를 사용하고는 있지만 봄을 맞은 기쁨을 섬세하게 그리고 있지는 않다.
⑤ 과장된 표현은 나타나 있지만 자연으로 인한 역경을 극복하려는 의지는 드러나 있지 않다.

2 시상 전개 과정 파악
답 ④

[A]에서 화자는 모란이 피기를 기다리고 있는데, 여기에 화자의 갈등이 나타난다고 볼 수 없다. 또한 [D]는 [A]의 감정이 지속되는 부분이지 갈등이 해소되는 부분이 아니다.

[오답 확인]
① 이 시는 '봄을 기다림 – 봄의 상실(모란의 개화와 낙화) – 봄을 기다림'이 반복되는 순환 구조를 이루고 있다.
② '모란'이라는 시어를 반복하면서 시적인 긴밀성을 유지하고 있다.
③ 이 시는 1~2행의 내용이 11~12행에서 변형되어 반복되고 있는 수미 상관의 구조를 취하고 있다. 수미 상관식 구성은 구조적 안정감을 주는 효과가 있다.
⑤ [B]에서 화자는 모란이 지고 난 뒤의 슬픔을 느끼고 있는데, [C]에서 그 슬픔과 절망감이 구체화되고 있다.

3 외적 준거에 따른 작품 감상
답 ③

9행의 '다'는 모란이 져 버린 것에 대한 화자의 무상함을 표현한 부사어이다. 화자는 모란이 피기를 기다리고 있을 뿐, 모란이 피지 못할 것이라는 불안감을 느끼고 있지는 않다.

[오답 확인]
① '뚝뚝'은 모란이 떨어지는 모습을 표현한 것으로, 화자의 안타까움을 강조하여 드러내는 효과를 준다.
② '비로소' 봄을 여읜 설움에 잠긴다는 표현을 통해 모란이 진 후에 느끼는 화자의 상실감을 강조하고 있다.
④ '하냥' 운다고 표현함으로써 모란이 다 떨어져 버려 모란을 보지 못하는 상황에 대한 화자의 슬픔을 강조하고 있다.
⑤ '아직' 기다린다고 표현함으로써 모란이 피기를 기다리는 화자의 간절한 심정을 강조하고 있다.

다른 작품 엮어 읽기 | **깃발** | 유치환

작품 해제

이 시는 펄럭이는 깃발을 통해 이상향에 대한 동경과 좌절을 노래한 작품이다. 바람에 펄럭이는 깃발은 이상향을 동경하는 주체이고, 깃발이 바라보고 있는 '푸른 해원'은 이상향, 깃발이 묶여 있는 '이념의 푯대'는 현실적·태생적 제약으로 해석할 수 있다. 특히 이 시는 '깃발'을 다양하게 비유하였는데, '깃발'의 보조 관념들은 크게 두 부류로 나눌 수 있다. 먼저 '소리 없는 아우성', '노스탤지어의 손수건', '순정'은 바람에 힘차게 펄럭이는 깃발을 비유한 것으로, 이는 이상향에 대한 동경을 의미한다. 그리고 '애수', '슬프고도 애달픈 마음'은 깃대에 매달려 있는 깃발을 비유한 것으로 이상향에 도달할 수 없는 한계로 인한 좌절과 슬픔을 의미한다고 볼 수 있다. 이 외에도 역설법, 도치법, 영탄법 등 다양한 표현 방법을 사용하여 주제를 형상화하고 있다.

주제

이상향에 대한 동경과 좌절

'깃발'의 보조 관념의 의미

이상향에 대한 동경	소리 없는 아우성, 노스탤지어의 손수건, 순정
태생적 한계로 인한 좌절과 슬픔	애수, 슬프고도 애달픈 마음

다양한 표현 방법

역설법	소리 없는 아우성
은유법	이것은 소리 없는 아우성
직유법	• 순정은 물결같이 바람에 나부끼고 • 애수는 백로처럼 날개를 펴다.
도치법	아아 누구던가. ~ 공중에 달 줄을 안 그는.
영탄법	아아 누구던가.

---

1 역설적 **2** 이상향, 슬픔

---

1 이 시의 '소리 없는 아우성'은 바람에 휘날리는 깃발의 모습을 역설적으로 표현한 것이고, 「모란이 피기까지는」의 '찬란한 슬픔의 봄'은 모란이 피는 기쁨이 있지만 다시 모란이 지는 데서 느끼게 될 슬픔이 한데 엉킨 화자의 마음을 역설적으로 표현한 것이다.

2 이 시는 깃발을 통해 이상향에 대한 동경과 좌절을 표현하고 있다. '소리 없는 아우성, 노스탤지어의 손수건, 순정'은 바람에 힘차게 펄럭이는 깃발의 모습을 통해서 이상향에 대한 동경을 표현하고 있고, '애수, 슬프고도 애달픈 마음'은 깃대에 매달린 깃발의 모습을 통해서 이상향에 도달할 수 없는 한계로 인한 좌절과 슬픔을 표현하고 있다.

독해 포인트

이 시는 가난 때문에 가족을 잃고 여승이 된 한 여인의 비극적 삶을 통해 일제 강점기 우리 민족의 현실을 형상화한 작품이다. 작가가 전달하고자 한 우리 민족의 삶에 주목하여 읽는다.

작품 해제

이 시의 화자는 관찰자의 위치에서 여승이 된 한 여인의 기구한 삶을 전달하고 있다. 1연에서 화자는 여승이 된 여인을 보면서 옛날같이 늙고 쓸쓸한 표정에 서러움을 느끼고 있다. 그리고 2연에서 나이 어린 딸을 데리고 옥수수를 팔며 차게 울던 여인과의 첫 만남을 회상한다. 3연에는 더욱 깊은 사연이 이어진다. 기다리던 여인의 남편은 오지 않고 어린 딸은 먼저 하늘나라로 갔다. 그리고 4연에는 한 많은 속세를 떠나기 위해 삭발을 하고 승려가 되는 여인의 모습이 제시된다. 여기에서 산꿩의 울음으로 표현되는 서러운 울음은 여인의 울음이면서 여인이 여승이 된 날의 슬픔을 드러낸다. 기구한 삶을 살아온 여인은 가족 해체를 겪으며 고단한 삶을 살던 일제 강점기의 우리 민족과 닮았다. 결국 이 시에서 여인의 것으로 표현된 한(恨)은 개인의 차원을 넘어서 우리 민족 전체의 한으로 확장된다.

주제

여승이 된 한 여인의 비극적인 삶

여승(女僧)은 합장(合掌)하고 절을 했다
　　시적 대상
가지취의 내음새가 났다
　참취나물의 냄새(후각적 심상)
쓸쓸한 낯이 옛날같이 늙었다
　세월의 풍파를 겪은 모습(시각적 심상)
나는 불경(佛經)처럼 서러워졌다　▶1연: 여승이 된 여인과 '나'의 만남
　　여승에게 연민을 느낌

평안도(平安道)의 어늬 산(山) 깊은 금점판
나는 파리한 여인(女人)에게서 옥수수를 샀다
　　출가 전의 여승　　　　　여인의 고달픈 삶 형상화(청각적 촉각화)
여인은 나 어린 딸아이를 따리며 가을밤같이 차게 울었다
　　　　　　때리며　　　　　　▶2연: 여인과의 첫 만남

섶벌같이 나아간 지아비 기다려 십 년(十年)이 갔다
지아비는 돌아오지 않고
어린 딸은 도라지꽃이 좋아 돌무덤으로 갔다
　딸의 죽음(죽음을 미화하여 표현해 비극성을 심화함.)　▶3연: 여인의 비극적인 삶

산(山)꿩도 설게 울은 슬픈 날이 있었다
　감정 이입　　　여인이 여승이 된 날
「산(山) 절의 마당귀에 여인의 머리오리가 눈물방울과 같이
「 」: 여인이 삭발을 하고 출가함.　　　① 눈물방울처럼 ② 눈물방울과 함께
떨어진 날이 있었다」　　　　　▶4연: 삭발을 하고 여승이 된 여인

문제
29쪽

1 ⑤ **2** ② **3** ①

원리로 작품 독해
30쪽

1 여승, 서러움, 죽음
2 현재, 역순행적
3 이입

---

1 표현상 특징 파악 답 ⑤

음성 상징어는 의성어와 의태어처럼 소리나 모양을 흉내 낸 말인데, 이 시에는 음성 상징어가 사용되지 않았다.

[오답 확인]

① '여인의 머리오리가 눈물방울과 같이 떨어진 날이 있었다'에서 하강의 이미지를 사용하여 삭발하고 여승이 된 날의 슬픔을 부각하고 있다.

② '쓸쓸한 낯이 옛날같이 늙었다', '가을밤같이 차게 울었다', '섶벌같이 나아간' 등에서 비유적 표현이 사용되었다.

③ 시의 마지막 연에서 '산꿩'이 섧게 울었다고 표현하고 있다. 자연물에 감정을 이입하여 여승이 되던 날의 여인의 슬픔을 드러내고 있다.

④ 역순행적 구성은 시간의 흐름을 따르지 않는 구성 방식이다. 이 시는 현재에서 과거의 순서로 시상이 전개되고 있다.

2 시적 화자와 시적 대상의 관계 파악 답 ②

'나'는 1연에서 여승이 된 여인의 현재 모습을, 2~3연에서 여인의 과거 모습을, 4연에서 여승이 되던 날의 여인의 모습을 전달하고 있다.

[오답 확인]

① '나'는 관찰자의 입장에서 여승의 삶을 전달하면서 서러움의 정서를 표출하고 있다. 자신과 여승의 삶을 비교하고 있지는 않다.

③ '나'는 여승에 대한 연민의 감정을 '서러워졌다'라고 드러내고 있다.

④ '나'는 여승의 불행한 삶에 슬픔을 느끼고는 있지만 여승과 하나가 되려는 의지를 보이지는 않는다.

⑤ '나'는 여승의 이야기를 전달하는 데 중점을 두고 있다.

3 외적 준거에 따른 작품 감상 답 ①

'나'가 여인에게서 옥수수를 산 이유는 구체적으로 제시되어 있지 않으나, 이를 농촌 공동체를 회복하기 위한 행위로 보기는 어렵다.

[오답 확인]

② 돈을 벌기 위해 남편이 집을 나가 돌아오지 않은 것은 가족 공동체가 해체된 것을 의미한다.

③ 어린 딸이 돌무덤으로 갔다는 것은 딸의 죽음을 표현한 것이다. 여인의 비극적인 삶이 최고조에 이르는 부분이다.

④ '여인의 머리오리가 눈물방울과 같이 떨어진 날'은 여인이 속세를 떠나 머리를 깎고 여승이 된 날이다. 한 많은 속세를 떠나려는 여인의 안타까운 처지가 드러나는 부분이다.

⑤ 이 시의 1연에서는 화자와 여승의 만남이라는 현재의 상황이 제시되었고, 2연부터 4연까지는 여인이 여승이 된 내력, 즉 과거의 내용이 제시되고 있다.

다른 작품 엮어 읽기 승무 | 조지훈

작품 해제

이 시는 승무를 통해서 세속적 번뇌를 종교적으로 승화하는 여승의 모습을 형상화한 작품이다. 1연부터 3연까지는 승무를 추기 전 여승의 모습을 묘사하고 있다. 화자는 여승의 고운 자태를 시각적으로 형상화하면서 승려가 된 여인의 말 못할 사연에서 느끼는 서러움을 '고와서 서러워라'라는 역설적 표현으로 드러낸다. 4연에서는 승무를 추는 무대의 배경이 제시되는데 쓸쓸함이 느껴진다. 5연부터는 승무를 추는 동작을 주로 동적인 이미지로 제시하고 있는데, 별을 보며 눈물 짓는 모습에서 세속적 번뇌가 종교적으로 승화되고 있음을 알 수 있다. 승무는 다시 이어지고 수미 상관의 방법으로 시를 종결하면서 시적 여운을 남기고 있다. 의도적으로 변형한 고풍스러운 시어와 춤 동작에 대한 섬세한 묘사, 서정적인 배경 등이 어우러져 고전적인 분위기를 잘 표현한 작품이다.

주제

승무를 통한 세속적 번뇌의 종교적 승화

시상의 전개

1~3연	4연	5~8연	9연
여승의 외양 (시선의 이동)	무대의 배경 (정적 이미지)	승무의 춤사위 (동적 이미지)	시상의 마무리 (여운과 지속)

'승무'의 기능

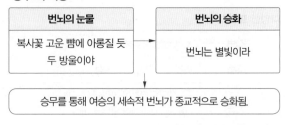

번뇌의 눈물		번뇌의 승화
복사꽃 고운 뺨에 아롱질 듯 두 방울이야	→	번뇌는 별빛이라

승무를 통해 여승의 세속적 번뇌가 종교적으로 승화됨.

---

1 여승, 여승 **2** ⑤

1 이 시는 승무를 통해 세속적인 번뇌를 종교적으로 승화하여 이겨 내려는 여승의 모습을 담고 있다. 「여승」은 가난 때문에 가족 공동체가 해체되어 여승이 된 한 여인의 비극적인 삶을 그리고 있다.

2 이 시의 공간적 배경은 '빈 대'이다. 공간의 이동 없이 춤을 추는 순서, 즉 시간의 흐름에 따라 시상이 전개되고 있다. ① '하이얀', '감추오고', '모두오고', '감기우고' 등에서 시적 허용이 사용되었다. ② 5연부터 동적인 이미지를 사용하여 춤추는 모습을 묘사하고 있다. ③ '하이얀 고깔', '파르라니 깎은 머리' 등에서 색채어가 사용되었다. ④ 1연이 마지막 행에서 반복되고 있다.

06 쉽게 씌어진 시 | 윤동주

독해 포인트

이 시는 일제 강점기라는 암울한 시대 현실을 살아가는 지식인의 고뇌와 자기 성찰을 담고 있는 작품이다. 화자의 태도와 시어의 의미에 주목하여 읽는다.

작품 해제

이 시는 윤동주가 일본에 유학을 가서 공부를 하던 중에 창작한 작품으로, 현재 전해지는 윤동주의 시 중에서 마지막 작품으로 알려져 있다. 윤동주 시에 보편적으로 드러나는 '부끄러움의 정서', '성찰의 자세', '의지적 태도' 및 '현실적 자아와 이상적 자아의 갈등과 화해' 등이 잘 드러나는 작품이기도 하다. 이 시의 배경인 '밤'과 '육첩방'은 암울한 시대 현실을 의미하면서 화자에게 있어 성찰의 시간과 공간이 되기도 한다. 시인인 화자는 어두운 현실에서도 쉽게 시를 쓰는 자신을 부끄러워한다. 암울한 조국의 상황에 적극적으로 대응하지 못하는 무기력한 자신의 모습을 발견했기 때문이다. 화자는 성찰의 과정을 거치면서 등불을 밝혀 어둠을 내몰고 반드시 다가올 아침을 기다리겠다는 의지를 드러낸다. 여기에서 화자가 확신을 가지고 기다리는 '아침'은 희망의 시간으로, 시대적 상황을 고려할 때 조국의 광복으로 해석할 수 있다. 마지막 연에서 이상적 자아와 현실적 자아가 손을 마주 잡는 '최초의 악수'는 두 자아의 화해와 미래에 대한 다짐을 의미한다고 볼 수 있다.

주제

암울한 현실 속에서의 고뇌와 자기 성찰

창(窓)밖에 밤비가 속살거려
　암울한 현실. 성찰의 시간(시간적 배경)
육첩방(六疊房)은 남의 나라,　　　　▶1연: 암담한 현실
　화자를 구속하는 시대 상황. 성찰의 공간(공간적 배경)

시인(詩人)이란 슬픈 천명(天命)인 줄 알면서도
　화자의 신분 ① – 시인　　하늘이 내린 피할 수 없는 명령
한 줄 시(詩)를 적어 볼까,　　　　　　▶2연: 슬픈 현실에 대한 인식

땀내와 사랑 내 포근히 품긴
　부모님의 노고와 사랑을 후각적으로 표현함.
보내 주신 학비 봉투(學費封套)를 받아
　　　　　　화자의 신분 ② – 유학생

대학(大學) 노-트를 끼고
늙은 교수(敎授)의 강의 들으러 간다.
　　　　　현실과 동떨어진 삶

생각해 보면 어린 때 동무들
하나, 둘, 죄다 잃어버리고
　　　　상실감

나는 무얼 바라
　현실적 자아
나는 다만, 홀로 침전(沈澱)하는 것일까?
　　　　무기력한 자신의 모습　　▶3~6연: 무기력한 삶에 대한 회의

「인생(人生)은 살기 어렵다는데
「　」: 자아와 시대 현실과의 괴리감 → 자기 성찰
시(詩)가 이렇게 쉽게 씌어지는 것은

부끄러운 일이다.」　　　　　　▶7연: 자기 성찰과 부끄러움
　자기 성찰의 결과 → 부끄러움

육첩방(六疊房)은 남의 나라
창(窓)밖에 밤비가 속살거리는데,　⌉1연의 내용을 변주하여 반복함.
　　　　　　　　　　　　　　　⌋　▶8연: 내면의 각성과 현실의 재인식

등불을 밝혀 어둠을 조금 내몰고,
　희망　　　　부정적 현실　현실 극복의 의지가 드러남
시대(時代)처럼 올 아침을 기다리는 최후(最後)의 나,
　긍정적인 미래(조국의 광복)　　　　　성찰을 통해 도달한 성숙한 자아

　현실적 자아
나는 나에게 작은 손을 내밀어
　이상적 자아　　　　　　　두 자아의 화해
눈물과 위안(慰安)으로 잡는 최초(最初)의 악수(握手).
　　　　　　　　　▶9~10연: 현실 극복의 의지와 두 자아의 화해

문제　　　　　　　　　　　　　　　　33쪽

1 ④　　2 ②　　3 ②

원리로 작품 독해　　　　　　　　　　34쪽

1 성찰, 침전, 부끄러움
2 의지
3 화해, 악수
4 아침

---

1 표현상 특징 파악　　　　　　답 ④

이 시는 1연의 '나라', 9연의 '나', 10연의 '악수' 등과 같이 명사로 시행을 종결하고 있다. 일반적으로 명사형 종결은 시적 여운을 남기는 효과가 있다(ㄴ). 그리고 '밤비', '어둠'은 부정적인 현실, '등불', '아침'은 희망과 긍정적인 미래를 의미한다. 이처럼 대조적인 의미의 시어를 사용하여 부정적인 현실을 극복하고 희망적인 미래로 나아가기를 바라는 마음을 효과적으로 표현하였다(ㄷ).

[오답 확인]

ㄱ. 이 시에서는 담담한 어조로 시상을 전개하고 있으며, 어조의 변화는 나타나지 않는다.

ㄹ. 이 시는 자아 성찰의 과정과 그 결과가 시상 전개의 중심을 이루고 있다. 시선의 이동을 통한 풍경 묘사는 나타나지 않는다.

2 외적 준거에 따른 작품 감상　　　　　答 ②

'홀로 침전하는 것'은 부정적인 현실을 살아가는 무기력한 자신의 모습을 의미하므로, 고결함을 유지하고자 하는 화자의 의지와는 거리가 멀다.

[오답 확인]

① 시인이 일제 강점기 때 유학하며 쓴 시라는 〈보기〉의 내용을 바탕으로 할 때, '육첩방은 남의 나라'는 화자가 처한 부정적 현실을 의미한다고 볼 수 있다.

③ 화자는 자아 성찰을 통해 희망적인 미래에 대한 확신을 가졌다는 〈보기〉의 내용을 바탕으로 할 때, '등불을 밝혀 어둠을 조금 내몰고'에서 현실 상황을 극복하려는 화자의 의지를 읽을 수 있다.

④ 화자가 희망적인 미래에 대한 확신을 드러낸다는 〈보기〉의 내용을 바탕으로 할 때, '시대처럼 올 아침'에는 긍정적인 미래에 대한 화자의 확고한 인식이 담겨 있음을 알 수 있다.

⑤ 〈보기〉의 내용을 바탕으로 할 때, '최초의 악수'는 현실적 자아와 이상적 자아가 화해에 이르렀음을 의미한다.

3 시어의 상징적 의미 파악 　　　　　답 ②

'시인'을 '슬픈 천명'이라고 표현한 것은 일제 강점기라는 부정적인 현실 상황을 비판적으로 인식하면서도 그에 적극적으로 대응하지 못하는 자기 자신에 대한 인식으로 볼 수 있다.

[오답 확인]

① '밤비'는 시간적 배경인 '밤'을 드러내면서 '비'가 주는 이미지와 결합해 암담하고 우울한 분위기를 조성하고 있다.

③ '학비 봉투'를 통해 화자가 학생의 신분임을 알 수 있다. 하지만 이것이 화자의 태도를 변화시키는 계기를 제공하지는 않는다.

④ '늙은 교수'는 현실에 안주하며 사는 지식인을 의미하며, 늙은 교수의 강의를 들으러 가는 것은 화자가 자신을 부끄럽게 느끼는 원인 중 하나가 된다.

⑤ '창밖'은 현실적인 공간으로, 창밖에 비가 오는 어두운 배경은 암울한 현실을 상징한다.

'등불'의 의미와 기능

등불	'등불'을 켜고 일어나 앉는다. → '노신'을 떠올리게 하는 매개체
	쓸쓸히 앉아 지키던 '등불' → '노신'의 신념
	'등불'이 나에게 속삭인다. → 화자에게 의지를 다지게 하는 존재

---

1 ⑤ 　　**2** 매개체, 신념

1 이 시의 화자는 가장으로서의 경제적 문제와 시인으로서의 신념 사이에서 갈등하고 있다. 하지만 「쉽게 씌어진 시」의 화자가 신념과 생계 사이에서 갈등하는 모습은 나타나지 않는다.

2 ㉠은 '노신'을 떠올리는 매개체의 역할을 한다. 화자는 자신이 켠 등불을 보면서 '노신'의 삶을 떠올리는 것이다. 그리고 ㉡은 '노신'의 강한 신념을 의미한다. 온 세계가 눈물에 젖은 부정적인 상황에서 '노신'이 홀로 지키던 신념과 의지이다.

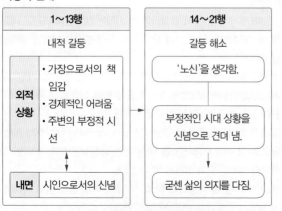

다른 작품 엮어 읽기 　노신 | 김광균 　　　　　35쪽

작품 해제

이 시는 시인인 화자가 가족들의 생계를 책임져야 할 가장으로서의 책임과 시인으로서 가져야 할 신념 사이에서 갈등하다 이를 극복해 나가는 과정을 담은 작품이다. 시의 전반부에는 화자의 내적 갈등이 제시된다. 가족에 대한 책임감, 자신에 대한 주변의 비난, 경제적인 어려움과 같은 외적 상황은 화자로 하여금 '시를 믿고 어떻게 살아가나'라는 질문을 던지게 한다. 시의 후반부에는 갈등을 극복하려는 의지가 드러난다. 화자는 등불을 보며 '노신'(중국의 작가 루쉰(1881~1936)을 우리 한자음으로 읽은 이름)을 떠올린다. 모두가 고통스럽던 시절에 홀로 신념을 지키며 살았던 '노신'을 생각하며 자신과 '노신'을 동일시하는 것이다. 즉 문학을 하는 사람으로서 주변 상황 때문에 크게 상심하고 있다는 공통점을 이끌어 낸 후, 자신도 '노신'처럼 어려움을 이겨 내겠다는 다짐을 하는 것이다. 실존 인물인 '노신'을 내세워 화자가 지향하는 삶을 드러내며 의지를 다지는 작품이다.

주제

가난으로 인한 현실적 어려움과 극복 의지

시상의 전개

1~13행	14~21행
내적 갈등	갈등 해소

외적 상황	• 가장으로서의 책임감 • 경제적인 어려움 • 주변의 부정적 시선	'노신'을 생각함.
내면	시인으로서의 신념	부정적인 시대 상황을 신념으로 견뎌 냄.
		굳센 삶의 의지를 다짐.

독해 포인트

이 시는 힘겹게 맞이한 광복 이후에도 지속되는 혼란한 현실에 대한 안타까움과 진정한 민족 공동체 회복에 대한 소망을 담고 있는 작품이다. 현실에 대한 화자의 인식과 태도에 주목하여 읽는다.

작품 해제

이 시는 광복 직후의 혼란스러운 상황 속에서 일제 강점기의 삶을 돌아보며 미래에 대한 소망을 노래한 작품이다. 시는 전체적으로 시간의 흐름에 따라 전개되는데, 1연부터 3연까지는 광복을 간절히 소망하던 일제 강점기, 4연과 5연의 1~2행은 광복을 맞이한 현재, 5연의 3~4행은 앞으로 소망하는 미래의 모습을 담고 있다. 화자는 가슴을 쥐어뜯으며 소망했던 광복이 왔음에도 '아직도 차'다고 느끼는데, 이는 광복 이후의 세상이 아직 혼란스럽기 때문이다. 이처럼 해방이 되었어도 부정적인 상황이 이어지지만, 화자는 언젠가 '봄'이 올 것이며 그때에는 '꽃덤불'에 아늑히 안겨 보겠다고 말하고 있다. 즉 이 시의 제목이자 중심 소재인 '꽃덤불'은 화자가 간절히 소망하는 '진정한 독립과 민족의 화합이 이루어진 세상'을 의미한다. 광복을 맞이했으나 완전한 독립을 이루지 못한 당시의 현실을 걱정하는 시인의 고뇌가 담긴 작품이다.

주제

해방된 조국의 진정한 독립과 민족 공동체 회복에 대한 소망

○ : 긍정적 이미지 ↔ □ : 부정적 이미지

(태양)을 의논하는 거룩한 이야기는
　광명, 빛 → 조국의 광복
항상 |태양을 등진 곳|에서만 비롯하였다.
부정적 상황(일제 강점기의 ▶1연: 일제 강점기의 암담한 현실 속에서 이야기하는 광복
암담한 현실)

달빛이 흡사 비 오듯 쏟아지는 (밤)에도
　일제 강점기의 암울한 현실
우리는 |헐어진 성터|를 헤매이면서
　국권을 상실한 조국
언제 참으로 그 언제 우리 하늘에

오롯한 태양을 모시겠느냐고
　광복
가슴을 쥐어뜯으며 이야기하며 이야기하며 ┐ 반복과 설의적 표현을
　　　　　　　　　　　　　　　　　　　│ 사용해 광복에 대한 간
가슴을 쥐어뜯지 않았느냐? ┘ 절함 강조
　　　▶2연: 조국 광복에 대한 소망

그러는 동안에 영영 잃어버린 벗도 있다. ┐
　광복을 맞이하지 못하고 죽은 사람　　　│유사한 문장 구조를 반복
그러는 동안에 멀리 떠나 버린 벗도 있다.│하여 일제 강점기의 비극
　일제의 핍박을 피해 유랑을 떠난 사람　│적 현실을 인상적으로 표
그러는 동안에 몸을 팔아 버린 벗도 있다.│현함.
　일제의 강압으로 변절한 사람　　　　　│
그러는 동안에 맘을 팔아 버린 벗도 있다.┘
　일제의 강압으로 전향한 사람　▶3연: 일제 강점기의 비극적 현실

　　　　　일제 강점기(1910~1945)
그러는 동안에 드디어 서른여섯 해가 지나갔다.
　일제 강점기가 끝남. 광복을 맞이함.　▶4연: 조국의 광복

다시 우러러보는 이 (하늘)에
　광복을 맞이한 조국
|겨울밤| 달이 아직도 차거니
광복 이후의 혼란한 상황(민족 분열, 신탁 통치 등) – 부정적 상황이 지속됨.
오는 (봄)엔 분수처럼 쏟아지는 태양을 안고
　진정한 광복과 화합의 시기
그 어느 언덕 (꽃덤불)에 아늑히 안겨 보리라.
진정한 독립과 민족의 화합이 이루어진 세상　▶5연: 진정한 독립과 민족의 화합에 대한 소망

1 표현상 특징 파악　　　　　　　　　답 ⑤

1연의 '태양을 등진 곳'과 2연의 '밤', '헐어진 성터', 그리고 5연의 '겨울밤' 등은 부정적인 현실, 즉 시련과 고난의 상황을 상징적으로 드러내는 표현이다. 이는 화자가 기대하는 '꽃덤불'이 우거진 세계가 실현되기 이전의 상황을 감각적으로 제시한 것이다.

[오답 확인]

① 이 시에는 색깔을 나타내는 색채어가 사용되지 않았다.

② 이 시는 '과거 → 현재 → 미래'의 시간의 흐름에 따라 시상을 전개하고 있다. 공간의 이동에 따른 시상 전개는 나타나지 않는다.

③ 이 시에는 역설적 표현이 사용되지 않았다.

④ 이 시에서는 '태양', '달', '꽃덤불' 등의 자연물을 소재로 사용하고 있지만, 이를 인간과 대비하고 있지는 않다. 이 시에서 자연물은 시적 상황을 상징적으로 드러내는 역할을 한다.

2 시구의 의미 파악　　　　　　　　　답 ⑤

'겨울밤 달이 아직도 차거니'에서 '겨울밤', '차거니'는 부정적 상황을 드러내고 '아직도'는 이러한 상황이 온전히 극복되지 못하고 있음을 드러낸다. 화자는 이러한 현실을 안타깝게 여기고 있다.

[오답 확인]

① '항상'은 '거룩한 이야기'를 '태양을 등진 곳에서만' 할 수 있었음을 강조하는 말로, 일제 강점기의 부정적인 상황을 드러내고 있다.

② '흡사'는 '달빛'을 '비 오듯'에 연결 지어 부정적 의미의 시어인 '밤'을 부각하는 말로, 부정적 상황이 지속되는 암울한 현실을 드러내고 있다.

③ '영영'은 '잃어버린 벗'과 만날 수 없는 부정적 상황을 강조하는 말로, 화자의 죄책감을 부각하기 위한 표현이라고 볼 수 없다.

④ '드디어'는 암울하고 어두운 현실이 비로소 지나갔음을, 일제 강점기가 끝나고 간절히 기다리던 광복을 맞이했음을 강조하는 말이다.

3 외적 준거에 따른 작품 감상　　　　답 ③

'몸'과 '맘'을 팔아 버린 벗들은 일제의 강압으로 변절하거나 전향한 사람들로, 자신의 사랑을 지켜 내지 못한 사람들이다. 따라서 이들의 삶은 사랑을 이루기 위한 노력이 부족했다고 보는 것이 적절하다.

[오답 확인]

① '태양을 의논하는 거룩한 이야기'는 광복에 대한 이야기로, 사랑을 얻기 위한 노력으로 해석할 수 있다. 그런데 이 이야기가 자유롭게 이루어지지 않고 부정적인 상황인 '태양을 등진 곳'에서만 비롯한다는 것에서 사랑의 결실을 맺기 어려운 상황임을 알 수 있다.

② '헐어진 성터'는 사랑하는 대상이 훼손된 부정적 상황을 의미하는데, 이곳을 헤매고 '이야기'를 나눈다는 것은 사랑하는 대상에 대한 관심을 잃지 않았음을 보여 준다.

④, ⑤ '태양'을 안고 '꽃덤불'에 안기는 것이 화자가 간절히 원하는 사랑의 결실이라고 할 수 있다. 이를 '오는 봄'에 하겠다는 것은 그것이 아직 오지 않았음을, 즉 아직 사랑의 결실을 맺지 못했음을 의미한다.

다른 작품 엮어 읽기 청산도 | 박두진

39쪽

작품 해제

이 시는 '푸른 산'이라는 자연물을 통해 이상적인 세계에 대한 소망을 노래한 작품이다. 화자는 '푸른 산'에서 '볼이 고운 사람'을 그리워하며 '밝은 하늘 빛난 아침'이 오기를 기다린다. 이러한 기다림에 대한 화자의 의지는 마지막 연의 '난 그리노라. 너만 그리노라. 혼자서 철도 없이 난 너만 그리노라.'에서 잘 드러난다. 시대적 배경을 고려할 때, '티끌 부는 세상', '벌레 같은 세상', '달밤이나 새벽녘'은 광복 이후의 혼란스러운 상황, '볼이 고운 사람'은 화자가 바라는 진정한 화합과 평화의 세상이라고 이해할 수 있다. 산문시의 형식에 여러 가지 표현 방법과 음성 상징어 등을 활용하여 화자의 소망을 인상적으로 제시하고 있다.

주제

밝고 이상적인 세계에 대한 소망

화자의 정서와 태도

시구	화자의 정서와 태도
나는 가슴이 울어라	부정적인 현실에 대한 슬픔
난 너만 그리노라	소망하는 세상에 대한 간절한 기다림

화자가 소망하는 세상

현실 세계	소망하는 세계
• 티끌 부는 세상 • 벌레 같은 세상 • 달밤이나 새벽녘	• 밝은 하늘 빛난 아침 • 향기로운 이슬밭 푸른 언덕
↓	↓
광복 직후의 혼란스러운 세상	혼란을 극복한 밝고 평화로운 세상

---

1 부정적 2 ⑤

1 이 시에서 '달밤', '새벽녘'은 화자가 기다리는 '아침'과 대비되어 부정적인 현실을 의미한다. 「꽃덤불」의 '겨울밤'도 화자가 기다리는 '봄'과 대비되는 혼란스러운 시대 상황, 부정적인 현실을 의미한다.

2 이 시는 공간의 이동에 따라 시상을 전개하고 있지 않다. 또한 현재의 상황에 대해 안타까워하면서 '볼이 고운 사람'을 기다리는 화자의 태도 역시 변함없이 유지되고 있다.

---

08 울음이 타는 가을 강 | 박재삼

40~43쪽

독해 포인트

이 시는 저녁노을이 물든 가을 강을 바라보면서 떠올린 인생에 대한 상념을 전통적 한의 정서로 표현한 작품이다. 자연 현상을 통해 비유적으로 형상화된 인생의 과정에 주목하여 읽는다.

작품 해제

이 시는 '가을', '해 질 녘' 등의 시간적 배경 및 '강'이라는 공간적 배경을 바탕으로 인생에 대한 상념을 서러움의 정서와 애상적 정서로 그려 낸 작품이다. 시의 시작부터 화자는 서러운 감정에 잠겨 있다. 친구의 사랑 이야기가 서러움을 상기시키며, 산을 오르며 맞이하는 가을 햇볕은 낭만적인 느낌보다는 쓸쓸한 감정을 유발한다. 등성이에 이르러 화자의 눈에 띄는 것은 제삿날 큰집에 모이는 불빛과 해 질 녘 노을진 강으로, 이 둘은 서러움의 정서를 고조시킨다. 이어 화자는 인생의 유한성과 허무함을 깨닫는다. 물소리를 내며 흐르던 산골짜기 계곡의 물이 강물이 되어 하류로 흘러가면서 크기가 커지는 대신 소리가 잦아들고, 마침내 바다에 다 와 가서는 소리마저 사라져 버리는 것처럼 인간의 삶도 기쁨과 희망으로 가득 찬 청년기를 지나 좌절과 아픔으로 인생이 무엇인지를 느끼는 중년기를 거쳐 마침내 그 슬픔을 안으로 삭이게 됨을 깨달은 것이다. 삶의 유한성과 숙명적인 슬픔을 안으로 삭이며 원숙해 가는 인간 삶의 비애에 대한 깨달음을 자연 현상을 통해 표현한 작품이다.

주제

삶의 유한성과 한(恨)

마음도 한자리 못 앉아 있는 마음일 때,
　　　　　안정되지 못한 마음 상태
친구의 서러운 사랑 이야기를
　　　　서러움을 느끼는 원인
가을 햇볕으로나 동무 삼아 따라가면,
　　　　　　　　　서러움의 정서를 직접적으로 표현
어느새 등성이에 이르러 눈물나고나.
　　　　　　　　　　▶1연: 등성이에 이르러 느끼는 서러움
　　　　　　　　　■ : 판소리나 민요조의 종결 어미
　　　　　　　　　　 — 예스러운 느낌 부각
죽음의 이미지
제삿날 큰집에 모이는 불빛도 불빛이지만,
소멸의 이미지
해 질 녘 울음이 타는 가을 강을 보겄네. — 사라져 가는 모든 것들에
　　　청각을 시각화한 공감각적 표현　　　　대한 서러움
　　　　　　　　　　▶2연: 해 질 녘 풍경에서 느끼는 애상감

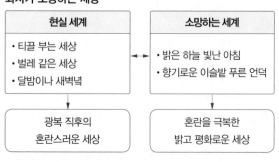

저것 봐, 저것 봐,

네보담도 내보담도
　너보다도 나보다도 가을 강은 훨씬 더 서럽다는 인식
그 기쁜 첫사랑 산골 물소리가 사라지고
　　　　첫사랑에 설레는 청년 시절이 지나감
그다음 사랑 끝에 생긴 울음까지 녹아나고
　　　　　사랑의 좌절로 슬픈 중년 시절이 지나감
이제는 미칠 일 하나로 바다에 다 와 가는
　　　　　　　생을 마감하는 시절에 다 와 감. — 노년 시절
소리 죽은 가을 강을 처음 보겄네.
　울음을 삭이고 슬픔을 내면화한 한(恨)　　▶3연: 강의 하류를 보며 느끼는 삶의 유한성

---

1 표현상 특징 파악   답 ①

이 시는 인생의 과정을 보편적인 자연 현상과 연결하여 인간의 삶의 유한성과 삶의 희로애락을 효과적으로 표현하고 있다.

[오답 확인]

② 이 시에는 음성 상징어가 사용되지 않았다.

③ 이 시에는 구체적인 지명이 제시되지 않았다.

④ 이 시에 사용된 '제삿날', '큰집' 등은 전통적인 소재에 가깝다.

⑤ 이 시에는 말하고자 하는 내용과 반대로 표현하는 반어적 표현이 사용되지 않았다.

2 외적 준거에 따른 작품 감상   답 ③

〈보기〉로 볼 때 '흐름의 이미지'는 주로 '강물'과 같은 물의 흐름과 관련이 있음을 알 수 있으며, 설움의 보편성 역시 '강물'과 인간 삶의 대응을 고려할 때 이끌어 낼 수 있다.

[오답 확인]

① 1연에서 화자의 서러운 감정이 '어느새 등성이에 이르러 눈물나고나.'로 이어지고 있으므로 적절한 진술이다.

② 1연에서 보인 '눈물'이 2연에서는 '울음'으로 이어짐을 통해 화자의 슬픔이 점차 고조되고 있음을 알 수 있다.

④ '산골 물소리'가 강물의 시작을, '소리 죽은 가을 강'이 '바다에 다 와 가는' 강물의 하류를 의미한다고 할 때, 이는 강물이 바다에 이르는 과정을 형상화한 것으로 볼 수 있다. 또한 '산골 물소리'가 '첫사랑'과 대응된다는 점을 고려할 때 강물의 흐름을 통해 인생의 과정을 형상화했다고 볼 수 있다.

⑤ 강이 바다에 다 와 가는 것은 강의 생명이 끝났음을 의미한다. 이를 통해 인간의 유한한 삶의 허무함을 표현했다는 진술은 적절하다.

3 시의 심상 이해   답 ③

ⓒ의 '울음이 타는'에는 청각적 심상을 시각적 심상으로 전이시켜 표현한 공감각적 심상이 드러난다. 청각의 시각화라는 감각의 전이가 일어난 것이다.

[오답 확인]

① '친구의 서러운 사랑 이야기'에는 뚜렷한 심상이 드러나지 않는다.

② '큰집에 모이는 불빛'에서 시각적 심상이 사용되었다.

④ '산골 물소리'에서 청각적 심상이 사용되었다.

⑤ '사랑 끝에 생긴 울음'에서 청각적 심상이 사용되었다.

다른 작품 엮어 읽기   낙화 | 이형기   43쪽

작품 해제

이 시는 꽃이 피고 지는 자연의 원리를 '사랑'과 '이별'이라는 인간의 삶과 대응시켜 이별에 대한 긍정적 가치를 드러낸 작품이다. 이 시의 시구는 전체적으로 중의적으로 해석된다. 꽃이 피는 것은 사랑의 시작을 의미하며, 꽃이 지는 것은 이별을 의미한다. 이때 꽃이 지는 것은 단순한 소멸이나 이별이 아니라 영혼의 성숙으로 이어진다. 꽃이 떨어져야 잎이 풍성해지고 열매를 맺는 것처럼 사람도 이별의 아픔을 극복해야 정신적으로 성숙하게 된다는 것이다. 꽃이 떨어지는 모습을 이별의 아픔으로만 해석하지 않고 성숙에 대한 축복으로 해석하였다는 점에서 역설적 발상이 돋보이는 작품이다.

주제

이별을 통한 영혼의 성숙

자연 현상과 인간사의 대응

자연 현상	인간사
꽃이 핌.(개화)	사랑
꽃이 짐.(낙화)	이별
열매를 맺음.	영혼의 성숙

다양한 표현 방법

역설법	결별이 이룩하는 축복
의인법	섬세한 손길을 흔들며
직유법	샘터에 물 고이듯 성숙하는

---

1 자연 현상   **2** ③

1 이 시는 꽃이 피고 지는 자연 현상을 통해 이별의 아픔을 극복한 인간의 정신적 성숙을 이야기하고 있다. 「울음이 타는 가을 강」은 산골의 물이 흘러서 바다에 이르는 과정을 통해 인생의 희로애락을 표현하였다. 강물의 흐름을 통해 삶의 유한성으로 인한 서러움과 한을 효과적으로 드러내고 있다.

2 3연의 '결별이 이룩하는 축복'에 역설적 표현이 사용되었지만, 이는 이별의 아픔을 부각하기 위한 것이 아니라 이별이 영혼의 성숙이라는 축복이 될 수도 있다는 것을 강조하기 위한 표현이다.

독해 포인트

이 시는 부정적 현실에 적극적으로 대응하지 못하고 사소한 일에만 분노하면서 살아가는 소시민적 삶에 대한 자조와 반성을 드러내고 있다. 시에 나타나는 구체적 상황에 대한 화자의 대응 방식과 그에 담긴 심리에 주목하여 읽는다.

작품 해제

이 시는 대조적 상황을 통해 부당한 현실에 저항하지 못하는 무기력하고 소시민적인 삶의 태도를 반성하는 작품이다. 화자는 고궁을 나오고 있다. 그가 고궁에서 본 것은 아름다운 정원이나 웅장한 건축물이 아니라, 그 속에 숨겨진 왕궁의 음탕함이다. 그러면서 그 음탕함에 분노하지 못하는 자신을 되돌아본다. 왕궁의 음탕함은 권력의 부패를 의미한다. 그 외에도 언론의 탄압이나 무리한 월남 파병 등 화자가 분노해야 할 대상은 많다. 하지만 화자는 그런 일에는 침묵하고 외면하면서 주변의 사소한 대상의 잘못에만 분노하는 자신을 옹졸하고 비겁하다고 생각한다. 이러한 화자의 인식은 시의 마지막에서 절정을 이룬다. '모래', '바람', '먼지', '풀'과 같은 사소한 대상에게 자신의 작음을 질문하면서 그들보다 작고 옹졸한 자신의 모습에 대해 자조하고 있는 것이다. 이러한 자조적인 자기반성은 독자들에게 화자를 책망하기에 앞서 오히려 자신의 삶을 되돌아보게 한다.

주제

부당한 현실에 저항하지 못하는 소시민적 삶에 대한 반성

왜 나는 조그만 일에만 분개하는가.
　사소한 일에만 분노하는 자신에 대한 비판
저 왕궁 대신에 왕궁의 음탕 대신에
　부패한 권력. 진정으로 분개해야 할 대상
오십 원짜리 갈비가 기름 덩어리만 나왔다고 분개하고
옹졸하게 분개하고 설렁탕집 돼지 같은 주인년한테 욕을
　사소한 일
하고　비속어를 사용하여 자신의 속된 모습을 우회적으로 비판함.

옹졸하게 욕을 하고　　　▶1연: 조그만 일에만 분개하는 '나'

「한번 정정당당하게
「 」: 본질적이고 중요한 일
붙잡혀 간 소설가를 위하여

언론의 자유를 요구하고 월남 파병에 반대하는」

자유를 이행하지 못하고
　행동하지 못하는 소시민적 모습
이십 원을 받으러 세 번씩 네 번씩
　사소한 일로 힘없는 자들에게만 분노함.
찾아오는 야경꾼만 증오하고 있는가.
　　　　　　▶2연: 중요한 일에 행동하지 못하는 '나'

옹졸한 나의 전통은 유구하고 이제 내 앞에 정서로
　옹졸한 행위가 오랫동안 지속되어 습관처럼 몸에 배어 버림.
가로놓여 있다.

이를테면 이런 일이 있었다.
　일화 제시
부산에 포로수용소의 제십사 야전 병원에 있을 때

정보원이 너어스들과 스폰지를 만들고 거즈를 개키고 있는
간호사들
나를 보고 포로 경찰이 되지 않는다고　사소한 일
　　　　　　가치 있는 일
남자가 뭐 이런 일을 하고 있느냐고 놀린 일이 있었다.

너어스들 옆에서　　　▶3연: 포로수용소 시절부터 지속된 옹졸한 삶

지금도 내가 반항하고 있는 것은 이 스폰지 만들기와
　　　　　　　　　　　사소한 일
거즈 접고 있는 일과 조금도 다름없다.

개의 울음소리를 듣고 그 비명에 지고　┐개 짖는 소리와
　　　　　　　　　　　　　　　　　어린아이의 투정에도
머리에 피도 안 마른 애놈의 투정에 진다.┘대응하지 못하는
　사소한 일상도 고통으로 느껴지는 왜소한 삶　무기력한 삶
떨어지는 은행나뭇잎도 내가 밟고 가는 가시밭
　　　　　　　　▶4연: 무기력하고 왜소한 자신에 대한 인식

　　　　비판과 저항의 중심
아무래도 나는 비켜서 있다. 절정 위에는 서 있지─┐의도적 행갈이
　불의와 부패에 대응하지 못함.　　　　　　　　 (시적 긴장감
않고 암만해도 조금쯤 옆으로 비켜서 있다.　　　┘유지)

그리고 조금쯤 옆에 서 있는 것이 조금쯤

비겁한 것이라고 알고 있다!
　자신에 대한 반성적인 태도를 취함.　▶5연: 불의에 당당하지 못하고 비켜 있는 삶

그러니까 이렇게 옹졸하게 반항한다.

이발쟁이에게　　　　　　　□: 힘 있는 자
　　　　　　　　　　　　　↕
땅 주인에게는 못하고 이발쟁이에게　○: 힘없는 자

구청 직원에게는 못하고 동회 직원에게도 못하고

야경꾼에게 이십 원 때문에 십 원 때문에 일 원 때문에

우습지 않느냐 일 원 때문에　　　▶6연: 옹졸하게 반항하는 현재의 삶

모래야 나는 얼마큼 작으냐.

바람아 먼지야 풀아 난 얼마큼 작으냐.
　자조적인 목소리로 자신의 옹졸함을 반성함.
정말 얼마큼 작으냐……　▶7연: 무기력하게 살아가는 자신에 대한 자조
　: 시구의 반복과 변주

---

1 표현상 특징 파악　　　답 ②

ⓒ에 제시된 과거의 경험은 화자의 옹졸하고 소시민적인 삶이 오래전부터 지속되어 왔음을 말하기 위한 것이다. 여기에서 정서의 변화는 찾아볼 수 없다.

[오답 확인]

① 조그만 일에만 분노하는 자신에 대한 자조적인 태도를 보이면서 시를 시작하고 있다.

③ 문장의 중간을 끊어 행갈이를 하는 방법으로 시적 긴장감을 유지하고 있다.

④ '이발쟁이'와 '땅 주인'을 대조적으로 제시하면서 힘 있는 자에게는 침묵하고 힘없는 자에게만 분노하는 소시민적 태도를 부각하고 있다.

⑤ '얼마큼 작으냐'를 반복하고 변주하면서 자신의 옹졸함을 인식하고 반성하고 있다.

2 시구의 의미 파악   답 ①

〈보기〉에서 시인은 비속어 사용으로 자신의 소시민적이고 속물적인 근성을 드러낸다고 하였다. 이를 바탕으로 볼 때 '돼지 같은 주인년'에서 비속어를 사용한 것은 설렁탕집 주인을 비판하려는 것이 아니라 사소한 일에만 분개하는 화자 자신의 속된 모습을 비판한 것으로 볼 수 있다.

[오답 확인]

② 마땅히 이행해야 할 자유를 이행하지 못하고 있다는 생각은 소시민성에 대한 자각을 나타낸 것으로 볼 수 있다.

③ 전통이 유구하다는 것은 자신의 소시민성과 비겁함이 예전부터 이어져 온 것임을 말하는 것이다.

④ 화자는 자신이 절정에서 조금은 옆에 서 있는 것을 비겁하다고 말하고 있다. 그러므로 절정 위에 서 있는 것은 비판과 저항의 중심에 있는 것이라고 볼 수 있다.

⑤ 이 시에서 '나'는 자조적인 목소리로 자신의 옹졸함을 반성하고 있다. 이는 화자가 자신을 정확하게 인식하고 있는 것이므로 역사와 현실의 불합리에 맞서는 힘이 될 수 있다.

3 시의 맥락 이해   답 ①

화자는 현재 자신이 반항하고 있는 것이 '스폰지 만들기와 / 거즈 접고 있는 일'과 다름없다고 말하고 있다. 이는 사소하고 보잘것없는 일을 의미한다.

[오답 확인]

② 스폰지 만들기와 거즈 접고 있는 일은 사소한 일상과 관련된 것으로 이타적, 희생적인 일과는 거리가 멀다.

③ 시적 상황으로 보아 스폰지 만들기와 거즈 접고 있는 일은 가치 있지 않은 사소한 일이다.

④ 스폰지 만들기와 거즈 접고 있는 일이 소극적이고 비겁한 일은 맞지만 이를 현실에 대한 굴복으로 해석할 근거는 없다.

⑤ 스폰지 만들기와 거즈 접고 있는 일은 사소한 일로, 이는 현실의 불의를 인식하고 이에 적극적으로 대응하는 것과 대비된다.

다른 작품 엮어 읽기 **희미한 옛사랑의 그림자** | 김광규   47쪽

작품 해제

이 시는 중년이 된 화자가 순수하고 열정적이었던 젊은 시절과 다르게 변해 버린 자신의 모습에 부끄러움을 느끼는 작품이다. 시는 과거의 이야기인 전반부와 현재의 이야기인 후반부가 대칭을 이루는 구조로 전개된다. 전반부에는 경제적 여유는 없지만 사회에 대한 고민이 있고, 순수함과 열정이 있었던 시절의 모습이 나열된다. 그 시절의 '우리'는 미래의 자신들이 '정치와는 전혀 관계없는 무엇인가를 / 위해서 살리라.'는 기대를 하며 살았다. 하지만 18년이 지난 뒤에 만난 '우리'는 과거의 기대와는 너무도 다른 삶을 살고 있다. 경제적으로는 나아졌지만 사회에 대한 고민과 비판 의식은 상실했고, 소비적이며 향락적인 삶과 개인주의적인 삶에 익숙한 소시민이 되어 버린 것이다. 화자는 모든 것이 변해 버린 상황에서 예전처럼 제자리를 지키고 있는 플라타너스 가로수를 보면서 순수한 열정을 잃어버리고 현실적인 삶에 안주하는 중년이 된 자신의 모습을 부끄러워한다.

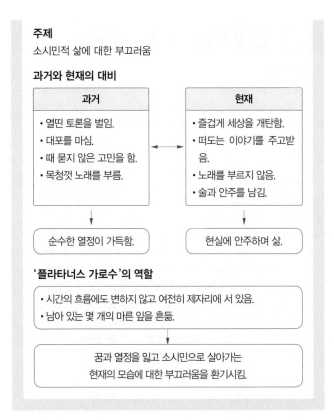

주제

소시민적 삶에 대한 부끄러움

과거와 현재의 대비

과거	현재
• 열띤 토론을 벌임. • 대포를 마심. • 때 묻지 않은 고민을 함. • 목청껏 노래를 부름.	• 즐겁게 세상을 개탄함. • 떠도는 이야기를 주고받음. • 노래를 부르지 않음. • 술과 안주를 남김.

| 순수한 열정이 가득함. | 현실에 안주하며 삶. |

'플라타너스 가로수'의 역할

• 시간의 흐름에도 변하지 않고 여전히 제자리에 서 있음.
• 남아 있는 몇 개의 마른 잎을 흔듦.

꿈과 열정을 잃고 소시민으로 살아가는 현재의 모습에 대한 부끄러움을 환기시킴.

---

1 소시민   **2** ④

1 이 시는 젊은 날의 순수했던 열정을 잃어버리고 현실에 안주하는 소시민적 삶을 사는 현재의 모습에 대한 부끄러움을 담고 있으며, 「어느 날 고궁을 나오면서」는 분노해야 할 권력자들의 부조리에는 침묵하면서 힘없는 자들에게만 사소한 일로 화를 내는 비겁한 소시민적 삶에 대한 반성을 담고 있다.

2 ㉠은 순수한 열정이 남아 있던 과거의 '우리'이고, ㉡은 현실에 순응하며 사는 소시민이 된 현재의 '우리'이다. ㉡은 '혁명이 두려운 기성세대가 되어' 가족 문제, 경제 문제, 건강 문제 등에만 관심을 갖는다. 이는 사회적인 비판 의식을 상실한 채 현실에 안주하며 세속적 일상을 사는 모습이다.

10 껍데기는 가라 | 신동엽

독해 포인트

이 시는 동일한 시행의 반복과 명령형을 사용한 의지적 어조로 부정적인 것은 물러가고 순수한 것만이 남기를 바라는 소망을 표현한 작품이다. 시어의 상징적 의미와 작가의 창작 의도에 주목하여 읽는다.

작품 해제

이 시는 동일한 시구의 반복, 대립적 이미지의 시어, 명령형 어조 등을 통해 화자의 소망을 강렬하게 표현한 작품이다. 시의 1연과 2연에서 화자는 부패한 권력과 부정적 세력에 저항하며 민중의 힘을 보여 주었던 두 역사적 사건, 4·19 혁명과 동학 농민 운동을 언급한다. 이를 통해 우리 민족의 역사와 전통을 이어 온 것은 민중들의 순수한 정신과 의지였음을 확인하고 있다. 하지만 현재의 상황은 그러한 순수성은 퇴색하고 '껍데기'로 표현된 각종 위선과 허위, 부패 등이 만연하는 부정적 상황이다. 화자는 이러한 상황을 극복하기 위해 '쇠붙이'로 표현된 군사적 폭력이나 외세의 압력 등을 물리치고 '향그러운 흙 가슴'으로 표현된 순수성을 회복하기를 바라고 있다. 상징적인 시어를 통해 분단과 대립을 극복한 순수한 화합의 시대에 대한 소망과 의지를 분명하게 드러낸 작품이다.

주제

분단과 대립을 극복한 순수한 화합의 시대에 대한 소망

허위, 가식, 외세
껍데기는 가라.   ○ : 순수한 정신
                      ↕
4월도 알맹이만 남고   □ : 허위, 불의 등 부정적인 것
  순수, 진실, 민족 정신
껍데기는 가라.
명령형을 사용하여 강한 의지를 표현함.   ▶1연: 4월 혁명의 순수한 정신 강조

껍데기는 가라.

동학년 곰나루의, 그 아우성만 살고
        외세에 저항한 동학 혁명의 순수한 정신
껍데기는 가라.   ▶2연: 동학 농민 운동의 순수한 정신 강조

그리하여, 다시
      강조
껍데기는 가라.

이곳에선, 두 가슴과 그곳까지 내논
한반도   허위와 가식이 없는 순수한 상태
아사달 아사녀가
  순수한 우리 민족
중립의 초례청 앞에 서서
이념의 대립이 없는 화해와 화합의 장소
부끄럼 빛내며

맞절할지니   ▶3연: 민족의 순수성 회복과 통일에 대한 소망
화합, 통일

껍데기는 가라.

한라에서 백두까지
    한반도 전체
향그러운 흙 가슴만 남고
  순수한 정신
그, 모오든 쇠붙이는 가라.   ▶4연: 군사적 대립을 극복한
시적 허용 부정적 세력, 무력, 외세   순수한 화합의 시대 소망

원리로 작품 독해   50쪽

1 알맹이, 껍데기, 초례청, 흙 가슴, 화합
2 순수, 부정적
3 쇠붙이, 향그러운 흙 가슴
4 의지, 음악

---

1 표현상 특징 파악   답 ②

이 시는 '～는 가라', '～만 남고' 등 유사한 통사 구조를 반복하고 있다. 유사한 통사 구조를 반복하면 운율감을 형성하고 의미를 강조하는 효과를 얻을 수 있다.

[오답 확인]
① 이 시는 명령형을 사용하여 결연한 의지를 드러내고 있는 시로, 대상과의 친밀감은 찾아볼 수 없다.
③ 이 시에는 당연한 내용을 의문의 형식으로 표현하는 설의적 표현이 사용되지 않았다.
④ 이 시에는 음성 상징어가 사용되지 않았다.
⑤ 이 시에는 색채어가 사용되지 않았다.

2 시어와 시구의 의미 파악   답 ④

'한라에서 백두까지'는 남북한을 대표하는 한라산과 백두산을 통해서 '한반도 전체'라는 공간적 의미를 표현한 것으로, 시간적 의미와는 관련이 없다.

[오답 확인]
① 이 시에서는 '가라'라는 명령형 종결 어미를 통해 화자의 단호한 의지를 드러내고 있다.
② '아우성'은 동학 농민 운동이라는 역사적 사건의 의미를 청각적으로 형상화한 것이다.
③ '그리하여, 다시'는 '껍데기는 가라.'를 반복하기 위한 표현으로, 화자의 의지를 강조하는 역할을 한다.
⑤ '모오든'은 화자의 의도가 반영된 시적 허용으로, '모든'이라는 의미를 강조하는 역할을 한다.

3 외적 준거에 따른 작품 감상   답 ②

신동엽 시인은 우리 민족 공동체가 함께 살기를 소망했다는 〈보기〉의 내용을 참고할 때, 아사달과 아사녀로 표현된 순수한 우리 민족이 만나는 '중립의 초례청'은 남과 북이 이념을 초월하여 화해를 모색하는 장소라고 볼 수 있다.

[오답 확인]
① '껍데기'는 화자가 물리치고 싶어 하는 대상으로, 현실의 문제를 유발하는 외세나 부정적인 세력이라고 볼 수 있다.
③ 아사달과 아사녀가 중립의 초례청에서 '맞절'을 하는 것은 남과 북이 하나가 되기를 소망하는 마음이 반영된 것이라고 할 수 있다.
④ '흙 가슴'은 화자가 긍정적으로 여기는 순수한 정신으로, 인간 생명의 원초적 본질을 형상화한 것으로 볼 수 있다.
⑤ '쇠붙이'는 통일을 가로막는 존재로, 분단의 원인이 되는 무력, 외세 등 부정적인 대상을 의미한다.

다른 작품 엮어 읽기 오라, 이 강변으로 | 홍윤숙

작품 해제
이 시는 명령형 문장과 단정적 어조, 상징적 소재 등을 통해 통일에 대한 간절한 염원을 표현한 작품이다. 1행에서 화자는 '오라, 이 강변으로.'라고 명령조로 말을 한다. 도치법을 사용하여 '오라'를 앞에 내세워 주제를 강조하고 있다. 2행과 3행에서 화자의 의도는 선명하게 드러난다. 화자가 소망하는 것은 우리가 '손 잡을 그 날', 즉 통일의 날이다. 4행부터 7행까지는 통일이 이루어져야 할 당위성을 이야기하고 있다. 분단의 극복, 아픔의 치유, 고통의 회복 등이 통일을 해야 할 이유임을 상징적으로 드러낸다. 그리고 마지막 행에서 '오늘도 여기 서서 너를 기다린다.'라고 표현하면서 소망의 간절함을 표현하고 있다. 일상적인 시어를 사용하여 직설적으로 소망을 제시함으로써 통일에 대한 간절한 염원을 드러내는 작품이다.

주제
통일에 대한 간절한 염원

통일에 대한 간절한 염원을 드러내는 표현

명령형, 도치법	오라, 이 강변으로,
단정적 어조	나으리라, 되리라
부사어	마침내, 오늘도

시어의 상징성

끊어진 허리	분단된 조국
동강난 세월	분단의 시간
주름, 백발	분단으로 인한 민족의 고통
꽃	통일의 아름다운 가치, 보람

---

1 한반도   **2** ④

1 이 시의 '이 땅'과 「껍데기는 가라」의 '한라에서 백두까지'는 우리 민족의 삶의 터전인 '우리 국토' 또는 '한반도'를 의미한다.

2 이 시는 명령형 문장과 단정적 어조를 사용하여 통일에 대한 소망을 직접적으로 드러내고 있다. ① '마침내', '오늘도'라는 부사어를 사용하였다. ② '오라, 이 강변으로,'에 문장의 어순을 바꾸는 도치법이 사용되었다. ③ '~린다', '~리라'라는 종결 어미를 반복하였다. ⑤ '나으리라', '되리라'라는 단정적 어조로 믿음을 표현하였다.

---

11 저문 강에 삽을 씻고 | 정희성

독해 포인트
이 시는 인간의 삶을 흐르는 강물의 이미지와 결합시켜 산업화 사회를 힘겹게 살아가는 가난한 노동자의 삶과 비애를 담담한 어조로 형상화한 작품이다. 소재의 상징적 의미와 현실을 대하는 화자의 태도에 주목하여 읽는다.

작품 해제
이 시는 1970년대의 산업화 과정에서 소외된 가난한 노동자의 고단한 삶을 서정적으로 그린 작품이다. 시의 화자는 중년의 노동자로, 고된 일상을 마치고 강변에 나와서 삽을 씻으며 삶의 허무함과 슬픔을 느끼고 있다. 평생을 노동자로 열심히 살아왔지만 여전히 경제적인 고통에서 벗어나지 못하는 그가 할 수 있는 일은 쭈그려 앉아 담배나 피우고 때가 되면 다시 일상으로 돌아가는 것뿐이다. 하루가 저물어 가는 때인 시간적 배경과 생애가 저물어 가는 노동자의 삶이 대응을 이루며 비애감을 고조시키고 있다. 시에는 '우리가 저와 같아서'가 두 번 나온다. 2행에서의 '저'는 흐르는 강물이다. 이는 노동자의 힘겨운 삶이 물처럼 흘러가는 것을 의미한다. 그런데 그 물을 '샛강 바닥 썩은 물'로 표현하면서 화자의 부정적 처지를 강조하고 있다. 13행에서의 '저'는 흐르는 강물 또는 반복해서 떠오르는 달이다. 하루가 어떻게 전개되든지 때가 되면 달은 어김없이 떠오른다. 이처럼 '달'은 화자의 반복적인 일상을 의미한다고 볼 수 있다. 하지만 그 일상의 끝은 풍요롭고 안락한 곳이 아니라 '먹을 것 없는 사람들의 마을'이라는 데에서 시의 비극성은 고조된다. 가난한 현실을 체념적으로 수용하는 노동자의 삶을 잘 표현한 시이다.

주제
산업화 사회를 살아가는 가난한 노동자의 삶의 비애

흐르는 것이 물뿐이랴
　　노동자의 힘겨운 삶도 물처럼 흘러감.(설의법)
우리가 저와 같아서
　　　　흐르는 강물
강변에 나가 삽을 씻으며
　공간적 배경　화자의 신분 – 노동자
거기 슬픔도 퍼다 버린다　▶1~4행: 강물에 삽을 씻으며 느끼는 삶의 비애
　자신의 슬픔을 씻어 버림.(노동자의 고단한 삶이 드러남.)
일이 끝나 저물어
　　　시간적 배경(하강적 이미지)
스스로 깊어 가는 강을 보며
　화자의 슬픔처럼 깊어지는 강
「쭈그려 앉아 담배나 피우고
「　」: 문제를 해결할 방법을 찾지 못하고 체념하는 무기력한 모습이 드러남.
나는 돌아갈 뿐이다」　▶5~8행: 삶에 대한 체념과 무기력함

삽자루에 맡긴 한 생애가
　　　　노동자의 삶
이렇게 저물고, 저물어서
　　노동을 하며 나이가 듦.(발전 없이 반복되는 삶)
샛강 바닥 썩은 물에
① 산업화로 오염된 환경 ② 희망이 없는 노동자의 삶
달이 뜨는구나　▶9~12행: 노동으로 점철된 삶에 대한 비애
　반복되는 삶
우리가 저와 같아서
　흐르는 강물 또는 반복해서 뜨는 달
흐르는 물에 삽을 씻고

먹을 것 없는 사람들의 마을로
　가난한 사람들이 모여 사는 곳
다시 어두워 돌아가야 한다　▶13~16행: 암담한 현실에 대한 체념
가난한 현실에 대한 체념적 태도가 드러남.

1 표현상 특징 파악 　　　　　　　　　　　　답 ③

'저물어', '저물고, 저물어서'에서 하강적 이미지의 시어를 반복 사용하여 노동자의 고단한 삶에서 느껴지는 부정적인 정서를 효과적으로 드러내고 있다.

[오답 확인]

① 시에서 '그러나' 또는 '그런데' 등의 접속어를 사용해서 시상의 전환을 유도하기도 하지만, 이 시에는 접속어가 사용되지 않았다.

② 이 시의 화자는 가난한 노동자로, 자신의 이야기를 담담하게 전달하고 있다.

④ 이 시에서는 노동자의 고단한 삶을 보여 주는 장면이 일관되게 제시된다. 대조적인 장면이 제시되지는 않았다.

⑤ 이 시는 시간의 흐름에 따라 시상이 전개되며, 인물의 상황 변화는 나타나지 않는다.

2 외적 준거에 따른 작품 감상 　　　　　　　　　답 ⑤

'다시 어두워 돌아가야 한다'는 때가 되면 가난한 사람들의 마을로 돌아가서 다음 날의 노동을 준비해야 하는 노동자의 고된 삶을 표현한 것으로, 고달픈 현실에 대한 체념적 태도가 드러난다. 이 부분에서 화자의 현실 극복 의지는 찾아볼 수 없다.

[오답 확인]

① '삽'이라는 소재를 통해서 화자의 신분이 노동자임을 알 수 있다. 이 시의 화자는 1970년대 노동자의 전형적인 모습을 보여 준다.

② '강변에 나가 삽을 씻으며 / 거기 슬픔도 퍼다 버린다'에서 현실의 고단함을 덜어 내고자 하는 화자의 바람을 엿볼 수 있다.

③ 도시화, 산업화로 힘겹게 살아가는 화자가 할 수 있는 일은 쭈그려 앉아 담배나 피우는 것뿐이다. 이를 통해 무기력하고 체념적인 화자의 모습을 엿볼 수 있다.

④ '샛강'의 '물'이 썩어 있다는 표현에서 화자가 처한 상황이 부정적이라는 것을 알 수 있다.

3 시구의 의미 파악 　　　　　　　　　　　　답 ③

㉠은 가난한 노동자의 지속되는 삶의 비애를 흐르는 강물에 빗댄 부분으로, 현실에서 소외된 존재들끼리의 동질감을 표현하고 있지는 않다.

[오답 확인]

① '저'는 '흐르는 강물'을 의미한다. '흐르는 것이 물뿐이랴'에서 강물이 흐르고 있음을 알 수 있으므로 ㉠에는 '흐름'의 이미지가 드러난다.

② 13행에서 동일한 시행이 반복되어 시적 의미를 강조하는 효과를 주고 있다.

④ 의지와 상관없이 고단한 삶을 살아가는 '우리'의 처지를 지형에 따라 흘러 움직이는 강물과 같다고 표현하고 있다.

⑤ 가난한 노동자인 화자의 처지를 흐르는 강물에 투영시켜 삶의 비애를 노래하고 있다.

작품 해제

이 시는 '농무'를 통해서 도시화, 산업화 과정에서 소외되고 붕괴되어 가는 농촌의 현실과 농민들의 삶의 애환을 사실적으로 표현한 작품이다. 시의 화자가 '우리'인 것은 이 시가 공동체의 삶을 담은 것임을 드러낸다. 이 시는 공간의 이동에 따라 시상이 전개된다. 공연이 끝나고 모두 돌아간 텅 빈 '운동장'은 소외당하는 농촌의 현실을 상징한다. 공연을 마친 '우리'는 '소줏집'에서 술을 마시며 한과 울분을 토로하는 것 외에는 할 수 있는 것이 없다. 꽹과리를 앞장세워 '장거리'로 이동하지만 농무에 흥이 넘치는 이전의 장거리가 아니다. 관객은 세상 물정 모르는 조무래기와 처녀 애들뿐이다. 이는 경제적인 이유로 젊은이들이 도시로 떠난 피폐한 농촌의 현실을 보여 준다. 사람들은 때로는 분노를 표출하기도 하고, 때로는 세상과 타협하기도 하며 살고 있다. 세상에 대한 불만을 춤에 쏟아부은 채, '우리'는 '쇠전'을 거쳐 '도수장'에 이른다. '우리'는 점점 신명이 나고 농무는 더욱 격렬해진다. 여기에서 '신명'은 '한'의 다른 이름이다. 즉 '신명'은 농민들에게 쌓인 울분을 역설적으로 드러내는 것이다.

주제

농촌의 비극적인 현실과 농민들의 한

공간의 이동에 따른 시상 전개

공간	특징
운동장	텅 빈 운동장 – 소외당하는 농촌의 현실을 상징함.
소줏집	답답함, 원통함을 표출하는 공간임.
장거리	조무래기와 처녀 애들뿐인 공간 – 젊은이들이 사라진 피폐해진 농촌의 현실을 드러냄.
쇠전, 도수장	현실에 대한 울분이 고조되어 신명이 남. – 농무를 통한 한의 표출(역설적 상황)

'농무'의 상징성

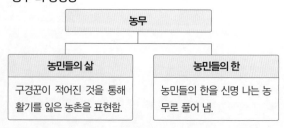

농민들의 삶	농민들의 한
구경꾼이 적어진 것을 통해 활기를 잃은 농촌을 표현함.	농민들의 한을 신명 나는 농무로 풀어 냄.

농촌의 현실에 대한 화자의 정서

| 암울한 농촌 현실 | • '답답하고 고달프게 사는 것이 원통하다'
• '산 구석에 처박혀 발버둥 친들 무엇하랴'
• '비룻값도 안 나오는 농사 따위야' |

↓

농사를 지어 먹고살기 어려운 처지를 부정적으로 인식하며,
직설적으로 울분을 표출함.

---

1 소외   2 ①

1 이 시는 1960~1970년대의 도시화와 산업화 과정에서 소외되고 황폐화된 농촌의 현실과 농민들의 울분을 다룬 작품이고, 「저문 강에 삽을 씻고」는 산업화 과정에서 소외된 노동자들의 궁핍한 삶과 비애를 다룬 작품이다.

2 이 시는 운동장 → 소줏집 → 장거리 → 쇠전 → 도수장으로 이어지는 공간의 이동에 따라 시상을 전개하고 있다.

---

12 상행 | 김광규

56~59쪽

독해 포인트

이 시는 근대화가 추진되면서 여러 가지 문제가 발생한 억압적 분위기의 1970년대 사회와 그 삶에 안주하는 소시민적 삶을 반어적으로 비판한 작품이다. 반어적 어조의 효과와 시인이 비판하려는 사회 현실에 주목하여 읽는다.

작품 해제

이 시는 반어적 어조로 1970년대 산업화로 이룬 외면적 성장 뒤에 숨겨진 사회의 부정적인 면을 드러낸 작품이다. 이 시는 서울로 가는 상행 열차 안과 밖의 풍경을 바탕으로 '~ 다오'라는 완곡한 당부형을 반복하고 있다. 하지만 이 당부는 표현과 반대되는 속뜻을 가지고 있다. 즉 전체적으로 반어적 의미를 지닌다. 화자는 이를 통해서 무분별한 산업화가 가져온 환경 오염, 쾌락과 향락만을 좇는 소비적인 삶, 경제적인 가치만을 추구하는 물질적 가치관, 그리고 이러한 것들을 무비판적으로 수용하면서 왜곡된 근대화와 부정적인 현실을 외면하는 소시민적 삶의 태도를 비판한다. 그리고 화자는 시의 마지막 부분에서 이러한 당부가 '너'와 '나' 모두를 위한 것임을 강조한다. 비판 능력을 상실하고 개인적 안위만을 추구하는 소시민적 삶의 태도를 비판하면서 진정한 삶의 가치를 찾고자 하는 변화의 필요성에 대한 인식이 담겨 있는 시라고 볼 수 있다.

주제

근대화의 부정적 현실과 이를 외면하는 소시민적 삶의 태도 비판

가을 연기 자욱한 저녁 들판으로
_{계절적 배경   시간적 배경}
상행 열차를 타고 평택을 지나갈 때
_{지방에서 서울로 올라가는 열차(공간적 배경)}
흔들리는 차창에서 너는
_{시의 청자}
문득 낯선 얼굴을 발견할지도 모른다
_{현실에 문제의식을 갖고 비판하는 존재   ▶1~4행: 성찰적 자아에 대한 자각}
그것이 너의 모습이라고 생각지 말아 다오   : 반어적 표현
_{낯선 얼굴}
오징어를 씹으며 화투판을 벌이는
_{쾌락만을 추구하며 무비판적으로 사는 모습 ①}
낯익은 얼굴들이 네 곁에 있지 않느냐
_{현실에 순응하며 사는 존재}
황혼 속에 고함치는 원색의 지붕들과 ┐ 허울 좋은 근대화의
                                    │ 표면적 모습
잠자리처럼 파들거리는 TV 안테나들 ┘

흥미 있는 주간지를 보며
_{쾌락만을 추구하며 무비판적으로 사는 모습 ②}
고개를 끄덕여 다오   ▶5~11행: 생각 없이 쾌락만을 추구하는 삶에 대한 비판
_{부정적 현실을 긍정하는 모습}
농약으로 질식한 풀벌레의 울음 같은
_{근대화로 인한 환경 파괴}
심야 방송이 잠든 뒤의 전파 소리 같은
_{은밀하게 이루어지는 현실 비판의 소리}
듣기 힘든 소리에 귀 기울이지 말아 다오
_{현실 비판의 소리}
화성기마다 울려 나오는 힘찬 노래와
_{허울 좋은 근대화의 표면적 모습}
고속도로를 달려가는 자동차 소리는 얼마나 경쾌하냐
                                    _{근대화에 대한 비판}
예부터 인생은 여행에 비유되었으니

맥주나 콜라를 마시며
_{소비적이고 향락적인 물건}
즐거운 여행을 해 다오.
_{현실을 외면해 다오.   ▶12~19행: 무분별한 근대화와 소비적인 삶에 대한 비판}
되도록 생각을 하지 말아 다오
_{현실에 대한 문제의식}
놀라울 때는 다만
                                    ┐ 표현의 자유가 제한된
〈아!〉라고 말해 다오   │ 사회에 대한 비판이 담김.
보다 긴 말을 하고 싶으면 침묵해 다오 ┘

침묵이 어색할 때는

오랫동안 가문 날씨에 관하여

아르헨티나의 축구 경기에 관하여 ⎤ 본질적이고 중요한
　　　　　　　　　　　　　　　　　⎦ 문제를 가리는 이야기

성장하는 GNP와 증권 시세에 관하여
　　　　　　　　　　　　　물질적, 세속적 관심사
이야기해 다오

너를 위하여
└→ 대상의 확장 - 개인의 문제가 아닌 사회 전체의 문제임을 부각시킴.
그리고 나를 위하여　　　▶20~30행: 부정적인 현실에 침묵하는 태도 비판
　　　우리

문제　　　　　　　　　　　　　　　　　　　　57쪽

1 ③　**2** ③　**3** ④

원리로 작품 독해　　　　　　　　　　　　　58쪽

1 상행 열차, 낯선, 침묵

2 부정적, 반어

3 비판, 소시민

---

1 표현상 특징 파악　　　　　　　　　　　　답 ③

이 시에서 '~ 다오' 형태로 문장을 종결하고 있는 부분을 보면 화자의 의도와는 모두 반대로 표현되어 있다는 것을 알 수 있다. 즉 이 시의 화자는 반어적 어조를 통해 부정적 현실을 외면하는 소시민적 삶에 대한 비판적 태도를 드러내고 있다.

[오답 확인]

① 이 시는 서울로 향하는 상행 열차 안과 밖에 보이는 여러 가지 풍경을 제재로 하고 있다. 회상의 방식은 나타나 있지 않다.

② 수미 상응은 시의 처음과 끝을 같거나 유사하게 반복하는 표현을 말한다. 이 시에는 수미 상응의 구조가 사용되지 않았다.

④ 이 시에서 화자는 근경에서 원경으로 시선을 이동하고 있지 않다.

⑤ 화자의 정서를 특정 사물에 투영하는 것을 감정 이입이라고 하는데, 이 시에서는 사용되지 않았다. 또한 그리움의 정서를 환기하지도 않았다.

2 시상 전개 과정 파악　　　　　　　　　　답 ③

[C]에는 '풀벌레의 울음'같이 근대화로 사라지는 소리와 '확성기마다 울려 나오는' 소리처럼 허울 좋은 근대화의 표면적 모습을 드러내는 소리가 대비되어 드러난다. 하지만 이를 통해 화자의 비판적 태도가 전환되지는 않는다.

[오답 확인]

① [A]에서는 '저녁'이라는 시간적 배경과 '상행 열차'라는 공간적 배경을 제시하고 있다.

② [B]에서는 열차 안의 모습과 열차 밖의 풍경을 묘사하고 있는데, 이는 당시에 쉽게 볼 수 있는 모습이면서 이 시에서 비판하는 대상이다.

④ [D]에서는 '놀라울 때는', '긴 말을 하고 싶으면', '침묵이 어색할 때는'과 같이 가정하는 상황을 연속적으로 제시하고 있다. 이는 부정적인 현실에 침묵하며 물질적, 세속적 관심사에만 흥미를 보이는 현실 상황의 심각성을 드러내는 것이다.

⑤ [E]에서는 시적 대상이 '너'에서 '너'와 '나'로 확장된다. 이는 시적 상황이 우리 모두의 문제라는 화자의 인식을 드러낸다.

3 외적 준거에 따른 작품 감상　　　　　　　답 ④

'맥주나 콜라'는 소비적인 소시민적 삶을 드러내는 소재로, 당시 사회의 많은 문제점 중의 하나일 뿐이다. 당시 사회의 문제점을 포괄하여 집약적으로 제시하는 것은 아니다.

[오답 확인]

① '황혼 속에 고함치는 원색의 지붕들'은 지붕 개량화 사업으로 만들어진 모습임을 알 수 있다. 화자는 이것이 허울 좋은 근대화의 표면적인 모습일 뿐 서민들의 실질적인 삶과는 분리되어 있다고 생각하고 있다.

② 〈보기〉를 통해 근대화의 과정에서 사람들은 삶에 대한 진지한 성찰의 자세를 잃었음을 알 수 있는데, '흥미 있는 주간지'는 이와 같은 사람들의 모습을 드러내는 소재이다.

③ 〈보기〉에서 근대화로 인해 농촌에 환경 오염 등의 문제가 나타났음을 알 수 있는데, '풀벌레의 울음'은 이와 같이 무분별한 근대화로 인한 부작용임을 알 수 있다.

⑤ '성장하는 GNP와 증권 시세'는 세속적이고 물질적인 것에만 관심을 두며 자신의 안위만을 추구하는 사람들의 모습을 보여 준다.

다른 작품
엮어 읽기 **북어** | 최승호　　　　　　　　　　59쪽

작품 해제

이 시는 밤에 식료품 가게에 진열된 북어를 통해 생명력을 상실한 현대인의 무기력한 모습을 비판하는 작품이다. 화자는 식료품 가게를 지나던 중 먼지 속에 진열된 북어들을 보고 현대인의 모습을 떠올린다. 화자는 북어를 생명력을 완전히 상실한 부정적인 상태로 인식하고 있다. 꼬챙이에 꿰어져 있는 북어는 억압적 군사 문화에서 획일적으로 살아가는 현대인의 모습을 의미하고, 자갈처럼 딱딱해진 혀는 사회의 부조리에 침묵하는 현대인을 의미한다. 그리고 말라붙은 눈과 빳빳한 지느러미는 생명력과 삶의 의지를 상실한 상태를 의미한다고 볼 수 있으며, 막대기 같은 사람들은 경직되고 획일화된 사람들을 의미한다. 이처럼 1980년대의 억압적 사회 분위기에서 생명력을 상실한 채 그저 살아가기만 하는 현대인의 부정적 모습을 나열한 뒤 그들에게 연민을 느끼는 순간, 극적인 반전이 이루어진다. 북어들이 화자에게 외치는 '너도 북어지'라는 말을 통해 비판의 대상이 화자 자신으로 바뀌는 것이다. 결국 이 시는 무기력한 현대인에 대한 비판의 시이자, 비겁한 자신에 대한 부끄러움과 반성의 시인 것이다.

주제

무기력하게 살아가는 현대인에 대한 비판

'북어'에 나타난 현대인의 모습

북어	현대인
나란히 꼬챙이에 꿰어진 모습	생명력을 상실하고 획일화됨.
자갈처럼 죄다 딱딱한 혀	사회의 부조리에 침묵함.
말라붙고 짜부라진 눈	현실을 제대로 보지 못함.
빳빳한 지느러미	삶의 의지를 상실함.

　　　　　　　　↓

북어처럼 생명력을 상실한 현대인 비판

비판 대상	
전반부	화자가 북어의 모습을 보며 현대인을 비판함.
후반부	북어가 화자에게 '너도 북어지'라고 말함.

↓

- 비판의 주체였던 화자가 비판의 대상이 됨.
- 화자 또한 '생명력을 상실한 현대인'의 일부가 됨.

---

1 침묵 **2** ⑤

1 이 시의 [가]에는 혀가 굳어 버려 말을 하지 못하는 사람들이 나타나 있다. 이는 말을 해야 할 때 말을 하지 못하는 상태, 즉 사회의 부조리에 대해 침묵하는 상태로 화자는 이를 비판적으로 바라보고 있다. 「상행」의 [D]에서는 반어적 어조를 통해 긴 말을 하고 싶으면 침묵해 달라고 말하고 있다. 이 또한 부정적인 현실을 보고도 침묵하는 현대인을 비판하는 것이다.

2 이 시의 [나]에서는 비판의 주체와 대상이 뒤바뀌고 있다. 이전까지는 화자가 비판의 주체로서 북어의 모습을 통해 생명력을 상실하고 무기력하게 살아가는 현대인을 비판하였는데, [나]에서는 화자가 비판의 대상이 되어 자신 또한 북어와 다를 바가 없음을 이야기한다. 이는 화자 또한 자신이 비판한 현대인 중 하나라는 비판적 인식이 담긴 것으로, 자신의 삶을 반성하는 화자의 태도가 드러난 표현이다.

독해 포인트

이 시는 새로운 아침을 준비하는 새벽을 배경으로, 고통을 이겨 내고 사랑과 희망이 가득한 세상을 맞이하기를 바라는 소망을 표현한 작품이다. 화자의 태도와 배경의 상징적 의미에 주목하여 읽는다.

작품 해제

이 시는 고통을 견뎌 내려는 사람들에게 위로와 사랑을 담은 새벽 편지를 쓰는 화자의 모습을 통해 희망과 사랑이 가득한 세상에 대한 소망을 표현한 작품이다. 이 시의 시간적 배경인 '새벽'은 밤을 보내고 아침을 준비하는 시간이다. 화자에게 있어 밤은 고통의 시간이다. 즉 '정령들'로 표현된 사람들이 현실의 고통을 느끼고 사랑과 희망에 목말라하는 시간인 것이다. 그리고 '아침'은 화자가 소망하는 사랑과 희망이 가득한 시간이다. 이 시에서는 '자유로운 새소리'와 '따스한 햇살과 바람', '라일락 꽃향기'라는 감각적 표현으로 아름답고 평화로운 아침을 묘사하고 있다. 다가올 아름다운 아침을 기다리는 시간인 '새벽'과 관련해서 화자는 '고통하는 법을 익히기 시작해야겠다'라고 말하고 있다. 이는 인생은 고통을 견뎌 내며 성숙해 가는 과정이며, 고통을 이겨 냄으로써 각자가 소망하는 세상에 다가갈 수 있다는 인식을 바탕으로 한 것이다. 그러면서 화자는 고통을 견뎌 내는 사람들에게 사랑한다는 말이 담긴 새벽 편지를 쓰고자 한다. 주변의 이웃들에 대한 연민과 위로, 그리고 따뜻한 시선이 고통을 이겨 낼 수 있도록 도와주는 힘이 될 수 있기 때문이다.

주제

사랑과 희망이 가득한 세상에 대한 소망

새벽에 깨어나
　희망을 기다리는 시간
반짝이는 별을 보고 있으면
　사랑과 희망, 이상
이 세상 깊은 어디에 마르지 않는
　　　　사랑이 가득한 세상에 대한 기대
사랑의 샘 하나 출렁이고 있을 것만 같다
　　　　▶1~4행: 사랑이 가득한 세상이 오기를 소망함.

고통과 쓰라림과 목마름의 정령들은 잠들고
　　　　현실의 고통
눈시울이 붉어진 인간의 혼들만 깜박이는
　　　고통을 이겨 낸 사람들　　깨어 있는
아무도 모르는 고요한 그 시각에
　　　　　새벽
아름다움은 새벽의 창을 열고

우리들 가슴의 깊숙한 뜨거움과 만난다
　　　　　절실한 인간의 소망　▶5~9행: 새벽에 깨어 간절한 소망을 이야기함.
다시 고통하는 법을 익히기 시작해야겠다

이제 밝아 올 아침의 자유로운 새소리를 듣기 위하여
　　화자가 추구하는 세계　아침의 희망적인 모습 ①
따스한 햇살과 바람과 라일락 꽃향기를 맡기 위하여
　아침의 희망적인 모습 ②　아침의 희망적인 모습 ③
진정으로 진정으로 너를 사랑한다는 한마디
　반복을 통한 진실성 강조
새벽 편지를 쓰기 위하여　▶10~14행: 고통을 이겨 내고 아름다운 세상을
고통을 견뎌 내는 사람들에게 희망과 위로를 주는 편지　　맞이하기를 소망함.
새벽에 깨어나

반짝이는 별을 보고 있으면
　　　　　　수미 상관
이 세상 깊은 어디에 마르지 않는
　　　　　　－화자의 소망 강조
희망의 샘 하나 출렁이고 있을 것만 같다.
　희망이 가득한 세상에 대한 기대　▶15~18행: 희망이 가득한 세상이 오기를 소망함.

고통을 이겨 낸 삶의 아름다움을 감각적으로 표현함.

1 표현상 특징 파악   답 ①

이 시의 1~4행과 15~18행은 동일하거나 유사한 시구를 반복하는 수미 상관 구조로 되어 있다. 이를 통해 사랑과 희망이 가득한 세상에 대한 소망을 강조하고 있다.

[오답 확인]

② 이 시에는 설의적 표현이 사용되지 않았다.

③ 이 시에는 명령형 어미가 사용되지 않았다.

④ 이 시에는 의성어, 의태어와 같은 음성 상징어가 사용되지 않았다.

⑤ 이 시에는 말하고자 하는 속뜻과 반대되게 말을 하는 반어적 표현이 사용되지 않았다.

2 외적 준거에 따른 작품 감상   답 ①

'그 시각'은 '새벽'을 의미한다. 새벽은 고통하는 법을 익히는 시간이면서, 고통의 밤이 지나고 새로운 아침을 기다리는 시간이기도 하다. 따라서 '그 시각'이 화자에게 고달픈 시간이라고 볼 수 없다.

[오답 확인]

② 화자는 '고통하는 법을 익히기 시작해야겠다'라며 고통을 통해 정신적 성숙을 이루겠다는 의지를 드러내고 있다.

③ '아침'은 '자유로운 새소리', '따스한 햇살과 바람', '라일락 꽃향기'로 표현되는 긍정적이고 희망적인 세상이다.

④ '새벽'은 '희망'이 가득한 '아침'을 기다리는 시간이다.

⑤ '이 세상'에 '희망의 샘 하나 출렁이고 있을 것만 같다.'라는 것은 고달픈 현실에서 벗어날 수 있을 것이라는 화자의 소망과 기대를 드러낸다.

3 시상 전개 과정 파악   답 ④

[C]에서는 화자가 기다리는 '아침'의 희망적인 모습을 '자유로운 새소리'라는 청각, '따스한 햇살과 바람'이라는 촉각, '라일락 꽃향기'라는 후각 등 다양한 감각적 이미지로 표현하고 있다.

[오답 확인]

① 이 시는 화자의 시선 이동에 따라 시상이 전개되지 않았다.

② [A]에서 '새벽'이라는 시간적 배경은 드러나지만 공간적 배경은 구체적으로 드러나지 않는다.

③ [B]에서 '정령'은 현실의 고통을 의미하는 말로 환상적인 분위기를 조성하는 시어가 아니다. 또한 이 부분에는 새벽의 정적인 분위기가 드러나 있으므로 역동적인 분위기라고 할 수도 없다.

⑤ [D]에서는 [A]가 거의 동일하게 반복되고 있는데, 이는 수미 상관의 구조를 사용한 것이다. 화자의 정서와 태도는 [A]와 [D]에서 유사하게 나타난다.

작품 해제

이 시는 맹인 부부 가수의 노래를 통해 고통받는 현대인에게 사랑과 위로를 주고 싶은 마음을 담은 작품이다. 시는 눈이 내리는 어두운 밤거리에서 노래를 부르는 맹인 부부의 모습을 묘사하며 시작한다. 맹인 부부 가수는 추운 겨울에 아기를 등에 업고 노래를 부르고 있지만 사람들은 무관심하게 눈을 맞으며 발걸음을 재촉하고 있다. 이 시에서는 아이러니하게도 가장 힘든 처지에 있는 맹인 부부 가수가 오히려 다른 사람들을 위로하는 존재가 된다. 부부가 부르는 노래는 사람들에게 사랑과 용기를 주기 위한 노래이며, '눈사람'으로 표현된 희망을 주기 위한 노래이다. 결국 부부는 스스로 겨울 밤거리의 눈사람이 된다. 즉 사람들에게 희망과 사랑을 주는 존재가 된 것이다. 화자는 추운 겨울이 가고 사람들이 소망하는 '봄'이 오더라도 맹인 부부 가수의 위안과 헌신은 사람들의 마음에 남아 있을 것이라고 생각한다. 시인은 맹인 부부 가수의 노래를 통해서 지금은 힘들지만 언젠가는 더 나은 세상이 오리라는 긍정적, 희망적 메시지를 전달하고 있다.

주제

아름다운 세상에 대한 희망

시적 상황과 화자의 소망

시적 상황	화자의 소망
눈사람도 없이 눈 내리는 겨울밤	봄이 와도 녹지 않을 눈사람이 되는 것
주변의 어려움에 무관심함.	사랑과 용서가 가득함.
절망과 고통이 가득함.	아름다움과 즐거움이 가득함.

시어의 상징성

함박눈	시련과 고통
눈사람	꿈과 희망

---

1 노래, 새벽 편지   **2** ④

1 이 시에서 맹인 부부 가수의 '노래'는 사람들에게 사랑과 용기를 주고, 아름다움과 즐거움을 찾아 주기 위한 노래이다. 「새벽 편지」의 '새벽 편지'는 고통을 견뎌 내는 사람들에게 사랑과 희망을 주는 편지이다. 둘 다 고통을 겪고 있는 사람들에게 사랑과 희망을 주고 싶은 화자의 마음이 담긴 소재이다.

2 이 시는 1행과 2행, 8행과 9행, 10행과 11행, 13행과 14행, 15행과 16행, 18행과 19행, 그리고 20행과 21행에서 유사한 문장 구조가 반복되고 있다. 이를 통해 음악적 효과를 주면서 화자가 말하고자 하는 내용을 강조해서 전달하고 있다.

14 장자를 빌려-원통에서 | 신경림

독해 포인트

이 시는 설악산 대청봉에서 바라본 세상과 속초 및 원통에서 경험한 세상을 바탕으로 세상을 바라보는 관점에 대해 성찰하고 있는 작품이다. 공간의 이동에 따른 화자의 깨달음에 주목하여 읽는다.

작품 해제

이 시는 『장자』 「추수편」에 나오는 '대지관어원근(大知觀於遠近)'이라는 말과 관련하여 세상을 바라보는 올바른 관점에 대해 생각해 보게 하는 작품이다. 시는 화자가 위치하는 공간을 따라가며 전개된다. 1행부터 8행까지는 설악산 대청봉에서 내려다본 세상에 대해 이야기한다. 발아래 펼쳐진 산들과 마을들, 바다 등을 본 화자는 세상 모든 것을 다 알 것 같다면서 자신만만한 태도를 보인다. 그러나 9행부터 17행까지에서는 속초와 원통으로 이동해 사람들의 고단하고 힘겨운 삶을 가까이에서 접하며, 세상이 산 위에서 바라본 것처럼 단순하고 만만하지 않다는 것을 깨닫는다. 화자는 이를 바탕으로 18행부터 20행까지에서 세상을 바라볼 때 멀리서 보는 태도와 가까이에서 보는 태도 모두가 필요함을 이야기한다. 각기 다른 두 공간에서 바라본 세상의 모습을 바탕으로 삶에 대한 올바른 관점에 대한 성찰을 드러내고 있는 시이다.

주제

세상을 바라보는 관점에 대한 성찰

□ : 공간의 이동에 따른 시상 전개

설악산 대청봉에 올라
　높은 곳 - 세상을 멀리서 볼 수 있는 곳
발아래 구부리고 엎드린 작고 큰 산들이며
　　　주체: 산들 - 의인법　　화자가 대청봉에서 바라본 것 ①
떨어져 나갈까 봐 잔뜩 겁을 집어먹고
　　　주체: 마을들 - 의인법
언덕과 골짜기에 바짝 달라붙은 마을들이며
　　　　화자가 대청봉에서 바라본 것 ②
다만 무릎께까지라도 다가오고 싶어
　주체: 바다 - 의인법(파도가 치는 바다의 모습)
안달이 나서 몸살을 하는 바다를 내려다보니
　　　　화자가 대청봉에서 바라본 것 ③
온통 세상이 다 보이는 것 같고 ─ 세상에 대해 자신만만한
　　　　　　　　　　　　　　　　 태도가 드러남.
또 세상살이 속속들이 다 알 것도 같다
　　　　　　　　▶1~8행: 설악산 대청봉에서 바라본 세상
그러다 속초에 내려와 하룻밤을 묵으며
시상의 전환　낮은 곳 ① - 세상을 가까이에서 볼 수 있는 곳
중앙시장 바닥에서 다 늙은 함경도 아주머니들과

노령 노래 안주 해서 소주도 마시고

피난민 신세타령도 듣고
화자가 속초에서 접한 것 - 이주민들의 삶의 애환
다음 날엔 원통으로 와서 뒷골목엘 들어가　화자가 원통에서 접한 것
낮은 곳 ② - 세상을 가까이에서 볼 수 있는 곳　　－ 사람들의 고단한 삶
지린내 땀내도 맡고 악다구니도 듣고
　후각적 심상　　　청각적 심상
싸구려 하숙에서 마늘 장수와 실랑이도 하고

젊은 군인 부부 사랑싸움질 소리에 잠도 설치고 보니

세상은 아무래도 산 위에서 보는 것과 같지만은 않다
　　　화자의 깨달음　　　　▶9~17행: 속초와 원통에서 바라본 세상
지금 우리는 혹시 세상을
화자를 '나'에서 '우리'로 확대함. → 모두의 성찰 촉구
너무 멀리서만 보고 있는 것은 아닐까 아니면 ─ 의문의 형식으로 세
　　　　　　　　　　　　　　　　　　　　 상을 멀리서도, 가까
너무 가까이서만 보고 있는 것은 아닐까　　 이에서도 바라볼 필
　　　　　　　　　　　　　　　　　　　　 요가 있음을 드러냄.
　　　　　▶18~20행: 세상을 바라보는 관점에 대한 성찰

문제
65쪽

1 ④　2 ①　3 ②

원리로 작품 독해
66쪽

1 대청봉, 원통, 마을들
2 멀리, 피난민, 원통, 공간
3 장자, 관점

1 표현상 특징 파악　　　답 ④

'너무 멀리서만 보고 있는 것은 아닐까'와 '너무 가까이서만 보고 있는 것은 아닐까'에서 유사한 시구를 반복하여 시적 의미를 강조하고 있다.

[오답 확인]

① 이 시에는 문장의 어순을 바꾸어 쓰는 도치의 방식이 사용되지 않았다.

② 이 시에서 '산', '바다' 등과 같은 자연물을 소재로 사용하고 있으나, 이는 화자가 바라보는 세상을 표현하기 위한 것이지 이를 통해 화자의 정서를 표현하고 있지는 않다.

③ 이 시에는 구체적인 계절적 배경이 드러나지 않는다.

⑤ 이 시에는 반어적 표현이 사용되지 않았다.

2 시구의 의미 파악　　　답 ①

화자는 산 위에서 '산들'과 '마을들', '바다'를 보면서 '발아래 구부리고 엎드'리고, '잔뜩 겁을 집어먹고', '다가오고 싶어 안달이' 났다고 느끼면서 세상을 다 알 것도 같다며 자신만만한 태도를 보인다. 그러나 산을 내려와 사람들의 복잡하고 고단한 삶의 모습을 접하고는 세상이 산 위에서 본 것처럼 단순하고 만만하지 않음을 깨닫고 있다.

[오답 확인]

② 고단하고 힘겨운 세상은 화자가 산에서 내려와 속초와 원통에서 본 세상이다.

③ 화자가 산 위에서 바라본 세상은 아름답고 평화로운 모습이 아니라 만만하게 느껴지는 모습이었다.

④ 화자는 세상이 무의미하고 권태롭다고 생각하지 않았다.

⑤ 화자가 산 위에서 바라본 세상이 서로 경쟁하는 세상은 아니었으며, 속초와 원통에서 본 세상이 경쟁이 없는 평화로운 세상도 아니다.

3 외적 준거에 따른 작품 감상　　　답 ②

화자는 '설악산 대청봉'에서, 즉 '멀리'서 '산들', '마을들', '바다'를 내려다보며 '세상살이 속속들이 다 알 것도 같다'고 하였다. 따라서 '가까이'에서 보아야 함을 깨달았을 것이라는 감상은 적절하지 않다.

[오답 확인]

① '설악산 대청봉'은 높은 곳, 멀리 볼 수 있는 곳이므로 여기에서 본 '산들'과 '마을들'은 '멀리'에서 본 세상의 모습이라 할 수 있다.

③ '함경도 아주머니들'과 '마늘 장수'를 만난 것은 '속초'와 '원통'으로, 화자가 산을 내려와 직접 접한 세상이다. 따라서 이는 '가까이'에서 세상을 보는 경험이 되었다고 할 수 있다.

④ 화자는 '속초'와 '원통'에서 사람들이 사는 모습을 '가까이'에서 본 후, 세상이 '설악산 대청봉'에 올라 '멀리'서 본 것과는 다르다는 것을 깨달았다.

⑤ 화자는 마지막 부분에서 '너무 멀리서만 보고 있는 것은 아닐까 아니면 / 너무 가까이서만 보고 있는 것은 아닐까'라고 질문하면서 삶을 바라보는 데 있어 두 관점 모두가 필요함을 이야기하고 있다.

다른 작품 엮어 읽기 **누군가 나에게 물었다** | 김종삼   67쪽

작품 해제
이 시는 시인인 화자가 시와 시인의 본질에 대해 성찰하는 내용을 다룬 작품이다. 시는 도치의 방법으로 시의 본질에 대한 질문을 던진 뒤, 공간을 이동하며 이에 대한 답을 찾는 화자의 모습으로 전개된다. 화자는 일상 속에서 열심히 살아가는 사람들에게서 그 답을 찾는다. 화자는 '엄청난 고생 되어도 / 순하고 명랑하고 맘 좋고 인정이 / 있으므로 슬기롭게 사는 사람들'이 세상 최고의 사람이고 고귀한 사람이며 가치 있는 삶을 사는 사람들이라면서 '그런 사람들'이 '다름 아닌 시인'이라고 말한다. 즉 시인은 우리 주변에서 흔히 볼 수 있는 사람들의 삶에 긍정적인 가치를 부여하면서, 그러한 삶을 담아 내는 것이 시라는 생각을 전하고 있다.

주제
시와 시인의 본질에 대한 깨달음

시어의 의미

그런 사람들		시인
우리 주변에서 쉽게 만날 수 있는 소박한 모습의 서민들	=	• 알파 • 고귀한 인류 • 영원한 광명

다양한 표현 방법

누군가 나에게 물었다. 시가 뭐냐고	→ 문장의 어순을 바꿔 변화를 줌.
그런 사람들이	→ 시행을 반복하여 의미를 강조함.
이 세상에서 알파이고 ~ 다름 아닌 시인이라고.	→ 열거의 방법으로 '그런 사람들'의 가치를 강조함.

---

1 깨달음   **2** ④

1 이 시는 일상적인 사람들의 삶의 모습에서 깨달은 바를 전하고 있으며, 「장자를 빌려 – 원통에서」도 공간의 이동에 따라 경험한 일상적 삶에서 얻은 깨달음을 전하고 있다.

2 '시가 무엇이냐'는 질문의 답을 찾던 화자는 '엄청난 고생 되어도 / 순하고 명랑하고 맘 좋고 인정이 / 있으므로 슬기롭게 사는 사람들'이 시인이라는 답을 한다. 즉 고된 일상을 성실하고 슬기롭게 살아가는 사람들의 삶 자체가 시라는 생각을 하고 있음을 알 수 있다.

---

15 감자 먹는 사람들 | 김선우   68~71쪽

독해 포인트
이 시는 감자 냄새를 통해 떠올린 어머니의 사랑과 어머니에 대한 그리움을 표현한 작품이다. 과거 회상을 통해 드러나는 화자의 정서에 주목하여 읽는다.

작품 해제
이 시는 우연히 어느 집 담장을 넘어온 감자 삶는 냄새를 맡은 화자가 어린 시절을 회상하면서 떠올린 어머니에 대한 그리움을 담은 작품이다. 시는 현재의 이야기 안에 과거의 추억이 삽입되는 구조로 전개된다. 화자는 어느 집 담장을 넘어온 낯익은 냄새를 맡고는 과거를 떠올리게 된다. 화자의 과거는 감자와 감자밥으로 기억된다. 열한 식구가 먹고살기엔 쌀이 부족해 감자와 함께 밥을 지어야 했던 가난했던 시절, 어머니는 밥이 모자랄까 봐 식구들이 식사를 마칠 때까지 숟가락을 들지 않는다. 가족들이 먹고 난 뒤에 남은 밥을 먹으려는 어머니의 희생과 사랑이 있었기에 화자에게 감자 삶는 냄새는 어머니의 사랑을 떠올리게 하는 치명적인 그리움인 것이다. 마지막 연에서 화자는 꽃은 꽃대로 놓아두고 자신은 땅속으로 궁그는 감자의 헌신과 그러면서도 생색을 내지 않고 꽃 근처에는 가까이 가지도 않는 감자의 사랑을 이야기한다. 그런 감자의 속성을 통해 열한 식구를 돌보던 어머니의 위대한 사랑을 강조하고 있다.

주제
가족을 위해 희생했던 어머니에 대한 그리움

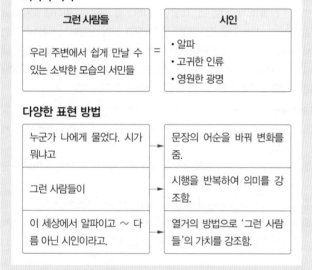

어느 집 담장을 넘어 달겨드는

이것은,
<small>의도적 행 배열로 긴장감 조성</small>
치명적인 냄새   ▶1연: 어느 집 담장을 넘어온 치명적인 냄새
<small>감자 삶는 냄새, 과거 회상의 매개체</small>

[과거 회상] → 산문적 서술
식은 감자알 갉작거리며 평상에 엎드려 산수 숙제를 하던,
<small>가난한 과거의 삶을 드러냄.</small>
엄마 내 친구들은 내가 감자가 좋아서 감자밥 도시락만 먹는
<small>어린 '나'의 말을 직접 인용함.</small>
줄 알아. 열한 식구 때꺼리를 감자 없이 무슨 수로 밥을 해대
<small>할아버지의 말을 간접 인용함. – 경제적으로 풍족하지 않은 상황임.</small>
냐고, 귓밝은 할아버지는 땅 밑에서 감자알 크는 소리 들린다
<small>생계에 중요한 역할을 하는 감자알이 크는 것에 대한 만족감</small>
고 흐뭇해하셨지만 엄마 난 땅속에서 자라는 것들이 무서운
<small>감자에 대한 '나'의 부정적 태도</small>
데, 뿌리 끝에 댕글댕글한 어지럼증을 매달고 식구들이 밥상
<small>감자를 비유한 말</small>
머리를 지킨다 하나둘 숟가락 내려놓을 때까지 엄마 밥주발
엔 숟가락 꽂히지 않는다
<small>식사를 하지 않음.   ▶2연: 가난했던 시절에 가족을 위해 희생한 어머니의 사랑</small>

「어릴 적 질리도록 먹은 건 싫어하게 된다더니, 감자 삶는
<small>「 」: 감자 삶는 냄새를 통해 과거에 대한 그리움을 느낌.</small>
냄새

이것은,

치명적인 그리움,   ▶3연: 감자 삶는 냄새를 맡으며 떠올린 어머니에 대한 그리움

꽃은 꽃대로 놓아두고 저는 땅 밑으로만 궁그는,
<small>자식들   어머니의 희생</small>
꽃 진 자리엔 얼씬도 하지 않는,
열한 개의 구덩이를 가진 늙은 애기집   ▶4연: 가족과 자식들을 위해
<small>열한 명의 가족   자궁 = 감자 = 어머니   희생하는 어머니의 사랑</small>

1 표현상 특징 파악　　　　　　　　　　답 ⑤

이 시에는 말하고자 하는 내용을 반대로 표현하는 반어적 표현이 사용되지 않았다. 또한 시적 대상인 어머니에 대한 화자의 태도는 감사와 그리움이지 냉소가 아니다.

[오답 확인]

① 이 시에서는 '냄새', '그리움', '애기집'과 같은 명사형 종결을 사용하여 시적 여운을 주고 있다.

② 이 시의 1연은 현재 상황으로 화자가 어느 집 담장을 넘어온 치명적인 냄새를 맡는 것으로 시작한다. 이 냄새는 과거를 회상하는 계기가 되어 2연에서는 과거를 회상하고 있다. 그리고 다시 3연과 4연에서는 현재로 돌아와 어머니에 대한 그리움을 표현하고 있다.

③ 2연의 과거 회상 장면에서 '어린 나'와 '할아버지'의 말을 직간접적으로 인용하고 있다.

④ 2연의 과거 회상 장면에서 산문적 서술을 통해 이야기를 들려주는 듯한 느낌을 주고 있다.

2 작품 내용 파악　　　　　　　　　　답 ②

이 시에 열한 식구의 끼니를 해결하기 위해 감자밥을 먹어야 한다는 할아버지의 말과 감자알이 크는 것을 보며 흐뭇해하는 할아버지의 모습은 나타나지만, 할아버지께서 감자 드시는 것을 좋아했는지에 대한 내용은 드러나 있지 않다.

[오답 확인]

① '엄마 내 친구들은 내가 감자가 좋아서 감자밥 도시락만 먹는 줄 알아.'를 통해 화자가 감자를 좋아하지 않는다는 것을 추측할 수 있다.

③ '하나둘 숟가락 내려놓을 때까지 엄마 밥주발엔 숟가락 꽂히지 않는다'를 통해 알 수 있다.

④ '엄마 난 땅속에서 자라는 것들이 무서운데', '댕글댕글한 어지럼증'을 통해 알 수 있다.

⑤ '치명적인 그리움'을 통해 알 수 있다.

3 시어의 기능 이해　　　　　　　　　　답 ②

'비자발적 기억을 우연히 떠오르게 하는 요인'은 '과거 회상의 매개체'에 해당한다. 이 시에서 화자는 어느 집 담장을 넘어온 감자 삶는 냄새를 통해서 감자에 얽힌 과거의 기억을 떠올리고 있다.

[오답 확인]

① '담장'은 '현재'에 존재하는 공간으로, 과거를 떠올리게 하는 소재가 아니다.

③ '감자알'은 과거의 회상 속에 존재하는 대상으로, '냄새'를 통해 떠올리게 된 대상이다.

④ '엄마'는 화자가 그리워하는 대상으로, '감자 삶는 냄새'를 통해 떠올리게 된 대상이다.

⑤ '꽃'은 감자꽃을 의미하면서 '자식들'을 비유하는 대상이다. 이를 통해 과거를 회상하고 있지는 않다.

다른 작품 엮어 읽기　감자 먹는 사람들 – 삽질 소리 | 정진규　　71쪽

작품 해제

이 시는 빈센트 반 고흐의 그림 「감자 먹는 사람들」에서 영감을 얻어, 그림에 나타난 가난한 노동자들의 저녁 식사 장면을 화자의 궁핍했던 유년 시절에 연결하여 시상을 전개하고 있다. 화자가 떠올린 가족들의 식사 자리는 화목함과는 거리가 멀다. '흐린 불빛'과 '삐걱거리는 식탁'으로 상징되는 가난한 현실과 '마디 굵은 손'으로 대변되는 고된 노동의 흔적이 식사 분위기를 우울하게 만들고, 고단한 삶은 꿈속으로까지 연결된다. 꿈속에서마저 삽질 소리를 들어야 했던 고단한 삶의 연속, 그래서 새벽에 내리는 비가 반갑기만 하다. 비가 오면 일을 나가지 않아도 되기 때문이다. 하지만 이 시는 절망적인 상황의 묘사에만 그치지는 않는다. 새벽 빗줄기 속으로 새싹들이 돋고 있을 것이라고 믿는 것에서 고단한 삶 속에서도 더 나은 삶에 대한 희망을 잃지 않고 있음을 알 수 있다.

주제

일에 지친 가족의 고단함과 휴식에 대한 기대

시간의 흐름에 따른 시상 전개

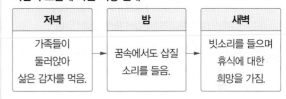

저녁	밤	새벽
가족들이 둘러앉아 삶은 감자를 먹음.	꿈속에서도 삽질 소리를 들음.	빗소리를 들으며 휴식에 대한 희망을 가짐.

시어의 상징성

삶은 감자	가난한 삶
삽질 소리	고된 노동
새싹	삶에 대한 희망

---

1 감자　　**2** ③

1 이 시에서 화자는 가족들이 둘러앉아 삶은 감자를 먹던 시절을 회상한다. 여기에서 '감자'는 과거의 가난한 삶을 드러낸다. 김선우의 「감자 먹는 사람들」에서도 감자는 가난하기 때문에 먹어야 했던 음식이다. 그러므로 감자는 두 시에서 모두 과거의 가난한 삶을 드러낸다.

2 꿈에서도 '삽질 소리'가 들린 것은 가장 편안해야 할 꿈속에서도 노동의 고단함에서 자유로울 수 없었던 상황을 보여 준다. ① '불빛 흐린 / 저녁 식탁'은 가난한 삶을 의미한다. ② 마디 굵은 식구들의 '손'은 고된 노동의 흔적이다. ④ 새벽의 '빗줄기'는 노동으로 지친 가족에게 휴식을 주는 존재이다. ⑤ '새싹'은 삶에 대한 희망을 의미한다.

현대 소설

01 고향 | 현진건

78~83쪽

독해 포인트
이 소설은 액자식 구성을 통해 일제 강점기 우리 민족의 참혹한 생활상을 폭로하고 있으므로 액자 속 이야기에 주목하여 읽는다.

작품 해제
이 소설은 일제 강점기인 1920년대 중반, 일제의 수탈로 황폐해진 농촌을 배경으로 우리 민족의 비참한 현실을 그린 작품이다. 기차 안에서 만난 '그'의 고달픈 인생 역정을 통해 당대 조선 농촌의 피폐한 삶과 식민지 현실이 개인의 삶을 얼마나 짓밟았는지를 엿볼 수 있다. 액자식 구성의 이야기 전개를 통해 일제의 수탈 아래 결핍과 유랑의 삶을 살아야 했던 우리 민족의 비극적 현실을 형상화하고 있다.

주제
일제 강점기 우리 민족의 비참한 생활상

등장인물
• '나': '그'의 이야기를 전달하는 서술자임. '그'의 이야기를 듣고 조선의 현실을 재인식하면서 '그'에게 공감대를 형성함.
• '그': 일제 강점기에 고통받는 전형적인 농민임. 당대 우리 민족의 비참한 현실을 드러내는 인물로 작가의 현실 비판 의식을 드러냄.

액자식 구성

외화	서울행 기차 안에서 '나'와 '그'가 우연히 만남.
내화	'나'가 '그'에게 과거 이야기를 전해 들음. – 일제에 농토를 빼앗김. – 서간도로 이주하였으나 부모가 죽고 유랑 생활을 함. – 고향으로 돌아왔으나 고향은 폐허가 되어 있음.
외화	'나'는 '그'와 함께 술을 마시고, '그'는 어릴 때 부르던 노래를 부름.

문제
80~81쪽
1 ① 2 ⑤ 3 ③ 4 ①

원리로 작품 독해
82쪽
1 호기심, 연민, 조선의 얼굴
2 일제 강점기, 고향
3 기차, 액자식

---

1 인물의 상황 및 심리 파악   답 ①
'그가 열일곱 살 되던 해 봄에 그의 집안은 살기 좋다는 바람에 서간도로 이사를 갔었다.'라는 부분을 통해 '그'의 가족들이 살기 좋다는 말을 듣고 서간도로 떠났음을 알 수 있다.

[오답 확인]
② '그'는 고향에서 아무도 만나지 못했다.
③ '그'는 타국에서 돌아가신 부모님 이야기를 '나'에게 털어놓는다.
④ '그'는 부모 잃은 땅에 오래 머물기 싫어 신의주, 안동현으로 품을 팔다, 벌이를 찾아 일본으로 건너가게 되었다.

⑤ '그'는 일본에서 방황하는 힘든 삶을 살다가 고국산천에 대한 그리움이 생겨 고향을 둘러보려는 것이지 일자리를 찾기 위해 고향에 간 것은 아니다.

2 서사적 기능 이해   답 ⑤
[A]에는 일제에게 땅을 빼앗기고 무너지는 '그'의 고향 모습이 드러나 있다. '그'의 고향을 배경으로 하고 있지만, [A]는 일제 강점기에 우리 농민들의 삶의 모습을 인식할 수 있게 해 준다. 이런 암울한 상황은 '그'의 가족들이 왜 고향을 떠나 서간도로 갈 수밖에 없었는지 그 배경을 설명한 것이므로 서사 구조에 필연성을 강화한다고 볼 수 있다.

[오답 확인]
① 사건의 흐름에서 벗어난 장면으로 볼 수 없다.
② 과거의 사건을 요약하여 제시한 것으로, 현재의 상황을 바탕으로 지나간 사건을 추리하여 재구성한 것은 아니다.
③ 하나의 사건을 여러 각도에서 살펴본 것은 아니다.
④ 역사적으로 해석한 내용이 아니며 상반된 해석이 대비되지도 않았다.

3 소재의 의미 파악   답 ③
'나'는 '그'의 비참하고 비극적인 인생 역정을 듣고 차를 탈 때 친구들이 사 준 '정종'을 '그'와 함께 나누어 마신다. 이는 '나'가 '그'의 이야기를 듣고 '그'의 상황에 공감하며 연민과 위로의 마음을 나타낸 것으로 볼 수 있다.

[오답 확인]
① '그'를 악착한 운명으로 몰아넣게 된 것은 일제의 토지 수탈과 관련이 있다.
② '나'가 '그'에 대해 관심을 갖게 된 것은 기이한 옷차림을 한 '그'의 모습 때문이다. 이는 '나'가 '그'와 '정종'을 나누어 마시기 이전이다.
④ '그'는 이미 고국에 돌아와 고향을 돌아보고 온 상황이므로 '정종'이 고국에 대한 그리움을 잊게 하는 매개체는 아니다.
⑤ '그'가 조선을 떠나 외국으로 이주하게 된 것은 동양 척식 회사 등의 일제의 횡포를 견디지 못한 것과 관련이 있다.

4 외적 준거에 따른 작품 감상   답 ①
〈보기〉에서 1920년대 국내 농촌은 일본의 폭력적 식민 지배로 피폐하고 암울했음을 알 수 있다. 이를 참고할 때 고향을 둘러본 '그'가 괴로워하는 것은 일본의 수탈로 백여 호 살던 동네가 터조차 없어지는 등 피폐하고 비극적으로 변한 현실 때문임을 알 수 있다. 죄책감과는 관련이 없다.

[오답 확인]
② 동양 척식 회사와 중간 소작인의 횡포로 농민들이 삶의 터전을 상실한 것은 일본의 폭력적 식민 지배의 폐해를 보여 준다.
③ '그'가 겪은 서간도에서의 삶과 일본 탄광에서의 노동 등은 작가가 기자로서 기사를 통해 자주 접한 해외 동포들의 비참한 삶과 관련 있다.
④ 온갖 고난을 겪다가 고향까지 잃어버린 '그'의 모습은 당시 우리 민중이 식민 지배의 직접적인 피해 계층임을 보여 준다.
⑤ '그'의 모습을 '조선의 얼굴'이라고 표현한 것은 '그'의 고달픈 삶이 당시 암울했던 우리 민족 전체의 삶을 표상한다고 생각했기 때문이다.

다른 작품 엮어 읽기 홍염 | 최서해

작품 해제
이 소설은 서간도를 배경으로 조선인 소작인과 중국인 지주 사이의 갈등을 그리고 있는 작품이다. 소작인 계급으로 대표되는 문 서방과 지주 계급으로 대표되는 인가의 계급적 갈등을 통해 조선 이주민의 비참한 삶의 모습을 드러내고 있으며, 소설의 결말 부분에서 문 서방이 살인과 방화로 저항하는 모습은 하층민의 투쟁 의지와 새로운 세계에 대한 간절한 염원을 보여 준다.

주제
일제 강점기 조선 이주민의 비참한 삶과 저항

등장인물
- **문 서방**: 삶의 터전을 잃고 서간도로 이주해 온 조선인 소작농으로, 흉년 때문에 소작료를 미납하여 인가에게 딸을 빼앗기자 인가의 집에 찾아가 불을 지르고 인가를 살해함.
- **인가**: 중국인 지주로 탐욕스럽고 악독함. 문 서방이 빚을 갚지 못하자 그의 딸 용례를 자기 집으로 끌고 가 문 서방에게 죽임을 당함.

'빚'의 의미
서간도로 이주해 인가의 소작인이 된 문 서방은 흉년으로 인가에게 빚을 진다. 빚을 갚지 못해 결국 인가에게 딸 용례를 빼앗기고 아내는 딸을 빼앗긴 슬픔에 병을 얻어 죽고 만다. 이에 문 서방은 딸을 찾기 위해 살인과 방화를 저지르며 인가에게 저항한다. 이로 보아 '빚'은 소작인과 지주 계급 간의 갈등을 유발하는 매개체라 할 수 있다.

---

1 서간도	2 빚

1 이 글의 문 서방과 「고향」의 '그'는 모두 일제의 수탈로 농토를 빼앗겨 고향을 떠나 서간도로 이주했으나 참담하고 비극적인 삶에서 벗어나지 못한다.

2 지주인 인가가 소작인인 문 서방을 매일 찾아와 빚 독촉을 해대는 것은 음흉한 인가의 가슴속에 문 서방의 딸 용례가 걸린 까닭이라고 하였다.

---

02 소설가 구보 씨의 일일 | 박태원

독해 포인트
이 소설은 무기력한 소설가의 눈에 비친 1930년대 도시의 세태를 의식의 흐름 기법을 사용하여 드러내고 있으므로 인물의 내면 의식의 흐름에 주목하여 읽는다.

작품 해제
이 소설은 소설가 구보가 하루 동안 서울 거리를 배회하며 느끼는 내면 의식의 흐름을 보여 주고 있는 작품이다. 당시 서울 거리와 사람들의 모습이 잘 드러나 있으며, 이를 관찰하는 구보의 시선을 통해 1930년대 조선의 세태를 엿볼 수 있다. 일제 강점기 속에서 도시화가 이루어지고 황금 열풍이 불기 시작한 당대의 상황을 구보는 비판적이고 냉소적으로 바라보고 있다. 하지만 구보도 이러한 상황에서 벗어날 대책을 모색하지는 못하는 무기력한 지식인일 뿐이다. 이 작품에는 당시의 세태를 비판적으로 인식하지만, 이에 대해 뚜렷한 해결책은 제시하지 못하는 소심한 식민지 지식인의 전형적인 모습이 드러나 있다.

주제
1930년대 무기력한 지식인의 눈에 비친 도시의 모습

등장인물
- **구보**
  - 26세의 소설가임.
  - 동경 유학까지 다녀왔지만 글 쓰는 것 외에는 직업이 없는 무기력한 식민지 지식인의 전형임.
  - 무기력한 자신을 부끄러워하는 한편, 지적 우월감을 가지고 다른 사람들을 속물 취급함.

의식의 흐름 기법
등장인물의 의식, 즉 생각의 흐름에 따라 이야기를 전개하는 방법으로, 이러한 기법의 소설은 특정한 사건을 중심으로 이야기를 전개하는 대신에 등장인물의 사고, 기억, 연상 등과 같은 내부적인 의식을 중심으로 이야기를 전개해 간다. 그러므로 등장인물이 보고 듣는 내용보다 그것을 통해 반응하고 생각하는 내용이 서술의 중심이 된다.

문제

1 ①   2 ③   3 ⑤   4 ⑤   5 ④

원리로 작품 독해

1 노파, 의혹, 고독, 물질 만능주의
2 단절, 황금, 비판적
3 여정, 의식

---

1 서술상 특징 파악　　　　　　답 ①

[A]에서는 '~ 찾아가는지 모른다.', '~ 감동시킬 수 없을지 모른다.', '~(으)ㄹ 게다.'와 같은 추측의 표현을 사용하여 구보가 노파와 신사에 대해 상상한 것을 드러내고 있다.

[오답 확인]
② 짧은 문장을 사용한 부분은 거의 없고 대부분 긴 문장을 사용하면서 쉼표를 많이 사용하고 있다. 또 인물의 내면 변화를 박진감 있게 드러내고 있지도 않다.

③ 과거와 현재가 대비되는 경험이 없고 이를 통해 인물의 복잡한 내면을 드러내고 있지도 않다.

④ 인물 간의 심리적 갈등은 확인할 수 없다.

⑤ 서술자가 직접 경험한 것이 아니라 구보가 관찰하고 상상한 것을 비판적으로 서술하고 있다.

2 서사적 흐름에 따른 인물의 기능 파악   답 ③

구보의 중학 동창인 '벗'은 과거에 열등생이었지만 현재에는 '금시계'와 '애인'을 보란 듯이 자랑하는 속물적 인간이다. 이처럼 달라진 '벗'의 모습을 통해 물질적 가치가 중시되는 사회가 되었음을 알 수 있다.

[오답 확인]

① 구보의 경제적 사정은 이 글에서 확인할 수 없다.

②, ④, ⑤ 이 글에서 확인할 수 없다.

3 외적 준거에 따른 작품 감상   답 ⑤

〈보기〉를 통해 이 글이 세태 소설임을 알 수 있다. '이러한 문인들'은 황금 열풍에 동참한 사람들로 물질적 가치관에 의해 타락한 사람들이라고 할 수 있다. 구보는 이러한 현실에 대해 비판적 시선을 드러내고 있지만, 현실을 벗어날 대책을 모색하고 있지는 않다.

[오답 확인]

① 구보는 삶의 활기를 얻기 위해 '경성역'을 찾았으나 누구에게서도 따뜻한 모습을 찾을 수 없어 오히려 고독을 느낀다.

② '사람들'은 옆의 사람에게 말을 건네는 일도 없고, 자신들의 사무에만 바빴으며 서로 짐을 부탁하는 일조차 없는 모습을 보인다. 구보는 그런 '사람들'을 딱하고 가엾게 바라보고 있다.

③ 구보는 '양복 입은 사나이'가 온갖 사람을 의심하고 불신하는 모습에 우울함을 느끼며 그곳을 떠난다.

④ 구보는 '두 명의 사나이'의 차림새를 보고 무직자라고 생각하고 있다. 그러한 인물들이 이곳저곳에서 눈에 띄었다는 것을 통해 당시에 무직자가 많았다는 것을 알 수 있다. 또한 시시각각으로 사람들이 졸부가 되고 몰락해 간다는 부분에서 불안정한 경제 상황을 부정적으로 보고 있음을 알 수 있다.

4 작품 감상의 적절성 판단   답 ⑤

〈보기〉를 통해 이 글은 고현학의 방법으로 창작된 것임을 알 수 있다. 구보가 '서정 시인조차 황금광으로 나서는 때'라고 한 것은 순수해야 할 문인마저 황금의 열기를 추종하는 세태에 대한 부정적 인식을 나타낸 것이다. 이 부분에서 경제적 안정을 찾아야 삶의 의미를 탐색할 수 있다는 생각은 살펴볼 수 없다.

[오답 확인]

① '남대문을 안에서 밖으로 나가 보기로' 하며 '경성역'으로 이동하는 것은 구보가 산책하듯 도회지를 돌아다니는 모습으로 볼 수 있다.

② 구보가 조그만 사건에 흥미를 느끼고, '대학 노트를 펴들'은 것은 관찰한 내용을 기록하여 소설화하려는 모습이라 할 수 있다.

③ 구보가 개찰구 앞에서 '대합실 안팎'을 둘러보며 인물들을 지켜보는 것은 도회지에서 살아가는 다양한 사람들을 관찰하는 모습을 나타낸 것이다.

④ 황금광 시대에 '황금을 찾'는 많은 사람들의 모습은 금광 개발 열풍에 휩쓸렸던 당대의 세태를 보여 준다.

5 소재를 통한 시대상 파악   답 ④

ⓔ은 '식민지를 다스리기 위해 설치하는 최고 행정 기관'으로 일제 강점기라는 시대적 배경을 드러낸다.

다른 작품 엮어 읽기 | **날개** | 이상   89쪽

작품 해제

이 소설은 일제 강점기에 의욕을 상실한 채 아내에게 의지해서 살아가는 무기력한 지식인의 삶을 다룬 작품이다. 경성 시내 유곽의 어두운 방에서 생활력 없이 지내는 '나'의 고독과 분열된 내면 의식, 그리고 본질적 자아를 되찾으려는 의지를 그리고 있다. '나'의 내적 독백을 중심으로 한 의식의 흐름 기법, 인물의 내면세계를 상징적으로 보여 주는 소재의 활용 등을 통해 주제를 효과적으로 형상화하고 있다.

주제

지식인의 무기력한 삶과 본질적 자아를 찾고자 하는 의지

등장인물

• '나': 직업도 없이 아내에게 의지해서 무기력하게 살아가는 지식인으로, 분열된 내면 의식을 지닌 채 도시를 여기저기 돌아다님. 아내가 준 약이 수면제임을 알고는 충격을 받고 백화점 옥상에 올라가 자신의 삶을 되돌아봄.

'날개'의 의미

현재의 무기력하고 답답한 현실로부터 벗어나고자 하는 의지. 종속되고 억압된 생활에서 벗어나 자의식을 펼치고자 하는 욕망을 상징한다.

---

1 의식의 흐름   **2** 무기력

1 이 글은 현실에 적응하지 못하고 아내에게 의지해서 살아가는 무기력한 지식인의 내면을 의식의 흐름 기법으로 보여 주고 있다. 「소설가 구보 씨의 일일」도 공간의 이동에 따른 인물의 관찰 내용과 내면 심리를 의식의 흐름 기법으로 드러내고 있다.

2 '나'는 아내가 준 돈으로 경성역 티 룸에서 차를 마시는 등 거리를 배회하며 무의미하게 시간을 보내는 무기력한 모습을 보인다.

03 봄·봄 | 김유정

독해 포인트

이 소설은 성례 문제를 두고 인물 간에 갈등이 벌어지고 있으므로 갈등 상황과 그 흐름에 주목하여 읽는다.

작품 해제

이 소설은 혼인을 핑계로 일만 시키는 교활한 장인과 그런 장인에게 반발하면서도 끝내 이용만 당하는 '나'의 갈등을 그리면서 그 안에 날카로운 현실 비판도 담고 있는 작품이다. 특히 점순이의 키를 핑계로 성례를 미루고 일만 시키는 장인의 교활함, '나'를 충동질하는 점순이의 당돌함, 장인에게 맞서 보지만 번번이 당하기만 하는 '나'의 어수룩함이 어우러지면서 해학적 모습이 잘 드러난다. 또한 이 소설은 현재와 과거가 교차하는 역순행적 구성 방식을 보여 준다. 즉 시간의 흐름을 부분적으로 뒤바꾸어 절정 부분을 작품의 마지막에 배치함으로써 긴장감과 해학성을 높이고 여운을 남기는 효과를 주고 있다.

주제

우직하고 순박한 데릴사위와 그를 이용하는 교활한 장인 사이의 갈등

등장인물

• **'나'**: 순박하고 우직하며 어수룩한 인물로, 점순이와 혼인하려고 점순이네 집에서 농사일을 함.
• **장인**: 교활하고 위선적인 인물로, 점순이와 성례시켜 주겠다는 명목으로 '나'를 부려 먹음.
• **점순**: 야무지고 적극적인 인물로, '나'에게 성례시켜 달라고 적극적으로 말하도록 충동질함.

이 글의 해학적 요소

• 어수룩한 '나'가 사건의 전말, 다른 인물의 심리 등을 정확하게 알지 못하는 상태에서 서술하여 해학성을 유발한다.
• 교활한 장인, 당돌한 점순이, 우직한 '나'의 성격이 어우러지며 웃음을 자아내고 해학성을 유발한다.
• 비속어와 토속적인 사투리를 구사하여 웃음을 유발한다.

문제

92~93쪽

1 ②   2 ①   3 ⑤   4 ④   5 ②

원리로 작품 독해

94쪽

1 성례, 성례
2 나, 사투리, 대비
3 농사일, 성례

---

1 서술상 특징 파악

답 ②

'나'와 장인이 대립하고 있던 중에 장인이 '나'의 뺨을 때린 것이 현재 진행 중인 사건이다. 이 상황에서 '나'는 작년 이맘때 장인이 던진 돌멩이에 맞아 발목을 삐었을 때 장인이 '나'를 회유한 사건을 회상한다. 이처럼 과거 사건을 현재 상황에 끌어들임으로써 '나'가 장인의 집에서 데릴사위로 일을 하고 있는 인물임이 드러나며, 장인과 '나', 점순이가 어떤 관계에 놓여 있는지를 짐작할 수 있게 한다.

[오답 확인]

① 현재 사건을 서술하다가 작년 이맘때인 과거의 사건과 '그 전날'의 사건을 회상하고 있으므로 동시에 일어나는 두 사건의 병치로 볼 수 없다.
③ 현학적 표현은 사용하지 않았고 토속적인 사투리를 구사하고 있다.
④ '나'가 자신이 겪은 일을 주관적인 관점에서 전달하고 있다.
⑤ '나'가 자신이 겪은 일을 직접 이야기하고 있다.

2 인물의 성격 및 태도 파악

답 ①

점순이는 밭에서 일을 하고 있던 '나'에게 "밤낮 일만 하다 말 텐가!"라고 혼자서 쫑알거렸고, "성례시켜 달라지 뭘 어떻게." 하고 충동질하기까지 했다. 이로 미루어 보아, 점순이는 성례를 적극적으로 추진하지 않는 '나'에게 불만을 표시하고 있음을 알 수 있다.

[오답 확인]

② '나'는 '일 안 하고 우리 집으로 그냥 가면 고만이니까.'라고 생각은 하지만, 집으로 돌아갈 결심을 한 것은 아니다. 이러한 생각은 장인이 '나'에게 '큰소리할 계제'가 아님을 확인하는 것이다.
③ '나'와 장인이 갈등을 겪는 이유는 장인이 '나'에게 일만 시키고 점순이의 키를 핑계로 성례를 시켜 주지 않기 때문이다. 장인이 점순이에게 함부로 일을 시키는 모습은 확인할 수 없다.
④ 장인이 동리 사람들에게 인심을 잃은 이유는 마름이라는 지위를 이용하여 소작인들을 착취하기 때문이다.
⑤ '나'는 장인이 동리 사람들에게 취하는 행동을 우호적으로 보고 있지 않다.

3 구절의 기능 및 의미 파악

답 ⑤

ⓜ은 점순이가 겉으로 보이는 키는 자라지 않았지만 속으로는 제법 성숙해진 듯하다는 의미이다.

[오답 확인]

① ⊙은 '욕필'이라는 별명이 본명인 '봉필'과 유사한 데서 서로 연관되어 있음을 나타낸다.
② ⓛ은 괄호를 제거해도 문장이 자연스럽게 연결된다.
③ '나'는 장인에 대한 반감을 장인 소유의 소에게 대신 표출하는 중인데, ⓒ은 장인과 소를 동일시한 부분이다.
④ ⓔ은 점순이의 행동에 대해 장인이 '채신이 없이 들까분다.'라고 평가했음을 알려 주고 있다.

4 작품 감상의 적절성 판단

답 ④

'밭'에서 '나'는 점심을 이고 온 점순이의 키를 보고 생긴 울화를 소에게 풀고 있다. '나'가 점순이에게 화풀이를 하고 있지는 않다.

[오답 확인]

① 장인은 마름이라는 지위를 이용해 소작인들에게 부당한 요구와 착취를 하는 인물이다. 이런 마름들이 많다면 '가을'에 소작인들은 불안감에 시달릴 것이다.
② 이번 가을에 장가를 들여 주겠다는 장인의 회유에 넘어간 '나'는 이틀 걸릴 '논'의 일을 하루에 해치우는 일꾼으로서의 모습을 보여 주었다.
③ '화전밭'에서 '나'는 생동하는 봄 풍경에 휩쓸려 몸이 나른하고 가슴이 울렁거리며 노래를 하는 등 분위기에 취해 춘정을 느끼고 있다.
⑤ '이날'은 '나'가 점순이도 자신과 성례를 올리고 싶어 한다는 것을 알게 된 날이다.

5 인물의 심리 파악 　　　　　　　　　　　　　　　답 ②

장인은 점순이와의 성례를 명분으로 '나'를 데릴사위로 들였다. 장인의 입장에서는 '나'를 구슬려 농사일을 시켜야 하기 때문에 '나'에게 큰소리를 칠 상황이 못 되는 것이다.

[오답 확인]

① 장인과 '나'와의 사이가 나빠지면 점순이가 성례를 안 하려 들 것인지는 이 글에서 확인할 수 없다.

③ 장인은 점순이가 다 자라지 않았다는 이유로 성례를 미루고 있다.

④ 장인은 마름으로 동리 사람들이 굽신굽신하며 눈치를 보는 대상이다. '나'를 심하게 대한다고 해서 동리 사람들 앞에서 망신을 당할 일은 없다.

⑤ 점순이와 '나'의 사이가 좋아진다고 해서 장인이 비난의 대상이 되는 것은 아니다.

다른 작품 엮어 읽기 **동백꽃** | 김유정 　　　　　　　95쪽

작품 해제

이 소설은 산골을 배경으로 순박한 젊은 남녀의 사랑을 해학적이고 재치 있게 그린 작품이다. 어수룩하면서도 눈치가 없는 '나'와 성숙하고 적극적인 점순이 사이에서 애정을 둘러싸고 일어나는 갈등과 화해의 과정이 배경과 어우러져 전개되고 있다. 결말 부분에 제시되는 알싸한 동백꽃은 풋풋한 애정의 상징이자 작품의 낭만적 분위기를 고조시키는 배경이 된다.

주제

산골 젊은 남녀의 순박한 사랑

등장인물

• '나': 순박하고 어수룩한 인물로, 소작인 집의 아들이어서 마름집 딸인 점순이에게 소극적으로 대응함.

• 점순: '나'에 비해서 성숙한 인물로, 적극적으로 '나'에게 애정을 드러냄. '나'에게 거절을 당하자 닭싸움 등으로 애정과 복수가 뒤엉킨 행동을 함.

'감자'의 기능

점순이는 감자를 통해 '나'에 대한 관심과 호의를 드러낸다. 하지만 점순이의 마음을 눈치채지 못한 어수룩한 '나'는 감자를 거절하고 이에 화가 난 점순이는 닭싸움을 벌인다. 즉 '감자'는 점순이의 호의와 관심을 나타내는 소재이자, 닭싸움을 유발하는 계기가 된다.

---

1 해학성　　**2** 감자

1 이 글과 「봄·봄」은 모두 향토적인 공간을 배경으로 순박하고 어수룩한 시골 청년인 '나'를 서술자로 설정하여 작품의 해학성을 높이고 있다.

2 점순이는 '나'에게 감자를 주고 먹어 보라며 호의를 베풀지만 '나'에게 거절당하자 닭싸움을 벌여 '나'의 닭을 괴롭힌다. 이에 '나'는 크게 화가 난다.

---

04 메밀꽃 필 무렵 | 이효석 　　　　96~101쪽

독해 포인트

이 소설은 배경이 분위기 형성과 사건의 진행 등에 중요한 역할을 하므로 시간적·공간적 배경에 주목하여 읽는다.

작품 해제

이 소설은 일생을 길 위에서 살아가는 장돌뱅이 허 생원의 모습을 통해 떠돌이 삶의 애환과 인간의 근원적인 애정을 그린 작품이다. 메밀꽃이 흐드러지게 핀 달밤의 산길을 배경으로 허 생원이 회상하는 과거의 추억과 인물들이 봉평 장에서 대화 장으로 이동하는 현재의 사건이 교차하고 있으며, 토속적인 어휘 구사, 서정적 문체, 낭만적인 분위기 묘사 등으로 한국 단편 소설의 백미로 평가되고 있다.

주제

떠돌이 삶의 애환과 혈육의 정

등장인물

• 허 생원: 평생을 외롭게 떠돌이 생활을 해 온 장돌뱅이로, 젊은 시절 성 서방네 처녀와의 하룻밤 인연을 추억 삼아 살아감.

• 조 선달: 허 생원과 함께 다니는 장돌뱅이로, 장돌뱅이 생활을 청산하고 정착할 생각을 하고 있음.

• 동이: 대화로 가는 길에 허 생원과 동행하게 된 젊은 장돌뱅이로, 허 생원의 아들로 추정됨. 제천에 계신 홀어머니를 봉평으로 모셔 오겠다는 생각을 지님.

주요 표현 방법

• 시·공간적 배경의 역할: '메밀꽃 핀 달밤의 산길'이라는 시·공간적 배경은 고요하고 낭만적인 분위기를 형성하며, 허 생원이 과거의 추억을 회상하게 하는 역할을 한다.

• 사건의 서술 방식: 과거의 사건은 주로 요약하여 서술하고, 현재의 사건은 장면을 묘사하여 서술하고 있다.

문제 　　　　　　　　　　　　　　　98~99쪽

1 ③　**2** ②　**3** ④　**4** ④　**5** ④

원리로 작품 독해 　　　　　　　　　　　100쪽

1 장돌뱅이, 정착

2 달밤, 개울, 분위기

3 성 서방네 처녀, 달밤

---

1 글의 내용 이해 　　　　　　　　　　　답 ③

허 생원은 더운 여름날 밤 개울에서 목욕하기 위해 옷을 벗으러 들어간 물방앗간에서 성 서방네 처녀를 우연히 만났다. 두 사람이 미리 만나기로 약속해서 물방앗간에 간 것은 아니다.

[오답 확인]

① 조 선달은 허 생원에게 장돌뱅이 일을 가을까지만 하고 전방을 벌여 식구들을 부르겠다고 했다.

② 허 생원은 성 서방네 처녀와의 아름다운 인연이 그리워 봉평을 거의 반평생 빼놓지 않고 다니고 있다.

④ 동이는 허 생원을 붙들고 개울을 건너느라 먼저 간 조 선달과는 거리가 벌어졌다.

⑤ 허 생원은 동이 모친의 친정이 봉평이라는 말을 듣고 동이 모친이 성 서방네 처녀일지 모른다는 생각에 당황하여 개울에 빠져 버린다.

2 서술상 특징 파악
답 ②

이 글은 성 서방네 처녀와의 애틋한 하룻밤 일을 떠올리는 허 생원의 회상을 통해 과거 사건을 전달하고 있다(ㄱ). 또 아름다운 달빛이 비친 메밀밭을 시각, 청각, 후각 등 다양한 감각적 문체로 묘사하여 서정적인 분위기를 조성하고 있다(ㄷ).

[오답 확인]

ㄴ. 사건이 동시에 벌어지지 않으며 사건을 병치시키는 부분도 찾아볼 수 없다.

ㄹ. 이 글은 서술자가 신처럼 전지전능한 위치에서 인물과 사건에 대해 전달하고 있으며 장면마다 서술자를 교체하지 않았다.

3 인물의 상황 파악
답 ④

이 글의 내용으로 볼 때 '◇'는 허 생원, '□'는 조 선달, '○'는 동이이다. 조 선달은 (가)에서 허 생원의 과거 이야기를 맞장구치며 들어준다. 그러나 (다)에서는 개울을 먼저 건너 허 생원과 동이의 대화에서 빠지게 된다.

[오답 확인]

① (가)의 행렬은 좁은 산길을 가는 까닭에 세 사람이 외줄로 늘어서서 가고 있다.

② (나)의 행렬은 좁은 산길에서 벗어나 큰길로 나오게 되면서 세 사람이 나란히 가게 된 것으로 동이도 대화에 참여하게 되었다.

③ (다)의 행렬은 개울을 거의 건넌 조 선달과, 그로부터 훨씬 떨어져 있는 동이와 허 생원, 두 부분으로 나누어진다.

⑤ (가)에서 (다)로 갈수록 동이와 허 생원은 대화를 많이 하면서 사이가 가까워진다.

4 공간의 의미 이해
답 ④

〈보기〉에서 '이곳'은 수직적으로 이동하며 시련을 겪는 공간이라고 하였다. 이 글에서 '둔덕은 험하고 입을 벌리기도 대근하여 이야기는 한동안 끊겼다. 나귀는 건듯하면 미끄러졌다. 허 생원은 숨이 차 몇 번이고 다리를 쉬지 않으면 안 되었다.'라는 부분으로 볼 때 '고개'는 수직적으로 이동하는 공간이자 시련을 겪는 공간으로 볼 수 있다. 또한 고개 너머 도착한 '개울'이 동이 어머니가 허 생원이 그리워하던 '성 서방네 처녀'일지도 모른다는 기대를 하는 공간임을 감안할 때 정착의 이유를 발견하는 공간이라 할 수 있으므로, '개울'로 이동하기 전의 공간인 '고개'가 〈보기〉의 '이곳'과 통한다.

5 외적 준거에 따른 작품 감상
답 ④

동이와 허 생원의 대화는 둘의 관계를 밝히는 탐정식 수법과 관련이 있다. 이 둘의 대화에서 인간과 자연의 조화를 추구하는 작가의 가치관은 확인할 수 없다.

[오답 확인]

① 허 생원이 젊었을 때 우연히 만나 인연을 맺은 성 서방네 처녀와의 하룻밤 추억은 "옛 처녀나 만나면 같이나 살까."에서 알 수 있듯이 현재의 삶에도 영향을 미치고 있다.

② 허 생원이 동이가 자기 자식일지도 모른다는 생각에 당황하는 부분은 한국적 소재인 핏줄 찾기 이야기라서 독자가 쉽게 공감할 수 있다.

③ 허 생원이 겪었던 젊은 시절의 추억은 달밤 메밀밭의 낭만적인 배경과 어우러져 작가의 서정적인 문체로 아름답게 꾸며져 있다.

⑤ 허 생원은 동이의 어머니에 관한 이야기를 듣고 그의 어머니가 성 서방네 처녀가 아닐까 하는 기대감으로 동이에게 질문하며 그녀의 과거 이야기에 대해 묻고 있다.

다른 작품 엮어 읽기 | **산** | 이효석 | 101쪽

작품 해제

이 소설은 머슴살이를 하던 중실이 주인의 오해를 받고 집에서 쫓겨나 산속에 머물며 스스로 별이 됨을 느끼는 작품이다. 중실은 주인의 첩을 건드렸다는 오해를 받아 쫓겨난 후 산속으로 들어간다. 그는 향토적인 자연 속에 살면서 자연과 교감하며 행복을 느끼고, 그 속에서 자급자족하는 삶을 살고자 한다. 이러한 중실의 태도는 인위적인 모든 세상살이를 배격하고 자연에 동화되어 살고자 하는 것으로 자연 친화적인 작가의 특징이 드러난 것이라 볼 수 있다.

주제

자연과 더불어 사는 소박한 삶과 자연에 대한 사랑

등장인물

• **중실**: 김 영감 집의 머슴이었으나 김 영감의 오해로 집에서 쫓겨난 후 산속으로 들어가 자연과 동화되어 가는 인물임. 자연 속에서 용녀와 함께 사는 것을 상상하며 행복을 느낌.

• **용녀**: 중실이 사모하는 이웃집 여인으로 작품에 실제 등장하지는 않음.

'산'의 의미

중실에게 '산'은 혼잡하고 답답한 세상살이를 피해 들어간 공간이다. '산'에는 뭇짐승과 나무, 별 등이 있어 중실이 마음 편하게 살아갈 수 있다. 따라서 '산'은 중실과 동화된 자연 그 자체이자 인간과 교감을 나누는 낭만적이고 서정적인 공간을 상징한다.

---

1 배경 **2** 자연

1 이 글에서는 '산'을 순수하고 평화로운 공간으로 묘사하고 있고, 「메밀꽃 필 무렵」에서는 메밀꽃 핀 달밤의 산길을 아름다운 자연의 공간으로 묘사하고 있다. 두 작품 모두 배경을 서정적으로 묘사하여 낭만적인 분위기를 형성하고 있다.

2 세상살이에 지쳐 모든 것을 버리고 산으로 들어간 중실은 자연과 더불어 사는 소박한 산속 생활에 만족감을 느끼고 자연과 교감하며 물아일체를 이루는 모습을 보인다.

05 논 이야기 | 채만식

독해 포인트
이 소설은 광복 직후 한 인물이 농토를 두고 겪는 상황을 통해 비판 의식을 드러내고 있으므로 당대 현실과 그에 대한 인물의 인식에 주목하여 읽는다.

작품 해제
이 소설은 해방 직후의 혼란스러운 사회 상황에서 국가의 잘못된 토지 정책과 이기적이고 편협한 국가관을 지닌 몰염치한 인물을 비판한 작품이다. 작가는 술과 노름으로 진 빚 때문에 일본인에게 땅을 팔고선 해방이 되면 찾을 수 있다고 큰소리치며 다니는 한덕문의 행태를 비판하면서, 해방 후에도 농민들을 위한 합리적인 토지 정책을 펴지 못하는 국가에 대한 비판 의식도 드러내고 있다.

주제
해방 이후 국가의 잘못된 토지 정책과 민족의식을 상실한 이기적인 인물에 대한 비판

등장인물
• **한덕문**: 누명을 쓴 부친을 풀려나게 하기 위해 고을 원에게 논을 빼앗김. 길천에게 논을 판 뒤 해방이 되면 다시 찾을 수 있다는 허황한 기대를 갖지만 뜻대로 되지 않자 실망하고 나라를 원망함.
• **길천(요시카와)**: 일본인 지주로 토지를 사들이고 대금업을 하여 부를 축적하는 데 전념함.

'논'의 의미
농민에게 '논'은 생계의 방편이자 삶의 터전이다. 즉 '논'은 농민에게 최대의 관심사이자 소유에 대한 절박한 바람을 가진 대상이다. 이 소설에서는 농사를 짓는 사람이 논을 소유하지 못하는 현실을 바탕으로 당대의 최대 현안이었던 토지 분배가 해방 이후에도 농민의 편에서 이루어지지 못했음을 풍자적인 수법으로 비판하고 있다.

문제
104~105쪽

1 ③ 2 ⑤ 3 ④ 4 ① 5 ②

원리로 작품 독해
106쪽

1 후회, 원망
2 이기주의적, 토지
3 소유

---

1 서술상 특징 파악
답 ③

이 글은 작품 밖의 서술자가 등장인물의 대화와 행동은 물론, 내면 심리까지 서술하는 전지적 작가 시점을 취하고 있다.

2 외적 준거에 따른 작품 감상
답 ⑤

〈보기〉에서는 이 작품이 '독립의 역사적 의미를 외면하고 자신의 이익만 추구하는 사람들에 대한 비판 의식도 담고 있다.'라고 설명하고 있다. 이는 한덕문과 관련된 것으로 한덕문은 독립이 되었지만 개인적 욕망이 실현되지 못했기에 독립 만세를 부르지 않기를 잘했다고 말하고 있다. 그러므로 한덕문은 독립의 역사적 의미보다는 자신의 이익을 중시한 인물이라고 할 수 있다.

[오답 확인]
① 한덕문은 빚을 갚기 위해 길천에게 논을 팔았다. 길천이 한덕문의 논을 강제로 빼앗은 것은 아니다.
② 구장은 길천에게 판 한덕문의 땅이 해방 후에는 국가의 재산이라고 생각하고 있다.
③ 한덕문의 친구는 한덕문이 땅을 판 것을 책망하고 있으므로 한덕문을 옹호한다고 볼 수 없다.
④ 한덕문은 자신이 판 논을 돈을 내고 사라는 정부의 정책에 대해 "백성이 차지할 땅 뺏어서 팔아먹는 게 나라 명색야?"라며 분노하고 있으므로 정부의 정책을 지지한다고 볼 수 없다.

3 세부 내용의 추론
답 ④

한덕문은 일인들이 쫓겨 갈 것이고, 일인들이 쫓겨 가면 자신이 판 논을 되찾을 수 있을 것이라고 장담한다. 해방의 기미가 거의 보이지 않는 상황에서 한덕문의 말은 마을 사람들에게 '희떤 장담'으로 받아들여져 비꼼의 대상이 된다. 이런 한덕문의 장담이 속담까지 된 것이므로 ㉠은 이루어질 수 없는 일을 시작해 놓고 성공을 자신하는 사람을 비꼬는 내용일 것이다.

4 구체적 내용 파악
답 ①

ⓐ는 한덕문이 빚에 쪼들려 길천에게 논을 판 뒤에 하는 허황된 장담이다. 한덕문은 논을 판 일을 후회하고, 일인이 쫓겨 갈 아무런 근거나 자신도 없으면서 논을 판 불명예나 어리석음을 감싸기 위해 일인이 쫓겨 가고 그 논이 도로 제 것이 될 것이라는 장담을 한다.

[오답 확인]
② 한덕문은 길천에게 논을 판 뒤 다시 땅값이 오르느냐 내리느냐에 관한 언급은 하지 않았다.
③ 한덕문은 길천에게 남은 논을 다 팔았다. 제일 비옥한 논을 남겨 두지 않았다.
④ 한덕문은 글의 뒷부분에서 일인들이 내놓고 간 땅을 나라에서 팔아먹는다며 분노하고 있다.
⑤ 한덕문은 땅을 팔고 나서 심히 후회하여 마지아니하였다고 했다.

5 인물의 태도 파악
답 ②

한덕문이 ⓑ처럼 말한 까닭은 해방 후에도 나라의 토지 정책으로 길천에게 판 논이 자신에게 되돌아오지 않자 나라에 대한 반감이 생겼기 때문이다.

[오답 확인]
① 해방이 되어도 원놈 같은 관리들이 판을 쳐서 다시 땅을 빼앗길까 염려하는 것은 아니다.
③ 해방이 되어도 여전히 농사꾼의 처지를 벗어나지 못하는 현실에 답답해하고 있는 것은 아니다.
④ 해방이 되어서 일인들이 남기고 간 땅을 도로 되찾으려는 것이지, 나라에서 일인들이 놓고 간 논을 제대로 환수하지 못해서 분노하고 있는 것은 아니다.
⑤ 한덕문은 농사꾼으로서의 일생을 산 인물로, 논을 팔아 독립운동을 했던 일은 확인할 수 없다.

다른 작품 엮어 읽기 | **모래톱 이야기** | 김정한

작품 해제

이 소설은 낙동강 하류의 모래톱인 조마이섬을 배경으로 일제 강점기부터 1960년대에 이르기까지 부당한 권력에 의해 땅을 빼앗긴 주민들의 삶을 그린 작품이다. 조마이섬 사람들은 선조들이 피땀으로 일구어서 만든 땅을 한 번도 소유해 보지 못하고 일제 강점기에는 동척과 일인에게, 해방 이후에는 국회 의원과 유력자에게 빼앗긴다. 소설은 유력자의 횡포에 맞서 싸우던 건우 할아버지(갈밭새 영감)가 살인을 해서 끌려가고, 조마이섬은 군대가 정지하는 내용으로 끝을 맺는다. 작가는 이를 통해 우리나라 근현대사에서 권력자의 폭력에 희생된 민중들의 삶을 고발하고 있다.

주제

권력자들에게 삶의 터전을 빼앗긴 민중들의 비참한 삶과 저항 의지

등장인물

- **'나'**: 조마이섬에서 배를 타고 통학하는 건우의 중학교 담임 선생님. 소설의 서술자이자 관찰자로 부조리한 권력의 부당함을 고발하는 역할을 함.
- **건우 할아버지(갈밭새 영감)**: 어부로, 일찍 아들들을 여의고 건우를 보살피며 생활함. 권력자의 부당한 횡포에 분노하며, 이에 맞서 싸우려는 의지가 있음. 마을을 지키려다 살인을 하고 경찰에 끌려감.
- **윤춘삼**: 조마이섬의 주민. 과거에 억울하게 감옥살이를 하였음. 건우 할아버지와 마찬가지로 현실에 분노하며 저항하는 인물임.

이 글의 주된 갈등

건우 할아버지		유력자
조마이섬에서 살아왔지만 부당하게 땅을 빼앗김.	↔	주민들을 몰아내고 조마이섬을 차지하려 함.
↓		↓
부당한 횡포에 맞서는 민중		민중을 핍박하는 부당한 권력

---

1 비판적 **2** 조마이섬

1 이 글은 일제 강점기부터 해방 이후까지 이어 온 조마이섬의 수탈의 역사와 이에 저항하는 주민들의 모습을 통해 부조리한 권력의 횡포를 고발하고 있다. 「논 이야기」 역시 일제에 의해 강제로 빼앗긴 땅을 해방 이후에도 되찾지 못하는 국가의 잘못된 토지 정책을 비판하고 있다.

2 조마이섬 주민들은 선조 때부터 피땀 흘려 일군 땅을 한 번도 소유하지 못하고 권력자들에게 수탈당한다. 이는 지배 계층의 착취에 고통받는 소외된 민중의 삶을 상징적으로 보여 준다.

---

06 역마 | 김동리

독해 포인트

이 소설은 역마살을 소재로 하여 운명에 순응하며 사는 삶을 형상화하고 있으므로 인물이 처한 상황에 주목하여 읽는다.

작품 해제

이 소설의 제목인 '역마'는 '역마살'을 의미하는 것으로, 한곳에 머물지 못하고 길 위를 떠도는 삶을 뜻한다. 이 작품에는 운명에 순응하며 살아온 우리 민족의 전통적 삶의 방식이 담겨 있다. 성기의 역마살은 외할아버지인 체 장수 영감과 아버지인 떠돌이 승려로부터 물려받은 것으로 개인의 운명이 아니라 대물림된 것이다. 옥화는 성기의 역마살을 없애려 하지만 그 노력은 좌절되고, 엿장수가 되어 길을 떠나는 성기의 모습에서 역마살을 운명으로 받아들이고 떠돌이 삶을 선택한 것을 알 수 있다. 이러한 성기의 삶은 운명과 조화를 이룬 인간의 모습을 보여 준다.

주제

운명에 순응하는 삶과 인간 구원의 문제

등장인물

- **옥화**: 성기의 어머니로 주막을 운영함. 계연과 성기를 결혼시켜 성기의 역마살을 없애려 하지만 계연이 자신의 동생임을 알게 되고 결국 아들의 운명을 받아들임.
- **성기**: 옥화의 아들로 역마살을 가진 인물임. 계연과의 사랑을 이루지 못하자 운명에 순응하여 떠돌이의 삶을 택함.
- **계연**: 옥화의 이복동생으로 성기를 사랑하지만 인륜을 거스를 수 없어 아버지인 체 장수 영감을 따라 떠남.

'역마살'의 의미

'역마살'은 역마의 귀신이 독기를 품어 사람에게 씌우는 것으로, 한곳에 안주하지 못하고 이리저리 떠돌아다니게 된 액운을 뜻한다. 이 글의 제목인 '역마'는 역마살을 지니고 태어난 성기의 삶과 거부할 수 없는 운명의 힘, 그리고 그것에 순응하는 삶을 의미한다.

문제   110~111쪽

1 ①   **2** ②   **3** ③   **4** ⑤   **5** ③

원리로 작품 독해   112쪽

1 역마살, 순응
2 거역, 운명
3 이복 자매, 엿판

---

1 서술상 특징 파악   답 ①

'그해 아직 봄이 오기 전 ~ 그에게 보여 주었다.'는 과거의 장면으로 옥화가 성기에게 계연과 맺어질 수 없는 이유를 요약적으로 설명해 주는 부분이다. 이를 통해 체 장수 영감과 옥화, 그리고 계연의 관계를 알 수 있다.

[오답 확인]

② 화개 장터라는 배경에서 일어난 일들만 나타나 있다.

③ 옥화가 성기에게 계연과의 관계를 말해 주는 부분에서 사건을 요약적으로 서술하고 있지만, 의식의 흐름 기법은 드러나지 않는다.

④ 이 글의 배경은 화개 장터로, 상상적 공간이 아닌 현실적이고 구체적인 공간이다.

⑤ 등장인물의 내면이 드러나는 독백은 확인할 수 없다.

2 시점의 변화 이해 　　　　　　　　　　답 ②

〈보기〉의 (가)는 작품 밖의 전지적 서술자가 작품 속의 인물인 옥화에 대해 서술하는 시점이고, (나)는 작품 속 인물인 옥화가 자신에 대해 서술하는 시점으로 각각 전지적 작가 시점과 1인칭 주인공 시점에 해당한다. 따라서 ⑤에서 옥화 자신을 가리키는 '어미'와 '옥화'는 '나'로 표현해야 한다.

[오답 확인]

①, ④, ⑤ '아들'은 시점이 변화되는 부분이 아니므로 그대로 '아들의 뼈만 남은 손'이라고 써야 한다.

③, ⑤ 전지적 작가 시점에서 1인칭 주인공 시점으로 바뀌었으므로, '옥화', '어미', '엄마'가 아니라 '나'로 써야 한다.

3 소재와 배경의 기능 파악 　　　　　　　　답 ③

ⓐ와 ⓑ에서 계연이 떠나는 날과 성기가 떠나는 날 모두 햇빛이 비추는 것을 알 수 있다. 그런데 ⓑ에서 햇빛은 '유달리 맑게 갠'으로 이어진다. 이는 이제까지 계연과의 이별로 절망하던 성기가 자신의 운명에 순응하면서 갈등이 완화되고 분위기가 전환되는 것을 나타낸다.

[오답 확인]

① '고운 햇빛'은 '저만치 가고 있는 항라 적삼'으로 표현된 계연을 잡지 못하는 성기의 안타까움과 대비되는 것으로, 인물의 성격을 드러내는 것과는 거리가 멀다.

② '목소리'와 '뻐꾸기 울음'은 서로 어우러져 성기의 슬픔을 부각하고 있다.

④ ⓑ에는 시대적 상황을 알 수 있는 내용이 없다. '뻐꾸기'는 계절적 배경을 짐작하게 하고 '화개 장터'는 공간적 배경이다.

⑤ '또다시'는 다시 아침이 왔음을 의미하지만, 이때의 아침은 갈등이 완화되어 새로운 분위기로 전환된 아침으로 갈등 재현의 예고로 볼 수 없다.

4 소재의 기능과 의미 파악 　　　　　　　　답 ⑤

'검정 사마귀'는 옥화와 계연이 서로 이복 자매라는 사실을 암시하는 소재로, 성기가 계연과의 이별을 받아들이고 운명에 순응하는 계기가 된다.

[오답 확인]

① 계연이 옥화의 집에 있게 된 이유와 별 관련이 없으며 성기를 설레게 하는 것도 아니다.

② 옥화의 과거를 알려 주는 것은 맞지만, 성기에게 회한의 정서를 갖게 만드는 것은 아니다.

③ 계연은 옥화를 미워하고 있지 않다.

④ 계연이 옥화에게 의지하거나 성기의 기대감을 유발하는 내용은 확인할 수 없다.

5 외적 준거에 따른 작품 감상 　　　　　　答 ③

〈보기〉의 ㄴ에서는 「역마」의 인물들이 적극적이지 않고 비합리적이어서 현대인이 공감하기 힘들다고 했다. 이를 바탕으로 할 때, 운명에 순응하여 성기를 떠난 계연은 삶의 방향을 스스로 결정하는 주체적 인물이라고 볼 수 없다.

[오답 확인]

① ㄱ에서는 운명을 수용하는 것이 세계와 조화되는 것이며 우리 민족의 전통적 삶의 방식이라고 하였다. 따라서 운명에 순응하여 성기와 계연이 이별한 것은 한국인의 전통적 삶의 방식과 통한다고 할 수 있다.

② ㄱ에 따르면 엿장수가 되어 떠나는 성기의 행동은 운명을 수용하는 것으로, 세계와 조화되는 것이라고 할 수 있다.

④ ㄴ에서는 「역마」의 인물들이 비합리적이라고 하였는데, 명도를 불러 그가 한 말을 받아들이는 옥화의 행위는 현대인들이 공감하기 힘든 비합리적인 행동으로 볼 수 있다.

⑤ ㄴ에서는 「역마」의 인물들이 보여 주는 생각과 행동은 적극적이지 않다고 보았다. 성기가 하동 쪽으로 가는 것은 자신의 운명을 받아들이는 행동이므로 소극적 삶의 자세를 보여 준다고 할 수 있다.

다른 작품 엮어 읽기 **배따라기** | 김동인 　　　　　113쪽

작품 해제

이 소설은 '나'가 배따라기 노래 소리를 듣고 '그'와 만나 이야기를 듣는 외화와 오해로 아내와 아우를 잃고 회한의 유랑을 계속하는 '그'의 비극적 운명을 그린 내화가 액자 소설의 형식으로 구성되어 있는 작품이다. 이 두 이야기는 「배따라기」의 구조 속에서 하나가 되며, 중심 내용인 내화에서는 인간의 원초적인 애욕과 비극적 운명을 다루고 있다.

주제

오해가 낳은 인간의 비극적 운명

등장인물

• '그'(형): 질투심이 많고 성미가 급한 인물로, 동생과 아내 사이를 의심하여 아내를 죽게 만들고 동생을 떠나보냄. 뱃사람이 되어 「배따라기」를 부르며 동생을 찾아다님.

• 동생: 인물이 출중하고 다정함. 형으로부터 오해를 받아 형수가 죽자 고향을 떠나 이리저리 떠돌아다님.

'배따라기'의 의미

이 소설에 등장하는 배따라기는 「영유 배따라기」로 한순간의 오해로 비극에 이른 형의 비극성을 상징하는 노래이다. 형은 자신의 과오를 뉘우치고 동생을 찾기 위해 이 노래를 부르며 뱃사람의 생활을 한다는 점에서 형의 한과 애환이 담겨 있는 노래라 할 수 있다.

---

1 비극적, 역마살　**2** 뱃사람

1 이 글의 '그'는 동생과 아내 사이를 오해해 비극적인 운명에 이르고, 「역마」의 성기는 방랑하는 역마살의 운명에 순응한다.

2 '그'는 아내가 죽고 동생이 떠나자 동생을 찾기 위해 뱃사람이 되어 「배따라기」를 부르며 방랑 생활을 한다.

07 불꽃 | 선우휘

독해 포인트
이 소설은 의식의 흐름 기법으로 인물의 결의를 보여 주고 있으므로 상황에 따른 인물의 의식 변화에 주목하여 읽는다.

작품 해제
이 소설은 3·1 운동부터 6·25 전쟁에 이르는 한국 근현대사의 비극적 격동기를 배경으로 자기 개혁을 실천하고자 하는 인간의 결의를 그린 작품이다. 현실을 외면하고 개인의 삶을 중시하는 할아버지의 가치관과 현실에 저항하다가 죽은 아버지의 이념 사이에서 방황하는 과도기적 인물(현)을 통해 현실에 대해 체념하고 순응하는 태도를 비판하고 적극적인 삶의 자세에 대한 성찰을 유도하고 있다.

주제
근대사의 비극 극복과 적극적인 삶에 대한 의지

등장인물
• **현**: 우리 민족의 수난을 대표하고 상징하는 인물로, 현실을 외면하고 할아버지와 아버지 사이에서 방황하다가 적극적이고 행동력 있는 새로운 삶을 시도함.
• **고 노인(할아버지)**: 보수적, 전통적인 가치관을 지닌 인물로, 마지막 순간 의식의 변화를 통해 운명에서 벗어나 현을 위해 희생함.
• **연호**: 과거 현의 친구로 열성적인 공산주의자임.

주요 표현 방법
• **내적 독백**: '꼭 삼십 년을 살고 지금 여기서 죽어 가는구나.' 등에서 내적 독백을 통해 인물의 의식을 드러내고 있다.
• **상징적 소재**: '적극적인 삶의 의지, 행동인 삶의 생명력'을 의미하는 '불꽃', 소멸과 부활의 공간인 '동굴' 등의 상징적 소재가 사용되었다.

문제

1 ① **2** ⑤ **3** ⑤ **4** ④ **5** ⑤

원리로 작품 독해

1 희생, 행동
2 의식, 불꽃
3 역순행적, 독백

---

1 서술상 특징 파악 답 ①
'꼭 삼십 년을 살고 지금 여기서 죽어 가는구나.' 등에 현의 내적 독백이 나타나 있으며, 이를 통해 인물의 의식을 드러내고 있다.

2 외적 준거에 따른 작품 감상 답 ⑤
'나머지 한 알의 탄환'은 방황하는 인물의 심리가 아니라 현실을 외면하거나 현실에서 도피하지 않고 주도적으로 행동하려는 인물의 결심이 나타난 소재이다.

[오답 확인]
① '조상의 뼈다귀를 메고 다'니는 것은 고 노인이 자신의 '혈통'과 '조상'을 우선으로 생각한 행동으로 사회 현실보다는 개인의 삶을 우선시한 것이다.

② 조상과 혈통에 얽매여 살던 고 노인이 숙명에서 벗어나 자기 자신의 의지를 느끼는 것이므로 '새로운 감정'에는 고 노인의 인식 전환이 드러나 있다고 할 수 있다.
③ '살아 본 일이 없지 아니한가'라는 현의 생각에는 과거 삼십 년 자신의 삶이 '외면'과 '도피'의 삶이라는 반성이 드러나 있다.
④ 현은 전쟁이라는 이념의 대립이 결국 연호를 죽게 했다고 생각하므로 '가엾은 연호'에는 집단적 가치에 의해 박탈된 개인적 가치에 대한 연민이 드러나 있다고 할 수 있다.

3 소재의 기능 파악 답 ⑤
㉠의 '동굴'은 현이 피신하였다가 죽은 아버지의 삶을 떠올리고 자신의 지난 삶을 성찰하며 의식 변화를 이루어 가는 공간이라는 점에서 과거와 현재를 매개한다고 볼 수 있다. ㉡의 '꽃밭'은 '검은 구름과 휘몰아칠 폭풍'과 같은 부정적 현실을 외면했던 현의 지난 삶을 상징한다.

4 세부 내용의 이해 답 ④
ⓐ는 전통적 가치관을 가지고 살아온 고 노인이 숙명이나 운명을 따르지 않고 자신의 의지만으로 손자인 현을 꼭 살려야겠다고 결심한 것을 의미한다.

[오답 확인]
①, ② 고 노인은 풍수 원리를 굳게 믿고 조상의 일만 돌보던 지난날의 노력을 허탈해하며 의식이 변화되고 있으므로, 조상의 명예를 되살리거나 집안을 일으키겠다는 의지와는 관련이 없다.
③ 숙명에 대한 집착에서 벗어나 손자를 살리겠다는 의지가 드러나는 것으로, 불의의 적들에게 희생당하지 않겠다는 의지와는 관련이 없다.
⑤ 적들에게 쫓기는 상황이 아니므로 이에 정면으로 맞서겠다는 의지와는 관련이 없다.

5 인물의 심리 파악 답 ⑤
ⓑ에서 '꽃밭'은 안일하고 방관자적이었던 현의 과거의 삶을 의미한다. 즉 '꽃밭의 시대는 끝'났다는 현의 독백은 현실의 비극적 상황을 외면하고 도피했던 그간의 삶에서 벗어나 앞으로는 현실을 정면으로 대하며 적극적으로 살아가겠다는 의지를 드러낸다.

[오답 확인]
① 고 노인이 연호와의 대치 상황에서 현을 살리기 위해 희생했지만 ⓑ는 자신을 위해 희생당한 할아버지의 죽음에 대한 슬픔과는 관련이 없다.
② 현은 연호의 죽음에 연민을 느끼고 있을 뿐 죄책감까지는 느끼고 있지 않다.
③ 무사안일하고 방관자적인 삶을 살지 않겠다는 의지가 드러날 뿐 비극적 상황에서 대의를 위해 희생하겠다는 각오는 보이지 않는다.
④ 새로운 비약을 다짐하고 있을 뿐 비극적인 처지에서 벗어나 자연에 귀의하고 싶은 소망이 드러나지는 않는다.

작품 해제

이 소설은 6·25 전쟁 때 국군 포로로 잡혀 북쪽으로 이송되는 형제의 이야기를 통해 전쟁의 비극성을 고발한 작품이다. '나'가 '철'에게서 이야기를 듣는 내용인 외화와 전쟁 포로로 잡혀가는 형제의 이야기인 내화로 구성된 액자 소설 형식을 취하고 있다. 다소 어수룩하지만 순수함을 간직한 형의 죽음과 현실에 순응하며 살았던 자신의 삶에 회의를 느끼는 동생(외화의 '철'은 자신이 동생이라고 고백함.)의 태도를 통해 올바른 삶의 방향이란 무엇인가에 대한 질문을 던지고 있다.

주제

전쟁의 비극성 고발 및 올바른 삶의 자세에 대한 모색

등장인물

• **형**: 다소 어수룩하지만 순수함을 간직한 인물. 동생을 아끼는 마음을 행동으로 보여 주며, 전쟁 포로로 이송 중 다리가 불편해지자 자신의 죽음을 예감하고 동생에게 자신을 아는 척하지 말라고 당부함.
• **동생(칠성)**: 내화에서 형과 함께 포로로 이송되는 인물로 외화의 '철'과 동일 인물임. 처음에는 어수룩한 형을 무시하지만 점차 마음을 열고 형의 순수성을 깨달음.

제목의 의미

'나상'은 '벌거벗은 모습'이라는 뜻으로 인간 본연의 모습을 의미한다. 이는 삭막한 전쟁 상황에서도 순수한 인간 본연의 모습을 간직한 형을 가리키는 말로 볼 수 있다. 또한 생존을 위해 형의 죽음을 모르는 척해야 했던 동생의 모습 또한 다른 의미의 '나상'으로 볼 수 있다.

---

1 6·25 전쟁   **2** ③

1 이 글은 6·25 전쟁을 배경으로 하여 전쟁 포로로 끌려가는 형제의 이야기를 통해 전쟁의 비극성을 고발하는 한편, 인간다움과 올바른 삶의 자세에 대해 생각해 보게 하는 작품이다. 「불꽃」은 일제 강점기부터 6·25 전쟁에 이르기까지 현의 가족이 겪어야 했던 비극적 사건들을 보여 주면서 능동적인 삶의 자세의 필요성에 대해 이야기하고 있다.

2 형은 전날 동생에게 무슨 일이 생겨도 자신을 아는 체하지 말라고 당부하였다. 이는 자신으로 인해 동생이 피해를 볼 것을 염려한 것이다. ㉠은 다리가 아파 더 이상 걷지 못해 자신이 죽을 것이라는 사실을 예상한 형이 동생에게 전날 한 이야기를 잊지 말라는 의미로 신호를 보낸 것으로 볼 수 있다.

독해 포인트

이 소설은 두 인물의 동행을 통해 상처 입은 인물에게 연민을 느끼고 이해하는 과정을 드러내고 있으므로 인물의 태도 변화에 주목하여 읽는다.

작품 해제

이 소설은 전쟁의 상처로 인해 충동적으로 사람을 죽이고 고향을 찾는 억구와 그를 체포하기 위해 신분을 숨기고 동행하는 '큰 키의 사내'의 이야기를 통해 전쟁의 비극이 남긴 상처와, 상처받은 인간에 대한 연민을 표현한 작품이다. 억구는 6·25 전쟁 때 득수를 죽이고, 득수의 동생인 득칠은 억구의 아버지를 죽인다. 이후 억구는 오랜 시간을 도망쳐 지내다가 춘천에서 우연히 만난 득칠을 죽인다. '큰 키의 사내'는 억구의 이야기를 들으며 도덕적 규범을 핑계로 새끼 토끼를 구하지 못했던 자신의 과거를 떠올린다. 그리고 억구를 체포하지 않고 죽지 말라는 뜻을 전한 뒤 혼자 떠난다. 작가는 6·25 전쟁 때 죽은 득수와 억구 아버지뿐만 아니라 득칠과 억구 역시 역사의 피해자라는 이야기를 하고 있다. 득칠이 억구 아버지의 산소를 돌보고 있었다는 점에서 그 역시 죄책감에 힘든 삶을 살았음을 알 수 있다. 즉 그들이 죄를 짓게 된 원인인 전쟁과 그로 인한 상처에 주목하고 있는 것이다. 소설의 결말은 그러한 아픔은 인간애로 치유할 수 있다는 의미를 상징적으로 드러낸다.

주제

전쟁이 남긴 상처와 그에 대한 연민

등장인물

• **억구**: 아버지를 죽인 득칠을 충동적으로 살해한 뒤 괴로워하다 아버지의 산소 옆에서 죽을 것을 결심함.
• **큰 키의 사내(형사)**: 살인범인 억구를 체포하려고 동행하는 형사. 억구의 과거 이야기를 듣고, 도덕적 규범 때문에 토끼를 구하지 못했던 자신의 과거를 회상하며 억구를 체포하지 않음.

'큰 키의 사내'의 과거 회상의 역할

'큰 키의 사내'의 과거	'큰 키의 사내'의 현재
도덕적 규범을 지키기 위해 담을 넘지 못해서 새끼 토끼를 구하지 못함.	형사의 임무라는 도덕적 규범 때문에 억구를 체포해야 할지 고민함.

↓

도덕적 규범에 얽매이다가 토끼를 구하지 못했음을 후회하고, 억구를 놓아 줌.

문제   122~123쪽

1 ③   **2** ②   **3** ②   **4** ④   **5** ④

원리로 작품 독해   124쪽

1 동행, 경계, 아버지, 만족
2 담, 형사, 새끼 토끼
3 규범, 담배

1 서술상 특징 파악   답 ③

자신의 죄를 고백하며 아버지의 산소를 찾아간다는 억구와 '큰 키의 사내'의 대화, 그리고 과거의 사건과 관련한 '큰 키의 사내'의 독백이 교차하면서 억구를 체포해야 할지 고민하는 사내의 내적 갈등이 드러나고 있다.

[오답 확인]

① '들려 왔다', '있었다', '밤이었다' 등과 같이 과거 시제가 주로 사용되었다.

② 억구와 '큰 키의 사내'가 동행하는 눈길을 배경으로 서사가 전개되고 있다. 장면이 빈번하게 전환되지는 않고 있다.

④ 이 글은 작품 밖의 서술자에 의해 이야기가 전달되고 있다. 시점을 달리하여 사건의 의미를 다각적으로 조명하고 있지는 않다.

⑤ 억구와 '큰 키의 사내'가 동행하는 과정에서 억구의 과거 이야기가 드러날 뿐, 동시에 일어난 두 사건이 대비되고 있지는 않다.

2 인물의 심리 파악   답 ②

'큰 키의 사내'는 억구의 이야기를 들으며 새끼 토끼를 구하지 못했던 과거를 떠올린다. 그러면서 억구를 체포할지에 대해 고민한다. 이는 생물 선생네 담을 넘지 못해 새끼 토끼를 구하지 못한 것처럼, 지금도 '형사로서의 역할'이라는 담을 넘지 못하면 억구를 구하지 못할 것이라는 생각 때문이다. 즉 과거의 새끼 토끼와 현재의 억구를 동일시하고 있는 것이다.

[오답 확인]

① 앞부분에서 억구가 '큰 키의 사내' 앞으로 다가섰을 때 사내가 몇 걸음 물러서며 경계하는 태도를 보이기도 했지만 억구를 새끼 토끼와 동일시하는 것으로 볼 때, 사내가 억구를 위협적인 존재로 인식하고 있지는 않다는 것을 알 수 있다.

③ '큰 키의 사내'는 과거에 새끼 토끼를 구하지 못한 것에 대해 '무서웠던 거야.'라고 인정하며 후회하고 있다. 따라서 과거 경험을 부정하고 있다고 볼 수 없다.

④ 아버지를 잃고 죽음을 앞둔 억구의 처지는 어미 토끼보다는 새끼 토끼와 더 유사하다고 볼 수 있다.

⑤ '큰 키의 사내'가 후회하는 것은 어미 토끼에 대한 불쾌한 기억을 지우지 못한 것이 아니라 새끼 토끼를 구하지 못한 것이다.

3 구절의 기능 및 의미 파악   답 ②

억구가 자신의 아버지 산소를 매년 벌초했다는 득칠에게 이주격댔다는 것과 그날 밤 득칠을 죽였다는 말에서 억구가 득칠에게 진심으로 고마워했다고 볼 수 없다.

[오답 확인]

① 자신에게 다가서는 억구를 보며 몇 걸음 물러서 주머니에 손을 넣는 행동을 한 것으로 보아 '큰 키의 사내'가 억구를 경계하고 있음을 알 수 있다. 사내는 억구의 양복 윗주머니의 불룩한 것을 흉기로 생각한 것이다.

③ '이젠' 가친을 혼자 버려두고 달아나지 않겠다고 말하는 것으로 보아, 억구가 과거와 달리 아버지 곁을 떠나지 않으려 하고 있음을 짐작할 수 있다.

④ 억구는 아버지의 산소에 가서 술을 한잔 올리고 그 옆에 누울 것이라고 말했었다. 억구의 양복 주머니에 들어있던 것이 소주병이라는 것을 통해 억구의 말이 사실임을 짐작할 수 있다.

⑤ '큰 키의 사내'가 억구에게 담배를 주며 하루에 한 개씩만 피우라고 말한 것은 죽지 말고 살라는 당부이다. 이는 억구를 체포하는 일을 포기한다는 것을 의미한다. 얼굴에 미소가 번진다는 것을 통해 사내는 이러한 자신의 결정에 만족해하고 있음을 알 수 있다.

4 소재의 의미 파악   답 ④

'옆 산 소나무 위에 얹혔던 눈 무더기가 쏴르르 쏟아져 내렸다. 마치 자기 무게를 그렇게 나약한 소나뭇가지 위에선 더 이상 지탱할 수 없다는 듯이…….'에서 볼 수 있듯이 눈 무더기가 쏟아져 버린 뒤에 억구는 자신이 살인범임을 고백한다. 이를 통해 볼 때 ⓐ는 억구의 마음속에 있는 죄책감이 감당하기 어려울 만큼 크다는 것을 의미한다고 볼 수 있다.

[오답 확인]

① 아버지가 눈에 대한 말을 하긴 했지만, ⓐ로 인해 억구가 아버지를 떠올리고 있지는 않다.

② ⓐ가 작품의 서정적인 분위기를 조성하거나 여운을 주지는 않는다.

③ ⓐ가 인물들의 여로에 지장을 주는 모습은 나타나지 않는다.

⑤ ⓐ가 '큰 키의 사내'로 하여금 과거를 떠올리게 하는 역할을 하고 있지는 않다.

5 외적 준거에 따른 작품 감상   답 ④

'큰 키의 사내'는 억구의 이야기를 들으며 억구에게서 전쟁이 남긴 상처를 느끼게 된다. 그리고 아버지 산소 옆에서 죽을 것을 결심한 억구에게 담배를 건네며 하루에 하나씩만 피우라고 당부한다. 이는 억구의 체포를 포기하면서 억구의 죽음을 만류하는 행위로, 이런 모습에서 따뜻한 인간애를 엿볼 수 있다.

[오답 확인]

① 전쟁의 상흔으로 고향을 떠났다가 돌아오는 사람은 억구이며, '큰 키의 사내'는 억구를 잡기 위해 동행을 하는 것뿐이다.

② 억구가 '큰 키의 사내'에게 구장네 집을 알려 주면서 몸을 녹이라고 하는 것은 추운 길을 가는 사내를 배려하는 것이다.

③ 억구가 자신의 범행을 털어놓은 것은 더 이상 죄책감을 견디기 힘들었기 때문이다. 억구가 '큰 키의 사내'에게 인간적인 연민을 느끼는 부분은 찾아볼 수 없다.

⑤ 어깨를 움츠린 채 초라하게 걸어가는 억구의 을씨년스러운 뒷모습에서 전쟁의 상처를 극복하려는 의지는 찾아볼 수 없다.

삼포 가는 길 | 황석영

작품 해제
이 소설은 세 인물의 여정을 통해 산업화 과정에서 소외된 하층민들의 삶의 애환과 그 속에서 싹트는 인간적인 유대감을 그린 작품이다. 소설에 등장하는 인물들은 교도소에서 출감한 정 씨, 떠돌이 노동자 영달, 술집 작부 백화 등 사회에서 소외된 인물들이다. 우연히 동행하게 된 세 인물은 대화를 나누며 서로에 대한 연민의 감정과 연대감을 느낀다. 이후 백화와 헤어지고 정 씨의 고향인 삼포로 향한 정 씨와 영달은 공사판으로 변해 버린 삼포를 마주하게 된다. 이 소설에서 '삼포'는 마음속 영원한 고향이자 정신적인 안식처라고 할 수 있다. 이러한 삼포가 사라졌다는 것은 정신적인 고향을 상실하고 미래의 꿈마저 빼앗긴 하층민들의 불행한 삶을 상징하는 것으로 볼 수 있다.

주제
산업화 과정에서 소외된 사람들의 애환과 인간적 유대감

등장인물
• **정 씨**: 교도소에서 출감한 노동자. 과거를 그리워하며 고향인 삼포를 찾아가지만, 공사판으로 변해 버린 모습을 보며 절망함.
• **영달**: 떠돌이 노동자. 일자리를 찾아 정 씨를 따라 삼포로 감. 무뚝뚝한 겉모습과 달리 백화의 처지에 연민을 느끼는 등 따뜻한 면이 있음.
• **백화**: 술집에서 도망쳐 고향으로 돌아가는 작부. 정 씨, 영달에게 자신의 고향에 함께 가자고 제안하나 결국 헤어지게 됨.

'삼포'의 의미
정 씨와 영달이 찾아가는 '삼포'는 실제로 존재하지 않는 허구적인 공간으로, 정 씨의 입장에서는 과거의 추억이 담긴 마음의 안식처이며, 영달의 입장에서는 일자리를 구해 새롭게 정착할 수 있는 희망의 땅이다. 이는 '삼포'가 산업화 이전의 공동체적 삶이 살아 있는 이상적인 공간임을 의미한다. 이러한 '삼포'가 공사판으로 변했다는 소설의 결말은 산업화로 인해 농어촌의 모습이 바뀐 당시의 시대 상황을 보여 준다.

---

1 여정   2 산골 마을

1 이 글은 '산골 마을 → 폐가 → 역(감천)'으로 이동하는 인물들의 여정을 중심으로 사건이 전개된다. 「동행」 역시 두 인물이 와야리로 가는 여정을 따라가며 사건이 전개된다.

2 이 글에서 '산골 마을'은 굴뚝에서 연기가 나고 사람들의 따뜻한 말소리가 들리는 안락한 공간이다. 이는 추위와 싸우며 길을 가야 하는 인물들의 처지와 대비된다. 특히 산골 마을에서 쉬지 못하고 계속 길을 가야 하는 인물들의 처지는 삶의 고달픔을 부각하고 있다.

---

09 꺼삐딴 리 | 전광용

독해 포인트
이 소설은 기회주의적 인물을 풍자하며 비판하고 있으므로 인물의 행태에 주목하여 읽는다.

작품 해제
이 소설은 일제 강점기와 해방, 그리고 6·25 전쟁 등의 역사적 상황을 겪은 이인국이라는 인물을 통해 오직 자신의 출세와 부를 위해 친일파에서 친소파로, 다시 친미파로 재빨리 변신하는 기회주의적인 삶을 비판한 작품이다. 이인국은 일제 강점기에 모범적인 황국 신민으로 살면서 부귀영화를 누린다. 그는 광복 직후 친일파라는 죄목으로 체포되어 감옥에 갇히게 되지만, 소련군 군의관의 혹 수술을 하게 되면서 감옥에서 풀려나고 자신의 아들까지 소련으로 유학 보낼 정도로 철저한 친소파로 변신한다. 1·4 후퇴 때 서울로 온 후에는 미군이 득세하는 상황에서 미 국무청 초청 케이스를 할당받기 위해 대사관 직원 브라운 씨에게 고려청자를 선물한다. 이처럼 이인국은 개인적 삶의 안위만을 위해 민족이나 시대의 요청은 외면한 채 신념과 공동체 의식 없이 변절로 점철된 삶을 산다. 이 소설은 이러한 이인국의 삶을 소재로 당시 사회 지도층의 행태를 풍자하며 비판하고 있다.

주제
자신의 안위만을 위해 시류에 따라 변절하는 기회주의적 인간 비판

등장인물
• **이인국**: 돈과 권력을 중시하며 시대와 상황에 따라 변신하는 기회주의자
• **혜숙**: 이인국 병원의 간호사로 나중에 이인국과 결혼함.

제목의 의미
'꺼삐딴'은 영어의 '캡틴(Captain)'에 해당하는 러시아어 '까삐딴'이 와전되어 표기된 말로, '우두머리(최고)'라는 의미를 지닌다. 즉 '꺼삐딴 리'는 '캡틴 리(이인국)'를 일컫는 말로, 인물의 기회주의적 행태를 냉소적으로 풍자하고 조롱하는 명칭이다.

문제

1 ③   2 ①   3 ⑤   4 ⑤   5 ①

원리로 작품 독해

1 기회주의자, 개인
2 회중시계, 반려, 과거
3 브라운, 과거, 친일파

---

1 서술상 특징 파악   답 ③

이인국 박사는 회중시계를 보며 자신의 과거를 회상한다. 회상 이전은 월남 후 서울에 있는 현재이고, 중략 이후는 소련군이 입성한 북한에서의 과거이다. 이처럼 이 글은 현재와 과거를 역전적으로 구성하여 인물의 과거 행적을 밝히고 있다.

[오답 확인]
① 인물 간의 대화가 빈번하게 이루어지지는 않는다. 주로 서술자가 주인공의 현재 상황이나 과거 행적을 서술하고 있다.
② 인물 간의 대결 의식은 확인할 수 없으며, 이를 중심으로 사건이 진행되지도 않는다.

④ 감각적인 수사를 반복적으로 사용한 부분은 드러나지 않는다.

⑤ 현학적 표현은 사용하지 않았으며, 이인국 박사를 비판적인 지성인이라고 볼 수도 없다.

2 인물의 심리 파악 답 ①

이인국 박사는 아침에 진찰실에 나와 손가락 끝으로 창틀이나 탁자 위를 훑어 응시하는 일로 일과를 시작한다고 하였다. 이를 통해 사소한 일도 쉽게 지나치지 않는 빈틈없고 까다로운 그의 모습을 엿볼 수 있다.

[오답 확인]

② 이인국 박사는 '종합 병원의 원장 자리'를 차지함으로써 자신의 영달을 꾀하고자 한다. 이는 타인의 이익을 우선시하는 사려 깊은 자세와는 거리가 멀다.

③ 소련군 입성 소식을 듣고 한참 동안 바깥쪽을 내려다보다가 친일의 행적을 없애기 위해 모조지를 찢었으므로, ⓒ은 상황의 변화에 따른 자신의 처세를 고민하는 모습임을 알 수 있다.

④ 그간의 친일 흔적을 없애 버리려는 행동이므로 시류 변화에 재빠르게 적응하는 행동으로 볼 수 있다.

⑤ 자신의 이익을 위해 아이들까지 친일 행적에 동원한 것을 다행으로 여기는 것이지 아이들을 염려하고 있는 것이 아니다.

3 인물 형상화 방법 이해 답 ⑤

[A]는 해방 후 이인국 박사의 고향인 이북에 소련군이 주둔하게 되자 친일의 흔적을 지우기 위해 '國語常用(국어상용)의 家(가)'라고 적힌 종이를 찢어 버리는 장면이다. 이를 통해 시류에 따라 변신하는 이인국 박사의 기회주의적인 성격이 잘 드러난다.

[오답 확인]

① [A]에서 이인국 박사의 정서가 불안정하거나 예민하지는 않다.

② [A]에서 이인국 박사가 종이를 찢는 모습은 나타나지만 이것이 극단적이고 폭력적인 행동은 아니다.

③ [A]에서 이인국 박사가 운명에 순응하거나 체념적인 태도를 보이지는 않는다.

④ [A]에서 이인국 박사는 과거에 집착하는 것이 아니라 시류에 따라 행동하는 적극적인 모습을 보이고 있다.

4 상황에 맞는 한자 성어 파악 답 ⑤

'아슬아슬한 죽음의 고비'는 이인국 박사가 일제 강점기, 소련군 점령하의 감옥 생활, 6·25 전쟁 등의 역사적 흐름 속에서 넘긴 죽음의 고비를 말한다. 이와 의미가 통하는 한자 성어는 '사느냐 죽느냐 하는 갈림길.'을 뜻하는 '생사기로(生死岐路)'이다.

[오답 확인]

① 고생 끝에 즐거움이 옴을 이르는 말이다.

② 나라 안팎의 여러 가지 어려움을 뜻하는 말이다.

③ 고국의 멸망을 한탄함을 이르는 말이다.

④ 죽고 사는 것을 돌보지 않고 끝장을 내려고 함을 의미한다.

5 소재의 기능 파악 답 ①

〈보기〉에 따르면 이 글의 소재들은 배경을 제시하거나 사건을 구성하는 과정에서 중요한 역할을 하며, 인물에 대한 부가 정보를 전달하는 기능을

한다고 하였다. '왕진 가방'은 이인국 박사가 38선을 넘으며 가지고 온 것으로 부를 축적하는 수단이 된다. 미군 의사에게서 얻은 새것으로 갈아 매어 흔적도 없게 되었다는 것으로 보아 '고향에 대한 그리움'과는 거리가 멀다고 할 수 있다.

[오답 확인]

② '시계'는 이인국 박사의 인생의 반려이자 결정적인 인생의 전환기마다 생사고락을 함께한 것으로 소설의 중요한 구성 장치이다.

③ '비상용 캐비닛' 속에 소중한 회중시계를 넣는 모습을 통해 이인국 박사의 주도면밀함을 알 수 있다.

④ '신사복'은 이인국 박사가 학생복을 벗어 버리고 사회생활을 시작하며 가졌던 희망찬 기대 및 감회를 표상하는 소재이다.

⑤ '라디오'에서 여러 날째 소련군이 입성한다고 알려 주고 있으므로, 이는 이인국 박사가 새롭게 직면하게 된 변화된 정세를 전해 주는 소재이다.

다른 작품 엮어 읽기 **미스터 방** | 채만식 131쪽

작품 해제

이 소설은 해방 직후의 혼란스러운 사회에서 영어를 할 줄 안다는 이유로 출세를 한 기회주의적 인물의 행적을 다룬 작품이다. 사회 변화에 교묘히 적응해 가는 방삼복을 풍자적으로 그리며 당시의 세태와 인간상을 비판하고 있다. '미스터 방'은 방삼복을 가리키는 제목으로, 외세 권력에 기생하여 부와 권력을 얻고자 하는 기회주의적 인간에 대한 풍자의 의미를 내포하고 있다.

주제

권력을 좇아 자신의 이익을 추구하는 인간상과 당시의 세태 비판

등장인물

• **방삼복**: 십여 년을 외국에서 떠돌다 귀국하여 신기료장수가 됨. 미군 소위에게 접근하여 신뢰를 얻어 통역관이 된 뒤 온갖 권세를 누림.

이 글의 풍자성

해방 후의 극심한 혼란 속에서 가족, 민족, 조국보다는 개인의 안락과 이익을 중시하고 권력에 기생하며 살아가는 방삼복과 같은 인물에 대한 풍자적 태도가 잘 나타나 있다.

---

1 기회주의적 **2** 미스터 방

1 이 글의 방삼복과 「꺼삐딴 리」의 이인국 박사는 모두 시대 흐름에 맞춰 발 빠르게 변신하며 부를 축적하고 권력을 누리는 기회주의적인 인물들이라 할 수 있다.

2 방삼복은 영어를 할 줄 안다는 이유로 재산을 얻고 신분 상승을 하면서 '미스터 방'으로 불리게 된다. 이 '미스터 방'이라는 호칭에는 이런 방삼복을 풍자하고 희화화하려는 작가의 의도가 담겨 있다.

10 나목 | 박완서

독해 포인트
이 소설은 '나'의 내면의 고뇌와 갈등을 보여 주고 있으므로 '고가'의 의미와 '나'의 내면세계에 주목하여 읽는다.

작품 해제
이 소설은 6·25 전쟁 혼란기의 서울을 배경으로 화가인 옥희도와 '나'가 맺었던 인연과 관련된 내용을 다룬 작품이다. 전쟁의 피해가 가시지 않은 시대에 가난 속에서도 진정한 예술가로서 그림을 그리고자 했던 옥희도와 그를 사랑했던 젊은 날의 '나'의 이야기가 세월이 흐른 뒤 '옥희도 유작전'이 열린다는 소식을 매개로 '나'의 삶에 다시 환기된다. 젊은 시절의 '나'는 혼란과 방황 속에서도 세속적인 삶에 대한 거부감을 지니고 있었기에 옥희도의 가난한 삶을 사랑하였지만 인연은 더 이어지지 못하고, '나'는 현실적인 삶을 추구하는 황태수와 결혼한다. 하지만 세월이 흐른 뒤 '나'는 옥희도의 유작전에서 그림 「나목」을 보고 그가 추구했던 진정한 삶과 예술을 깨닫게 되면서 자신의 삶을 되돌아보게 된다.

주제
진정한 예술가의 초상과 청춘의 성숙 과정

등장인물
- **'나'**: 전쟁으로 두 오빠를 잃고 불안한 젊은 시절을 보냈으나 현재는 평범한 일상을 살고 있는 인물로, 옥희도의 예술 정신에 이끌려 그를 사랑했음.
- **황태수**: '나'의 남편으로 일상적 삶을 중시하는 평범한 인물임. 세속적인 면이 있음.
- **옥희도**: 가난 속에서도 강렬한 예술 정신을 지닌 화가로, '나'의 정신적 성장을 가능하게 함.

인물에 따른 '고가'의 의미
- **'나'**: 가족의 애환이 담겨 있고 과거의 '나'가 투영된 대상
- **남편**: 터무니없이 넓고 불합리한 구조로 서 있는 퇴락한 대상

문제
134~135쪽

1 ① 2 ③ 3 ④ 4 ⑤ 5 ②

원리로 작품 독해
136쪽

1 고가, 천박함, 낯섦
2 가족, 남편
3 안, 1인칭 주인공

---

1 구절의 의미 파악
답 ①

이 글에서 남편은 세속적이고 속물적인 면모를 지닌 인물로, '장사꾼들과 몇 푼의 돈 때문에 큰소리로 삿대질까지 해' 대는 사람이다. ㉢은 추억이 있는 은행나무에 집착하면서 실용적인 편리만으로 정신적인 면을 대신할 수는 없다고 여기는 '나'의 면모를 보여 주는데, ㉠에서의 남편의 행동은 '나'가 지키고 싶은 은행나무와 거기에 깃든 소중한 가치를 보존하기 위한 것이 아니라 세속적인 이익을 위한 것이다.

[오답 확인]
② ㉠에서는 장사꾼들과 흥정하는 모습을 통해 세속적이면서도 속물적인

남편의 성격이 드러나고 있고, ㉤에서는 남편의 콧구멍과 코털에 대한 묘사를 통해 남편에 대한 '나'의 모멸과 혐오가 드러나고 있다.
③ ㉡에서 '나'는 고가(古家)의 해체가 주는 내면적인 고통을 견디며 현실적인 남편에게 맞추려고 노력한다. 하지만 ㉣에서 내면 속에 남아 있는 '해체되지 않은 한 모퉁이'를 느끼며 여전히 남편에게 동화되지 않는 자신을 발견한다.
④ ㉡에서는 '그의 아내로서 편한 나로 뜯어 맞추고 싶었다.'라며 남편의 가치관과 판단에 자신을 맞추려 하고, ㉤에서는 세속적으로 살아온 남편의 삶이 낯설게 느껴지는 것을 이겨 내려고 남편의 이마에 돌발적인 키스를 퍼붓고 있다.
⑤ ㉢에서 '나'가 은행나무만은 지키고자 하는 것은 실용적인 것으로 대체될 수 없는 가족들과 자신의 애환 등 내면 의식과 관련이 있다고 할 수 있다.

2 소재의 기능 파악
답 ③

남편이 고가를 철거하는 것은 고가가 '터무니없이 넓은 대지에 불합리한 구조'로 서 있기 때문이고, '음침한' 분위기를 지니고 있으며, '불필요한 방들만 많고 손댈 수 없이 퇴락'했기 때문이라고 했다. 이는 남편이 실용적이고 실리적인 면만을 고려하고 있음을 보여 주는 것으로, '나'와의 친밀감을 회복하려는 의도로 고가를 철거하고자 한 것은 아니다.

[오답 확인]
① 남편은 고가를 철거하고 새 집을 짓는 것이 실용적이라고 판단했다.
② '쓸모 있고 견고한, 그러나 속되고 네모난 집이 남편의 설계대로 이루어졌다.'를 통해 '견고한 양옥'의 설계에 남편의 뜻이 반영되었음을 알 수 있다.
④ 고가가 철거되는 것을 보며 '나'가 '나 자신의 육신이 해체되는 듯한 아픔'을 느끼는 것은 고가가 과거의 '나'가 투영된 대상이기 때문이다. 고가는 철거된 뒤에도 '나'의 내면에 '해체되지 않은 한 모퉁이'를 남김으로써 갈등 상태를 드러내는 기능을 한다.
⑤ '음침한 고가'에는 고가에 대한 남편의 부정적 인식이, '숙연한 고가'에는 고가에 대한 '나'의 아쉬움과 애틋함이 담겨 있다.

3 관용 어구를 통한 인물의 심리 파악
답 ④

ⓐ에는 자기들 멋대로 화가를 평가하는 비평가들에 대한 남편의 비판이 담겨 있다. 즉 죽은 후에 그렇게 치켜세울 만한 화가였다면 왜 살아 있을 때 아무런 관심을 보이지 않았는가 하는 것으로, 특별한 원칙 없이 대상을 평가하는 이들에 대한 부정적 인식의 표현인 셈이다. 그러므로 ⓑ에는 '어떤 원칙이 정해져 있는 것이 아니라 둘러대기에 따라 이렇게도 되고 저렇게도 될 수 있음을 비유적으로 이르는 말.'인 '귀에 걸면 귀걸이 코에 걸면 코걸이'가 들어가는 것이 적절하다.

[오답 확인]
① 기초가 튼튼하지 못하여 곧 허물어질 수 있는 물건이나 일을 비유적으로 이르는 말이다.
② 속으로는 해칠 마음을 품고 있으면서, 겉으로는 생각해 주는 척함을 이르는 말이다.
③ 아무 관계없이 한 일이 공교롭게도 때가 같아 어떤 관계가 있는 것처럼 의심을 받게 됨을 비유적으로 이르는 말이다.
⑤ 잘될 사람은 어려서부터 남달리 장래성이 엿보인다는 의미의 관용구이다.

4 소재의 의미 파악   답 ⑤

남편은 고가를 철거하지만 '나'의 고집으로 은행나무는 베어 내지 못한다. ㉮는 '나'에게 그늘이 되어 주기도 하고, 빛, 속삭임, 아우성을 함께 제공한다는 점에서 위안이 되는 존재라 할 수 있다. 〈보기〉에서 '눈꽃'도 막차를 기다리는 사람들을 감싸 안아 위안을 주는 존재라고 할 수 있다.

[오답 확인]

① '수수꽃'은 유리창에 붙어닥친 눈보라를 비유한 표현이다.

② '감기'는 막차를 기다리는 사람의 고통스러운 처지를 의미한다.

③ '사과'는 막차를 기다리는 사람의 생활과 관련된다.

④ '담배 연기'는 막차를 기다리는 사람의 고달픈 생활과 관련된다.

5 인물의 태도 파악   답 ②

㉯는 남편이 옥희도 씨의 유작전에 대해 "비평가의 농간" 혹은 "그분 그림이 외국 사람들 사이에 꽤 인기가 있는 모양인데 모를 일이야."라며 폄하하자 '나'가 보인 태도이다. 여기에는 예술적 가치를 경시하는 남편의 태도에 대한 반감이 나타나 있다고 할 수 있다.

137쪽

다른 작품 엮어 읽기   **젊은 느티나무** | 강신재

작품 해제

이 소설은 민감한 감수성을 지닌 열여덟 살의 '나'가 어머니의 재혼으로 만난 이복 오빠 현규에 대해 갖는 순수한 사랑을 그린 작품이다. 사회적으로 금지된 사랑이기에 지금은 헤어지면서도 자신들의 사랑을 확인하고 먼 훗날을 기약하는 모습에서 순수하면서도 성숙한 사랑의 내면을 볼 수 있다. 용납될 수 없는 사랑을 윤리적 차원이 아닌 두 사람의 순수한 사랑의 측면에서 이루어 가는 모습을 잘 보여 주고 있다.

주제

현실을 극복하고 순수한 사랑을 성취하는 청춘 남녀의 아름다운 모습

'젊은 느티나무'의 의미

'나'는 현규에 대해 사회적으로 금기된 사랑의 감정을 갖고 있다. 둘은 서로의 감정을 이해하고 먼 훗날을 약속하며 각자 현재의 길을 가기로 다짐한다. 그래서 '나'는 그를 더 사랑하여도 된다는 생각에 젊은 느티나무를 안고 웃는다. 따라서 '젊은 느티나무'는 순수하고 아름다운 사랑의 의미를 나타내며 꿈을 잃지 않는 젊음을 상징한다고 볼 수 있다.

---

1 나무   **2** 사랑

1 이 글의 '나'는 현규와의 사랑을 기약한 기쁨에 느티나무를 껴안고 울면서 웃고 있다. 「나목」의 '나'는 고가가 철거되는 상황에서도 자신에게 위안이 되는 은행나무를 베지 못하게 한다. 두 인물 모두 나무에 대한 애착을 통해 자신의 심리를 표출하고 있다고 할 수 있다.

2 '나'와 현규는 이복 남매로 사회적으로 금지된 사랑을 하고 있다. 두 인물은 비록 지금은 헤어지지만 먼 훗날의 사랑을 다짐하는 모습을 보인다는 점에서 성숙한 태도로 사랑을 키워 나가고 있다고 할 수 있다.

11 눈길 | 이청준

독해 포인트
이 소설은 '나'가 아내와 어머니의 대화를 듣고 어머니의 사랑을 깨닫는 과정을 그리고 있으므로 이야기의 흐름에 따른 '나'의 심리 변화에 주목하여 읽는다.

작품 해제
이 소설은 집안의 몰락으로 인한 피해 의식으로 어머니를 '노인'이라 부르며 외면하는 '나'가 아내와 어머니의 대화를 통해 어머니의 사랑을 깨닫는 과정을 그린 작품이다. 글이 진행됨에 따라 '나'와 어머니 사이의 심리적 거리는 점점 좁아지고 있으며, 어머니의 사랑을 깨달은 '나'가 눈물을 흘림으로써 두 사람 사이의 심리적 갈등이 해소된다. 결말 부분은 '나'와 어머니의 화해를 암시하지만 명확한 결론을 드러내지 않아서 깊은 여운을 주고 있다.

주제
어머니의 사랑에 대한 깨달음과 인간적 화해

등장인물
- **'나'**: 집안이 몰락해서 자수성가해야 했으며 물질적인 도움을 주지 못한 어머니를 외면함.
- **어머니**: '나'에게 도움을 주지 못한 것을 미안해하며 자식을 애틋하게 여기고 사랑함.
- **아내**: '나'와 어머니 사이의 중재자로, 어머니에게 연민을 느낌. '나'와 어머니의 관계가 회복되도록 도움.

'노인'이라는 말에 담긴 '나'의 심리
'나'는 어머니와의 관계를 물질적인 것으로만 따져 서로에게 빚이 없음을 강조한다. 그리고 물질적인 도움을 주지 못한 어머니를 원망하고 애써 외면하며 '노인'이라 칭한다.

문제

1 ② 2 ⑤ 3 ⑤ 4 ① 5 ④

원리로 작품 독해

1 물질, 사랑
2 노인, 사랑
3 눈길, 부끄러움

---

1 서술상 특징 파악
답 ②

노인은 아내에게 '나'를 바래다준 후 홀로 눈길을 되돌아오던 날의 이야기를 들려주고, 아내는 질문을 하면서 노인의 이야기를 듣고 있다. 이처럼 이 글은 두 인물의 대화를 통해 과거의 이야기가 제시된다.

[오답 확인]
① '나'와 노인 사이의 과거 사건을 다루고 있으므로 관련성이 없는 사건을 삽화처럼 나열한 것은 아니다.
③ 인물들은 모두 같은 장소에 있고, 현재와 과거의 일을 서술하고 있다.
④ 이 글에 제시된 '나'의 의식은 아내와 노인의 대화를 들은 '나'의 심정으로 외부 상황과 관련된 것이다.
⑤ 이 글은 1인칭 주인공 시점의 글로, 공간의 변화에 관계없이 서술자는 '나'로 고정되어 있다.

2 소재의 의미 파악
답 ⑤

ⓒ은 노인에게 아들을 생각나게 하므로 ⓒ이 아들에 대한 거리감을 갖게 한다고 볼 수 없다.

[오답 확인]
① ㉠, ⓒ은 모두 '나'를 떠나보내고 노인 혼자 돌아오는 길에서 본 발자국이므로 동일한 공간에 존재한다.
② ㉠, ⓒ은 모두 '나'와 노인의 발자국이다.
③ ㉠, ⓒ은 모두 아들을 바래다주러 가는 길에 찍힌 발자국이므로 같은 곳을 향하고 있다.
④ ⓒ의 '몹쓸'에는 노인의 자책감, 미안함 등의 감정이 직접적으로 드러나 있다. 아들을 제대로 뒷바라지하지 못한 자신에 대한 책망을 '몹쓸'이라는 말로 표현한 것이다.

3 인물의 심리 파악
답 ⑤

〈보기〉는 만물을 비추는 자연적이고 근원적인 햇살에 자신을 비춰 보는 '노인'의 모습을 제시하고 있다. 옛집에서 아들을 재우고 객지로 보낼 수밖에 없었던 자신을 햇살에 비춰 보면서, 노인은 부모로서의 도리를 다하지 못하는 자신에게 한스러움을 느꼈을 것이다. 이에 '시린 눈'이라는 표현으로 그때의 감정을 드러낸 것이다.

[오답 확인]
① 노인은 갈 데가 없어서 동네로 바로 들어가지 못한 것은 아니라고 하였다.
② 주고받을 것이 없는 관계라는 것은 아들의 생각이다.
③ 노인은 아들에게 해 준 것이 없어 미안할 뿐이지 자신이 베푼 사랑을 알아주지 않은 아들에 대해 서운해하는 것은 아니다.
④ '나'가 가장의 역할을 감당해야 하는 상황에 처했던 것은 가계가 파산을 겪은 고등학교 1학년 때가 아니라 형이 세상을 떠난 후이다.

4 인물의 심리 파악
답 ①

㉮는 자신을 타지로 떠나보내던 날, 어머니가 혼자 눈길을 걸어 되돌아오던 이야기를 듣고 '나'가 보인 눈물이다. '나'는 어머니가 자신을 지극히 사랑했음을 깨닫고 그동안 어머니를 원망하고 애써 외면해 왔던 일에 대해 회한과 부끄러움을 느끼고 있다.

5 외적 준거에 따른 작품 감상
답 ④

어머니가 "눈물로 저 아그 앞길만 빌고 왔제."라고 한 것은 '나'가 고향을 떠난 뒤에 어머니가 눈길을 되돌아오면서 한 말이다. '나'가 과거 고향을 떠나던 날에 이미 어머니의 사랑을 알고 있었던 것은 아니다.

[오답 확인]
① 노인이 '내게 아무것도 낳아 기르는 사람의 몫'을 하지 못했다는 것은 집안의 몰락으로 어머니가 물질적 도움을 주지 못했다는 의미로, '나'는 부모의 도리를 물질적인 것으로만 생각한다는 것을 알 수 있다.
② 어머니를 '노인'이라 칭하고 있는 것에서 물질적인 도움을 주지 못한 어머니를 원망하고 애써 외면해 오던 '나'의 모습을 알 수 있다.
③ 아내가 '그때 일'에 대해 어머니에게 묻는 것을 통해 '나'는 과거에 자신이 떠난 후의 이야기를 듣게 된다.
⑤ 어머니의 이야기를 듣고 눈물을 흘리는 것은 '나'가 그동안 외면해 왔던 어머니의 사랑을 깨닫게 되었음을 나타낸다.

다른 작품 엮어 읽기 **어머니** | 한승원

작품 해제
이 소설은 세 편의 작품으로 구성된 연작 소설 『한(恨)』의 첫 번째 작품이다. 독립투사를 암살했다는 혐의로 감옥에 수감되어 있는 막내아들의 옥바라지를 하는 어머니의 안타까운 자식 사랑과 한스러운 삶이 나타나 있다. 작가는 어머니의 지극한 사랑과 처절한 한을 밀도 있게 그리기 위해서 토속성이 짙은 방언과 넋두리를 하는 방식을 사용하고 있다. 또한 호흡이 긴 만연체 문장을 사용하여 어머니가 처한 상황이나 사건을 어머니의 시각에서 자세하게 묘사하여 어머니의 한 맺힌 삶을 효과적으로 드러내고 있다.

주제
어머니의 한스러운 삶

등장인물
• **어머니**: 한국의 전통적인 여인상을 나타냄. 평생 고생을 했으면서도 자식에게 헌신적으로 사랑을 베풂.
• **딸**: 어촌의 여유 있는 집으로 시집을 갔으나 바다 일에 고생이 많고 시댁의 구박을 견디고 있음. 어머니의 한스러운 삶을 이해하고 옥바라지를 적극적으로 도움.

'김'의 의미
어촌으로 시집간 딸이 힘들게 김을 채취하는 일을 하고 있다는 점에서 '김'은 어촌의 힘든 노동을 상징한다. 특히 한겨울의 추위에도 물속에서 김을 건져 말리는 일을 하는 딸을 안쓰러워하는 어머니의 모습을 통해 힘든 노동을 하며 살아가는 어촌민들의 삶을 엿볼 수 있게 한다.

---

1 사랑   2 만연체

1 이 글의 어머니는 감옥에 갇힌 아들이 한겨울의 추위를 어떻게 날 것인가를 걱정하는 모습을 보인다. 「눈길」의 노인도 고향을 떠나는 아들을 걱정하며 아들이 편안하게 살기를 바라는 모습을 보인다. 이런 모습들은 자식에 대한 한없는 사랑을 나타내는 것이다.

2 이 글은 호흡이 긴 만연체 문장을 사용하여 어머니가 처한 상황이나 사건, 어머니의 심리 등을 자세하게 묘사하고 있다.

---

12 아홉 켤레의 구두로 남은 사내 | 윤흥길

독해 포인트
이 소설은 1970년대 급속한 산업화, 도시화 속에서 소외된 사람들의 삶과 사회의 부조리를 다루고 있으므로 '나'가 권 씨를 바라보는 시선에 주목하여 읽는다.

작품 해제
이 소설은 1970년대 급속한 산업화, 도시화의 과정에서 소외되었던 소시민들의 삶을 다룬 작품이다. 급격한 산업화로 수많은 사회 문제들이 발생했는데, 이 소설의 권 씨는 이러한 사회 상황이 낳은 피해자의 모습을 보여 준다. 권 씨는 철거민 입주권을 사지만 당국의 불합리한 조치에 항의하는 시위에 휘말려 전과자가 된다. 결국 그는 생활고로 강도질을 하게 되고 그의 자존심인 아홉 켤레의 구두만을 남겨 놓은 채 사라진다. 이 소설의 서술자인 '나'는 그런 권 씨를 통해 비극적인 현실을 체감한다.

주제
산업화, 도시화 과정에서 소외된 계층의 어려운 삶

등장인물
• **'나'**: 셋방살이를 하다 어렵게 집을 마련한 교사로, 권 씨에게 연민을 느끼고 도와주지만 자신의 삶이 피해받는 것을 꺼림.
• **권 씨**: 선량한 소시민이었으나 시위 사건에 휘말려 전과자가 된 인물로, 무능력하지만 자존심을 지키며 살고자 함.

'구두'의 의미
권 씨가 소중히 여기는 '구두'는 대학을 나온 지식인으로서의 마지막 자부심과 자존심을 상징하는 소재이다. 비록 시대적 상황 때문에 가난한 셋방살이를 하고 있지만 권 씨는 자존심을 지키려고 늘 구두를 반짝거리게 닦고 다닌다.

문제

1 ④   **2** ②   **3** ②   **4** ⑤

원리로 작품 독해

1 비웃음, 분노, 우려
2 개인주의, 부정적, 태평, 무능력
3 안, 1인칭 관찰자

---

1 작품의 내용 파악   답 ④

해산 준비가 전혀 되어 있지 않은 권 씨 부인이 비명을 지르며 진통하는 상황이 되자 아내는 "아무래두 꼭 무슨 일이 터질 것만 같애요."라며 불안감과 우려를 드러낸다. 이에 서둘러 저녁을 마친 '나'는 문간방의 권 씨를 불러내어 적절히 조치를 취해 줄 것을 요청하고 있다.

[오답 확인]
① 아내는 문간방에 쌀이나 연탄을 몰래 갖다 주고 난 후 무책임하고도 무능한 권 씨까지 돕게 된 상황이 괘씸해서 생병을 앓았다.
② 권 씨는 계속 일자리를 구하지 못하고 있다. 아내는 권 씨가 여간내기가 아니라고 속삭이기는 하였으나, 권 씨가 권 씨네의 경제적 상황을 해결하고 있는 것으로 보기는 어렵다.
③ 아내는 권 씨 부인의 진통이 시작된 것을 '나'가 집에 오기 전부터 알고 있었다.

⑤ 권 씨가 '나'의 염려에 대해 아무 염려 말라며 변명한 것을 위로로 보기는 어려우며, 이후의 장면이 제시되지 않아 아내의 원망이 누그러졌는지도 알 수 없다.

2 서술상 특징 파악
답 ②

ⓒ에서는 아내의 말을 통해 예정일도 모를 정도로 출산 준비가 전혀 되어 있지 않은 권 씨 부인의 상황이 제시되고 있다.

[오답 확인]

① ㉠에서는 '나'가 꾼 꿈의 내용을 통해 '나'의 심리를 드러내고 있다.

③ ⓒ의 '최악의 선까지 잠자코 몰고 갈 뿐'에서 권 씨 부부에 대한 '나'의 부정적 인식을 드러내고 있다. 권 씨 부부의 내면은 묘사되지 않았다.

④ ㉠에는 권 씨 부부에 대한 '나'의 심리적 갈등이 드러나 있고, ⓒ에는 권 씨 부부에 대한 '나'의 부정적 인식이 드러나 있지만 '나'와 권 씨 부부와의 외적 갈등은 나타나지 않는다.

⑤ ⓒ에는 출산 예정일도 모를 정도로 출산 준비가 되어 있지 않은 부정적 상황이, ⓒ에는 최악의 선까지 몰고 가는 부정적 상황이 제시되어 있다. ⓒ과 ⓒ에는 상황에 대한 아내와 '나'의 부정적 시선이 드러나 있다.

3 세부 내용의 이해
답 ②

돈이 거절한다는 것은 권 씨네가 해산 준비를 하고 싶어도 하지 못할 만큼 경제적으로 넉넉하지 못한 상황을 나타낸 것이다. 따라서 ㉮는 권 씨네가 해산 준비를 하지 못할 만큼 경제적으로 어려운 처지임을 나타낸다.

4 작품 감상의 적절성 판단
답 ⑤

'나'가 '권 씨네'에 대해 염려하며 '우리를 위해서'라고 말한 것은 일이 잘못될 경우 자신이 입게 될 피해나 곤란함에 대해 언급한 것이다. 이는 '나'의 개인주의적이고 이기적인 면모를 드러낸 것이라고 볼 수 있다.

[오답 확인]

① 권 씨네를 의식하는 행위가 공동체적 유대감의 표현이고, 권 씨네의 상황에 대한 거리 두기가 개인주의의 표현이라면, 이 둘 사이에서 고민하는 '나'는 공동체적 유대감과 개인주의 사이에서 갈등하는 소시민의 모습을 나타내는 것으로 볼 수 있다.

② 일정한 직업 없이 막일을 하는 권 씨를 통해 주변부로 밀려난 도시 빈민의 처지를 형상화하고 있다.

③ 권 씨네를 염려하면서도 권 씨네를 돕고 나서 괘씸해하며 생병을 앓는 아내는 이웃의 고통을 외면하지 않는 공동체 의식과 남의 상황에 거리를 두려는 개인주의 사이에 놓인 소시민의 모습을 보여 준다.

④ 가난한 형편 탓에 별다른 대책이나 준비도 없이 해산을 맞이하려는 권 씨 부인의 모습에서 궁핍한 소외 계층의 처지를 확인할 수 있다.

다른 작품
엮어 읽기 **직선과 곡선** | 윤흥길

149쪽

작품 해제
이 소설은 교통사고 피해자가 가해자로 둔갑하는 모순된 현실을 통해 산업화, 도시화 사회에서 어렵게 살아가는 소시민의 삶을 사실적으로 보여 주는 작품이다. 「아홉 켤레의 구두로 남은 사내」의 연작으로 교통사고를 당한 권 씨를 내세워 가진 자의 횡포와 위선 등 사회의 부조리한 모습을 보여 준다. 또한 피해자인 권 씨가 부조리한 상황에 저항하기보다는 현실과 타협하고 순응하는 모습을 통해 이를 야기한 사회 현실에 대해서 비판적인 시각을 드러내고 있다.

주제
권력을 가진 자의 횡포에 대한 비판

등장인물
• **'나'(권 씨)**: 자신의 무능력과 상처 입은 자존심으로 자살을 시도하다 깨어난 뒤, 아끼던 구두를 불태우며 적극적인 삶의 의지를 다짐. 오 사장이 자신의 이익을 위해 '나'를 가해자로 둔갑시키지만 '나'는 현실과 타협하며 이를 담담하게 받아들임.

• **오 선생**: '나'가 교통사고 가해자이자 파렴치한 사기꾼으로 둔갑한 현실에 분노함.

'신문 기사'의 의미
오 사장 측이 주도해서 신문에 낸 기사에는 '나'가 교통사고를 위장하는 파렴치한이고, 오 사장은 불쌍한 사람들을 돕는 숨은 독지가로 미화되어 있다. 이 기사에 대해 '나'는 자신의 처지를 고려해 현실과 타협하려 하고, 오 선생은 분개해 맞서 싸울 것을 종용한다. 이를 통해 현실에 대한 인물의 확연한 시각 차이를 엿볼 수 있다.

1 소시민 2 타협

1 이 글의 '나'와 「아홉 켤레의 구두로 남은 사내」의 권 씨는 동일 인물로, 도시화, 산업화 사회에서 궁핍하게 살아가는 소시민의 전형이다. '나'는 가진 자의 횡포에 고통받으며 경제적으로 매우 어려운 상황에 놓여 있다.

2 자신을 교통사고 가해자로 둔갑시킨 신문 기사의 왜곡을 묵인하고 현실과 타협하려는 '나'와 이에 매우 흥분하는 오 선생의 모습을 통해 인물들의 관점 차이가 나타나고 있다.

독해 포인트

이 소설은 강 노인의 땅을 중심으로 사건이 전개되고 갈등이 일어나므로 땅의 의미와 갈등의 양상에 주목하여 읽는다.

작품 해제

이 소설은 연작 소설인 『원미동 사람들』 중 한 편으로, 도시화에 따라 개발이 진행되던 1980년대 도시 변두리를 배경으로 '땅'을 둘러싸고 벌어지는 갈등을 그린 작품이다. 강 노인이 결국 땅을 팔기로 결심하는 결말을 통해 급속한 도시화와 물질 만능주의로 '땅'이 지닌 생명력과 정신적 가치가 경시되는 세태를 형상화하고 있다. 수록 부분에는 땅을 팔지 않으려는 강 노인과 그가 땅을 팔기를 바라는 이웃 및 가족의 갈등을 통해 땅을 중시하는 강 노인의 전통적 가치관이 인정받지 못하는 세태가 나타나 있다.

주제

급속한 도시화로 인한 전통적 가치관의 몰락

등장인물

• **강 노인**: 농사를 지으며 사는 삶과 농사를 짓는 땅을 소중히 여김. 전통적 가치관을 지님.
• **강 노인의 부인**: 땅을 팔아서 자식들을 도와주자고 함. 땅의 소중함보다 현실적 가치를 중시함.
• **용규, 경국이 엄마(용규의 처)**: 강 노인의 아들과 며느리. 사람들에게 돈을 빌리고 제때 갚지 않음.

제목의 의미

살고 있던 곳(원미동)이 도시화가 되면서 많은 땅을 팔았기 때문에 지금의 땅이 강 노인이 가지고 있는 '마지막 땅'이라는 의미로, 땅에 기반을 둔 정신적 가치를 소중히 여기는 강 노인이 지키고자 하는 것이다.

문제   152~153쪽

1 ⑤   **2** ③   **3** ③   **4** ⑤   **5** ②

원리로 작품 독해   154쪽

1 연탄재, 고함, 애착
2 생명, 물질적, 땅
3 연탄재, 이익

---

1 서술상 특징 파악   답 ⑤

이 글은 이야기에 등장하지 않는 외부의 서술자가 강 노인을 비롯한 여러 인물의 내면 심리까지 서술하고 있다. 이와 같이 서술자가 작품 밖에서 등장인물의 행동과 심리를 서술하는 것을 전지적 작가 시점이라고 한다.

[오답 확인]
① 서술자가 작품 속 등장인물로 나타나지 않는다.
② 작품 속 '나'가 자신의 이야기를 하는 1인칭 주인공 시점에 대한 설명이다.
③ 서술자가 작품 속에 등장하는 1인칭 시점에 대한 설명이다.
④ 서술자가 인물이나 사건을 관찰하여 객관적으로 전달하는 관찰자 시점에 대한 설명이다.

2 서사 구조 이해   답 ③

강 노인은 경국이 엄마가 반상회에서 땅을 내놓았다는 이야기를 했다는 김 씨의 말을 듣고 화를 내며 고함을 지른다. 그러므로 ⓒ에서 경국이 엄마가 강 노인의 입장을 대변하기 위해 땅과 관련한 말을 했다고 판단하는 것은 적절하지 않다. 강 노인은 땅을 팔지 않기를 바라고 있기 때문이다.

[오답 확인]
① 은혜 엄마가 '딸이 다니는 에바다 피아노 학원'에서 경국이 엄마를 알게 된 것이므로 Ⓐ는 자식이 연결 고리가 되어 이루어진 사건이라고 할 수 있다.
② 은혜 엄마는 '이 동네 지주의 큰며느리'라는 것을 믿고 경국이 엄마에게 돈을 빌려주었으므로 Ⓑ는 강 노인의 며느리라는 사실이 영향을 미친 것이라고 볼 수 있다.
④ 청소원 김 씨가 연탄재를 치우고 있는 강 노인에게 어젯밤 반상회에서의 일을 전달했다.
⑤ '이판사판이라고 마누라도 이젠 감추지 않고 잘도 털어놓는다.'에서 알 수 있듯이 강 노인의 부인은 은행 대출로 경고장을 받은 아들의 상황을 감추지 않고 말하고 있다. 그러므로 ⓔ는 강 노인의 부인이 아들의 빚 문제를 구체적으로 실토하는 계기가 된다고 할 수 있다.

3 세부 내용 이해   답 ③

강 노인의 큰아들 용규에게 철거 보상금을 빌려준 사람은 목동에서 철거 보상금을 받은 김영진이라는 날품팔이 사내이다. 고흥댁은 김영진의 돈을 삼 부 이자로 놓아주겠다며 용규에게 건넸다.

[오답 확인]
① 강 노인은 밭에 연탄재가 나뒹굴고 있는 것을 보고 동네 사람들이 한 짓이라고 생각했다.
② 김 씨가 땅을 내놓았느냐고 묻자 강 노인은 매우 분노하여 벽력같이 고함을 질렀다.
④ 강 노인은 서울 것들 때문에 여기까지 땅값이 들먹거리는 북새통을 치렀다고 생각한다.
⑤ 은혜 엄마는 강 노인을 보고 돈을 빌려주었다며 며느리가 빌려 간 돈을 갚아 달라고 요구했다.

4 소재의 의미 파악   답 ⑤

강 노인은 땅에 대해 애착을 보이면서 땅을 팔기를 원하지 않는다. 자식들의 빚을 갚고 식구들이 편하게 살기 위해서 땅을 팔자고 하는 사람은 강 노인이 아니라 강 노인의 부인이다.

[오답 확인]
① 강 노인은 땅을 통해 자식에게서 느낄 수 없는 위안과 힘을 얻고 있다.
② 강 노인은 땅을 통해 농사를 짓는 재미와 보람을 얻고 있다.
③ 강 노인에게 땅은 도시화 과정에서도 빼앗기지 않고 지켜 내고자 하는 공간이다.
④ 강 노인은 '살아 있는 밭'에 고추 모종을 심고 키우고 있다.

5 한자 성어를 통한 작중 상황 이해   답 ②

은혜 엄마는 이자 몇 푼을 욕심내다가 더 큰 돈을 떼이게 되었다. 이는 작은 것을 탐하다가 큰 것을 잃는다는 의미의 '소탐대실(小貪大失)'의 상황이라고 할 수 있다.

① 비단 위에 꽃을 더한다는 뜻으로, 좋은 일 위에 또 좋은 일이 더하여짐을 비유적으로 이르는 말이다.

③ 들어갈수록 점점 재미가 있거나 시간이 지날수록 하는 짓이나 몰골이 더욱 꼴불견임을 비유적으로 이르는 말이다.

④ 이러지도 저러지도 못하는 어려운 처지를 이를 때 사용하는 말이다.

⑤ 바람 앞의 등불이라는 뜻으로, 사물이 매우 위태로운 처지에 놓여 있음을 비유적으로 이르는 말이다.

다른 작품 엮어 읽기 　돌다리 | 이태준 　　　　155쪽

작품 해제
이 소설은 전통 세대의 중요한 가치인 '땅'을 둘러싼 세대 간의 인식 차이를 잘 보여 주는 작품이다. 병원 확장을 위해 땅을 팔자고 말하는 아들에게 아버지는 땅이 천지만물의 근거라는 논리를 내세워 반대한다. 물질적 가치를 중시하여 땅을 팔아 병원을 확장하려는 아들과 땅을 소중히 여기는 아버지 사이의 갈등을 통해 물질만 중시하는 근대적 사고방식을 비판하고 있다.

주제
땅에 대한 애착과 물질 만능주의 사회에 대한 비판

등장인물
• **아버지**: 평생 조상들이 물려준 땅을 지키며 농사를 지어 온 인물로, 물질적 이익을 위해 땅을 사고파는 세태를 비판하면서 땅을 팔자는 아들의 제안을 단호히 거절함.

• **아들**: 땅을 금전적인 가치로만 바라보는 인물로, 병원을 확장하기 위해 아버지에게 땅을 팔자고 제안함.

'돌다리'의 의미
'돌다리'는 아버지가 어릴 때 글을 배우러 다니던 다리이며, 어머니가 시집올 때 가마를 타고 건너온 다리이다. 또 조상님의 상돌을 옮긴 다리이면서 아버지 자신이 죽으면 건너야 할 다리이기도 하다. 따라서 '돌다리'는 가족의 역사와 추억이 담겨 있는 가족사의 일부이자, 전통적인 세대의 가치관을 상징하는 소재이다.

---

1 땅　　**2** 나무다리

1 이 글의 아버지는 병원 확장을 위해 땅을 팔아 달라고 요청하는 아들에게 땅의 소중함을 이야기하면서 땅을 못 팔겠다고 한다. 「마지막 땅」의 강 노인도 굳은 신념을 갖고 평생 가꿔 온 땅을 팔지 않으려 한다.

2 아버지는 땅을 삶의 터전으로 생각하는 전통적 가치관을 가지고 있고 아들은 땅을 금전적, 물질적 가치로 생각하는 근대적 가치관을 가지고 있다. 이러한 가치관의 차이는 전통적 사고방식을 의미하는 '돌다리'와 근대적 사고방식을 의미하는 '나무다리'를 통해서도 드러난다.

독해 포인트
이 소설은 '나'가 유년 시절에 겪었던 사건과 내면의 상처를 그리고 있으므로 사건에 따른 인물의 심리에 주목하여 읽는다.

작품 해제
이 소설은 영화 「자전거 도둑」을 보면서 아버지와 혹부리 영감에 얽힌 일화들을 떠올리며 유년 시절의 상처와 아픔을 이야기하고 있는 작품이다. '나'는 캐러멜과 관련된 일화를 통해 구멍가게에 대한 아버지의 애착과 자신에 대한 아버지의 사랑을 이야기한다. 그리고 물건이 부족하게 와서 혹부리 영감을 찾아간 사건과 그 과정에서 대면한 혹부리 영감의 몰인정한 모습, 아버지의 애처로운 모습 등을 떠올리며 유년 시절 자신이 겪었던 내면의 상처를 드러내고 있다.

주제
유년 시절에 받은 가슴 아픈 상처

등장인물
• **'나'**: 유년 시절 구멍가게를 운영하던 아버지 밑에서 잔심부름을 했음. 혹부리 영감의 협박에 결국 눈물을 흘리는 아버지를 보고 연민을 느끼며 상처를 받음.

• **아버지**: 작은 구멍가게를 운영하며 가족들을 먹여 살리기 위해 최선을 다함. 표현이 서툴지만 아들을 사랑하는 마음을 갖고 있음.

제목의 의미
'나'의 어린 시절 이야기와 똑같은 이탈리아 영화 「자전거 도둑」의 이야기가 중첩되어 전개되는 것을 의미하면서 '나'와 서미혜의 과거와 현재를 이어 주는 매개체이다. 또한 '나'의 유년 시절의 상처를 환기시켜 주는 소재이기도 하다.

문제　　　　158~159쪽
1 ①　　**2** ⑤　　**3** ③　　**4** ⑤

원리로 작품 독해　　　　160쪽
1 잔심부름, 눈물, 인정
2 부끄러움, 연민
3 사랑

---

1 작품의 내용 파악　　　　답 ①

혹부리 영감에게 소주 스무 병 값을 치렀으나 열여덟 병만 온 일이 벌어진다. 이에 '나'가 혹부리 영감을 찾아가 자초지종을 설명하고 아버지까지 내려가 하소연하지만 혹부리 영감은 '정 그렇게 우기면 거래를 끊겠다는 협박성 경고'까지 덧붙인다. 이에 아버지는 마지못해 자신의 과오라고 인정한 뒤 가게로 돌아와 아들 앞에서 눈물을 보인다.

② '아버지의 얼굴은 맞보기가 민망할 정도로 금세 하얗게 질렸다.'라는 부분에서 스무 병이 와야 할 소주가 열여덟 병만 온 것을 확인한 아버지가 당황한 내색을 보였음을 알 수 있다.

③ 캐러멜 하나를 아무 생각 없이 집어먹은 '나'의 행동에 대해 아버지가 불같이 화를 내며 혼내는 장면을 통해 아버지가 '나'의 잘못을 묵인하지 않았음을 알 수 있다.

④ '나'는 혹부리 영감에게 자초지종을 설명하였지만, 혹부리 영감은 자기 눈앞에서 까 보이지 않은 것은 인정할 수 없다고 하였으므로 '나'의 염려를 덜어 주었다고 볼 수 없다.

⑤ 아버지에게는 '나'의 도움이 필요했기에 '나'는 아버지를 따라 시장에 다니지만 친구들의 시선을 의식하며 우울해한다. 그러나 아버지가 우울해하는 '나'를 기분 좋게 하려고 노력했다는 내용은 나타나지 않는다.

2 인물의 심리 파악　　　　　　　　　　답 ⑤

혹부리 영감에게 '아버지 같은 사람 하나쯤 거래를 끊어도 장부상 거의 표가 나지 않을 것'이기 때문에 아버지는 자신의 과오를 받아들인다. 구멍가게로 돌아와 기어코 눈물을 보이는 아버지의 모습은 둘 사이의 거래 관계에 있어서 혹부리 영감이 절대적인 우위에 있음을 보여 준다. 따라서 '나'가 혹부리 영감에 대한 기억에서 형편이 어려운 사람들 간의 유대감을 느꼈을 것이라는 내용은 적절하지 않다.

[오답 확인]

① '나'는 장애가 있는 아버지가 '한 평도 채 안 되는 구멍가게'를 각별한 애정으로 운영하던 기억을 통해 그것이 아버지의 '생존 이유'였음을 짐작하고 있다.

② 아버지가 '어차피 짝이 맞아야 파니까니'와 같은 이유를 대며 캐러멜 네 개를 내 손에 쥐어 준 모습에서 '나'는 아버지가 자신을 사랑하는 속마음을 드러내는 데 서툰 사람이라고 생각할 것이다.

③ '그땐 그게 죽도록 싫었다.', '정말 그 자리에서 혀를 빼물고 죽고 싶은 생각뿐이었다.' 등을 통해 시장통에서 반 친구를 만났던 경험은 경제적으로 궁핍했던 '나'에게 열등감과 부끄러움을 느끼게 한 내면의 상처로 남은 기억이라고 볼 수 있다.

④ '애초 자기 눈앞에서 까 보이지 않은 것은 인정할 수 없다.'라고 반응하는 혹부리 영감의 매몰찬 태도는 어린 '나'에게 이해타산적인 어른의 모습으로 비춰졌을 것이다.

3 장면의 이해　　　　　　　　　　답 ③

'나'는 구멍가게에서 잔심부름을 하며 아버지를 따라 시장에 나선 처지이다. 이와 달리 친구들은 야구 글러브나 신형 장난감을 산 모습이다. '나'가 시장에서 이런 친구들이나 공부를 하러 가는 여자아이들을 만나는 것이 죽도록 싫었다는 것으로 보아, [A]에서는 '나'와 친구들의 대비되는 상황을 통해 부끄러움이라는 '나'의 내면 심리가 부각되고 있다고 볼 수 있다.

4 서술상 특징 파악　　　　　　　　　　답 ⑤

ⓜ은 유년 '나'로 시선을 제한하여 아버지가 넋이 나간 표정으로 소주를 쓰다듬으며 아들 앞에서 눈물을 보이는 모습을 묘사하고 있지만 유년 '나'의 심리는 드러나 있지 않다.

[오답 확인]

① ㉠은 〈보기〉의 첫 번째 서술 방식을 활용한 것으로 '그 구멍가게에 대한 아버지의 몰두와 자존심'이라는 표현에서 서술자가 인물의 내면을 설명하고 있다고 볼 수 있다.

② ㉡은 〈보기〉의 두 번째 서술 방식을 활용한 것으로 독자는 유년 '나'가 '캐러멜 네 개가 끈끈하게 녹아내릴 때까지 먹지 않고 쥔 채 서 있었'던 행위의 의미를 스스로 해석해야 한다.

③ ㉢은 유년 '나'로 시선을 제한하여 아버지의 내면은 직접적으로 서술되지 않았으므로 독자가 아버지의 외양 묘사를 통해 아버지의 내면을 스스로 해석해야 한다.

④ ㉣은 〈보기〉의 세 번째 서술 방식을 활용한 것으로 유년 '나'로 시선을 제한하여 혹부리 영감이 '풍기 때문에 왼쪽으로 힐끗 돌아간 두터운 입술을 떠들쳐' 침을 튀기며 말하는 장면을 묘사하고 있으므로 독자는 장면을 직접 목격하는 듯한 느낌을 받을 것이다.

다른 작품 엮어 읽기　쥐잡기 | 김소진　　　　161쪽

작품 해제

이 소설은 주인공인 민홍이 돌아가신 아버지를 회상하며 아버지의 생애를 재구성하고 있는 작품이다. 가게에서 쥐를 잡던 민홍은 같은 행위를 했던 아버지의 초라하고 무기력한 모습을 회상하고 그 속에 감추어진 아버지의 정신적인 상처를 깨닫게 된다. 아버지는 전쟁 포로로서 우연히 흰쥐를 따랐다가 남한을 선택한 대가로 고향에 가지 못한 가슴 아픈 상처를 짊어지고 살아간다. 민홍은 아버지에 대한 기억을 새롭게 하는 과정을 통해 아버지의 한과 상처를 이해하고 그리워하는 마음을 갖게 된다.

주제

개인의 내면에 투영된 전쟁과 분단의 아픔

등장인물

• **아버지**: 함경도 출신으로 6·25 전쟁 때 반공 포로로 포로수용소에 수감되었음. 가족을 버리고 남한을 선택한 이유를 포로수용소에 나타난 흰쥐 때문이라고 생각함. 주관이 강하지 못하고 우유부단하며 고지식함.

• **민홍**: 대학에서 시위를 하다가 화상을 입고 고향에 내려와 있음. 아버지를 이해하지 못하고 무시하다가 아버지가 돌아가신 후 그의 상처를 이해하고 연민을 느낌.

'쥐잡기'의 의미

아버지에게 쥐는 남쪽을 선택하게 되는 우연한 기회를 제공하는 소재로, 이 때문에 아버지는 평생 실향민으로서 회한과 응어리를 지니고 사회 부적응자로 살게 된다. 시위에 참여했다가 다친 후 무기력하게 살던 민홍에게 쥐잡기는 자신의 존재 이유를 증명해 보이고 싶어 하는 수단이다. 민홍은 쥐잡기를 통해 과거 아버지의 삶의 무게를 이해하게 되고 아버지에 대한 연민을 갖게 된다.

---

1 연민　　**2** 흰쥐

1 이 글의 민홍은 고향을 그리워하는 아버지를 보며 연민의 감정을 느끼고 있고, 「자전거 도둑」의 '나'는 혹부리 영감에게 수모를 당하고 눈물을 흘리는 아버지를 보며 연민의 감정을 느끼고 있다.

2 아버지는 남쪽과 북쪽 중 하나를 선택해야 하는 상황에서 우연히 흰쥐가 남쪽으로 이동하는 것을 보고 남쪽을 선택했다가 평생 고향을 그리워하는 삶을 살았다.

15 황만근은 이렇게 말했다 | 성석제
162~167쪽

독해 포인트
이 소설은 전의 양식을 차용하고 민담적 요소를 활용하여 인물의 행적을 그리고 있으므로 인물을 통해 작가가 말하고자 하는 바가 무엇인지에 주목하여 읽는다.

작품 해제
이 소설은 고전 산문의 일종인 '전(傳)'의 형식을 현대적으로 차용한 작품이다. '전'은 인물의 일대기를 기록하고 그의 행적에 대해 논평하는 글로, 이 소설은 황만근의 출생부터 죽음에 이르는 일생을 이야기하고 있다. 동네 사람들에게서 바보 취급을 받는 황만근이 사실은 농촌의 현실을 가장 잘 인식하고 있는 인물이며, 그러한 황만근이 농촌 궐기 대회에 나갔다가 돌아오지 못한 비극적인 이야기를 해학적인 문체로 표현한다. 그리고 그 과정에서 경제적 어려움에 처한 농촌 현실을 드러내는 한편, 잘못된 농업 정책에 대한 비판의 태도를 보이고 있다. 또한 묘비명의 형식을 띠는 결말 부분을 통해 황만근의 삶을 긍정적으로 평가하면서 바람직한 삶에 대한 문제의식도 드러내고 있다. 작가 특유의 독특한 서술 방식과 구성진 입담, 사투리와 비속어를 활용한 현실감 있는 대화, 민담적 요소를 활용한 비현실적인 이야기 등이 결합되어 다른 작품과 차별되는 개성을 드러내고 있다.

주제
현대인들의 이기적인 세태 비판

등장인물
• 황만근: 어수룩하지만 순박한 인물로 마을의 궂은일을 도맡아 하면서도 동네 사람들에게 바보 취급을 받음. 농민 궐기 대회에 나갔다가 돌아오지 못함.
• 민 씨: 도시에서 귀농한 인물로 황만근의 말이나 행적을 전달하는 역할을 함. 다른 사람들과 달리 황만근을 훌륭한 인물로 평가함.

제목의 의미
이 소설에서 민 씨는 황만근과의 대화 내용을 전달하는데, 황만근의 말을 그대로 전달하는 것이 아니라 그 내용을 자기 나름대로 해석해서 전달한다. 그리고 그 속에는 농민들이 겪는 어려움과 현대인의 이기적인 세태에 대한 비판이 포함되어 있다. 작가는 황만근의 말을 통해 이러한 주제 의식을 드러내고자 한 것이다.

문제
164~165쪽

1 ⑤   2 ②   3 ④   4 ⑤   5 ⑤

원리로 작품 독해
166쪽

1 토끼, 소원, 집
2 주먹밥, 송편, 아들, 비현실적
3 민 씨

---

1 서술상 특징 파악
답 ⑤

황만근은 '그기 뭔 소리라?', '니는 인자 죽었다.' 등과 같은 사투리를 사용하고 있으며, 황만근의 어머니 또한 '니 와 인자 왔노?'와 같은 사투리를 사용하고 있다. 또한 어머니는 '이 문디 겉은 놈의 자슥아'와 같은 비속어도 함께 사용하고 있다. 이와 같이 사투리와 비속어를 사용하면 인물을 생생하게 표현할 수 있다.

[오답 확인]
① 거대한 토끼가 나타나 말을 하는 등의 전기적 요소가 사용되었지만, 이것이 황만근의 영웅성을 부각하기 위함은 아니다. 이 소설에서 황만근은 영웅적 인물과는 거리가 멀다.
② 황만근이 토끼를 만나서 밤을 새는 장면과 이후의 일들이 시간 순서대로 제시되어 있다. 과거와 현재를 오가며 사건을 전개하지는 않았다.
③ 황만근의 의식의 흐름에 따라 내용을 전개하는 것이 아니라 황만근과 토끼 사이의 사건을 중심으로 내용을 전개하고 있다.
④ 현재형 시제를 사용하면 생생한 현장감을 살릴 수 있지만, 이 글에서는 '말했다', '있었다' 등과 같이 과거형 시제를 사용하고 있다.

2 서술상 특징 파악
답 ②

이 글에서 민 씨는 황만근의 이야기를 전하는 역할을 하고 있다. 그런데 ⓒ의 '민 씨는 모른다.'는 팥죽 할머니에 대해 민 씨가 알지 못하고 있음을 서술자가 직접 제시한 부분으로, 이를 통해 민 씨 또한 서술자의 서술 대상임을 알 수 있다.

[오답 확인]
① '그 말을 들은 민 씨의 표현이다.'를 통해 ㉠은 황만근에게 들은 말을 민 씨가 자신의 말로 바꾸어 전달한 것임을 알 수 있다.
③ ㉠과 ㉡은 황만근의 말을 전하는 민 씨에 대한 설명이므로, 이 부분을 삭제해도 황만근과 토끼의 대결 과정을 파악하는 데 지장이 없다.
④ ㉠과 ㉡은 황만근과 토끼의 대결에 대한 내용이 아니라 민 씨에 대한 부가 설명이므로, 이 부분이 대결 과정 자체에 몰입하게 해 주는 것은 아니다.
⑤ ㉠과 ㉡은 민 씨가 황만근으로부터 전해 들은 이야기가 다시 서술되고 있음을 알려 준다.

3 구절의 의미 파악
답 ④

[A]의 '이야기'는 황만근의 기이한 체험을 의미하며, 그 안에는 송편을 세 번 먹으면 황만근이 아내를 얻을 것이라는 [B]의 '말'이 포함된다. 그리고 [B]의 '말'처럼 세 해가 지난 뒤에 어떤 처녀가 황만근의 집으로 들어가자 동네 사람들이 황만근을 보는 눈이 달라졌다. 이를 통해 [B]의 토끼의 '말'의 실현은 [A]에서 황만근이 동네 사람들에게 전한 '이야기'에 대한 신뢰성을 높이는 데 기여하고 있음을 알 수 있다.

[오답 확인]
① [A]에서 황만근의 기이한 체험이 여러 사람들의 입으로 수십 번 되풀이되었다는 내용으로 보아, 동네 사람들이 '이야기'에 흥미를 느꼈음을 알 수 있다.
② [A]에서 '입이 아프도록 같은 이야기를 늘어놓'았다는 구절을 통해 전달되는 '이야기'의 내용은 달라지지 않았음을 알 수 있다.
③ [B]의 '말'은 '토끼의 말'이므로 새로운 등장인물의 '말'이라고 볼 수 없다.
⑤ [B]의 '말'이 실현된 후 동네 사람들이 황만근을 보는 눈이 달라졌다는 내용으로 보아, 동네 사람들은 [A]에서 황만근이 들려준 '이야기'를 실현 가능성이 없는 것으로 여겼음을 알 수 있다.

4 배경의 기능 파악
답 ⑤

황만근은 왜 물을 안 떠다 놨냐는 어머니의 말을 듣고 물을 뜨러 '우물'에 간 것이다. 동네 사람들에게 어머니의 요청을 전하러 '우물'에 간 것이 아니다.

[오답 확인]

① '여기'는 황만근이 토끼를 만난 곳으로, 황만근이 토끼와 대결을 하는 기이한 체험을 하는 공간이다.

② '마을'은 황만근의 집이 있는 곳으로, 황만근이 돌아가야 할 일상적 공간이다.

③ '주변'은 토끼털이 무수히 떨어져 있는 곳으로, 황만근이 지난밤 토끼와 대결을 펼친 체험의 흔적이 남아 있는 공간이다.

④ '마당'은 황만근의 집 마당으로, 방 안에서 어머니의 기척이 느껴지지 않아 황만근이 불안을 느끼는 공간이다.

5 외적 준거에 따른 작품 감상　　　　　답 ⑤

'주먹밥 덩어리'는 어머니가 황만근을 기다리다가 먹은 밥으로, 어머니는 이로 인해 목이 막혀 죽을 뻔했으나 집으로 돌아온 황만근이 이를 토하게 하여 목숨을 구하게 된다. 따라서 주먹밥 덩어리를 토해 내는 것이 황만근에게 속은 토끼의 주술적 복수라고 해석하는 것은 적절하지 않다.

[오답 확인]

① 〈보기〉를 통해 비현실적 이야기가 민담의 특징임을 알 수 있다. 따라서 황만근이 말을 하는 거대한 토끼와 대결을 펼치고 그 대결에서 승리한다는 비현실적 이야기는 민담적 요소라고 볼 수 있다.

② 〈보기〉를 통해 반복적인 어구 사용이 언어의 주술성을 드러냄을 알 수 있다. 따라서 토끼가 '너는 여기서 죽는다.'라는 말을 반복하는 것은 언어의 주술성에 해당한다고 볼 수 있다.

③ 토끼는 '니는 인자 죽었다.'라는 황만근의 말을 들은 후 다급하게 어떻게 하면 자신을 놓아줄 것인지를 묻고, 이에 황만근은 소원 세 가지를 들어 달라고 요구한다. 따라서 황만근이 토끼를 위협한 발언은 토끼가 황만근의 소원을 들어주기로 한 계기에 해당한다고 볼 수 있다.

④ 사람을 향해 말을 하며 목숨을 위협하는 토끼는 신이한 존재에 해당한다. 황만근이 처음에는 두려움을 느끼던 토끼에게 '바보 자슥아'라고 말하는 것에서 신이한 존재인 토끼의 우위가 변했음을 알 수 있다.

다른 작품 엮어 읽기　**유자소전** | 이문구　167쪽

작품 해제

이 소설은 실존했던 인물을 주인공으로 하고 있는 작품이다. '유자소전'은 '유자의 작은 전기(傳記)'라는 뜻인데, '유자'는 주인공인 유재필을 높여 이르는 말이며, '전(傳)'은 인물의 일대기에 평가를 덧붙이는 고전 산문 양식의 하나이다. 서술자는 유자의 출생부터 죽음에 이르기까지의 일생을 이야기하는데, 많이 배우지는 못했지만 정의롭고 약자를 배려하는 유자를 통해 물질을 중시하는 현대 사회를 비판하고 있다. 사투리와 비속어를 곁들인 해학적 말투, 판소리의 창자와 같은 서술자의 역할, 언어유희의 사용 등 전통적인 서사 방식을 계승해 현대 사회의 모순을 통렬하게 비판하고 있다.

주제

물질 만능주의에 빠진 현대 사회 비판

등장인물

- **'나'**: 이야기를 전달하는 서술자로, 친구인 유재필의 삶을 긍정적으로 평가하며 그의 생애를 전달함.
- **유자(유재필)**: 많이 배우지는 못했지만 천연덕스럽고 넉살 좋은 성격을 지님. 물질적 가치보다는 인간적인 가치를 중요하게 생각하며, 강자의 눈치를 보지 않고 자신의 신념을 소신 있게 표현함.
- **총수**: 물질적 가치를 중시하는 인물로, 사치심과 허영심이 강하며 배우지 못한 사람들을 업신여기는 거만한 성격을 지님.

이 글의 특징

형식상 특징	표현상 특징
• '전'의 형식을 차용함. • 인물의 생애를 일대기적 형식으로 서술함. • 인물에 대한 서술자의 평가가 드러남.	• 비속어와 방언을 사용함. • 언어유희를 사용함. • 인물의 희화화를 통해 풍자함.

---

1 ③　　**2** 언어유희

1 「황만근은 이렇게 말했다」에서는 '황만근과 말을 하는 거대 토끼의 대결'이라는 비현실적인 내용이 제시되어 있다. 하지만 이 글의 내용은 현실에서 있을 수 있는 이야기이다.

2 [A]의 '뱉어낸밴또(베토벤)', '차에코풀구싶어(차이콥스키)'에서 발음의 유사성을 이용한 언어유희를 통해 웃음을 유발하고 있다.

01 파초 | 이태준

172~174쪽

독해 포인트

이 글은 파초를 좋아하는 글쓴이가 겪은 일을 서술하고 있으므로 대상을 통한 경험을 바탕으로 글쓴이의 가치관이 어떻게 드러나는지에 주목하여 읽는다.

작품 해제

이 글은 파초에 대한 사색과 경험을 제시하면서 자연물을 대하는 글쓴이의 태도에 대해 이야기하고 있는 수필이다. 글의 내용은 크게 두 부분으로 나눌 수 있다. 전반부는 파초를 오랜 시간 기른 이야기를 하면서 파초의 멋에 대한 글쓴이의 개성적 평가가 드러나는 부분이다. 몸과 마음을 서늘하게 해 준다는 촉각적 심상을 통해 비가 올 때 더욱 싱싱해지는 파초의 멋을 감각적이면서 낭만적으로 전달한다. 후반부는 이웃 사람과의 일화를 통해 파초에 대한 애정이 드러나는 부분으로, 파초를 물질적 가치로 평가하는 이웃 사람과 정신적 가치로 보는 글쓴이의 가치관이 대비되고 있다. 멋스러운 문장과 사실적인 대화, 자유로운 구성 등을 통해 무형식의 문학이라는 수필의 멋을 잘 보여 주는 작품이다.

주제

파초에 대한 감회와 기쁨

'나'와 '앞집 사람'의 가치관

'나'		앞집 사람
'파초'를 애정의 대상으로 봄. (정신적 가치 중시)	↔	파초를 경제적 가치로 봄. (물질적 가치 중시)

문제

173쪽

1 ⑤ **2** ① **3** ③

원리로 작품 독해

174쪽

1 파초, 파초, 거절
2 애정, 물질적
3 빗방울, 정신적

---

1 서술상 특징 파악

답 ⑤

이 글은 앞집 사람과 관련된 구체적인 일화를 제시하여 파초에 대한 애정을 가지고 있고 파초를 정신적 가치로 보는 글쓴이의 태도를 드러내고 있다. 그러나 이 일화에서 글쓴이의 태도가 변하는 모습은 찾아볼 수 없다.

[오답 확인]

① 앞집 사람과의 대화를 그대로 인용하여 생생함과 사실감을 높이고 있다.

② 글의 마지막에 '얼마나 영광스러운 일인가!'라는 영탄적 표현을 사용해서 파초에 대한 애정과 자부심을 드러내고 있다.

③ 파초를 두고 이어지는 대화를 통해 물질적인 가치를 추구하는 앞집 사람과 정신적인 가치를 추구하는 글쓴이의 가치관이 대비되어 제시되고 있다.

④ 앞집 사람과의 대화를 통해 파초를 애정의 대상으로 보고 정신적 가치를 중요하게 생각하는 글쓴이의 가치관을 효과적으로 드러내고 있다.

2 감상의 적절성 평가

답 ①

앞집 사람은 파초를 판 돈으로 미닫이에 비 뿌리지 않게 '챙'을 달 것을 제안한다. 하지만 '나'는 파초에 퉁기는 빗소리를 듣는 데 방해가 된다는 까닭으로 '챙'을 달지 않고 있다. 즉, '챙'은 '나'가 파초의 멋을 즐기며 여유 있는 시간을 보내는 데 방해가 되는 소재로 속물적인 현실을 의미한다고 볼 수 있다.

[오답 확인]

② '나'가 파초와 함께 특별한 인연을 맺어 두 번의 여름을 보냈고, 좋은 값을 받을 수 있음에도 파초를 팔지 않는 것으로 보아 파초는 '나'와 정신적인 교감을 하는 자연물로 볼 수 있다.

③ 글의 앞부분에서 파초가 비 맞는 장면을 '빗방울을 퉁기어 주렴 안에 누웠'다며 감각적으로 표현하고 있다. 이는 대상에서 아름다움을 찾는 글쓴이의 심미적 태도가 반영된 것으로 볼 수 있다.

④ '오 원'은 파초를 팔 때 얻을 수 있는 경제적 가치이다. 이는 파초를 즐기며 얻을 수 있는 정신적 가치와 대비되는 물질적 가치, 속물적 현실을 의미한다.

⑤ '나'가 앞집 사람의 제안을 거절한 것은 '오 원'이라는 경제적 이익보다 파초를 통해 얻을 수 있는 아름다움과 여유 같은 정신적 만족감이 더 크기 때문이다.

3 구절의 의미 이해

답 ③

'나'는 파초에 퉁기는 빗방울 소리를 통해 마치 가슴에 비가 뿌려지는 것 같은 오묘함을 느낀다. 그리고 이를 통해서 파초의 멋과 가치를 깨달으며 정신적 만족감을 얻고 있다. 즉, 파초를 통한 감각적 경험이 정서를 자극하고 있는 것이다.

[오답 확인]

① 다른 화초를 통해서는 얻을 수 없는, 파초를 통해서만 얻을 수 있는 감각이며 멋이다.

② '나'가 비를 기다리는 까닭에 해당한다. '나'는 폭염 아래에서도 파초의 그늘을 통해 서늘함을 느낀다.

④ '나'는 파초의 멋과 가치를 즐기는 현재의 삶에 만족하고 있다. 따라서 '나'가 고통에서 벗어날 수 있는 미래를 기다린다는 진술은 적절하지 않다.

⑤ '촉각'을 표현하고 있을 뿐 이를 시각으로 전이시키고 있지는 않다.

02 특급품 | 김소운

독해 포인트
이 글은 균열을 스스로 치유한 비자반이 특급품으로 인정받는다는 내용을 통해 가치 있는 삶에 대해 서술하고 있다. 대상을 바라보는 글쓴이의 가치관과 주제를 드러내는 방법에 주목하여 읽는다.

작품 해제
이 글은 비자나무로 만든 바둑판이 균열의 치유 여부에 따라 평가가 달라진다는 사실에서 유추하여 인생의 과실을 어떻게 대해야 하는지에 대한 글쓴이의 생각을 역설한 교훈적인 수필이다. 글쓴이는 글의 앞부분에서 탁월한 유연성 때문에 일등급의 평가를 받는 비자반에도 예상치 못한 균열이 생길 수 있다면서 이 균열을 방치하면 하찮은 목침감으로 전락할 수도 있지만, 균열을 스스로 치유하면 그 흔적이 탁월한 유연성의 징표로 평가되어 특급품으로 인정받게 된다고 하였다. 그리고 후반부에서는 비자반으로부터 깨달은 내용을 우리의 삶에 결부시켜 사람도 언제든지 예기치 못한 과실을 범할 수 있지만 그로 인해 더 성장할 수 있음을 이야기하고 있다. 일상에서 흔히 볼 수 있는 소재의 속성으로부터 인생의 의미를 생각해 보게 하는 교훈적인 글이다.

주제
삶의 과실을 극복할 줄 아는 유연한 태도의 필요성

비자반의 종류

비자반		
일등품	특급품	목침감
정상적인 비자나무 판자로 대어 만든 바둑판	반면의 균열을 제힘으로 유착·결합시킨 희미한 흔적이 있는 바둑판	반면의 균열이 심해 바둑판으로서의 가치를 잃은 것

문제
176쪽

1 ①   2 ④   3 ②

원리로 작품 독해
177쪽

1 특급품, 과실
2 균열, 특급품, 과실
3 제힘, 한자어

---

1 서술상 특징 파악
답 ①

이 글은 비자나무 바둑판이 유연성을 통해 균열을 스스로 치유해 특급품으로 인정받는 과정을 바탕으로 우리의 인생에 과실이 있더라도 제힘으로 슬기롭게 극복해서 성장할 수 있다는 교훈을 이끌어 내고 있다.

[오답 확인]
② 현실의 세태를 언급한 부분은 없으며 현실에 대한 비판적 태도도 드러나지 않는다.
③ 과거의 삶을 되돌아보고 있지 않으며 삶의 의지도 다지고 있지 않다.

---

④ 자신이 알고 있는 비자반과 관련한 사실을 이야기하면서 자신의 생각을 역설하고 있을 뿐, 다른 사람에게서 들은 이야기를 전달하고 있지는 않다.
⑤ 비자반에서 유연한 삶의 태도를 이끌어 내고 있을 뿐 다양한 의미를 이끌어 내고 있지는 않다.

2 세부 정보 파악
답 ④

특급품은 비자반의 반면에 생긴 균열을 스스로 유착, 결합하여 만들어진다. 하지만 균열의 흔적이 완전히 사라지는 것이 아니라 머리카락 같은 흉터가 남아 있게 되는데, 그 흉터가 특급품의 가치를 드러내는 역할을 한다.

[오답 확인]
① 비자나무 바둑판은 다른 나무로 만든 바둑판에 비해 본래의 모습으로 되돌아오는 유연성과 연함이 있어 바둑판으로서의 가치가 높다.
② 비자반에 있어서 예상치 못한 사고는 반면이 갈라져 균열이 생기는 것이다. 사고란 어느 때 어느 경우에도 별로 환영할 것이 못 된다고 하였다.
③ 일등품과 특급품을 구분 짓는 것은 가느다란 흉터의 여부일 뿐, 반재나 치수, 연륜 등은 차이가 없다고 했다.
⑤ 목침감은 바둑판으로 가치가 없어져 베개로 쓸 수밖에 없는 처지가 된 것이다. 반면의 균열이 커서 치유하지 못한 비자반은 목침감으로 전락할 수 있다.

3 소재의 의미 파악
답 ②

글쓴이는 비자반이 특급품이 되는 과정을 통해 인생의 의미를 서술하고 있다. 균열을 회복한 비자반이 특급품으로 인정받듯이 예상치 못한 과실을 범하더라도 이를 유연하게 이겨 낼 때 성장할 수 있는 힘을 얻는다고 하였다.

[오답 확인]
① 과실로 인격이 더 커지고 깊어 갈 수 있다고 하였다.
③ 과실은 예찬할 것도, 장려할 것도 아니라고 하였다. 과실을 범하는 삶을 더 가치 있게 보는 것은 아니다.
④ 비자반이 스스로 균열을 치유하듯 과실은 제힘으로 다스려야 한다고 하였다.
⑤ 누구나 할 수 있는 노릇은 아니라고 하며 과실을 극복하는 것이 모든 사람이 할 수 있는 일이 아님을 말하고 있다.

정답과 해설 · 51

03 정직한 사기한 | 오영진

독해 포인트
이 글은 죄가 없는 순박한 청년이 사기꾼으로 몰리는 과정을 통해 광복 직후의 혼란한 사회를 비판하고 있다. 인물의 특성을 중심으로 한 세태 풍자에 주목하여 읽는다.

작품 해제
이 글은 1막으로 구성된 단막극으로 세 가지 부류의 인물이 나온다. 첫 번째 인물인 청년은 결혼 약속을 했던 여인으로부터 사기를 당했지만 혼자 잘못을 감당하고 교도소에 다녀온 순박하고 어리숙한 인물이다. 전과 때문에 취직을 못하다가 들어간 회사에서 가족 사기단에게 속아 사기꾼으로 몰려 다시 교도소에 가게 된다. 두 번째는 사장과 사원으로 등장하는 가족 사기단이다. 위조지폐범인 이들은 자신들이 만든 위조지폐를 시험하기 위해 유령 회사를 만들어 청년을 채용한다. 청년에게 월급으로 준 위조지폐가 발각되자 청년과의 관계를 부인하며 그에게 죄를 덮어씌운다. 마지막 인물인 사복형사는 허름한 차림의 청년에게는 강압적인 모습을 보이면서 사장과 사원들에게는 우호적인 모습을 보이는 인물로 폭력적인 권력을 상징한다. 작가는 이들을 통해 각종 부조리가 만연하던 광복 직후의 혼란스러운 사회상을 우회적으로 비판하고 있다.

주제
광복 직후의 혼란한 사회와 타락한 가치관 풍자

등장인물
- **청년**: 순박하고 어리숙한 인물. 누명을 쓰고 교도소에 갔다 나왔으나 가족 사기단에게 속아 다시 교도소에 가게 됨.
- **사장과 사원들**: 아버지와 자식들로 구성된 가족 사기단. 위조지폐를 시험하기 위해 유령 회사를 만들어 청년에게 죄를 뒤집어씌우지만 죄의식은 전혀 없음.
- **사복형사**: 외면만 보고 청년을 무시하는 폭력적인 인물. 무능한 권력을 대표함.

제목의 의미
제목인 '정직한 사기한'은 역설적인 표현이다. 정직한 사람이지만 부조리한 사회 때문에 사기꾼으로 몰리게 되는 청년의 억울함을 드러내는 제목이면서, 비상식적이면서 부도덕한 일이 만연한 광복 직후의 사회상을 비판하는 제목이기도 하다.

문제
179~180쪽

1 ⑤ **2** ② **3** ② **4** ③

원리로 작품 독해
181쪽

1 어리숙, 위조지폐, 폭력적
2 청년, 부도덕
3 역설적, 사기한(사기꾼), 부조리

---

1 작품의 내용 이해
답 ⑤

이 글의 마지막 부분에서 사원 갑과 사원 병은 위조지폐의 발각을 두고 서로에게 잘못을 탓하다가 나중에는 청년 때문에 위조지폐가 실패했다며 청년을 모자란 사람이라고 탓한다. 이들이 청년을 동정하고 있지는 않다.

[오답 확인]
① 사복은 자신이 회사의 사원이라는 청년의 말에는 뺨을 갈기며 거짓말이라고 야단을 치지만 청년을 처음 본다는 사장의 말은 의심하지 않고 있다.
② 청년은 끌려가는 마지막 순간까지 아씨는 거짓말을 하지 않을 것이라며 아씨를 만나게 해 달라고 하고 있다.
③ 사장은 자신이 위조지폐를 만들었다는 사실을 들킬까 봐 청년을 처음 본다고 말하고 있다.
④ 청년이 사복에게 끌려가자 사장은 "결국 또 실패지."라고 말하며 위조지폐의 실패를 확인하고 있다.

2 외적 준거에 따른 작품 감상
답 ②

'유령 회사'는 향토적 정서보다는 도회적 정서를 불러일으키는 배경이다. 또한 가족 사기단이 사기를 치기 위해 가짜로 만든 회사로 작가의 민족의식과는 무관하다.

[오답 확인]
① 제목인 '정직한 사기한'에는 모순되는 표현처럼 보이는 역설법이 사용되었다. 이를 통해 정직한 사람이 사기한(사기꾼)으로 몰리게 되는 부조리한 사회를 비판하고 있다.
③ 사복은 청년에게 폭력적인 모습을 보이는데, 이는 광복 이후의 혼란스러운 사회에 나타난 폭력적인 권력을 상징한다.
④ 정직하고 선량한 청년이 오히려 피해를 입는 모순된 현실 상황을 통해 부도덕하고 부정직한 사회를 비판하고 있다.
⑤ 청년을 속이고 위조지폐 실패의 책임을 청년에게 떠넘기는 사장 가족의 모습에서 타락한 가치관, 거짓과 부정이 난무하는 광복 직후의 혼란스러운 사회상이 비판적으로 드러난다.

3 갈래의 특징 파악
답 ②

청년이 위조지폐로 양복을 구입하려는 상황은 무대 밖에서 일어난 사건으로, 무대 공간에서 형상화되지 않고 사복의 대사를 통해 간접적으로 전달되고 있다.

4 상황에 맞는 한자 성어 파악
답 ③

'적반하장'은 잘못한 사람이 아무 잘못도 없는 사람을 나무람을 이르는 말이다. ㉠의 인물들은 자신들 때문에 청년이 사기꾼으로 몰렸음에도 불구하고 자신들의 실패마저 청년의 탓으로 돌리고 있다.

[오답 확인]
① 간사한 꾀로 남을 속여 희롱함을 이르는 말이다.
② 윗사람을 농락하여 권세를 마음대로 함을 이르는 말이다.
④ 변명할 말이 없거나 변명을 못함을 이르는 말이다.
⑤ 작은 것을 탐하다가 큰 것을 잃음을 의미하는 말이다.

04 북어 대가리 | 이강백

독해 포인트
이 글은 서로 다른 가치관을 지닌 두 인물을 통해 현대 사회의 문제점을 비판하고 있으므로 인물의 상반된 가치관에 주목하여 읽는다.

작품 해제
이 글은 자양과 기임이라는 두 인물을 통해 개성을 잃고 기계 부속품처럼 분업화되고 획일화된 현대인의 삶을 비판한 작품이다. 창고지기인 자양과 기임은 창고 안에서 일을 한다. 밖을 볼 수 없는 폐쇄적 공간인 창고에는 매일 정해진 시간에 상자를 실은 트럭이 들어온다. 창고지기들은 내용물을 알 수 없는 상자들을 정해진 위치에 운반하고 정리하는 일을 매일 반복한다. 세상과 자신에 대한 자각 없이 같은 공간에서 같은 일만 반복할 뿐이다. '창고'는 폐쇄적이면서 획일화된 현대 사회를 상징한다. 이런 단조로운 삶을 대하는 두 인물의 태도는 다르다. 창고지기 생활을 답답해하던 기임은 자유와 쾌락을 좇아 창고 밖으로 떠나고, 홀로 남겨진 자양은 창고 밖의 세상이 부정적인 세상이라면 자신의 성실함이 그 부정적인 것에 이바지하는 것일지도 모른다는 불안감을 느끼면서도 다시 상자를 정리하는 일을 수행한다. 창고 밖에는 또 다른 창고가 있을지도 모른다는 자양의 말은 자신을 둘러싼 굴레에서 벗어나기 힘든 현대인의 삶을 의미한다고 볼 수 있다.

주제
산업 사회에서 방향성을 상실한 채 기계 부품처럼 살아가는 현대인의 모습 비판

등장인물
• **자양**: 성실하게 자신의 일을 수행하는 인물이지만 현실을 적극적으로 극복하려는 의지는 부족함.
• **기임**: 창고지기로서의 삶에 적응하지 못하고 자유와 쾌락을 좇아 창고를 탈출함.
• **다링**: 쾌락을 추구하는 바람둥이로, 술에 취한 기임을 창고에 데려온 뒤 자양에게 접근하다 실패함. 그 후 기임과 함께 창고를 떠남.

제목의 의미
제목인 '북어 대가리'는 자양이 술을 많이 먹은 기임에게 해장국을 끓여 주던 재료이자, 몸뚱이는 상실한 채 그저 허무한 생각만 가득 찬 무기력한 현대인의 모습을 상징한다.

문제

1 ② 2 ① 3 ①

원리로 작품 독해

1 성실, 순응, 불만, 욕심
2 안, 밖
3 창고, 북어 대가리

---

1 극적 형상화 방식 이해 ┃ 답 ②

자양은 기임의 생일날 주려고 했던 스웨터를 이별 선물로 주는데, 이는 기임에 대한 애정을 드러내는 것이다. 따라서 비꼬는 투로 말을 하는 것은 적절하지 않다.

[오답 확인]
① 기임은 자양의 잔소리가 마음에 들지 않아 자양에게 고리타분한 소리를 한다고 말을 하는 것이다. 따라서 못마땅하다는 듯한 표정을 짓는 것은 적절하다.
③ '북어 대가리'라는 말 뒤에 붙은 물음표로 보아 다링은 자양이 북어 대가리를 가져가라고 하는 이유를 이해하지 못하고 있다. 따라서 어리둥절한 표정을 짓는 것은 적절하다.
④ 다링이 "어서 들고 나가요."라고 말하는 것은 아버지가 재촉하니 빨리 떠나자는 의미이다. 따라서 보채는 듯한 말투로 대사를 하는 것은 적절하다.
⑤ '(소리)'라는 지시문으로 미루어 볼 때 기임은 보이지 않고 소리만 들린다는 것을 알 수 있다. 따라서 무대 밖의 기임은 대사가 무대 안까지 전달되도록 큰소리로 말해야 한다.

2 인물의 태도 이해 ┃ 답 ①

자신의 신념에 대해 의심하고 불안해하던 자양이 다시 창고 속에서 상자 쌓기를 시작한 것은 이전과 같은 삶을 살겠다는 생각의 표현이다. 이는 현실에 순응하려는 태도로 볼 수 있다.

[오답 확인]
② 이전과 같은 행동을 기계적으로 하는 것이므로 삶의 태도 변화라고 볼 수 없다.
③ 내면 의식이 붕괴되던 자양이 다시 마음을 추스르고 일을 하는 것이므로 자아 분열이 지속되는 것이라고 볼 수 없다.
④ 현실에서 벗어나지 못하는 태도를 지속하는 것이므로 세계와의 대결 의지를 드러낸 것이라고 볼 수 없다.
⑤ 자신의 신념과 태도에 회의적인 모습을 보이지만 신념을 지키기로 하고 다시 상자를 쌓는 것이므로 자신의 처지에 대해 불만을 표출하고 있다고 볼 수 없다.

3 외적 준거에 따른 작품 감상 ┃ 답 ①

'잔소리'는 이성적 자아를 상징하는 자양이 육체적 자아를 상징하는 기임에게 하는 것이다. 따라서 이 잔소리는 무기력한 정신을 일깨우려는 것이 아니라 인간의 정신이 육체를 통제하려고 하는 것으로 이해할 수 있다.

[오답 확인]
② 기임이 떠난 후에 자양은 자신의 신념이 잘못된 것일 수도 있다는 독백을 하며 불안해한다. 따라서 이 독백을 기존의 삶의 방식을 확신하지 못하는 자양의 내면 의식의 붕괴라고 진술한 것은 적절하다.
③ 자양과 기임이 함께 일을 했던 '창고'는 정신과 육체가 함께 머무는 인간의 내면으로 상징된 공간이다. 육체를 상징하는 기임이 창고를 떠났다는 것은 정신만 남겨 두고 육체가 떠나갔다는 것을 의미한다.
④ 자양은 북어 대가리를 보면서 "나도 너처럼 머리만 남았군."이라고 말을 한다. 이를 통해 '북어 대가리'는 자양의 처지와 동일시되는 소재임을 알 수 있다. 기임이 떠나고 혼자 남은 자양은 육체, 즉 자신의 존재감을 상실한 불완전한 정신을 의미한다.
⑤ 정신을 상징하는 자양과 육체를 상징하는 기임이 함께 생활한 '창고'는 정신과 육체가 공존하는 상태를 의미한다.

(가) 산길에서 | 이성부

작품 해제
이 시는 산길을 걸으면서 앞서 길을 만들어 간 이들을 떠올리며 진정한 삶의 가치를 깨닫는 작품이다. 시의 내용은 8행을 기준으로 길의 의미에 대해 생각하는 전반부와 이를 통해 삶의 깨달음을 얻는 후반부로 나눌 수 있다. 화자는 산길을 오르면서 그 길을 만든 사람들을 생각하고 '그이들'의 자취를 따라가는 산행에 가슴 벅찬 즐거움을 느낀다. 그리고 화자의 관심은 산길을 만든 이들로 향한다. 인간들의 역사도 힘겹게 살아온 이름 없는 수많은 민중들의 삶이 모여서 만들어진 것이다. 그런 앞서 간 이들이 있었기에 우리가 지금의 삶을 살아갈 수 있는 것이다. 그리고 화자는 자신 또한 '그이들'을 따라 또 하나의 길을 만들고 있음을 생각하며, 고난과 시련에 굴복하지 않는 의지적인 삶을 살겠다는 다짐을 하고 있다.

주제
산길을 걷는 과정에서 얻은 삶의 가치와 의미

화자의 정서와 태도

시적 상황	화자의 정서와 태도
산길을 오르며 길을 만든 이들을 생각함.	산길을 오르면서 길을 만든 이들을 생각하고 가슴 벅찬 신명을 느낌.
	먼저 살다 간 이들이 무엇 하나씩 다져 놓고 사라졌음을 깨달음.
	앞서간 이들을 따르는 일이 힘들어도 자신의 역할을 생각하며 포기하지 않는 삶을 살 것을 다짐함.

(나) 길 | 윤동주

작품 해제
이 시는 암울한 현실을 살아가는 화자가 자신의 삶에 부끄러움을 느끼고 본질적인 순수한 자아를 찾아가는 성찰의 과정을 그린 작품이다. 1연에서는 잃어버린 무언가를 찾기 위해 길을 나서는 화자의 모습이, 2연과 3연에서는 화자가 걷는 길의 모습이 드러난다. 끝없이 이어진 '돌담'과 굳게 잠긴 '쇠문'은 일제 강점기의 암담한 시대 현실을 상징한다고 볼 수 있다. 4연에서는 '길'이라는 공간을 시간의 개념으로 표현하며 탐색의 과정이 지속됨을 이야기하고 있다. 이 과정에서 화자는 하늘을 보며 부끄러움을 느끼고 이를 통해 자신을 성찰하게 된다. 그리고 6연에서 화자는 자신이 담 너머에 있는 '내(나)'를 찾고 있음을 밝힌다. 이는 화자가 추구하는 본질적이고 순수한 자신의 모습으로 자신을 찾는 것이 자신이 사는 까닭임을 마지막 연에서 밝히고 있다. 일제 강점기의 암울한 시대 상황에서 잃어버린 본질적 자아를 찾고 어두운 현실을 극복하려는 의지가 담긴 시이다.

주제
본질적 자아를 회복하기 위한 노력

화자의 정서와 태도

시적 상황	화자의 정서와 태도
담 저쪽에 있는 자신을 찾기 위해 길을 나섬.	잃어버린 무엇인가를 찾기 위해 길을 나서지만 돌담과 쇠문 때문에 쉽게 찾지 못해 안타까움.
	자신과 현실을 생각하면서 부끄러움을 느낌.
	담 저쪽에 있는 또 다른 '나'를 찾는 것이 쉽지 않지만, 그 일이 자신이 사는 까닭이라 생각하고 의지를 다짐.

---

1 ①　**2** ②　**3** ③

---

1 표현상 공통점 파악　　　답 ①
(가)는 '길을 만든 이들'을 '조릿대밭 눕히며 소리치는 바람'이나 '이름 모를 풀꽃들'로 표현하여 이들과의 교감을 표현하면서 길을 만든 평범한 사람들에 대한 친근감을 드러내고 있다. 하지만 (나)에는 자연물에 인격을 부여한 부분이 없다.

[오답 확인]
② (나)에서는 '-ㅂ니다' 형태의 종결 어미를 반복하고 있고, (가)에서도 '-다' 형태의 종결 어미를 반복하고 있으므로 (나)만 동일한 종결 어미를 반복하고 있다는 진술은 적절하지 않다.
③ 색채어는 색깔을 나타내는 시어이다. (나)에서는 '하늘'을 '푸릅니다'라는 색채어를 사용하여 표현하고 있지만 (가)에서는 색채어를 사용하지 않았다.
④ 공감각적 심상이란 하나의 심상을 다른 심상으로 전이하여 표현하는 것이다. (가)와 (나)는 모두 공감각적 심상이 사용되지 않았다.
⑤ (나)는 '길'을 따라 걷고 있다는 점에서 공간의 이동에 따라 시상이 구체화된다고 말할 수 있다. 하지만 (가)에는 계절의 변화가 나타나지 않는다.

2 화자에 대한 이해　　　답 ②
[B]에서 화자는 산길을 따라가며 감동을 느끼고 있다. 이는 산길을 걸으며 만나는 바람이나 이름 모를 풀꽃들로 비유되는, 앞서 살아간 이들의 삶이 모여 자신이 걷는 길이 만들어졌음을 알면서 느끼는 감동이다. 따라서 이 부분을 삶의 고달픔이 어디에서 왔는지에 대한 깨달음으로 이해하는 것은 적절하지 않다.

[오답 확인]
① '이 길을 만든 이들이 누구인지를 나는 안다'를 통해 알 수 있다.
③ '나는 자꾸 집을 떠나고~신명나지 않았더냐'에서 즐거움을 느끼고 있음을 알 수 있다.
④ '무엇 하나씩 저마다 다져 놓고~나는 배웠다'에서 '무엇 하나'는 앞서 살아간 사람들이 살면서 남긴 발자취에 해당한다고 볼 수 있다.
⑤ '길 따라 그이들을 따라 오르는 일'이 '힘들고 어려워도' '주저앉아서는 안 되는지를' 안다는 표현을 통해 알 수 있다.

3 외적 준거에 따른 작품 감상 　　　　　　　　답 ③

5연에서 화자는 돌담을 더듬으며 눈물짓고 하늘을 보며 부끄러워하고 있다. 이는 잃어버린 자아를 찾지 못하는 상황에서 느끼는 비애와 현실적 자아에 대한 부끄러움을 표현한 것이다.

[오답 확인]

① 굳게 닫힌 '쇠문'은 화자가 '담 저쪽'에 있는 본질적 자아를 찾는 것을 방해하므로 화자가 처한 부정적 상황을 드러낸다고 볼 수 있다.

② 길이 '아침에서 저녁으로 / 저녁에서 아침으로' 통한다는 것은 본질적 자아를 찾는 자기 탐색의 과정이 끊임없이 지속됨을 의미한다.

④ '하늘'은 자아 성찰의 매개체로, 화자가 하늘을 보며 부끄러움을 느끼는 것에서 화자의 자기 성찰적 태도를 엿볼 수 있다.

⑤ 6연의 '담 저쪽'의 '나'는 '잃어버린 나'이다. 따라서 화자가 길을 걷는 행위는 잃어버린 자신을 회복하기 위한 행동으로 볼 수 있다.

4~7

189~191쪽

리기다소나무 숲에 갔다가 | 김연수

작품 해제

이 소설은 '도라꾸 아저씨'라는 전직 사냥꾼의 가치관이 변하는 과정을 통해 생명의 가치에 대한 문제의식을 전달하고 있다. 군 입대를 앞둔 '나'는 어느 대학생의 분신자살과 실연한 삼촌의 자살 소동을 접하며 삶과 죽음에 대한 고민을 한다. 그러다 삼촌, 도라꾸 아저씨와 함께 리기다소나무 숲으로 멧돼지 사냥을 나가고, 유명한 사냥꾼이었던 도라꾸 아저씨에게 새끼를 이용해 잡으려던 어미 멧돼지의 눈을 보고 충격을 받았던 과거의 이야기를 듣는다. 그 경험을 통해 도라꾸 아저씨는 살아 있는 것은 모두 생명의 가치가 있다는 깨달음을 얻고 사냥을 그만두게 된다. 이 소설은 도라꾸 아저씨의 말을 통해 모든 생명은 존중받아야 하며, 생명이 사랑이나 공명심 등 다른 어떤 것의 수단이 되어서는 안 된다는 주제를 전달하고 있다.

주제

살아 있는 모든 생명의 소중함

등장인물

• '나': 도라꾸 아저씨의 이야기를 전달하는 서술자이자 관찰자. 도라꾸 아저씨의 이야기를 듣지만 그 말의 의미를 온전하게 이해하지는 못함.

• 도라꾸 아저씨: 과거에 유명한 사냥꾼이었음. 새끼를 이용해 잡으려던 어미 멧돼지의 눈을 보고 살아 있는 모든 생명은 가치가 있다는 깨달음을 얻고 사냥을 그만둠.

• 삼촌: 집안의 반대로 윤 마담과 헤어진 뒤 자살을 시도하다 실패함. 멧돼지의 눈에서 윤 마담을 떠올리고 총을 쏘지 못해 다리를 다치게 됨.

'리기다소나무'의 의미

리기다소나무는 미국에서 유입된 외래종 소나무로 척박한 환경에서도 잘 자라기 때문에 우리나라 야산에 정책적으로 많이 심은 나무이다. 하지만 목질이 좋지 않아 다른 용도로 사용하지는 못하고 땔감용으로 사용한다. 작가는 이처럼 쓸모없는 리기다소나무조차 생명의 가치가 있음을 이야기하면서 가치 없는 생명은 없다는 주제 의식을 드러내고 있다.

---

4 ② 　**5** ② 　**6** ③ 　**7** ⑤

---

4 서술상 특징 파악 　　　　　　　　답 ②

'나'는 도라꾸 아저씨에게 멧돼지를 죽이지 않은 이유를 묻는다. 그리고 도라꾸 아저씨가 과거에 멧돼지를 사냥했던 경험을 회상하면서 그 이유가 밝혀진다. 따라서 도라꾸 아저씨의 회상을 통해 과거와 현재를 매개하는 경험을 전달하고 있다고 할 수 있다.

[오답 확인]

① 제시된 부분은 '나'와 도라꾸 아저씨가 산을 내려오면서 대화를 나누는 장면이다. 장면이 전환되고 있지는 않다.

③ 공간의 이동은 드러나 있으나, 인물 간의 갈등이 드러나지는 않는다.

④ 도라꾸 아저씨와 '나'의 대화가 중심을 이루면서 아저씨의 이야기를 '나'가 요약적으로 서술하는 부분이 제시되기는 하지만, 이를 통해 사건이 반전되지는 않는다.

⑤ 인물의 내면 심리를 묘사한 부분은 구체적으로 드러나지 않으며, 이를 통해 현실에 대한 부정적 인식을 보여 주고 있지도 않다.

---

5 세부 내용 파악 　　　　　　　　답 ②

삼촌이 호식이를 영물이라 한 것은 새끼 멧돼지를 이용해 어미 멧돼지를 잡으려 했기 때문이다. 삼촌과 호식이가 닮았다고 생각한 것은 '나'로, 둘이 다리가 다친 점이 닮았다고 생각한 것이다.

[오답 확인]

① '조금 전까지 사랑이 어쩌네 수면제가 어쩌네 징징거리던'을 통해 삼촌이 한 이야기의 내용이 사랑과 관련된 것임을 알 수 있다.

③ '불질 잘한다고 알려지만 여기저기서 해수구제 해 달라고 부르는 일이 많다 캉케.', '마을에서 영웅 대접 받고' 등을 통해 알 수 있다.

④ 〈이전 줄거리〉의 '도라꾸 아저씨는 부상당한 삼촌을 업고 숲길을 걷는다.'와 본문의 '삼촌을 등에 업은 도라꾸 아저씨는 지친 기색도 없이 눈 쌓인 산길을 터벅터벅 걸어 내려갔다.'를 통해 알 수 있다.

⑤ "멧돼지 눈 보고 옛날 애인 생각나서 총 못 쏜다 카는 사람 아이라. 그래 내가 니 삼촌 좋아하는 거라."를 통해 알 수 있다.

---

6 인물의 심리 파악 　　　　　　　　답 ③

㉠에서 '나'는 호식이가 새끼 멧돼지의 생명을 도구 삼아 어미 멧돼지를 잡으려 했기 때문에 멧돼지를 죽이지 않았다는 도라꾸 아저씨의 말을 이해하지 못하고 있다. 또한 ㉡에서도 '나'는 과거의 사냥에서 쏴 죽인 것이 멧돼지가 아니라 결국 자기 자신이었다는 아저씨의 말을 이해하지 못하고 있다.

[오답 확인]

① ㉠에 '나'의 놀라움이, ㉡에 불신감이 나타난다고 보기는 어렵다.

② ㉠과 ㉡ 모두 아저씨의 말을 이해하지 못해 나온 반응으로, 아저씨가 '나'의 질문을 가로막고 있지는 않다.

④ ㉠과 ㉡에서 '나'는 아저씨의 말을 이해하지 못해 딴소리를 거듭한다고 생각하고 있다. 따라서 냉소적인 태도가 약화되고 있다는 설명은 적절하지 않다.

⑤ ㉡에서도 ㉠과 마찬가지로 아저씨의 말을 이해하지 못하는 태도가 드러나므로 의구심을 해소하고 있다고 볼 수 없다.

---

7 외적 준거에 따른 작품 감상 　　　　　　　　답 ⑤

새끼의 생명을 수단으로 어미 멧돼지를 잡는 사냥법을 암수라고 한 것은 삼촌이 아니라 도라꾸 아저씨이다.

① 새끼 멧돼지들을 보이는 족족 쏴 죽이던 도라꾸 아저씨는 죽은 새끼를 쫓아온 어미 멧돼지와 시선을 마주친 후에 한참을 쏘지 못했다. 어미 멧돼지와 시선을 마주한 것이 인식이 변화된 계기임을 알 수 있다.

② 도라꾸 아저씨가 한때 헛된 공명심에 눈이 멀어 해수구제로 영웅 대접 받는 것을 재미나게 여겼다는 점에서 동물을 인간과 동등한 생명으로 보지 않고 사냥꾼으로서 명예를 높이기 위한 도구로 보았음을 알 수 있다.

③ '산 것들 저래 살아가게 하는 일'이 용기 있는 일임을 깨닫고 이후 약실에 돌멩이 하나도 못 집어넣게 되었다고 한 것으로 보아, 도라꾸 아저씨가 자신이 한 번 죽었다고 말한 것은 멧돼지들을 죽였던 행위가 잘못된 행동이었음을 깨달았음을 의미한다.

④ 도라꾸 아저씨는 과거의 행위를 반성하며 리기다소나무, 청솔모, 바람 등이 모두 동등하게 소중한 가치가 있는 것임을 인정하고 있다.

2회

1~3

(가) 성에꽃 | 최두석

작품 해제

이 시는 새벽 시내버스 차창에 핀 성에를 보면서 힘겨운 현실을 열심히 살아가는 이웃들에 대한 애정과 암울한 시대 현실에 대한 안타까움을 표현한 작품이다. 이 시의 계절적 배경인 '엄동 혹한'은 암울한 시대 상황을 의미하고, 시·공간적 배경인 '새벽'과 '시내버스'는 서민들의 고단한 삶을 드러낸다. 차창에 서린 성에는 힘든 현실에 대한 막막함으로 내뱉은 누군가의 한숨일 수도 있고, 고단한 삶이지만 열심히 살겠다는 누군가의 정열의 흔적일 수도 있기에 화자는 성에에서 연민의 감정과 함께 아름다움을 느낀다. 그래서 화자에게 성에는 '성에꽃'이 되는 것이다. 이렇듯 평범한 사람들에 대한 공감을 노래하던 시는 후반부에서 분위기를 전환한다. 화자는 흔들리는 차창에서 감옥에 가 있는 친구의 푸석한 얼굴을 떠올린다. 면회마저 금지된 친구의 얼굴을 떠올리는 모습에서 암울한 시대 상황에 대한 화자의 안타까운 마음을 읽을 수 있다.

주제

힘겨운 현실을 살아가는 서민들의 삶에 대한 공감과 애정

화자의 정서와 태도

시적 상황	화자의 정서와 태도
새벽 시내버스 차창에 핀 성에를 봄.	성에를 보며 어제 버스를 탔을 평범한 사람들을 생각함.
	고단한 삶이지만 열심히 살아가는 사람들에게서 연민과 아름다움을 느낌.
	감옥에 가 있는, 면회마저 금지된 친구를 떠올리면서 안타까워함.

(나) 첫사랑 | 고재종

작품 해제

이 시는 겨울 나뭇가지에 눈꽃이 피고 봄이 되면 눈꽃이 녹은 자리에 봄꽃이 피는 자연 현상에서 사랑의 의미를 발견하는 작품이다. 흘날리는

눈이 가지 위에 꽃처럼 소복하게 자리 잡기 위해서는 때로는 가지에서 미끄러지고 때로는 바람에 흩날리는 등 수많은 노력과 인내가 있어야 한다. 화자는 이 과정을 통해 나뭇가지에 자리 잡은 눈꽃을 '마침내 피워 낸 저 황홀'이라며 예찬한다. 그리고 봄이 되면 눈꽃은 녹아 사라지고, 그 자리에 봄꽃이 피어난다. 화자는 이를 '가장 아름다운 상처'라고 역설적으로 표현하여 강조하면서 인내와 헌신으로 이루어 낸 사랑의 고귀함을 전하고 있다.

주제

인내와 헌신으로 이루어 낸 사랑의 고귀함

화자의 정서와 태도

시적 상황	화자의 정서와 태도
나뭇가지에 눈꽃이 피고, 눈꽃이 녹은 자리에 봄꽃이 피는 것을 바라봄.	시련을 극복하며 눈꽃을 피워 내는 과정을 생각하면서 눈꽃의 아름다움에 감탄함.
	눈꽃이 녹은 자리에 핀 아름다운 봄꽃을 바라보면서 사랑의 의미에 대해 생각함.

---

1 ① **2** ④ **3** ③

1 표현상 공통점 파악 　　　　　　　 답 ①

(가)에서는 '막막한 한숨이던가', '정열의 숨결이던가'에서 영탄적 어조를 통해 버스를 탄 평범한 사람들의 삶에 대한 연민과 공감을 강조하여 표현하였고, '친구여'에서 영탄적 어조를 통해 더욱 고조된 안타까운 심정을 표현하였다. (나)에서는 '도전을 멈추지 않았으랴', '황홀 보아라' 등에서 영탄적 어조를 통해 수많은 노력과 인내 끝에 피어난 눈꽃의 아름다움을 표현하였다. 이처럼 영탄적 어조는 고조된 감정을 효과적으로 표현한다.

② (가)와 (나) 모두 공감각적 심상은 사용되지 않았다.

③ (나)에서는 '싸그락 싸그락'이라는 의성어와 '난분분 난분분'이라는 의태어를 사용하여 나뭇가지를 스치며 내리는 눈의 모습을 감각적으로 표현하였다. 하지만 (가)에는 음성 상징어가 사용되지 않았다.

④ (가)와 (나) 모두 반어적 표현은 사용되지 않았다. (가)의 '차가운 아름다움'과 (나)의 '아름다운 상처'에는 역설적 표현이 사용되었다.

⑤ (나)의 '황홀 보아라'에 명령형 표현이 사용되었으나 화자의 의지를 강조하기 위해서가 아니라 나뭇가지에 핀 눈꽃의 아름다움을 드러내기 위해서이다. (가)에는 명령형 표현이 사용되지 않았다.

2 시의 내용 이해 　　　　　　　 답 ④

[D]에서 화자는 정성스레 입김과 손가락으로 성에꽃을 한 잎 지운 후 차창에 이마를 대어 보고 있다. 여기에서 '성에꽃'은 힘겨운 현실을 열심히 살아가는 서민들의 삶과 열정을 의미한다. 따라서 정성스레 성에꽃을 지우고 이마를 대는 화자의 행동은 서민들의 삶을 이해하려는 행위로 볼 수 있다. 이 부분에서 화자가 무력감을 느끼고 있다고 볼 수는 없다.

① '엄동 혹한'은 이 시의 계절적 배경이 겨울임을 드러낸다. 또한 '성에'는 날씨가 추울수록 잘 생긴다는 점과 관련하여 '엄동 혹한일수록 / 선연히 피는' 성에꽃의 속성을 드러내고 있다.

② 화자는 '어제 이 버스를 탔던 / 처녀 총각 아이 어른 / 미용사 외판원 파출부 실업자의 / 입김과 숨결'이 만나 피워 낸 성에꽃에서 '번뜩이는 기막힌 아름다움'을 느끼고 있다.

③ '어느 누구의 막막한 한숨이던가 / 어떤 더운 가슴이 토해 낸 정열의 숨결이던가'에서 어려운 현실에서도 열심히 살아가는 서민들의 열정에 대한 따뜻한 시선이 드러나며, 이러한 화자가 자리를 옮기면서 성에꽃을 보는 모습에서 성에꽃의 아름다움에 심취한 것을 알 수 있다.

⑤ '오랫동안 함께 길을 걸었으나 / 지금은 면회마저 금지된 친구여'에서 오랜 시간 함께한 친구에 대한 안타까움을 느낄 수 있다.

3 외적 준거에 따른 작품 감상　　　　답 ③

(나)는 눈꽃을 피우기 위한 '눈'의 노력과 도전에 대해 이야기하고 있다. '마침내 피워 낸 저 황홀'은 나뭇가지가 아니라 눈의 노력으로 피워 낸 눈꽃이다.

[오답 확인]

① 눈이 나뭇가지에 미끄러진다는 것은 나뭇가지에 눈이 쌓이지 못하고 떨어지는 모습으로 눈꽃을 피우기 위한 눈의 노력이라고 볼 수 있다. 이는 눈이 눈꽃을 피우기 위해 겪는 시련이다.

② '다 퍼부어 준 다음에야'는 눈꽃을 피우기 위한 눈의 헌신적 태도와 희생을 의미한다. 이는 〈보기〉의 '인내하고 헌신하는 존재'와도 통한다.

④ '한 번 덴 자리'는 눈꽃이 피었던 자리로 여기에 봄꽃이 피게 된다. 따라서 이는 고귀한 사랑의 바탕으로 볼 수 있다.

⑤ '아름다운 상처'는 봄이 되어 눈꽃이 녹은 자리에 핀 봄꽃을 의미한다. 이는 인내와 헌신 끝에 얻은 사랑의 결실로 볼 수 있다.

4~7　　　　193~195쪽

농군 | 이태준

작품 해제

이 소설은 1931년 만주 토착민과 이주 조선인들 사이의 갈등으로 일본 경찰까지 개입했던 '만보산 사건'을 소설로 형상화한 것으로 알려져 있다. 경제적인 어려움으로 고향을 등진 유창권의 가족이 만주의 조선 농민 집단촌인 장자워푸에 정착하면서 겪는 삶의 애환을 다루고 있다. 척박한 만주 땅에서 벼농사를 짓기 위해 수로를 개간하려는 조선인들과 수로 개간이 밭농사를 짓는 자신들에 대한 위해 행위라 생각하고 격렬하게 반대하는 만주 토착민들의 갈등을 사실적으로 그리고 있다. 이 소설은 유창권이 온갖 고난을 극복하고 뚫은 물길을 통해 흘러들어오는 물을 바라보는 장면으로 끝을 맺는다. 작가는 이를 통해 일제 강점기에 생존을 위해 고향을 등지고 타국 땅에서 힘들게 살아가야 했던 수많은 조선 이주민들의 고달픈 삶과 운명을 스스로 개척해 나가야 하는 절박한 처지, 그리고 그들의 강인한 생명력을 표현하였다.

주제

생존을 위한 조선 이주민들의 끈질긴 삶의 투쟁

이 글의 주된 갈등

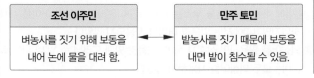

조선 이주민		만주 토민
벼농사를 짓기 위해 보동을 내어 논에 물을 대려 함.	↔	밭농사를 짓기 때문에 보동을 내면 밭이 침수될 수 있음.

사건 전개에 따른 '창권'의 태도 변화

토민들에게 겁을 먹고 그들의 폭력에 저항하지 못함.	→	조선인들이 토민들에게 강력하게 저항하는 것을 봄.	→	만주에서 생존하기 위한 방법을 깨닫고 토민의 뒷덜미를 낚아챔.

　4 ④　　5 ⑤　　6 ⑤　　7 ④

4 서술상 특징 파악　　　　답 ④

이 글은 전체적으로 과거형 시제를 사용하다가 창권이 느닷없이 들이닥친 토민들과 대립하는 장면에서 '갈긴다', '웃어 댄다', '고꾸라뜨린다' 등과 같은 현재 시제를 사용하여 현장감을 높이고 있다.

[오답 확인]

① 인물의 대화를 직접 인용한 부분은 "덤벼라! 우린 여기서 못 살면 죽긴 마찬가지다!" 정도이고 대부분은 서술자의 서술로 전달하고 있다.

② 인물의 심리적 갈등이 드러나기는 하지만 인물의 내면보다는 시간의 흐름에 따른 사건의 전개 과정에 초점을 맞추어 서술하고 있다.

③ 이 글은 전지적 작가 시점의 소설이다.

⑤ 처음부터 끝까지 시점의 변화 없이 사건이 전달되고 있다.

5 구절의 의미 파악　　　　답 ⑤

'오금이 뻗다'는 '마음을 졸이다', '두려워하다' 등을 뜻하는 '오금이 저리다'와 반대되는 의미의 관용적 표현이다. '오금이 뻗다'를 '날갯죽지처럼'이라는 비유적 표현과 함께 사용하여 창권이 토민들에게 일방적으로 당하다가 적극적으로 저항하기 시작하는 모습을 표현하였다.

[오답 확인]

① 대간선을 째어 놓는 작업을 실패할 경우 잡곡이나 뿌리게 되어 먹고살기가 힘들 것이라는 내용을 가정과 결과로 연쇄적으로 제시하면서 대간선을 만들어야 하는 상황의 시급함을 강조하고 있다.

② 창권이 맡은 구역의 길이, 넓이, 깊이 등의 규모와 '얼기 전'이라는 기한을 밝혀 창권이 맡은 공사에 대한 부담을 구체적으로 표현하였다.

③ 눈만 피하면 꾀를 피우는 쿨리들의 불성실한 모습을 이를 잡거나 졸고 있는 것으로 구체적으로 제시하였다.

④ '~에서 조선 사람들이 내려왔다', '~에서 조선 사람들이 소리를 지르며 나타났다'와 같이 유사한 문장을 반복하면서 창권이 당하기만 하는 상황에서 조선 사람들이 나타나 반전이 시작되고 있음을 부각하고 있다.

6 외적 준거에 따른 작품 감상　　　　답 ⑤

'장자워푸'에 보동을 만들어 봇물을 끌어오려는 것은 조선 이주민들이다. 토민들은 보동을 만들면 자신들에게 익숙한 생활 방식인 밭농사를 망치게 되기에 공간을 변화시키고자 하는 조선 사람들을 방해하고 있는 것이다. 따라서 양측 모두 공간을 변화시키려 한다는 진술은 적절하지 않다.

[오답 확인]

① 만주에 갓 이주해 조선인 집단에 합류한 창권은 고향과 다른 혹독한 기후와 낯선 언어에서 이질감을 느끼고 있다.

② 조선인들은 공간의 이질성을 극복하기 위해 장쟈워푸에 물길을 내어 벼농사를 지음으로써 익숙한 생활 방식을 지속하고자 하고 있다.

③ 밭농사를 짓던 토민들은 조선인들이 만들려는 물길이 자신들의 밭을 망칠 것이라 생각하고 있다. 즉 조선인들의 행동이 자신들의 기존 생활 방식에 해를 끼친다고 보고 방해하는 것이다.

④ 조선인들이 토민들에게 저항하는 모습을 보고 '봇도랑은 우리 목줄이 아니고 뭐냐!'라고 생각하는 창권의 모습에서 봇도랑을 내는 문제는 '목줄', 즉 생존의 문제라는 것을 인식했음을 알 수 있다.

7 작품의 전개 양상 이해　답 ④

[A]는 네 개의 문단으로 구성되어 있다. 첫째 문단에는 토민들이 조선인들의 공사를 방해하는 까닭이 제시되어 있다. 둘째 문단에는 설득이 실패로 돌아가면서 점점 공사가 어려워지는 상황이 드러난다. 그리고 셋째 문단에는 다시 토민들을 설득하지만 실패하는 장면이, 마지막 문단에는 이로 인해 지칠 대로 지친 조선인들의 모습이 제시되어 있다. 결국 [A]는 조선인들이 토민들을 설득하지만 거듭 실패하는 장면을 제시하여 그들이 하려는 일이 쉽게 진행되지 않을 것임을 드러내고 있는 것이다.

[오답 확인]

① 조선인들이 토민들을 계속 설득하며 해결책을 제시하는 장면은 나오지만 최선의 해결책을 이끌어 내지는 못하고 있다.

② 조선인들과 토민들의 의견 대립만 있을 뿐, 입장 차이가 좁혀지는 모습은 보이지 않는다.

③ 조선 이주민들과 만주 토민들의 갈등을 통해 역사적 상황을 추측할 수는 있지만 역사적 배경이 직접적으로 제시되지는 않았으며, 이를 통해 사건의 근본 원인을 탐색하고 있지도 않다.

⑤ 조선인 공동체의 활동이 토민들의 반대로 어려움을 겪는 내용은 나오지만, 이들이 맞닥뜨린 문제는 물길을 내어 벼농사를 지음으로써 낯선 땅에서 생존해야 하는 것으로, 개인의 문제가 아니라 이주민 집단 전체의 문제이다.

3회

1~3　196~197쪽

(가) 봄을 부르는 자는 누구냐 | 신석정

작품 해제

이 시는 봄을 간절히 기다리는 마음을 통해 소망하는 세상이 오기를 바라고 있다. 1연에서는 봄이 올 것이라는 기대를 표현하고 있고, 2연부터 5연까지는 봄을 기다리는 사람들에 대해 말하고 있다. 봄에 대한 즐거운 이야기를 하던 사람들은 시간이 갈수록 체념하고 좌절하는 모습을 보인다. 이는 1연에서 믿음을 갖고 봄을 기다리던 태도와 대비된다. 마지막 연의 '도시 봄을 부르는 자는 누구냐?'는 보는 시각에 따라 두 가지로 해석이 가능하다. '봄을 부르는 자'를 '말로만 봄을 기다리는 자'로 해석하면 비판의 의미로 볼 수 있다. 반면 '간절히 봄을 기다리는 자'로 해석하면 봄에 대한 간절한 기다림과 의지로 볼 수 있다. 일제 강점기라는 창작 당시의 시대 상황을 고려하면 이 시의 '몹쓸 지구'는 부정적인 민족 상황을, '봄'은 독립에 대한 소망을 의미한다고 해석할 수 있다.

주제

봄을 상실한 안타까움과 이를 되찾기 위한 노력의 필요성

화자의 정서와 태도

시적 상황	화자의 정서와 태도
봄이 오기를 기다림.	봄이 반드시 올 것이라고 믿지만 부정적 현실에 사람들은 체념하고 좌절하는 모습을 보임.
	봄을 잃어버린 부정적인 현실이지만 희망의 필요성을 강조함.

(나) 백두산을 오르며 | 정호승

작품 해제

이 시는 눈보라 치는 백두산을 오르며 얻은 삶의 태도에 대한 깨달음을 형상화한 작품이다. 일행과 함께 도착한 백두산에 내리기 시작한 '눈'은 시간이 지나면서 '함박눈'에서 '눈보라'로 변해간다. '낮달'이 사라지고 점점 어두워가는 산길에는 '바람'도 심해진다. 그러한 시련을 뚫고 묵묵히 산에 오르는 화자는 서서히 백두산과 동화되어 간다. 산에서 만난 '두견화'에 더욱 애정이 가는 것은 '눈'이라는 시련을 이겨 내고 피어난 가치 있는 꽃이기 때문이다. 힘든 과정을 거치며 산에 오르면서 화자는 마침내 '운명을 사랑하는 사람'이 된다. 즉, 부정적인 상황을 수용하면서 극복하는 삶의 가치를 깨달은 것이다. 이것은 함께 살아갈 날들이 많은 주변의 '우리들'과 같이 이루어 나가야 하는 것이다.

주제

백두산을 오르며 깨달은 공동체적 삶의 자세

화자의 정서와 태도

시적 상황	화자의 정서와 태도
눈보라 치는 백두산을 오름.	눈보라가 치는 백두산을 묵묵히 오름.
	시련을 이겨 내고 눈 속에서 핀 두견화를 보면서 애정을 느낌.
	시련을 겪고 마침내 자신의 운명을 받아들임.
	백두산을 오르며 사람들과 함께 살아갈 날들을 생각함.

1 ②　2 ④　3 ④

1 표현상 공통점 파악　답 ②

(가)에서는 '푸른 수레', '흰 안개', '푸른 봄', '흰 백매' 등에서 색채어를 사용하고 있다. (나)에서도 '흰 자작나무', '흰 두견화'에서 색채어를 사용하고 있다.

[오답 확인]

① (가)에서는 '도시 봄을 부르는 자는 누구냐?'라고 의문형 어미를 사용하였지만 (나)에서는 의문형 어미가 사용되지 않았다.

③ 의성어를 활용하면 상황을 좀 더 생동감 있게 드러낼 수 있지만 (가)와 (나)는 모두 의성어를 사용하지 않았다.

④ 수미 상관은 시에서 처음과 끝이 같거나 유사하게 반복되는 표현 방법이다. (가)와 (나)는 모두 수미 상관의 방법을 사용하지 않았다.

⑤ (가)와 (나)는 모두 말을 건네는 방식을 사용하지 않았다.

2 외적 준거에 따른 작품 감상　답 ④

5연에서 '그들'은 '옥같이 흰 백매가 핀다기로서니 이미 계절이 떠나간 이 빈 지구에 봄이 온다는 이야기를 믿을 수야 있겠느냐'라고 말하는데 이는 일제 강점기의 부정적 상황이 지나고 조국의 해방이 이루어지는 것에 대해 회의적인 태도를 드러낸 것이라고 할 수 있다. '그들'의 이러한 태도를 고려할 때 '옥같이 흰 백매'가 민족의 운명이 회복될 것이라는 믿음을 보여 준다는 진술은 적절하지 않다.

[오답 확인]

① 2연의 '봄'은 조국의 해방을, '푸른 봄이 오리라는 즐거운 이야기'는 해방에 대한 믿음과 소망을 의미한다고 볼 수 있다. 따라서 '봄'에 대해 '즐거운 이야기'를 하는 '사람들'은 해방을 소망하는 민족 공동체의 구성원으로 볼 수 있다.

② '봄'이 조국 해방을 상징한다고 볼 때 4연에서 '어떤 친구'가 '봄'이 '멀리 떠나버렸다'라고 말하는 것은 해방에 대한 기대가 사라진 것을 의미한다. 따라서 4연의 '어떤 친구'는 일제 강점기의 부정적 현실에서 해방에 대한 기대를 잃고 체념하는 사람으로 볼 수 있다.

③ '부질없이'는 '대수롭지 아니하거나 쓸모가 없이'의 의미이다. 따라서 〈보기〉를 참고하면 '부질없이 소곤대'는 것은 실천적 노력 없이 소망을 이야기하기만 한다는 것으로 이해할 수 있다.

⑤ 5연의 '계절이 떠나간 이 빈 지구'는 봄이 오지 않는 공간이다. 이는 해방에 대한 기대를 상실한, 절망적인 현실을 의미한다고 볼 수 있다.

3 시행의 의미 파악　답 ④

[D]의 '마침내 운명을 사랑하는 사람이 되는 일은 어려운 일이었다'에서 화자는 자신의 부정적 현실을 인정하고 수용하게 되기까지가 쉽지 않았음을 밝히고 있다. 억압적 현실에 저항하는 화자의 행동이 드러난다고 볼 수 없다.

[오답 확인]

① [A]에서 '시련'을 의미하는 '눈'이 '함박눈'으로 퍼붓기 시작했다는 것은 화자를 둘러싼 상황이 악화되었음을 의미한다.

② [B]의 '우리들은 말없이 천지를 향해 길을 떠났다'에서 힘든 상황 속에서도 묵묵히 목표를 향해 나아가는 화자의 모습을 엿볼 수 있다.

③ [C]의 '우리들은 저마다 하나씩 백두산이 되어 갔다'에서 백두산과 동화되어 가는 화자의 모습이 드러난다.

⑤ [E]의 '함께 살아가야 할 날들을 생각했다'에서 공동체적 삶에 대한 화자의 바람을 읽을 수 있다.

4~6
197~199쪽

연 | 김원일

작품 해제

이 소설은 타고난 역마살 때문에 이곳저곳을 떠돌아다니다 결국 객지에서 비참한 죽음을 맞는 아버지의 삶을 제재로 하고 있다. 아버지의 역마

살은 방물장사로 떠돌이 생활을 하다가 어느 겨울 눈밭에서 객사한 할아버지에게서 물려받은 것이다. 떠돌이 생활 중에 어머니를 만나 삼 남매를 낳았지만 아버지의 방랑벽은 나아지지 않는다. 훌쩍 떠났다가 초라한 모습으로 돌아오는 아버지의 행동이 반복되는 동안 가족의 생계를 떠맡은 어머니의 짐은 점점 무거워지고, 그런 어머니를 보며 '나'는 아버지에 대한 원망과 함께 어머니에 대한 연민을 느끼며 자란다. 이 소설의 제목이기도 한 '연'은 할아버지와 아버지, 그리고 '나'로 이어지는 3대의 중요한 매개물이다. 할아버지가 그랬던 것처럼 아버지 또한 '나'에게 연을 만들어 준다. '연'은 한곳에 정착하지 못하고 떠돌아다녀야 하는 아버지의 운명을 상징하는 소재이기도 하다. 얼레에 묶여 끝없이 날아가지 못하는 연은 떠돌아다니다가 다시 집으로 돌아오는 아버지의 삶을 나타내는 것이다.

주제

이상을 추구하는 인간의 염원과 현실적 제약에 따른 좌절

등장인물

• **아버지**: 자유를 꿈꾸며 떠돌아다니다 객사함. 가장으로서 책임감이 부족하고 현실에 적응하지 못함.

• **어머니**: 아버지를 대신해 가정의 생계를 책임짐. 남편에 대한 그리움으로 평생을 살아감.

• **'나'**: 아버지에 대한 원망과 어머니에 대한 연민의 감정을 가지고 있음.

'연'의 역할

• 할아버지와 아버지, 그리고 '나'로 이어지는 3대의 매개체임.

• 정착하지 못하고 떠돌아다니지만 다시 가족이 있는 집으로 돌아오는 아버지의 삶을 상징함.

---

4 ②　5 ⑤　6 ③

---

4 서술상 특징 파악　답 ②

이 글의 서술자는 '나'이다. '나'는 글의 중심인물인 아버지의 삶을 전달하면서 그에 대한 자신의 생각을 덧붙이며 아버지와 관련된 사건을 서술하고 있다.

[오답 확인]

① 이 글의 서술자는 '나' 한 명이며, 처음부터 끝까지 바뀌지 않는다.

③ 외부 이야기와 내부 이야기로 장면이 전환되는 구성은 액자식 구성이다. 이 글은 액자식 구성의 글이 아니다.

④ 이 글의 서술자는 '나'로, 작품 안에 위치한다.

⑤ 이 글은 시간 순서대로 이야기가 전개되고 있다. 따라서 동시에 일어나는 두 개의 사건을 병렬적으로 배치했다는 진술은 적절하지 않다.

5 대화의 의도 및 의미 이해　답 ⑤

아버지의 식사를 걱정하는 어머니에게 "읍내서 묵고 왔다 캅디더."라고 대답하는 것으로 보아 '나'가 아버지의 끼니를 걱정하고 있다는 진술은 적절하지 않다. 오히려 평소와 달리 자전거에 타는 어머니가 아버지를 빨리 만나고 싶어 한다는 것을 알 수 있다.

[오답 확인]

① 가족의 생계에는 관심이 없고 새를 좋아하는 마음에 저수지로 이사를 가자는 아버지에 대한 어머니의 불만이 "그 구경 댕기모 밥이 생기요 떡이 생기요?"라는 말에서 드러난다.

정답과 해설 • 59

② 겨울에 만들어 날리는 연을 겨울도 아닌데 많이 만드는 아버지의 행동에 대한 '나'의 의아함이 드러난다.

③ 일만 하는 사람을 '개미'에 비유하면서 '사람은 개미가 아이잖나'라고 말하는 것에서 경제적 활동에 얽매이고 싶지 않아 하는 아버지의 태도가 드러난다.

④ 양식이 떨어져서 자식들이 저녁을 굶었을까 봐 걱정하는 어머니의 마음이 드러난다.

6 외적 준거에 따른 작품 감상 답 ③

"돈 벌라고 밤낮으로 일만 하는 사람을 보모 사람 사는 목적이 저런가 싶을 때가 있지러."라는 말을 통해 아버지는 삶의 목적이 돈이 아니라고 생각하고 있다는 것을 알 수 있다. 아버지가 역마살로 인해 무능할 수밖에 없었던 자신의 삶을 후회하고 있다고 보기는 어렵다.

[오답 확인]

① '장터를 떠돌며 어물 장사를' 하는 어머니는 역마살로 떠도는 아버지를 대신해 가족의 생계를 책임지고 있다.

② 아버지는 "사람은 어데 갈 목적이 읎어도 어떤 때는 연맨크로 그냥 멀리로 떠나 댕기고 싶은 꿈이 있는 기라."라고 하면서 자신의 꿈을 우회적으로 드러내고 있다.

④ 어머니는 처자식이 있기 때문에 아버지가 다시 집으로 돌아온다고 생각하고 있다. 아버지를 연에 비유한다면 연이 다시 지상으로 돌아오게 하는 얼레의 역할은 가족이 하고 있다고 생각하는 것이다.

⑤ '나'는 어머니가 아버지에 대해 원망의 감정을 느끼면서도, 밀물과 썰물처럼 그 원망이 다시 연민의 감정으로 바뀌는 것이 반복되고 있다고 생각하고 있다.

4회

1~4 200~201쪽

(가) 다시 봄이 왔다 | 이성복

작품 해제

이 시는 변화 없는 삶에서 오는 권태와 생동감 있는 삶에 대한 욕망, 그럴 수 없는 현실에 대한 비관적 인식을 담고 있는 작품이다. 만물이 생동하는 봄을 맞아 푸른 생명력을 싹틔우는 자연과 달리 화자는 더디고 나른한 일상에 권태를 느낀다. 물론 화자도 '세차장 고무호스의 길길이 날뛰는 물줄기처럼' 솟아오르고 싶은 욕망이 있지만 그러한 욕망은 가슴속에서 '윤기나는 석탄층'으로만 굳어 가고, 화자는 자신에게 그러한 삶의 변화가 올 것이라는 기대를 하지 않는다. 다양한 감각적 표현을 사용하여 화자의 욕망과 현실에 대한 인식을 드러내는 한편, '기다리던 것이 오지 않는다는 것은 누구나 안다', '그런 일은 없었다'와 같은 단정적 표현으로 비관적 전망을 강조하고 있다.

주제

생명력 넘치는 삶에 대한 비관적 인식

화자의 정서와 태도

시적 상황	화자의 정서와 태도
봄이 오는 모습을 보며 삶을 되돌아봄.	푸른 풀과 나무의 푸른 싹을 보며 봄이 오는 것을 느낌.
	더디고 나른한 세월에 권태로움과 무기력함을 느낌.
	무기력함에서 벗어나 생명력 있고 자유로운 삶을 살고자 하는 욕망을 느낌.
	욕망이 실현되지 못한 채 가슴속에서만 굳어 가고 현실에 대해 비관적으로 인식함.

(나) 벽 | 김기택

작품 해제

이 시는 사람들에게 둘러싸여 만원 전동차에서 내리지 못하고 고통받는 할머니의 모습을 통해 타인에 대한 현대인의 무관심을 비판하고 있는 작품이다. 시의 내용은 단순하다. 전동차에서 내리려고 몸부림치는 할머니의 모습과 그런 할머니를 둘러싼 승객들의 '벽'을 반복해서 보여 준다. 그리고 시가 전개되면서 점점 작아지는 할머니의 모습과 점점 더 견고해지는 승객들의 '벽'을 대비하면서 문제 상황의 심각성을 강조하고 있다. 특히 할머니의 움직임을 '꼼지락거리고', '허우적거리고', '꿈틀거'린다고 표현함으로써 주변의 무관심 속에서 살기 위해 발버둥치는 소외된 이웃의 처절한 몸부림을 부각하고 있다.

주제

타인에 대한 관심과 배려가 없는 현대인의 모습 비판

화자의 정서와 태도

시적 상황	화자의 정서와 태도
만원 전동차에서 내리려고 애쓰는 할머니를 봄.	승객들의 벽에 둘러싸인 할머니가 전동차에서 내리기 위해 있는 힘을 다하는 것을 봄.
	할머니가 필사적으로 내리려고 하지만 승객들이 더욱 견고한 벽이 되어 간다고 느낌.

1 ① **2** ④ **3** ④ **4** ③

1 표현상 공통점 파악 답 ①

(가)는 '누구나 안다', '그런 일은 없었다', (나)는 '벽은 꿈쩍도 하지 않았다', '견고한 벽이 되고 있었다' 등에서 단정적 진술을 사용하여 주제 의식을 드러내고 있다.

[오답 확인]

② (나)에는 도치의 방식이 사용되지 않았다.

③ (가)와 (나)에는 모두 점층적 표현이 사용되지 않았다.

④ (가)에는 '푸른', '누구'와 같은 시어와 '돼지 목 따는 동네의 더디고 나른한 세월'이라는 시구가 반복되고 있고, (나)에는 '할머니', '벽' 등의 시어가 반복되고 있다. 하지만 두 시 모두 반복과 열거를 통해 화자의 의지를 강조하고 있지는 않다.

⑤ (가)에서는 '푸른'이라는 색채어를 사용하여 봄의 생명력을 드러내고 있지만 (나)에는 색채어가 사용되지 않았다.

2 시의 의미 파악
답 ④

[C]에서는 권태롭고 무기력한 삶에서 벗어나 자유롭고 생명력 있는 삶을 살고 싶어 하는 화자의 욕망을 '길길이 날뛰는 물줄기'로 표현하고 있다. 과거의 삶을 반성하는 모습은 나타나 있지 않다.

[오답 확인]
① [A]에서는 '기다리던 것이 오지 않는다'며 변화 가능성이 없는 상황에서 오는 '더디고 나른한 세월'의 권태로운 삶을 드러내고 있다.
② [B]에서는 '우리의 굽은 등에 푸른 싹이 돋을까'라고 물으면서 현실에 대한 회의적인 태도를 보이고 있다.
③ [B]에서는 '항시 우리들 삶은 낡은 유리창에 흔들리는 먼지 낀 풍경 같은 것이었다'라며 비관적 현실 인식을 드러내고 있다.
⑤ [C]에서는 '길길이 날뛰는 물줄기'를 통해 무기력한 삶에서 벗어나 자유롭고 활기 있는 삶을 살고자 하는 욕망을 표현하고 있다.

3 시어의 의미 파악
답 ④

'더'는 승객들이 할머니에게 고통을 더하고 있는 상황을 부각하는 표현이다. 따라서 속박된 상황을 벗어나려는 할머니의 모습을 부각한다는 진술은 적절하지 않다.

[오답 확인]
① '헛되이'는 만원 전동차에서 내리려는 할머니의 행동이 소용이 없으며, 혼자서는 문제를 해결할 수 없음을 부각하는 표현이다.
② '튼튼한'은 할머니를 빈틈없이 에워싼 승객들의 상태를 표현한 것으로, 할머니의 어려움을 심화시키는 대상인 '벽'(승객들)을 강조하고 있다.
③ '조금도'는 할머니를 둘러싼 승객들의 벽이 전혀 흔들리지 않음을 강조하는 표현으로, 할머니의 고통에 반응하지 않는 승객들의 모습을 부각하고 있다.
⑤ '견고한'은 '벽'으로 표현된 승객들의 상황이 변화 없이 단단하게 할머니를 에워싸고 있음을 부각하고 있다.

4 외적 준거에 따른 작품 감상
답 ③

'길길이 날뛰는 물줄기'는 화자가 바라는 생명력 넘치는 삶을 의미하는 시구이고, '윤기나는 석탄층'은 그러한 삶이 실현되지 않는 현실에 대한 화자의 부정적 인식이 드러나는 시구이다. 따라서 이 둘을 연결하여 현실에 맞서는 화자의 정서로 이해하는 것은 적절하지 않다.

[오답 확인]
① '갈라진 밑동'에 돋은 '푸른 싹'은 봄의 생명력을 의미한다. 따라서 이를 생명력 있는 삶을 꿈꾸는 화자의 바람과 연관 지어 이해할 수 있다.
② '우리의 굽은 등'과 '먼지 낀 풍경'은 권태롭고 무기력한 상황에 대한 화자의 비관적 태도를 드러낸다.
④ '작은 할머니'와 높은 '벽'은 할머니와 승객들 사이의 대조에 의한 연상적 비교가 일어나 괴로움을 느끼는 할머니에 대한 공감이 유발된다.
⑤ 할머니가 '꿈틀거리'는 것은 벽을 벗어나려는 몸부림이다. 이 모습에 초점을 맞추면서 고통스러운 상황을 벗어나려고 애쓰는 할머니의 상황이 강조된다.

불모지 | 차범석

작품 해제
이 글은 전쟁 직후인 1950년대 서울을 배경으로, 변화하는 사회에 적응하지 못하는 다양한 세대의 비극적 삶을 그려 낸 사실주의 희곡이다. 서울에서 전통 혼구 대여점을 하는 최 노인의 사업은 신식 결혼의 성행으로 점차 어려워진다. 경제적인 문제를 해결하기 위해 집을 팔자는 자녀들과 대립하던 최 노인은 결국 고집을 꺾고 소중히 여기던 집을 팔기로 결심한다. 하지만 그 과정에서 큰아들 경수와 갈등을 하게 되는데, 모든 문제의 근원이 돈이라 생각한 경수는 강도질을 하려다 경찰에 체포된다. 그리고 배우를 꿈꾸던 큰딸 경애는 사기를 당하고 자살한다. 이 작품에는 크게 두 가지의 대비가 드러난다. 첫째는 공간의 대비로, 화려한 신식 건물 속에 묻힌 최 노인의 전통 한옥이 대비되어 초라하게 쇠퇴하는 전통문화를 드러낸다. 둘째는 최 노인과 자식들로 대변되는 세대 간의 가치관의 대비인데, 시대의 변화에 뒤처진 최 노인이나 변하는 사회에 적응하지 못하는 자식들 모두 제목에서 의미하는 '불모지'와 같은 삶을 살고 있다고 볼 수 있다.

주제
전쟁 직후의 혼란스러운 사회 속에서 겪는 가족 해체와 세대 간의 갈등

등장인물

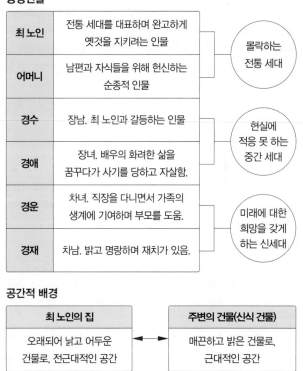

최 노인	전통 세대를 대표하며 완고하게 옛것을 지키려는 인물	몰락하는 전통 세대
어머니	남편과 자식들을 위해 헌신하는 순종적 인물	
경수	장남. 최 노인과 갈등하는 인물	현실에 적응 못 하는 중간 세대
경애	장녀. 배우의 화려한 삶을 꿈꾸다가 사기를 당하고 자살함.	
경운	차녀. 직장을 다니면서 가족의 생계에 기여하며 부모를 도움.	미래에 대한 희망을 갖게 하는 신세대
경재	차남. 밝고 명랑하며 재치가 있음.	

공간적 배경

최 노인의 집	주변의 건물(신식 건물)
오래되어 낡고 어두운 건물로, 전근대적인 공간	매끈하고 밝은 건물로, 근대적인 공간

---

5 ⑤   6 ④   7 ④   8 ⑤

5 작품의 종합적 이해
답 ⑤

이 글은 1950년대의 서울 중심가를 배경으로 하고 있다. 경수의 대사 중에 "여긴 종로 한복판입니다."라는 부분을 통해 실제 지명을 드러내고 있는데, 이와 같이 실제 지명이나 건물명 등을 제시하면 작품의 사실성을 높이는 효과를 얻을 수 있다.

[오답 확인]

① 언어유희란 소리의 유사성이나 의미의 유사성 등을 이용한 말놀이를 말한다. 이 글에서 언어유희를 통해 인물 간의 긴장을 고조시키는 부분은 찾아볼 수 없다.

② 집을 둘러싼 각 인물의 내면은 드러난다고 할 수 있지만 그것이 장면의 전환을 통해 부각되는 것은 아니다.

③ 인물의 복장이 나타난 부분은 경재의 제복 정도이다. 이를 통해 인물의 신분은 짐작할 수 있지만, 인물의 심리가 드러나지는 않는다.

④ 인물의 등퇴장을 통해 인물의 성격 변화를 드러내고 있지는 않다.

6 인물의 심리 파악　　　　　　　　　　답 ④

ⓔ의 앞에서 최 노인이 집을 전세로 내놓았다고 말하자 경수가 "예? 전세라구요?"라며 놀라는 장면이 나온다. 이는 집을 파는 것으로 알고 있던 것과 다르게 최 노인이 집을 전세로 내놓았음을 알게 되었기 때문이다. 어머니와 경운이 서로 바라보는 것도 경수와 마찬가지로 의외의 상황에 놀랐기 때문이다. 따라서 두 사람이 경수와 다른 생각을 가지고 있다는 진술은 적절하지 않다.

[오답 확인]

① 최 노인은 주변에 건물이 들어서면서 화초와 고추가 자라지 않는 상황에 대해 부정적으로 생각하고 있다.

② 일반적인 대화의 어투가 아니라 웅변조의 어투를 사용함으로써 자신의 말에 자연스레 주목하게 만들고 있다.

③ 처음에 '김 첨지'라고 부르던 최 노인이 다급하게 '김 선생'이라고 높여 이르는 말로 호칭을 바꾼 것은 기분이 상해 돌아가는 복덕방 영감의 마음을 돌려보기 위한 것이다.

⑤ 최 노인의 갑작스러운 행동에 놀란 '어머니'의 심정을 맨발로 뛰어내리는 행동을 통해 표현하고 있다.

7 외적 준거에 따른 작품 감상　　　　　　답 ④

어머니는 집을 전세로 내놓으려는 최 노인의 계획을 알지 못하고 있었다. 그래서 최 노인의 의도와 계획을 묻고 있는 것이지 못마땅함을 표현한 것은 아니다.

[오답 확인]

① ⓐ에는 달라진 현실에 대한 최 노인의 부정적 인식이 담겨 있다. 그래서 경재는 아버지에게 변화가 필요하다는 메시지를 전달하기 위해 웅변조의 말투를 사용하여 변화를 수용하는 태도가 필요함을 표현하고 있다.

② 복덕방 영감은 '공동묘지'를 언급하는 경수의 말을 나이가 많은 자신을 무시하는 것으로 이해한다. 그래서 화를 내면서 최 노인과의 흥정을 중단하고 나가 버린다.

③ 경수는 아버지가 집을 팔려고 한다고 생각하여 복덕방 영감과의 흥정을 방해했는데, 집을 팔 계획이 없다는 최 노인의 말을 듣고 자신이 잘못 생각하고 있었음을 알게 된다.

⑤ 자신이 집을 팔려 하는 줄 알았다는 말을 들은 최 노인은 화초밭을 망가뜨리며 가족들에 대한 불만을 드러내고 있다.

8 배경의 의미와 역할 파악　　　　　　　답 ⑤

최 노인은 자신의 집 주변의 건물들 때문에 화초밭의 화초와 고추들이 자라지 못하는 것을 안타까워하고 있다. 그리고 가족들에 대한 불만으로 화

초밭을 뽑아 헤친다. 이런 최 노인에게 "그렇게 정성을 들여서 가꾼 것들을"이라고 말하는 어머니를 통해 이 화초밭은 최 노인이 정성을 들인 공간임을 알 수 있다. 최 노인은 열심히 살아온 자신의 삶이 인정받지 못하는 허망함을 정성 들여 가꾼 화초밭을 훼손하는 것으로 표현하고 있는 것이다.

[오답 확인]

① 가족들이 화초밭에 경제적 가치를 부여하고 있다고 볼 장면은 찾아볼 수 없다.

② 화초밭을 짓밟는 행동은 울분의 표현이지, 집을 지키기 위한 행동이 아니다.

③ 최 노인은 화초밭을 훼손함으로써 가족들에 대한 불만을 드러내고 있다. 최 노인의 행동은 갈등의 표현이므로 화초밭이 갈등이 해소되는 장소라는 진술은 적절하지 않다.

④ 최 노인은 자신의 처지에 분노하고 있을 뿐, 자책하고 있지는 않다.

5회

1~3　　　　　　　　　　　　　204~205쪽

(가) 추일서정 | 김광균

작품 해제

이 시는 제목 그대로 가을 낮의 풍경을 서정적으로 묘사한 작품이다. 이 시의 배경이 되는 공간은 도시이다. 전반부에서는 어느 가을 한낮의 도시 풍경을 감각적으로 묘사하고 있다. 낙엽이 날리고, 길게 이어진 길이 시야 밖으로 사라지고, 빈 들에는 연기를 내뿜는 급행열차가 달리고 있다. 앙상한 포플러 나무 사이로 보이는 공장 지붕은 '흰 이빨'을 드러낸 것처럼 삭막하고, 그 앞에는 구부러진 철책 하나가 바람에 나부끼고 있다. 전반적으로 가을의 풍성함보다는 황량함에 초점을 맞춘 풍경 묘사이다. 그리고 후반부에는 화자의 정서가 드러난다. 자욱한 풀벌레 소리를 들으며 황량한 생각을 하던 화자는 허공에 띄운 돌팔매가 그리는 반원의 포물선이 고독하다고 느낀다. 이는 가을날 도시에서 느끼는 화자의 고독함이 드러난 것이다. 탁월한 비유와 감각적인 표현으로 서구적인 도시 풍경을 묘사하면서 도시 문명에서 느끼는 화자의 상실감과 고독함을 노래하고 있다.

주제

가을날의 황량한 풍경과 그 속에서 느끼는 고독감

화자의 정서와 태도

시적 상황	화자의 정서와 태도
가을 한낮의 황량한 도시 풍경을 보고 있음.	낙엽을 보면서 폴란드 망명 정부의 지폐를 떠올리며 쓸쓸함을 느낌.
	넥타이처럼 풀어져 사라지는 길과 들을 달리는 급행열차를 보며 허망함을 느낌.
	앙상하고 삭막한 도시 풍경을 보며 황량함을 느낌.
	허공에 돌팔매를 띄우며 고독감을 느낌.

(나) 아마존 수족관 | 최승호

작품 해제

이 시는 도시 문명 속에 길들여지면서 순수한 생명력을 상실해 가는 현대인에게 정신적 가치의 중요성을 깨우쳐 주는 작품이다. 화자는 세검정 길을 걷다가 '아마존 수족관집'에 전시된 열대어들을 본다. 삭막한 도시에서 하나의 상품으로 전락한 열대어들은 도시의 철근을 울창한 밀림으로, 간판의 뜨거운 열기를 열대 지방의 뜨거운 날씨로 생각하지만, 실제로 그들이 꿈꾸는 아마존은 아득히 멀리 떨어져 있다. 이에 화자는 열대어들에게 생명력을 회복시킬 시를 선물하기로 한다. 그리고 그 시를 통해 열대어들이 '아마존 강물 속에 향기롭게 출렁이'는 '노란 달'과 '후리지아꽃들이 만발'한 '아마존 강변'을 느끼기를 소망한다. 이 시에서 열대어들은 삭막한 도시에서 살아가는 현대인을 의미한다. 즉 기계화된 사회에서 살면서 순수한 생명력을 상실해 가는 현대인에게 '시'를 통해 정신적 가치의 소중함을 일깨워 주고 순수한 생명력을 부여해 주고 싶은 마음을 표현한 것이다.

주제

도시의 삶에 대한 비판과 현대인의 생명력 회복에 대한 소망

화자의 정서와 태도

시적 상황	화자의 정서와 태도
여름밤 도시 한가운데 있는 아마존 수족관집의 열대어를 봄.	수족관 속의 열대어들을 보면서 생명력 상실에 대한 안타까움을 느낌.
	열대어들에게 시를 선물하면서 아마존의 생명력을 회복하기를 소망함.

---

1 ③ **2** ② **3** ③

---

1 표현상 공통점 파악
답 ③

(가)는 제목에서 확인할 수 있듯이 가을을 배경으로 한다. '낙엽', '도룬시의 가을 하늘', '포푸라 나무' 등의 소재들이 황량한 가을 풍경을 감각적으로 드러내면서 시적 정서를 구체화하고 있다. (나)는 뜨거운 열기 때문에 답답하게 느껴지는 여름밤을 통해 도시 문명에 대한 부정적인 태도를 드러내고 있다. 즉 (가), (나) 모두 계절적 배경을 통해 시적 분위기를 형성하고 있다.

[오답 확인]

① (나)의 '열대어들은 수족관 속에서 목마르다'에 역설적 표현이 사용되었지만 (가)에는 역설적 표현이 사용되지 않았다.

② (나)에서는 '여름밤'이라는 시어를 반복하면서 시의 정서를 드러내고 있지만 (가)에는 시어의 반복이나 변형이 보이지 않는다.

④ (가)에는 시상의 반전이 일어나지 않는다.

⑤ (나)에서는 수족관과 아마존강이 대비되면서 생명력 회복이라는, 화자가 지향하는 가치가 드러난다. 하지만 (가)에서는 삭막한 도시 풍경만 묘사되고 있을 뿐, 공간의 대비는 드러나지 않는다.

2 외적 준거에 따른 작품 감상
답 ②

1행에서 '폴란드 망명 정부의 지폐'를 언급한 것은 쓸쓸하게 날리는 낙엽에서 느껴지는 정서를 효과적으로 표현하기 위한 것이다. 〈보기〉의 '작가

는 역사적 사실을 작품의 소재로 사용하기도 하였는데, 이는 당대의 역사적 사건에 대한 비판적 인식을 드러내기보다는 대상의 이미지나 그에 대한 정서를 효과적으로 나타내기 위한 것이었다.'라는 내용을 통해서도 역사적 사건에 대한 화자의 부정적 정서를 형상화하고 있다는 진술은 적절하지 않음을 알 수 있다.

[오답 확인]

① (가)는 가을 낮의 풍경을 한 편의 풍경화를 그리듯이 회화적으로 표현하고 있다. 특히 원경과 근경을 반복하면서 회화적 느낌이 두드러지게 하고 있는데, 초반부에는 '낙엽'의 근경과 '급행열차'의 원경이, 후반부에는 '포푸라 나무'의 근경과 '구름'의 원경이 대비되고 있다.

③ '공장의 지붕'을 '흰 이빨'로 비유하면서 황량한 도시 풍경을 효과적으로 표현하고 있다. 또한 '돌팔매'가 '잠기어 간다'는 하강적 이미지를 사용하여 도시에서 느끼는 고독감을 인상적으로 드러내고 있다.

④ '셀로판지'는 '구름'을 비유한 보조 관념이다. 자연적인 대상인 '구름'을 물질적인 대상인 '셀로판지'에 비유하여 도시의 가을이 주는 메마르고 황폐한 현실을 드러내고 있다.

⑤ '자욱-한 풀벌레 소리'에서는 청각을 시각화한 공감각적 심상이 사용되어 회화성을 형성하고 있다.

3 시구 및 시어의 의미 이해
답 ③

'열대어'들이 물질문명을 상징하는 '수족관'에서 목마름을 느낀다는 표현을 통해서 생명력을 상실해 가는 현대인의 모습을 표현하고 있다.

[오답 확인]

① '아스팔트'는 현대 도시 문명을 상징하는 소재이고 '고무 탄내'는 불쾌함을 환기한다. 이를 통해 현대 도시의 부정적 이미지를 표현하였다.

② 도시의 수족관에 갇힌 열대어들에게 철근은 밀림을, 간판의 뜨거운 열기는 아마존의 열대 기후를 연상하게 한다.

④ 화자는 열대어들에게 '시'를 선물해서 그들이 생명력을 회복하기를 바라고 있다. 이는 '열대어'로 표현된 현대인에게 생명력을 회복시킬 수 있는 정신적 가치를 심어 주고 싶은 소망을 표현한 것이다.

⑤ 꽃이 만발한 모습은 화자가 추구하는 생명력 넘치는 모습으로 볼 수 있다.

4~7
205~207쪽

(가) 토지 | 박경리

작품 해제

이 소설은 구한말부터 1945년 해방까지 약 50년에 이르는 시간을 배경으로, 한 가족의 굴곡 있는 가족사를 통해 한민족이 감내해 온 고난의 역사를 생생하게 그리고 있다. 윤씨 부인과 최치수, 최서희로 이어지는 삼대의 삶에 주목하면서 주변 사람들의 삶을 함께 제시하는데, 이를 통해 봉건적 가치와 근대적 가치의 충돌, 남녀 간의 애정과 갈등, 인간의 탐욕과 화해 등의 문제를 복합적으로 보여 준다. 그리고 그 과정에서 개화기, 일제 강점기, 3·1 운동, 해방 등의 역사적 사실에 대한 작가의 역사의식도 함께 드러내고 있다. 1969년에 집필에 들어간 이 소설은 1994년에 총 5부 16권으로 마무리되었다. 역사적 사실에 대한 철저한 고증, 생동감 있는 사투리의 사용, 개성 넘치는 인물들의 등장 등을 통해 민중들의 삶을 사실적으로 드러낸 대작으로 평가받는다.

주제

한국 근대사에서 토지를 중심으로 펼쳐지는 민중들의 삶의 애환

등장인물

· **윤씨 부인**: 최치수의 어머니로 엄격하고 공명정대한 인물. 절에 갔다가 겁탈을 당해 아이를 낳고, 이후 죄책감으로 최치수를 멀리함.

· **최치수**: 최 참판가의 당주이자 최서희의 아버지. 어머니인 윤씨 부인의 외면으로 부정적인 성격이 됨.

· **최서희**: 최치수의 딸로 최 참판가의 혈통을 이은 인물. 외모와 재능을 겸비하였고 독립적이고 강인한 성격임.

제목의 의미

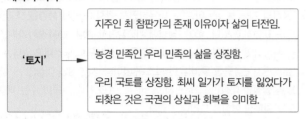

'토지' → 지주인 최 참판가의 존재 이유이자 삶의 터전임.

농경 민족인 우리 민족의 삶을 상징함.

우리 국토를 상징함. 최씨 일가가 토지를 잃었다가 되찾은 것은 국권의 상실과 회복을 의미함.

(나) 토지 | 박경리 원작, 이형우 각색

작품 해제

이 글은 박경리의 동명 소설을 각색한 시나리오이다. 소설은 1994년에 5부작으로 완성되었는데, 영화 촬영 당시는 2부가 연재 중이었기 때문에 영화는 1부만 다루고 있다. 1부는 최 참판가의 1대 이야기가 중심이어서 최서희의 역할이 크지 않고 윤씨 부인을 중심으로 이야기가 전개된다.

주제

한국 근대사에서 토지를 중심으로 펼쳐지는 민중들의 삶의 애환

4 ② 5 ② 6 ④ 7 ⑤

4 세부 내용 파악   답 ②

'무거운 굴레를 둘러쓴' 인물은 집안의 토지와 재산에 대한 책임을 맡게 된 윤씨 부인이며, '고통스런 세월'을 보낸 것도 윤씨 부인이다. 따라서 치수가 '고통스런 세월을 보내기 위해' '무거운 굴레를 둘러' 썼다는 진술은 적절하지 않다.

[오답 확인]

① '검은 점이 무수히 드러난 얼굴'은 윤씨 부인이 나이가 들고 쇠약해졌다는 것을 묘사한 것으로, 치수가 이를 통해 '어머니의 뻗치는 힘이 전보다 가늘어'졌다고 느낀다는 설명은 적절하다.

③ '모자 사이에는 보이지 않는 강물이 흐르기 시작했다'라는 표현은 윤씨 부인과 치수의 갈등이 시작된 것을 의미하므로, 이를 통해 치수가 윤씨 부인을 회피하는 것이 '자연스러운' 이유를 짐작하는 것은 적절하다.

④ '자애스럽던 어머니'는 치수가 기억하는 윤씨 부인의 예전 모습이다. 따라서 절에서 돌아온 후 차가워진 윤씨 부인의 모습에서 치수가 '눈앞이 캄캄'할 정도로 받은 충격을 짐작할 수 있다.

⑤ 쌍방의 '숨결조차 내기 어려운 침묵'은 두 사람 사이의 거리감을 표현한 것이다. 이는 치수가 어린 시절의 상처로 어머니인 윤씨 부인을 '남보다 먼 사람'이라고 여기게 되었기 때문이다.

5 서술상 특징 파악   답 ②

(가)의 서술자는 작품 밖에 위치하여 '치수는 자신의 마음도 싸늘하게 식어가는 것을 느낀다.' 등과 같이 작중 인물의 내면까지 서술하고 있다.

[오답 확인]

① 풍자란 현실의 부정적 현상이나 모순 따위를 비웃으면서 공격하는 것을 말한다. 이 글에는 풍자적 서술이 드러나지 않았다.

③ 이 글에는 시대적 배경이 드러나는 내용이 제시되지 않았다.

④ 의식의 흐름 기법이란 인물의 생각이 흘러가는 대로 서술하는 방법이다. 이 글에는 의식의 흐름 기법이 사용되지 않았다.

⑤ 이 글에는 인물의 과장된 행동이 드러나지 않으며, 비극적 분위기의 반전도 일어나지 않았다.

6 소설과 시나리오 비교   답 ④

[A]에 치수가 "많이 편찮으신지요?"라고 안부를 물은 뒤 눈빛을 감추며 시선을 방바닥에 떨어뜨린다는 내용이 제시되어 있다. 따라서 이 부분에서 윤씨를 연기하는 배우와 시선을 마주치도록 연기하라는 메모는 적절하지 않다.

[오답 확인]

① [A]의 '차렵이불의 갈매빛'이라는 내용을 통해 볼 때 적절한 메모이다.

② [A]의 '문밖에서 삼월이 아뢰었다.'라는 내용을 통해 볼 때 적절한 메모이다.

③ [A]의 '머리 모양 옷매무새는 방금 자리에서 일어난 것 같지 않게 단정하여 변함이 없다.'라는 내용을 통해 볼 때 적절한 메모이다.

⑤ [B]의 '마음이 급하여 가마를 따르며 불렀으나'라는 내용을 통해 볼 때 적절한 메모이다.

7 상황에 맞는 한자 성어 파악   답 ⑤

㉠에서 치수는 겉으로는 서희에게 새어머니가 필요하다는 말을 하고 있지만 속으로는 어머니가 반대하시기를 원하고 있다. 따라서 이 상황은 '겉으로 드러나는 언행과 속으로 가지는 생각이 다름.'이라는 의미의 '표리부동(表裏不同)'과 어울린다.

[오답 확인]

① '중언부언(重言復言)'은 '이미 한 말을 자꾸 되풀이함. 또는 그런 말.'의 의미이다.

② '후안무치(厚顏無恥)'는 '뻔뻔스러워 부끄러움이 없음.'의 의미이다.

③ '두문불출(杜門不出)'은 '집에만 있고 바깥출입을 아니함.'의 의미이다.

④ '부화뇌동(附和雷同)'은 '줏대 없이 남의 의견에 따라 움직임.'의 의미이다.